가상자산 법제의 이해

김재진 · 최인석

박영사

머리말

가상자산이라는 신기술·신산업에 대한 법제는 법령, 금융, 공학과 디지털기술이 서로 충돌하고 융합하며 접점을 찾아가는 과정의 기록이라 할 수 있다. 디지털자산의 영역이 현재도 진화 중이라는 사실은 관련 법제 역시 향후 다양한 방식으로 발전해 나갈 것임을 시사한다.

이 책은 저자가 우리나라 최초의 가상자산 관련 입법인 특정금융정보법과 소득세법 및 관련 법령의 개정과정 전반에 참여하였음을 계기로, 가상자산 법제화의 국내외 동향을 소개하고 관련된 이슈들을 법적 관점에서 정리한 연구 자료이다(한국블록체인협회의 의견과는 무관함을 미리 밝힌다). 이 책이 더 많은 사람들이 가상자산 법제의 흐름을 쉽게 이해하고 향후 나아갈 방향을 함께 고민하는 단초가 되길 희망한다.

이 책을 발간하기까지 많은 분들의 도움이 있었다. 먼저 가상자산을 다음 세대를 위한 미래 성장 동력으로 이해하고 다가서도록 가르침을 주신 한국블록체인협회 오갑수 회장님께 깊이 감사드린다. 또한 이 책의 공저자인 최인석 변호사님께도 감사의 마음을 전한다. 변호사님의 박사학위 논문은 이 책을 집필하는 데 견고한 디딤돌이 되어 주었다. 일일이 열거할 수는 없지만 저자가 한국블록체인협회 사무국장으로 일함에 있어 많은 가르침과

도움을 주신 유관기관 관계자 분들과 한국블록체인협회 회원사 분들, 그리고 언론 관계자 분들께도 진심으로 감사를 드린다. 그리고 이 책을 감수해 주신 전남대학교 법학전문대학원의 조선영 교수님과 저자의 배우자 남기정 부장판사님께도 마음 깊이 감사를 드린다. 무엇보다 이 책의 출판을 허락해 주신 박영사 안상준 대표님과 조성호 이사님께 특별한 감사를 전한다. 그리고 이 책의 출간까지 수고를 아끼지 않으신 박영사의 윤혜경 대리님께도 깊은 감사의 마음을 전한다.

아울러, 늘 저자를 응원하고 지지해 주는 사랑하는 배우자와 나의 자녀 지민, 지훈에게도 사랑과 감사를 전한다.

2022년 5월

학문이 꽃피는 도시, 영국 캠브리지에서

김 재 진

감사의 글

이 책은 2019. 2. 필자가 연세대학교 대학원에서 「가상통화 이용위험에 대한 법적 규제에 관한 연구」라는 제목으로 제출하였던 박사학위 논문을 기초로 공동저자인 한국블록체인협회 김재진 사무국장님이 보완·발전하여 출간한 것이다.

필자는 경찰청 수사부서, 금융정보분석원 근무를 통하여, 가상자산 관련 범죄와 가상자산을 활용한 자금세탁 등 가상자산 이용으로 인한 위험이 결국은 규제 법규가 없는 것에 기인한 것이므로 가상자산에 대한 검증, 가상자산사업자에 대한 관리 등 가상자산에 대한 합리적인 규제 설계가 필요하다고 논문을 작성하였다.

규제 설계 시 가상자산이 핀테크 산업과 블록체인 기술의 발전을 위한 토대가 될 수 있다는 측면을 고려해야 한다고 하였지만, 규제기관 출신으로서 가상자산의 위험성 규제에 초점을 맞춘 측면이 있었다.

박사학위 논문제출이 완료된 후 지도교수님이신 연세대학교의 김성수 교수님께서 책으로 출판하는 것이 어떠냐 제안을 하셨으나, 새로이 로펌으로 이직을 하였고 시간과 용기가 나지 않아 책으로 출판하지 못하였다. 그리고 2020년 한국블록체인협회의 자문위원으로 위촉되면서, 업권을 대표하는 협회의 사무국장으로서 업계의 현실 및 규제 논의의 중심에 계신 김재진 변호사님이

시라면 가상자산 시장과 관련 업의 발전이라는 측면에서 이후의 논의를 반영하고, 2021년 시행된 특정금융정보법의 가상자산 내용에 대한 정리도 가능할 듯하여 집필을 제안하였고, 김재진 국장님의 수락으로 이 책이 출간될 수 있었다.

이 책이 나오기까지 많은 분들의 도움이 있었지만 무엇보다도 부족한 논문을 기초로 수정 · 보완 · 발전시켜 이 책의 원고를 써 주신 김재진 국장님과 박사학위 논문심사를 해 주신 지도교수님 김성수 교수님께 감사의 말씀을 드린다.

2022년 5월

최 인 석

차례

법령 약칭

약칭	법령
게임산업법	게임산업진흥에 관한 법률
테러자금금지법	공중 등 협박목적 및 대량살상무기확산을 위한 자금조달행위의 금지에 관한 법률
금융소비자보호법	금융소비자 보호에 관한 법률
금융실명법	금융실명거래 및 비밀보장에 관한 법률
금융사지배구조법	금융회사의 지배구조에 관한 법률
공정거래법	독점규제 및 공정거래에 관한 법률
마약거래방지법	마약류 불법거래 방지에 관한 특례법
범죄수익은닉규제법	범죄수익은닉의 규제 및 처벌 등에 관한 법률
약관규제법	약관의 규제에 관한 법률
유사수신행위법	유사수신행위의 규제에 관한 법률
업무규정	자금세탁방지 및 공중협박자금조달금지에 관한 업무규정
자본시장법	자본시장과 금융투자업에 관한 법률
전자상거래법	전자상거래 등에서의 소비자보호에 관한 법률
전자어음법	전자어음의 발행 및 유통에 관한 법률
정보통신망법	정보통신망 이용촉진 및 정보보호 등에 관한 법률
전자증권법	주식 · 사채등의 전자등록에 관한 법률
감독규정	특정 금융거래정보 보고 및 감독규정
시행령	특정 금융거래정보의 보고 및 이용 등에 관한 법률 시행령
특정금융정보법	특정 금융거래정보의 보고 및 이용 등에 관한 법률
특정경제범죄가중법	특정경제범죄 가중처벌 등에 관한 법률
특정범죄가중법	특정범죄 가중처벌 등에 관한 법률

인용 자료 약칭

*2회 이상 인용된 자료에 한함.

	약칭	인용 자료명
ㄱ	국회도서관 (FB, 2018.04)	국회도서관, 「가상화폐 대부」, FACT BOOK VOL.66, 2018.04.
	국회입법조사처 (류호연, 2021)	국회입법조사처, 현안분석 「가상자산 강제집행 논의의 현황과 시사점」, 류호연, 2021.09.30
	국회입법조사처 (조영은, 2020)	조영은, 「일본의 가상자산 이용자 보호 규율 강화」, 국회입법조사처, 외국입법 동향과 분석 제38호, 2020.04.28
	금융정보분석원 (성균관대학교 산학협력단, 2016)	금융정보분석원(성균관대학교 산학협력단), 「금융환경 변화에 따른 심사분석기법 개발 연구」, 2016. 10
	금융정보분석원 (아주대학교 산학협력단, 2009)	금융정보분석원(아주대학교 산학협력단), 「테러자금조달 방지 체제의 선진화 · 국제화 방안에 관한 연구」, 2009.12
	금융정보분석원 (위재천, 2009)	금융정보분석원(위재천), 「테러자금 조달관련 연구」, 2009
	김건식 외 1인(2013)	김건식 · 정순섭, 「자본시장법」, 두성사, 2013
	김진화 외 4인(2016)	김진화 · 정명호 · 김재모 · 유영석, 「블록체인의 기술적 이해 및 도입을 위한 첫걸음」, 코빗, 2016
ㅂ	박영호(사법, 2019)	박영호, 「암호화폐의 강제집행, 비트코인을 중심으로」, 사법 제49호, 2019
	배승욱(2018)	배승욱, 「가상통화 법제구축 방안에 관한 연구」, 한국외국어대학교 대학원 법학박사학위논문(2018)
ㅅ	신동운(2017)	신동운, 「형법각론」, 법문사, 2017
ㅇ	이시윤(2020)	이시윤, 「신민사집행법」, 박영사, 2020
	임선우(2016)	임선우, 「국가의 가상화폐(Virtual Currency) 수용에 관한 연구-2014년 비트코인(Bitcoin) 현상을 중심으로-」, 서강대학교 대학원 정치외교학과 석사학위논문(2016.08)

	약칭	자료
	임준환 외 2인(2012)	임준환 외 2인, 「금융위기 이후 보험규제 변화 및 시사점」, 보험연구원 정책/경영보고서 2012-3, 2012
ㅈ	자본시장연구원 (김갑래, 2021-13)	자본시장연구원(김갑래), 「미국과 EU의 가상자산거래자 보호제도의 시사점」, 이슈보고서 2021-13
	자본시장연구원 (김갑래 외 1인, 21-27)	자본시장연구원(김갑래 · 김준석), 「가상자산 거래자 보호를 위한 규제의 기본 방향」, 이슈보고서 21-27
	자본시장연구원 (배승욱, 2017-02호)	자본시장연구원(배승욱), 「비트코인(Bitcoin)의 화폐성을 인정한 미국 판결의 의미와 시사점」, 자본시장포커스, 2017-02, 2017
	자본시장연구원 (배승욱, 2017-15호)	자본시장연구원(배승욱), 「미국통일가상통화업규제법의 주요내용과 시사점」, 자본시장포커스 2017-15, 2017
	장일석(2011)	장일석, 「자금세탁방지제도의 이해」, 박영사, 2011
	전승재 외 1인(2018)	전승재 · 권헌영, 「비트코인에 대한 민사상 강제집행 방안-암호화폐의 제도권 편입 필요성을 중심으로-」, 『정보법학』 제22권 제1호, 2018 등
ㅊ	최인석(2019)	최인석, 「가상통화 이용위험에 대한 법적 규제에 관한 연구」, 연세대학교 법학전문대학원 행정법 박사학위논문(2019)
ㅎ	한국법제연구원 (정승화, 2016)	한국법제연구원(정승화), 「블록체인 분산원장 도입을 위한 법적 과제」, Global Issue Paper 16-20-②, 2016
	한국은행(2016.12)	한국은행, 「분산원장 기술의 현황 및 주요이슈」, 2016.12
	한국은행 (김동섭, 2016)	한국은행(김동섭), 「분산원장 기술과 디지털통화의 현황 및 시사점」, 지급결제조사자료 2016-2, 2016.01
	한국은행 금융결제국 (이동규, 2013)	한국은행 금융결제국(이동규), 「비트코인의 현황 및 시사점」, 지급결제조사자료, 2013-2, 2013
	한국인터넷진흥원 (김시호, 2021)	김시호, 「NFT와 스마트 컨트랙트: 디지털 자산 거래와 메타버스 생태계」, 한국인터넷진흥원 2021 KISA Report, VOL.7
	한국형사정책연구원 (연성진 외 4인, 2017)	한국형사정책연구원(연성진 · 전현욱 · 김기범 · 신지호 · 최선희), 「암호화폐(Cryptocurrency) 관련 범죄 및

		형사정책 연구」, 연구총서 17-BB-02, 2017
	한국회계연구원(2003)	한국회계연구원, 「재무회계 개념체계」, 2003.12.04
	홍도현 외 1인(2015)	홍도현 · 김병일, 「가상통화에 대한 과세문제-비트코인을 중심으로」, 조세연구 제15권 제1집, 2015.04
C	CATF(2018)	CATF(2018), final report, October 2018
	CFTC(2020)	CFTC(2020), Digital Assets Primer
D	Delloitte(2021)	Delloitte(2021), Market Manipulation in Digital Assets, March 2021
	Dirk A. Zetzsche외 3인(2020)	Dirk A. Zetzsche외 3인, 「The Markets in Crypto-Assets Regulation (MiCA) and the EU Digital Finance Strategy」, Capital Markets Law Journal, Oxford Academic, 2020.11.30
E	EC(2018, FinTech Action plan)	EC(2018, FinTech Action plan), Brussels, 8.3.2018, COM(2018) 109 final, COMMUNICATION FROM THE COMMISSION.
F	FATF(2012-2021)	FATF(2012-2021), International Standards on Combating Money Laundering and the Financing of Terrorism & Proliferation, FATF, Paris, France
	FATF(2013)	FATF(2013), FATF Guidance for a Risk-Based Approach to Prepaid Cards, Mobile Payments and Internet-Based Payment Services, June 2013
	FATF(2014)	FATF(2014), FATF report for Virtual Currencies: Key Definitions and Potential AML/CFT Risks, June 2014
	FATF(2015)	FATF(2015), Guidance For a Risk-Based Approach to Virtual Currencies, JUNE 2015
	FATF(2019)	FATF(2019), Guidance for a Risk-Based Approach to Virtual Assets and Virtual Asset Service Providers, FATF, Paris
	FATF(Public	FATF(2019), Public Statement on Virtual Assets

	Statement, 2019)	and Related Providers, FATF, Paris
	FATF(2021)	FATF(2021), Updated Guidance for a Risk-Based Approach to Virtual Assets and Virtual Asset Service Providers, FATF, Paris
	FCA(FS17/4)	FCA(FS17/4), Distributed Ledger Technology, Feedback Statement on Discussion Paper 17/3, December 2017
	FCA(CP19/3)	FCA(CP19/3), Guidance on cryptoassets, Consultation Paper, January 2019
	FCA(PS19/22)	FCA(PS19/22), Guidance on cryptoassets, Policy Statement, July 2019
G	GI-TRUST, KBCA(2021)	GI-TRUST, KBCA(2021), Report of the Task Force Global Implementation of Travel Rule Standards, Seoul
H	Hester M. Pierce(2021)	Hester M. Pierce, Token Safe Harbor Proposal 2.0, April 13, 2021
	HMT(2015)	HMTreasury, 「Digitalcurrencies: responsetothecall forinformation」, 2015.03
	HMT(2021)	HMT(2021), 「UK regulatory approach to cryptoassets and stablecoins: Consultation and call for evidence」, 2021.01
I	IFRS(2019)	IFRS, 「IFRIC Update June 2019」, agenda paper 12, Holdings of Cryptocurrencies, June 11, 2019
	IMF(2016)	IMF, 「Virtual Currencies and Beyond: Initial Considerations」, 2016
M	Michael S. Sackheim외 12인(2021)	Michael S. Sackheim외 12인, 「The Virtual Currency Regulation Review: USA」, 2021.09.02일자 Law Reviews
N	NYDFS(2020)	NYDFS, Guidance Regarding Adoption or Listing of Virtual Currencies, June 24, 2020
O	OCIE(2021)	OCIE, 「The Division of Examinations' Continued Focus on Digital Asset Securities」, SEC, 2021.02.26

P	Patrick Hansen(2021)	Patrick Hansen, 「New Crypto Rules in the European Union - Gateway for Mass Adoption, or Excessive Regulation?」, January 12, 2021
S	SEC(Release No. 81207, 2017)	SEC, 「Release No. 81207; Report of Investigation Pursuant Section 21(a) of the Securities Exchange Act of: The DAO」, July 25, 2017
V	Valeria Ferrari(2020)	Valeria Ferrari, 「The regulation of crypto-assets in the EU - Investment and payment tokens under the radar」, Maastricht Journal of European and Comparative Law, May 2020
W	WB(Paul Allan Schott, 2010)	THE WORLD BANK(Paul Allan Schott), 「자금세탁방지 및 테러자금조달금지 제도 해설」, 특별권고 IX 관련 내용 수록 개정판, 2010
	WB(2017)	WB, 「Distributed Ledger Technology(DLT) and Blockchain」, FinTech Note No. 1, 2017

Ⅰ.

가상자산과 블록체인

1. 블록체인 기술과 가상자산

가. 분산원장기술의 이해[1)]

분산원장기술(Distributed Ledger Technology: DLT)은 거래정보를 기록한 장부, 즉 원장을 중앙서버가 아닌 P2P(Peer-to-Peer)[2)]네트워크에 분산하여 참가자가 공동으로 기록하고 관리하는 기술이다.[3)] 즉, 중개기관의 개입이 없이 상대방과의 거래에 대한 신뢰를 보장하기 위한 탈중앙화된 정보 고유기술이다.[4)] 세계은행은 분산원장기술을 다수의 데이터 저장장소인 장부에 데이터를 기록하고 공유하는 새롭고, 빠르게 진화하는 기술이라고 정의하고 있다.[5)] 각각의 장부에는 동일한 거래기록이 보관, 유지되며, 노드라고 불리는 분산된 컴퓨터 서버의 네트워크가 이를 관리한다.[6)]

---

1) 본서에는 공저자인 최인석, 「가상통화 이용위험에 대한 법적 규제에 관한 연구」, 연세대학교 법학전문대학원 행정법 박사학위논문(2019)을 요약 및 편집하여 인용한 부분이 있고, 해당 부분에 이를 표시하였으며, 위 논문을 인용하는 부분의 참고문헌은 재인용한 것임을 미리 밝힌다. 본 항은 최인석(2019), 30~40면 요약 인용.

2) 기존의 서버와 클라이언트 개념이나 공급자와 소비자 개념이 아닌 개인 컴퓨터끼리 직접 연결하고 검색함으로써 모든 참여자가 공급자인 동시에 수요자가 되는 형태를 말한다. 즉, 동등한 참가자(Peer nodes)들이 클라이언트와 서버의 역할을 동시에 수행하는 것을 말한다.
(두산백과, http://terms.naver.com/entry.nhn?docId=1213240&cid=40942&categoryId=32854) (2022.02.03.확인)

3) 한국은행(김동섭), 「분산원장 기술과 디지털통화의 현황 및 시사점」, 지급결제조사자료 2016-2, 2016.01, 3-4면.

4) 한국은행, 「분산원장 기술의 현황 및 주요이슈」, 2016.12, 3면.

5) WB, 「Distributed Ledger Technology(DLT) and Blockchain」, FinTech Note No. 1, 2017, 8면.

6) WB(2017), 8면.

근대 이후 자산의 소유 증명은 실물의 보유가 아니라 특정한 기관에서 관리하는 기록과 원장에 의해서 입증되는 경우가 많다. 토지와 건물과 같은 부동산은 등기부에 의하여 소유관계가 확인되고, 자동차, 선박의 경우에는 등록원부에 의하여 소유관계가 증명되는 것이 그 예이다.[7)]

이처럼 특정한 기관에서 원장과 기록을 관리하는 것이 중앙집중형 시스템이다.

중앙집중형 시스템에서는 실제의 소유자가 자산을 직접 보관하지 않고, 신뢰할 수 있는 제3의 기관(Trusted Third Party: TTP)이 원장을 기록하면서 소유권 등을 관리한다. 중앙집중형 시스템은 자산을 직접 관리하지 않기 때문에 자산을 직접 관리하는 방식보다는 비용이 적게 들고, 장부와 기록에 의하므로 소유관계를 명확히 할 수 있다는 장점이 있다. 하지만 특정 기관에 정보관리에 대한 권한과 책임이 집중되므로 특정기관의 신뢰성 확보가 중요하게 되고, 이를 위하여 신뢰할 수 있는 제3의 기관을 설립해야만 한다. 지속적인 신뢰확보를 위해서 조작 등 문제가 발생하지 않도록 특정기관에 대한 감독과 감시와 같은 규제를 제도화할 필요도 있고, 전산 시스템 오류나 해킹 등 위협에 대처하기 위하여 IT 인프라와 보안 등에 대하여 대규모 인력과 설비 투자도 필요하다.[8)] 이처럼 신뢰할 수 있는 제3의 기관을 설립하고, 지속적인 신뢰를 확보하기 위한 비용이 매우 높고, 이러한 비용이 결국은 이용자들에게 전가되기 때문에 금융산업의 발전을 저해하는 요인으로 지적되기도 한다.[9)]

---

7) 한국은행(김동섭, 2016), 3면.
8) 한국은행(김동섭, 2016), 4면.

반면, 분산원장기술에서는 거래정보를 보유하고 관리하는 특정 기관, 신뢰할 수 있는 제3의 기관이 없고, 모든 거래정보를 참여자들이 공동으로 보유하고, 관리에 대한 권한과 책임도 공동으로 보유하게 된다. 일반적으로 분산원장기술에 관하여 언급되는 장점은 다음과 같다.

첫째, 보안성(Security)이 우수하다. 분산원장기술은 데이터가 암호화되고 암호화된 키값으로 거래를 하기 때문에 보안성이 우수하다.

중앙집중형 시스템은 모든 정보를 중앙서버 한곳에 보유하고 관리하므로, 해커들의 표적이 되기 쉽고, 해킹이 발생한 경우 치명적인 피해를 입게 된다. 하지만, 분산원장기술에서는 정보가 집중된 중앙서버가 없기 때문에 해킹과 같은 악의적 공격으로부터 안전하다. 분산되어 보관되고 있는 데이터를 동시에 해킹하는 것이 현실적으로 쉽지 않고, 중앙집중 관리를 하지 않기 때문에 내부자 조작이나 정보유출의 가능성도 매우 적다.[10)]

둘째로, 효율성을 지닌다. 분산원장기술은 거래정보를 보관하고 관리하기 용이하고, 이를 구축하기 위한 비용이 크지 않기 때문에 효율성이 높다. 신뢰할 수 있는 제3의 기관(TTP)을 설립하기 위한 인적·물적 자원이 필요 없고, 단일 실패점(single point of failure)[11)]이 없기 때문에 해킹 등 보안 사고에 대비하여 인프라를 구

---

9) 한국은행(2016.12), 3면.

10) 김진화·정명호·김재모·유영석, 「블록체인의 기술적 이해 및 도입을 위한 첫걸음」, 코빗, 2016, 4면.

11) 시스템 구성 요소 중에서, 제대로 동작되지 않으면 전체 시스템이 중단되는 요소를 말한다.
(위키백과, https://ko.wikipedia.org/wiki/%EB%8B%A8%EC%9D%BC_%EC%9E%A5%EC%95%A0%EC%A0%90) (2022.02.03.확인)

축할 비용도 들지 않는다.[12)]

셋째로, 시스템 안정성(Resilience)을 지닌다. 단일 실패점이 없기 때문에 일부에서 시스템 오류나 성능 저하가 발생하더라도 전체 네트워크가 타격을 입을 가능성이 적다.[13)]

넷째, 투명성(Transparency)이 높다. 분산원장기술에서는 모든 참여자들이 장부를 공유하고 있고, 거래정보가 공개되어 있어 투명성이 높고 거래추적이 용이하다는 장점이 있다.

다섯째, 거래처리의 속도가 빠르다. 분산원장기술은 제3자가 개입되지 않는 실시간 거래이기 때문에 속도가 빠르다. 모든 참여자가 거래정보를 보유, 기록, 검증하고, 제3자를 통한 거래의 오류와 실수를 검증하는 단계가 없어 거래의 처리속도가 빠르다.[14)]

나. 블록체인의 개념적 이해[15)]

분산원장기술에서는 신뢰를 담보해 주는 제3의 기관이 존재하지 않기 때문에 블록체인 방식의 운영 메커니즘을 통해 신뢰를 확보하고 있다.

블록체인은 2008년 사토시 나카모토(Satoshi Nakamoto)의 "Bitcoin : A Peer to Peer Electronic Cash System" 논문에서 비트코인의 등장과 함께 처음 소개되었다. 나카모토는 이 논문에서

12) 한국은행(김동섭, 2016), 5면.
13) 한국은행(김동섭, 2016), 5면.
14) 한국은행(김동섭, 2016), 13면.
15) 최인석(2019), 33-43면 요약 인용.

P2P 네트워크의 이중사용(double spending)[16]을 막기 위한 방법으로 블록체인을 설명한 바 있다.[17]

1) 블록체인의 개념

블록체인은 블록과 체인의 합성어이다. 블록체인은 거래정보들을 저장하고 있는 블록들로 구성되어 있고, 이 같은 블록들이 체인구조로 서로 연결되어 있는 것이다.

블록체인에 대하여는 다양한 정의가 존재한다. 사전적으로는 네트워크의 참여자 모두가 관리 대상 데이터를 분산하여 저장하고 관리하는 데이터 분산처리기술이라고 정의하거나,[18] 비트코인이나 다른 암호화폐에서 이루어진 거래의 기록이 P2P 네트워크로 연결되어 있는 컴퓨터들에 의하여 유지되는 시스템이라고 정의하기도 한다.[19]

세계은행은 블록체인을 분산원장에서 사용되는 데이터 구조의 특별한 유형으로 정의하면서, 전자적인 사슬로 서로서로 연결되어 있는 블록들이라고 불리우는 데이터 묶음을 저장하고 전송하는 역할을 한다고 설명하였다.[20] 영국 과학부는 블록체인보고서

---

16) 이중사용은 참가자가 자신이 보유한 금액을 정상적으로 사용한 후, 해당 거래가 제외된 원장을 다시 배포하여 결제를 취소시키고 해당 금액을 다른 거래에 재사용하는 조작을 의미한다. 현금의 경우에는 실물이 인도되기 때문에 이중 사용이 문제되지 않고, 전자화폐에서는 신뢰할 수 있는 제3의 기관이 이를 방지하는 역할을 하게 된다(한국은행(김동섭, 2016), 7면).

17) Satoshi Nakamoto, 「Bitcoin: A Peer-to-Peer Electronic Cash System」, November, 2008.

18) 두산백과 (http://terms.naver.com/entry.nhn?docId=5138095&cid=40942&categoryId=32848) (2022.02.03.확인)

19) 옥스포드 사전 (https://en.oxforddictionaries.com/definition/blockchain) (2022.02.03.확인)

에서 블록체인을 수많은 거래정보를 보유하고 있는 블록들로 연결된 데이터베이스의 유형으로 정의하였다.[21] 한국은행은 거래정보를 기록한 원장을 특정 기관의 중앙서버가 아닌 P2P 네트워크에 분산하여 참가자가 공동으로 기록하고 관리하는 기술이라고 정의한 바 있다.[22]

블록체인과 관련한 일관된 정의는 없지만, 종합하면, 블록체인은 거래정보를 기록한 블록들이 연결된 구조로서, 거래내역이 담겨 있는 원장을 모든 참여자가 분산하여 보관하고, 기존거래 변경이나 신규거래 생성의 경우에 암호화 인증을 통하여 새로운 블록을 연결하는 방식을 취한다. 따라서 모든 참여자가 거래정보를 공동으로 기록하고 관리하며 갱신하는 분산원장기술의 총합에 해당한다고 할 것이다.

2) 블록체인의 구조

블록체인의 구조는 일정 시간(10분) 동안 확정된 거래내역을 담은 블록들이 연결되어 있는 구조다. 거래정보를 가지고 있는 블록이 이전의 블록에 연결되어 있는 형태인 것이다.

블록체인을 구성하는 각각의 블록은 헤더와 바디로 구성되어 있다. 헤더는 해당 블록의 속성을 설명해 주는 메타데이터[23]를

---

20) WB(2017), 8면.

21) Government Office for Science, 「Distributed ledger technology: beyond block chain」, 2016, 17면.

22) 한국은행(김동섭, 2016), 4면.

23) 데이터에 관한 구조화된 데이터로, 다른 데이터를 설명해 주는 데이터, 즉, 속성정보를 말한다. 대량의 정보 가운데에서 원하는 정보를 효율적으로 검색하기 위해 일정한 규칙에 따라 콘텐츠에 부여되는 데이터이다.
(두산백과, http://terms.naver.com/entry.nhn?docId=1224192&cid=40942&cate

담고 있고, 바디에는 블록 크기를 결정하는 거래내역들이 나열되어 있다.[24)]

블록 헤더에는 해당 블록의 속성을 설명해 주는 메타데이터로서, 이전 블록의 해쉬값, 난이도(difficulty), 타임스탬프(time stamp), 논스(nonce),[25)] 머클트리루트의 해쉬값으로 구성되어 있다.

이전 블록 해쉬는 부모 블록이라고도 불리는 이전 블록의 해쉬값을 말한다. 블록 해쉬는 블록의 헤더를 해쉬해서 얻어진 32바이트 해쉬값을 말한다. 해쉬는 주어진 데이터를 특정한 알고리즘에 적용하여 유일하게 생성되는 난수이고, 원본의 데이터가 바뀌지 않는 한 항상 동일하므로, 블록 해쉬는 해당 블록을 식별할 수 있는 확실한 방법으로 해당 블록의 디지털 지문에 해당한다고 볼 수 있다.

각 블록은 한 개의 이전(부모) 블록을 가지고 있고, 각 자식 블록은 동일한 이전(부모) 블록을 참조하여 동일한 부모 블록의 해쉬를 가지고 있는 것이다.[26)] 이 때문에 이전 블록이 변경되는 경우 자식 노드의 이전 블록 해쉬가 변경되고, 결국, 자식 블록의 해쉬도 변경되고 자식 블록의 해쉬가 변경되면, 손자 블록의 해쉬도 변경, 증손자 블록의 해쉬도 변경되는 등 연쇄적으로 변경

---

goryId=32840) (2022.02.03.확인)

24) 한국법제연구원(정승화), 「블록체인 분산원장 도입을 위한 법적 과제」, Global Issue Paper 16-20-②, 2016, 7면.

25) 작업증명과정은 논스(nonce)를 이용하여 특정한 해쉬값을 찾는 것인데, 논스를 통해서 블록이 평균적으로 10분에 걸쳐 생성되게 된다.

26) 블록체인의 첫 블록을 최초블록이라고 하는데, 모든 블록의 공통된 선조로서 고정적으로 인코딩되어 있어 모든 노드는 적어도 하나의 블록으로 구성된 블록체인으로 시작되고, 최초블록은 변경이 불가능하다(한국법제연구원(정승화, 2016), 12면).

되므로, 블록 이하 여러 세대의 블록이 이어지는 경우에 나중에 생성된 블록 전부를 계산해야만 해당 블록의 내용을 변경할 수 있다.27) 이러한 재계산은 엄청난 규모의 계산을 실행하여야 하므로 블록체인의 누적된 기록을 변경하기가 어렵고, 블록체인의 보안성이 유지되는 것이다.28)

그림 1 블록체인의 연결구조

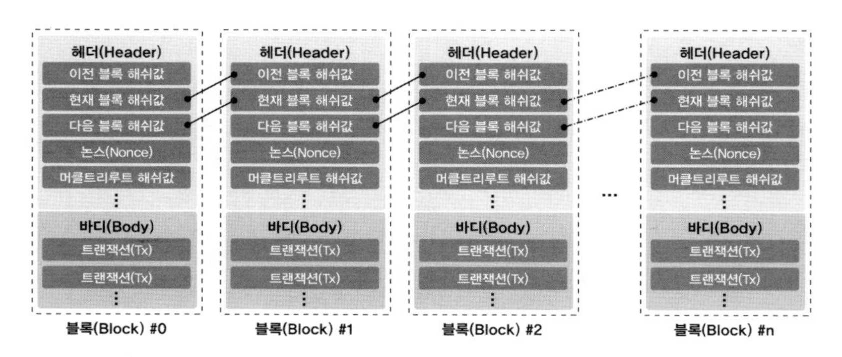

자료: 한국법제연구원(정승화), 「블록체인 분산원장 도입을 위한 법적 과제」, Global Issue Paper 16-20-②, 2016 일부 수정

타임스탬프는 해당 블록의 생성시간을 말하고, 논스(nonce)는 블록을 생성하기 위한 작업증명에 사용되는 카운터를 말한다. 작업증명(Proof of Work: PoW)은 작업을 증명해 주는 과정으로서,29)

---

27) 한국법제연구원(정승화, 2016), 10-11면.

28) Antonopoulous. M. Andreas, 「비트코인, 블록체인과 금융의 혁신(원제:Mastering Bitcoin)」, 고려대학교 출판문화원, 2015, 232면.

29) 채굴자는 네트워크상에서 발송된 여러 거래들을 모아서 하나의 블록을 형성한 뒤 이를 증명하는 과정을 거치는데, 이 과정은 블록의 내용을 논스(nonce)를 이용하여 해쉬값을 반복적으로 생성하면서, 시스템이 허락할 정도로 작게 만들어주는 해쉬값을 찾는 과정이다. 이 과정이 성공하면 블록이 체인에 연결되는데 사용자 입장에서는 컨펌(confirmation)이 되고, 채굴자

블록체인에 블록을 연결하기 위해서 블록에 담긴 거래내역들을 검증하는 과정(mining)을 의미하는데, 블록에 담긴 거래내역들이 검증을 통해 확실해졌음을 알려주는 역할과 동시에 블록체인에 연결될 준비를 마쳤음을 의미한다. 이러한 작업증명과정에서 논스(nonce)가 이용된다.

머클루트 해쉬값은 해당 블록에 포함된 거래들로부터 생성된 머클트리의 루트에 대한 해쉬값을 말한다. 머클트리는 이진트리(binary tree)라고도 하는데, 규모가 큰 데이터의 완전성을 효율적으로 요약하고 검증하는 데 사용되는 데이터 구조로서, 이를 활용하여 블록 내에 있는 모든 거래를 요약할 수 있다. 루트, 머클루트라고 부르는 해쉬 하나가 남을 때까지 노드 쌍을 반복적으로 암호화하여 머클트리를 만들게 된다. 그리고 바디에는 일정 시간 동안 확정된 거래내역들이 나열되어 있다.

3) 블록체인의 종류

블록체인은 네트워크 참여자의 범위와 성격, 권한에 따라 퍼블릭 블록체인(public blockchain)과 프라이빗 블록체인(private blockchain), 컨소시엄 블록체인(consortium blockchain)으로 구분된다.

비트코인과 이더리움[30) 등은 모두 퍼블릭 블록체인을 활용하고 있다. 퍼블릭 블록체인(public blockchain)은 분산성과 공개성 등 블록체인의 일반적 특성들을 모두 가지고 있다. 개인이나 기관

의 입장에서는 채굴(mining)이 된다(한국법제연구원(정승화, 2016), 7면).

30) 2015년 비탈릭 부테린에 의해 고안된 가상자산이다. 비트코인이 화폐거래라는 목적을 구현하기 위해 설계된 것이라고 하면, 이더리움은 블록체인을 기반으로 다양한 서비스를 제공할 수 있는 분산 애플리케이션을 만들 수 있는 플랫폼을 제공한다.

모두가 제한 없이 블록체인 네트워크에 참여할 수 있고, 알고리즘을 통해 거래내역을 검증하며, 다수가 참여하므로 한 번 정해진 운영규칙을 바꾸기가 어렵다.[31] 퍼블릭 블록체인은 불특정 다수의 참여로 운영되기 때문에 참여자의 참여와 충성도를 유도하기 위하여 경제적 인센티브로서 블록체인상에서 발행된 고유한 화폐, 코인을 지급한다.[32]

프라이빗 블록체인(private blockchain)은 특정한 기관이나 기업이 자신들의 목적과 특성에 맞게 설계한 블록체인이다. 분산성과 공개성을 모두 구현하지는 않고 부분적으로 구현한다. 프라이빗 블록체인은 중앙기관에서 관리권한을 보유하면서 거래를 증명하고 참여자들을 관리하는 형태이다. 중앙기관의 의사결정에 따라 운영방식의 변경이 가능하고, 거래의 증명, 기록 복구도 중앙기관에 의하여 이루어진다. 네트워크 참여자들의 참여에 대하여 중앙기관의 허가가 필요하므로, 허가받지 않은 이용자들은 데이터 접근이 불가능하다.[33] 네트워크상에서 운용 노드가 제한되어 있기 때문에 코인 발행과 같은 경제적 인센티브의 제공 필요성이 적다. 기관이나 기업의 목적에 맞게 특성화가 가능하다는 장점이 있으므로 고유화폐를 통한 네트워크 유지나 지불결제시스템에 사용하기보다는 데이터의 분산 보관에 적합한 방식의 블록체인이다.[34]

컨소시엄 블록체인(consortium blockchain)은 반공개 블록체인이

---

31) 국회도서관, 「가상화폐 대부」, FACT BOOK VOL.66, 2018.04, 63면.
32) 김진화 외 4인(2016), 5면.
33) 국회도서관(FB, 2018.04), 63면.
34) 한국법제연구원(정승화, 2016), 17면.

라고도 불리는데, 퍼블릭 블록체인(public blockchain)과 프라이빗 블록체인(private blockchain)이 결합된 형태이다. 미리 선정된 여러 기관이 컨소시엄을 구성하고, 각각의 기관들이 개별 노드로서 블록체인 데이터베이스를 각각 보관하며 이들의 동의로서 승인이 되는 방식이다.[35] 네트워크에 참여하는 것은 자유롭지만 미리 선정된 참여자들에 의하여 제어가 된다. 컨소시엄 참여자들의 합의에 의하여 운영규칙이 변경될 수 있고, 권한을 부여받은 참여자들의 동의에 의하여 사전에 합의된 규칙에 따라 거래내역이 검증된다. 각각의 기관인 노드들이 자신들의 이익을 위하여 거래검증의 역할을 하므로 고유화폐를 발행하여 경제적 유인책을 제공할 필요성은 없다.

4) 블록체인의 핵심기술

블록체인의 핵심기술은 다음과 같다.[36]

첫째, 블록체인은 분산된 데이터베이스를 기본 구조로 하고 있다. 분산된 데이터베이스는 중앙서버가 아닌 네트워크상에서 다수의 저장공간에 데이터를 분산하여 저장하는 데이터베이스를 말한다. 데이터베이스 관리시스템(Distributed Database Management System: DDBMS)이 이용되는데, 데이터베이스 관리시스템은 데이터를 저장, 변경, 삭제하는 경우 자동적으로, 주기적으로 데이터를 동기화하는 역할을 하게 된다.[37]

둘째, 암호화 해쉬 함수를 이용한다. 암호화 해쉬 함수는 해쉬

35) 한국법제연구원(정승화, 2016), 17면.
36) 한국은행(2016.12), 227-237면.
37) 한국은행(2016.12), 227-228면.

함수(hash function)의 일종이다. 해쉬는 원본의 데이터를 일정한 길이의 요약본(fixed length value)으로 만드는 과정 혹은 이러한 과정을 통하여 만들어진 고정된 길이의 원본에 대한 요약본을 의미한다. 해쉬 함수를 이용하여 원본을 해쉬하는 것은 쉽지만, 반대로 해쉬로부터 원본을 만들어 내는 것은 어려운 성질을 지니고 있다.

이와 같은 성질을 저항성이라고 한다. 암호화(encryption)라는 것은 원본 데이터를 해독하지 못하게 하기 위하여 암호화하여 데이터의 보안을 유지하는 기술을 말하는데, 암호화 해쉬 함수는 이처럼 저항성을 보유한다. 해쉬값이 변경되지 않은 상태에서 입력값을 변경하는 것이 불가능하므로, 위조 등의 공격으로부터 안전하다. 비트코인과 같은 가상자산에서는 앞에서 말한 머클트리 해쉬가 이용되는데, 모든 거래기록이 머클루트의 해쉬로 요약이 되므로, 모든 거래내역의 입력값의 위조 여부에 대한 검증장치로 활용할 수 있는 것이다. 즉, 데이터의 무결성 검증에 활용할 수 있는 것이다.[38]

셋째, 블록체인은 공개키 암호화 방식을 이용한다. 원본 데이터를 해독하지 못하게 암호화하여 데이터의 보안을 유지하는 기술인 암호화는 원본 데이터를 암호화된 데이터로 바꾸는 암호화(encrypt) 과정과 암호화된 데이터를 다시 원본 데이터로 복원하게 하는 복호화(decrypt) 과정으로 구성된다.

공개키 암호화 방식은 암호화 방식[39]의 한 종류인데, 공개키

38) 한국은행(2016.12), 230면.

39) 암호화의 방식으로 대표적인 것이 대칭키 암호화(Symmetric key cryptography)와 공개키·개인키 암호화 (public key cryptography)이다. 대칭키 암호화는 암호화 과정과 복호화 과정에서 같은 키를 사용하는 암호화 방법을

암호화 방식에서는 한 쌍으로 된 공개키(Public key)와 개인키(Private key)를 이용한다. 공개키는 공개되어 있어 누구나 알 수 있는 키를 말하고, 개인키는 비밀키로서 키의 소유자만이 알 수 있는 키를 말한다.

공개키 암호 기술은 공개키 암호와 공개키 서명으로 나뉜다. 공개키 암호는 비밀키의 소유자만이 암호화된 내용을 복호화하여 원본의 내용을 확인할 수 있는 것을 의미하고. 공개키 서명은 해당 데이터가 특정한 비밀키로 암호화되었기 때문에 대칭되는 공개키를 이용하면 누구나 확인할 수 있음을 의미한다.

공개키 암호화는 비밀키 암호화보다 복잡하기 때문에 일반적으로 비밀키 암호화와 함께 이용이 되고 있다. 원본 데이터를 임의의 비밀키로 암호화 한 뒤, 이 비밀키를 다시 공개키로 암호화하여 전송을 하는 방식이다. 이 경우 공개키 암호화로 비밀키만 암호화하고, 전체의 원본데이터는 비밀키로 암호화할 수 있기 때문에 효율적이다.

넷째, P2P 네트워크 프로토콜[40]을 이용한다. 개방형 블록체인에는 P2P 네트워크 아키텍쳐[41]를 취하고 있다. P2P는 네트워크

말하고, 공개키 · 개인키 암호화 방법은 암호화와 복호화 과정에서 두 개의 키 한 쌍으로 하나는 암호화, 다른 하나는 복호화에 사용하는 암호화 방법으로 보통 공개키 암호화라고 불린다.

40) 정보기기 사이, 즉 컴퓨터 간 혹은 컴퓨터와 단말기 간 등에서 정보교환이 필요한 경우, 이를 원활하게 하기 위하여 정한 여러 가지 통신규칙과 방법에 대한 약속, 즉 통신 규약을 의미한다.
(두산백과, https://www.doopedia.co.kr/doopedia/master/master.do?_method=view&MAS_IDX=101013000708220) (2022.02.03.확인)

41) 일반적으로는 네트워크의 논리모델, 구성 요소의 구조, 구성 요소 간의 상호관계를 규정한 규약 체계, 즉 대형컴퓨터, 퍼스컴, 단말기 간 상호 접속하여 통신을 원활하게 하기 위한 규약체계를 말한다.

의 모든 참여자(node)가 클라이언트와 서버의 관계가 아니라 모든 노드가 동등한 지위를 가지고 동등한 역할을 하는 것을 의미한다. 모든 노드가 네트워크로 서로 연결되어 있고, 이들은 서로 동등한 지위에서 네트워크 서비스의 공급자 역할과 소비자의 역할을 동시에 분담한다.

다섯째, 합의 알고리즘을 이용한다. 중앙집중형에서는 중앙의 신뢰할 수 있는 제3의 기관이 원장을 갱신할 권한을 가지지만, 블록체인에서는 모든 노드가 참여하여 원장을 수정하고 배포할 권한을 가지고 있기 때문에 합의 알고리즘이 필요하게 된다.

블록체인에서는 일정 시간 동안 발생한 모든 거래를 블록단위로 모아 생성하고,[42] 이를 모든 구성원들에게 전송을 하여 합의로서 블록의 유효성을 인정받은 후에 기존의 블록에 추가적으로 연결하여 보관하는 방식을 취하는데,[43] 이 과정에서 합의 알고리즘으로 작업증명(Proof of work: POW)을 이용하고 있다.

비트코인 시스템에서 채굴을 원하는 네트워크의 노드들은 거래내역이 담긴 새로운 블록을 생성하기 위하여 비트코인 시스템에서 요구하는 특정한 연산 작업을 수행해야 하는데, 이러한 절차가 작업증명이다. 나카모토는 암호화와 더불어 작업증명이라는 합의 알고리즘을 이용하여 외부의 해킹 시도로부터 블록체인의 수정이 불가능하게 하여 블록체인의 안전성을 확보하였다.[44]

(첨단산업기술사전, http://terms.naver.com/entry.nhn?docId=869824&cid=42388&categoryId=42388) (2022.02.03.확인)

42) 비트코인의 경우에는 10분 단위로 신규 블록을 생성한다.

43) 한국은행 금융결제국, 「디지털혁신과 금융서비스의 미래: 도전과 과제」, 지급결제조사자료 2017-1, 2017, 2면.

44) WB(2017), 8면.

전자서명으로 가상자산이 진정한 소유주에 의해 사용되었는지를 확인할 수 있지만, 이중사용(double spending) 여부는 확인할 수 없는데, 작업증명에 의해서 이 문제를 해결할 수 있는 것이다.

이중사용(double spending)은 동일한 거래기록을 입력값으로 하여 서로 다른 거래를 요청하는 행위를 말하는데, 비트코인 시스템에서는 이중사용이 발생한 경우 먼저 이루어진 거래를 유효한 것으로 인정한다. 블록체인은 10분간의 거래들을 담고 있는 블록들이 시간순서대로 차례로 연결되어 있고, 채굴자에 의하여 블록이 생성되면 해당 블록에 담겨있는 거래들은 동일한 시간에 생성된 것으로 간주된다.[45] 비트코인 시스템에서는 복수의 블록체인이 존재하는 경우 가장 긴 블록체인을 유효한 것으로 인정하기 때문에 비트코인을 이중사용하기 위해서는 기존의 블록체인보다 더 긴 블록체인을 다른 모든 채굴자들이 다음 블록의 채굴에 성공하기 전에 생성해야 한다.[46] 네트워크에 참여하는 노드는 선량한 참여자가 대부분이므로 악의적인 공격자가 네트워크의 전체 연산능력의 50% 이상을 차지하기는 쉽지 않기 때문에 사실상 위조가 어렵게 되는 것이다.[47]

---

45) 타임스탬프는 해당 블록의 생성시간을 말하는데, 블록체인의 헤더에 기록되어 있다.

46) 한국은행 금융결제국(이동규), 「비트코인의 현황 및 시사점」, 지급결제조사자료, 2013-2, 2013, 25-26면.

47) 공격자의 연산능력이 전 네트워크의 연산능력의 50% 이상을 차지하고 있을 때, 이 연산능력을 활용하여 이중사용한 거래내역을 블록체인에 포함시키기 위하여 기존의 블록체인과 상충되는 긴 블록체인을 새로 생성하여 하는 공격을 >50% 공격이라고 한다(이혁준 · 이수미, 「비트코인의 신뢰구조와 이중지불의 위협」, 정보보호학회지 03, 제26권 제2호, 2016.04, 29면).

다. 가상자산(비트코인)의 작동원리[48)]

1) 지갑, 공개주소, 비밀키 생성

가상자산을 취득하고 유통하기 위해서는 지갑(wallet)이 필요하다. 지갑은 비트코인을 보관하고 거래하기 위해서 고안된 프로그램을 말한다. 비트코인 클라이언트라고 호칭되기도 하는데, 이용자들은 플랫폼의 형태에 따라 PC, 모바일, 웹상의 지갑 소프트웨어를 다운받아 가상자산 거래를 할 수 있다.[49)] 기능적인 측면에서 환전기능이 있는 거래소 지갑과 환전기능이 없이 거래만 가능한 일반형 지갑으로 구분하기도 한다.[50)]

이용자는 지갑을 통하여 다수 공개주소(public address)와 비밀키(Private key)의 쌍을 생성할 수 있다. 공개주소는 은행의 계좌번호, 비밀키는 비밀번호에 각 빗대어 보면 가상자산을 거래하기 위해서는 은행의 계좌번호처럼 상대방의 공개주소가 필요하고, 상대방에게 이전한 송금메시지가 유효하다는 것을 증명하기 위한 안전장치로서 비밀키의 소유를 증명하는 전자서명이 필요한 것이다.

일반적으로 공개주소(public address)는 26~35자리, 비밀키(Private key)는 52자리의 영어 알파벳과 숫자가 결합된 문자열로 이루어지는데, 생성방법은 난수생성기를 사용하여 임의의 숫자를 산출

---

48) 최인석(2019), 54~60면 요약 인용.

49) 양희성 · 권영미, 「인터넷 화폐-비트코인의 동향」, 한국멀티미디어학회지 제19권 제1호, 2015.03, 29면.

50) 한국형사정책연구원(연성진 · 전현욱 · 김기범 · 신지호 · 최선희), 「암호화폐(Cryptocurrency) 관련 범죄 및 형사정책 연구」, 연구총서 17-BB-02, 2017, 33면.

한 뒤, 해쉬 함수를 이용하여 비밀키를 생성하고, 그리고 이 비밀키를 또 다른 해쉬 함수로 계산하여 공개키(Public key)를 생성한 후, 이 공개키를 기초로 최종적인 공개주소(public address)를 생성하는 것이다.[51)]

2) 가상자산의 취득

가상자산을 취득하는 방법으로는 다른 사람의 가상자산을 이전받아 취득하거나 암호를 해독하여 채굴하는 방법이 있다.

가) 이전 취득

대가를 지불하고 타인의 가상자산을 승계하여 취득하는 것으로, 가상자산 거래를 지원하는 플랫폼 즉 가상자산 거래소를 통하여 현금을 송금하거나 ATM 기기에 현금을 입금한 뒤 PIN 번호를 받아 입력하는 등의 방법으로 대가를 지불하고 이를 취득하는 경우와 개인 간(P2P) 직접거래를 통하여 타인으로부터 가상자산을 매수하여 취득하는 경우, 그리고 재화와 용역을 공급하고 그 반대급부로서 가상자산을 수령하여 취득하는 경우 등이 있다.

개인 간(P2P) 거래는 공개키 암호화 방식을 이용하여 가상자산의 지갑 소유자 사이에서 가상자산을 직접적으로 이전하는 방식으로 이루어진다. 이 과정에서 공개주소와 이전거래를 승인하는데 필요한 비밀키를 이용한다. 이용자들은 전자지갑에 저장된 공개주소와 비밀키를 활용하여 가상자산을 거래하는 것이다.[52)]

개인 간에 가상자산을 거래하는 것을 인터넷 뱅킹의 계좌이체

---

51) 한국형사정책연구원(연성진 외 4인, 2017), 30면.

52) 홍도현 · 김병일, 「가상통화에 대한 과세문제-비트코인을 중심으로」, 조세연구 제15권 제1집, 2015.04, 118-119면.

에 빗대어, A의 가상자산을 B에게 직접 이전하는 과정을 예를 들어 살펴본다. A가 B에게 계좌이체를 하려고 하면 B의 계좌번호가 필요하다. 가상자산을 이전하기 위해서도 B의 계좌번호에 해당하는 B의 공개주소가 필요하다. 가상자산을 이전받기를 원하는 B는 자신의 공개주소를 A에게 전송을 하고, 가상자산을 이전해 주려는 A는 B의 공개주소에 거래내용(송금액)과 자신의 공개주소를 추가하여 해쉬[53]를 계산한다. 이후 A는 자신의 비밀키를 이용하여 이 해쉬를 암호화하는데, 이것이 A의 전자서명[54]이 된다. A는 전자서명을 한 뒤 이를 블록체인에 보내고 A의 지갑에는 키의 데이터만 있고 잔액 등 거래내용과 관련된 데이터는 블록체인에 존재하게 된다. B는 A의 전자서명이 담긴 전자메시지를 함께 전송된 A의 공개키로 복호화하여 A가 전송하였음을 확인하게 된다. A의 공개키는 공개되어 있으므로 B뿐만 아니라 누구든지 A의 전자서명을 복호화하여 전송자가 A임을 확인할 수 있는 것이다.[55]

가상자산거래소를 통하여 가상자산을 취득하는 것을 증권거래의 중개에 빗대어 볼 수 있다. 가상자산 판매를 원하는 자와 구매를 원하는 자가 직접 상대방을 찾는 것이 아니라 가상자산거래소가 중개하는 역할을 하고, 수요와 공급에 의하여 법정통화와의 교환비율이 정해지는 것이다.[56]

---

53) 해쉬는 해쉬 함수를 이용하여 데이터를 일정한 길이의 요약본으로 만드는 것을 말하는데, 일반적으로 원본 데이터를 해쉬로 만드는 것은 용이하지만, 반대로 해쉬로부터 원본데이터를 정확히 추정하는 것은 거의 불가능하다.

54) 전자서명은 공개키 기반구조(Public Key Infrastructure: PKI)를 이용하여 수신자가 송신자가 보낸 메시지의 진위 여부와 송신자에 의해서 보내졌음을 전자적으로 확인할 수 있는 방법을 의미한다.

55) 홍도현 외 1인(2015), 118-119면.

가상자산을 구매하거나 판매하기를 원하는 당사자들이 거래소에 생성된 자신의 계정에 원화나 비트코인 등 가상자산을 예치하고, 구매량과 판매량, 그리고 가격을 입력하면, 거래소의 시스템에서 자동으로 매칭을 하여 거래계약이 체결되는 것이다. 이 경우 희망 가격을 지정하지 않고, 현재의 시세대로 계약체결을 하도록 설정할 수도 있다.

나) 채굴로 인한 취득

채굴은 가상자산 시스템에서 거래내역을 기록하고 이를 공식화하는 과정, 즉 거래내역이 담긴 블록을 승인하는 과정을 말한다.[57] 채굴을 통한 취득은 네트워크 내의 참여자가 거래내역이 담긴 블록을 생산하고 연결하여 블록체인을 만드는 과정에서 거래내역을 검증하는 것에 대한 보상으로 블록체인 시스템으로부터 가상자산을 지급받아 취득하는 것을 말한다. 사토시 나카모토가 2009년 1월 최초의 비트코인 블록을 채굴하였다.

중앙시스템에서는 중앙시스템이 특정한 채굴자를 지정하고, 이들이 블록을 만들어 체인에 연결하도록 지시할 수 있지만 분산시스템에서는 이러한 역할을 할 중앙시스템이 없기 때문에 채굴자를 선발하는 방법을 개발하였다.[58]

채굴자들은 거래내역이 담긴 새로운 블록을 생성하기 위해서 비트코인 시스템에서 요구하는 특정한 작업을 수행해야 한다. 이 작업은 이전 블록의 해쉬값, 암호화된 미승인된 거래기록, 그리고 논스(nonce)[59]라는 임의의 숫자를 입력하여 새로운 블록의 해쉬값

---

56) 한국은행 금융결제국(이동규, 2013), 7면.
57) 한국형사정책연구원(연성진 외 4인, 2017), 33면.
58) 한국형사정책연구원(연성진 외 4인, 2017), 34면.

을 계산하는 것인데, 논스(nonce)값을 다르게 입력하면서 계산된 블록의 해쉬값이 비트코인 시스템에서 요구하는, 설정된 임계치보다 낮은 해쉬값을 찾는 과정인 것이다. 이러한 절차를 작업증명(PoW)이라고 한다.[60] 비트코인 시스템에서는 채굴자들이 많을수록 임계치를 높여 난이도를 상향조정하고 있다.

한편, 비트코인 시스템에서는 채굴과정에서의 적극적인 참가를 유도하기 위하여 채굴자에게 비트코인을 지급하지만, 인플레이션을 방지하고 가치에 대한 신뢰를 부여하기 위하여 공급량을 제한하고 있다. 최대 발행량이 2140년까지 2,100만 BTC로 고정되어 있고, 비트코인의 채굴량이 평균 4년마다 절반으로 감소되도록 되어 있어 2009년 최초 발행 시부터 4년간은 50BTC, 그 이후 4년간은 25BTC, 그 뒤 4년간은 12.5BTC 등 순차적으로 채굴자에 주어지는 보상이 축소되도록 설계되어 있다. 더 많은 채굴자들이 참여할 경우 분산처리를 통한 연산능력이 높아지고, 채굴이 2140년 전에 끝날 수도 있기 때문에 기간별로 채굴량을 미리 설정하고, 참여자들에 대한 인센티브 축소와 암호의 난이도를 조정하여 전체 채굴량을 조정하는 것이다.[61]

채굴자가 채굴에 성공을 하면, 블록을 처음 구성할 때 채굴자의 지갑으로 일정량의 비트코인이 입금되는 거래를 그 블록의 첫 거래(generation transaction)로 추가하는 방식으로 보상이 이루어진다.[62]

---

59) 논스는 해쉬값의 앞부분에 특정한 개수의 0의 수를 결정하는 파라미터로서 블록생성에 평균적으로 10분이 소요되도록 하는 기술적 장치이다(한국금융연구원(김자봉), 「비트코인 거래 메커니즘의 분석과 시사점」, KIF VIP시리즈 2014-11, 2014.09, 55면).

60) 좋은정보사, 「블록체인/가상화폐 산업동향과 기술·보안 분석 및 활용사례 현황」, 2018.08, 41면.

61) 한국형사정책연구원(연성진 외 4인, 2017), 33면.

3) 가상자산의 유통과 블록체인의 생성

가상자산의 유통은 공개키 암호화 방식을 이용하여 가상자산의 지갑 소유자 사이에서 가상자산을 이전하는 방식으로 이루어진다.

가상자산의 유통은 인터넷 뱅킹의 계좌이체에 빗대어 볼 수 있다. A로부터 B에게 가상자산이 이전되는 거래(Transaction)의 경우, A는 전자지갑에서 B의 공개키(공개주소)와 송금액을 입력하고 자신의 공개주소를 추가하여 해쉬를 계산한 후, 자신의 비밀키를 이용하여 암호화, 즉 전자서명을 한다. 이후 B가 A의 공개키로 검증을 하면 B에게로 가상자산 이전이 완료되는 것이다. 그리고 이러한 거래는 검증과정을 통하여 블록화되고 블록체인에 연결되는 것이다.

구체적으로 살펴보면, 먼저, A에게서 B에게로 가상자산을 이전시키는 거래(Transaction)가 발생한다. 이 거래는 A와 B뿐만 아니라 네트워크 내의 전체 노드로 전송이 되어 공개가 된다.

위 거래를 검증하고자 하는 채굴자들은 블록화 권한을 획득하기 위해서 비트코인 시스템에서 요구하는 연산을 수행하게 된다. 특정한 연산을 수행하여 블록 생성 권한을 얻은 채굴자들은 블록보상과 해당 블록에 담을 거래내역에 첨부된 수수료를 받고 이 거래를 포함하여 블록체인에 기록되지 않은 미검증의 거래들을 모아 블록화 대상에 포함시켜 블록을 생성한다.

생성된 블록과 연산문제의 정답은 비트코인을 사용하는 모든 사용자들에게 전파되어 위 블록이 유효함을 인정받게 되면 새로

---

62) 보상은 블록보상과 채굴수수료로 구성된다. 채굴수수료는 블록보상과는 달리 채굴자들이 특정 거래 기록들을 블록에 포함시켜서 블록체인에 추가될 수 있게 하는 인센티브이다. 채굴자들은 블록보상의 난이도가 증가하게 됨으로서 블록보상을 적게 받게 되지만, 채굴수수료로도 수익을 낼 수 있다.

운 블록으로서 블록체인에 연결된다.

이후 이 정보가 B에게 전달되면 B는 거래의 비트코인을 수신하게 되는 것이다.

그림 2 블록체인화 과정

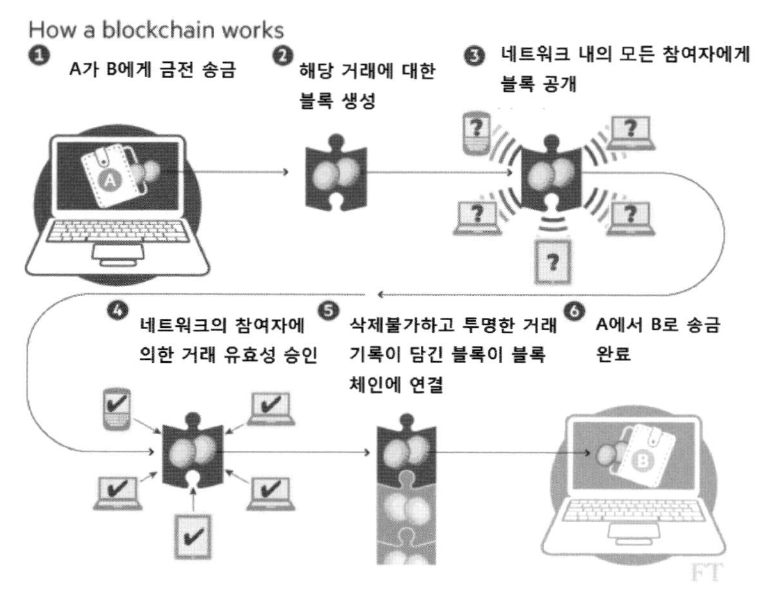

자료: Jane Wild, Martin Arnold and Philip Stafford(2015) 일부 수정

2. 가상자산의 개념과 법적 지위

가. 가상자산의 개념

가상자산의 개념에 대해서는 국가별·기관별로 다양한 정의가 존재한다. 다만 종래에는 '비트코인'의 '지급·결제기능'에 초점을

맞춘 가상통화(Virtual Currency), 암호화폐(Crypto Currency), 디지털 통화(Digital Currency) 등 화폐(currency)의 성격을 드러내는 명칭이 주를 이루었다면, 비트코인을 비롯하여 시장에 등장한 다양한 가상자산의 '투자자산기능'이 부각되면서 2018년 이후 국제자금세탁방지기구(FATF)[63]의 정의규정 수립을 필두로 국제기구 및 각국의 기관에서 암호자산(Crypto-Assets), 가상자산(Virtual Asset) 또는 디지털자산(Digital Asset) 등 자산(asset)으로서의 성격을 강조하는 명칭을 주로 사용하고 있다.

2016년 국제통화기금(IMF)은 **가상통화**(Virtual Currency)를 민간의 개발자에 의해서 발행되고 고유의 단위에 의해 명명되어지는 가치의 전자적 표상이라고 정의하였다.[64] 이에 따르면 가상통화는 전자적으로 획득, 저장, 접근, 거래될 수 있고, 거래 당사자가 동의하면 다양한 목적에 사용될 수 있으며, 모바일 쿠폰, 항공 마일리지와 같은 단순한 형태의 쿠폰에서 금과 같은 자산에 의해 보증되는 가상통화와 암호화 통화까지 포함한다.[65] 2014년 유럽은행감독청도 **가상통화**(Virtual Currency)를 중앙은행 혹은 공공단체에서 발행되지 않고, 법정화폐에 필연적으로 부수되지 않지만, 자연인 혹은 법인에 의해서 교환의 수단으로 사용되거나 전자적으로 이전, 저장, 거래될 수 있는 디지털 가치표상으로 정의하였다.[66]

---

63) 국제자금세탁방지기구(Financial Action Task Force): UN 협약 및 안전보장이사회(UNSCR) 관련 금융조치(Financial Action)의 이행을 위한 행동기구(Task Force)로 국경을 초월하여 발생하는 자금세탁·테러자금조달에 공동대응하기 위해 1989년 G7 합의로 설립되었으며, 국제기준 마련, 각국의 이행 현황 평가 등의 기능을 수행한다. 우리나라는 2009년 10월 4일 정회원으로 가입하였다.

64) IMF, 「Virtual Currencies and Beyond: Initial Considerations」, 2016.

65) IMF(2016), 7면.

2012년 유럽중앙은행(ECB)은 **디지털통화**(Digital Currency)를 개발자가 발행하고 통제하며, 특정의 가상사회(a specific virtual community)에서 수용·사용하며, 법적 규제가 거의 없는 디지털 화폐(a type of unregulated digital money)의 한 유형이라고 정의하였다.[67] 2015년에는 더 구체적으로 중앙은행, 금융기관, 전자화폐발행기관에 의해 발행되지 않으며, 경우에 따라서는 화폐의 대체수단으로 활용될 수 있는 금전적 가치의 전자적 표상이라고 정의하였다.[68]

그러나 2018년 G20 재무장관 및 중앙은행총재 회의[69]는 비트코인 등의 자산성을 인정하는 취지에서 이를 암호자산(Crypto-assets)으로 명명하였다.[70] 종래 FATF는 '교환의 매개체, 계산의 단위, 가치 저장소로서 기능하며 전자적으로 거래 가능한 가치의 전자적 표현'을 가상통화(Virtual Currency)라고 하였으나, 이러한

---

66) European Banking Authority, 「EBA Opinion on 'virtual currencies'」, 4 July 2014, 11면.

67) European Central Bank, 「Virtual Currency Schemes」, 2012.10, 13면.

68) European Central Bank, 「Virtual Currency Scheme – a further analysis」, 2015.

69) G20 재무장관 및 중앙은행 총재회의: 1997년 아시아 외환위기 이후, 국제금융시장의 안정을 위한 협의체의 필요가 대두됨에 따라 창설되어 1999년 12월 독일 베를린에서 제1차 회의를 개최하였다. 미국, 일본, 영국, 프랑스, 독일, 캐나다, 이탈리아(이상 G7), 러시아, 한국, 중국, 인도, 인도네시아, 호주, 브라질, 멕시코, 아르헨티나, 남아공, 사우디, 터키, EU 의장국, IMF, IBRD, 유럽중앙은행, 국제통화금융위원회(IMFC) 등이 참가하며 세계경제체제에 있어 중요한 국가 간에 경제 및 금융정책 현안에 관한 대화를 확대하고 안정적이며 지속가능한 세계경제 성장을 위한 협력을 증대하는 것을 목적으로 한다(외교부 홈페이지 참조, https://www.mofa.go.kr/www/wpge/m_3952/contents.do) (2022.02.02.확인).

70) 2018년 G20 재무장관 및 중앙은행총재회의 공동성명. (https://g20.argentina.gob.ar/sites/default/files/communique_finance_ministers_and_central_banks_meeting_march_2018.pdf) (2022.02.02.확인)

G20의 입장에 따라 그 관점을 전환하여 2018년 FATF 국제기준[71] 내 정의규정집에 이를 '**가상자산**(Virtual Asset)'이라는 명칭으로 등재하면서, 이를 '전자적으로 거래 및 이전이 가능하며 지급 또는 투자의 목적으로 사용 가능한 전자적 가치의 표현'이라고 정의하였다.[72]

영국 금융감독당국(Financial Conduct Authority: FCA)은 중앙기관이 발행하거나 지원하지 않으며, 교환 수단으로 사용되도록 고안된 것으로, 전통적 의미의 중개인 없이 재화나 용역을 사고팔기 위한 탈중앙화된 도구라는 성질(경향)을 가진 교환토큰(Exchange Tokens),[73] 지정투자(FCA의 specified investments)와는 달리 보유자에게 현재 또는 미래의 재화나 용역에 대한 접근 권한을 부여하는 유틸리티토큰(Utility Tokens),[74] 지정투자(FCA의 specified investments)와 유사한 권리와 의무를 제공하는 특성의 증권토큰(Security Tokens)[75]으로 **암호자산**(Cryptoassests)을 분류한 바 있다.[76]

미국 선물위원회(Commodity Futures Trading Commission: CFTC)는 **디지털자산**(digital assets) 중 비트코인과 같은 교환토큰(Exchange Tokens)을 가상통화(Virtual Currency)라고 칭하고, 가상통화와 유틸리티토큰(Utility Tokens)을 포괄하는 개념을 디지털토큰(Digital

---

71) FATF가 효과적인 자금세탁방지 및 테러자금조달 금지를 위해 각국이 이행해야 할 40가지 항목을 정한 국제기준을 말한다. 금융위원회, 가상자산 관련 특정 금융거래정보의 보고 및 이용 등에 관한 법률 일부개정법률 공포안 국무회의 의결, 2020.03.17일자 보도참고자료, 3면.

72) FATF 정의규정집. (http://www.fatf-gafi.org/glossary/u-z/) (2022.02.02.확인).

73) FCA(PS19/22), Guidance on cryptoassets, Policy Statement, July 2019, 4면.

74) FCA(PS19/22), 4면.

75) FCA(PS19/22), 4면.

76) FCA(PS19/22).

Tokens), 여기에 가상통화를 기초자산으로 하는 파생상품까지 포함하는 개념을 디지털자산(Digital Assets)으로 칭한다.[77)]

미국 증권거래위원회(SEC)는 분산원장 또는 블록체인기술을 사용하여 발행·이전되는 자산을 **디지털자산**(Digital Asset)으로 통칭한다. 여기에는 이른바 가상통화(virtual currencies), 코인(coins), 토큰(tokens) 등이 포함되지만 이에 국한되지 않으며, 연방 증권법에 따른 증권의 정의를 충족하는 것과 그렇지 않은 것이 혼재한다고 본다.[78)]

일본 금융청은 2016년 '물품의 구입 등의 대가로 지급될 수 있으며 구입 및 매각이 가능한 재산적 가치 등'을 가상통화(仮想通貨)라고 명명하였으나, 2019년 법률 개정을 통해 그 명칭을 **암호자산**(暗号資産)으로 변경하였다.[79)]

2020년 9월 24일 EU 집행위원회(EC)가 제안한 「암호자산 시장 규정 제안(Proposal for the Markets in Crypto Assets Regulation: MiCA)」[80)]도 '분산원장 기술 또는 이와 유사한 기술을 사용하여 전자적으로 양도 및 저장할 수 있는 가치 또는 권리의 디지털 표현'을 가리켜 '**암호자산**(Crypto-asset)'으로 정의하고 있다.[81)]

우리나라의 경우, 2018년 1월 금융위원회는 「가상통화 관련 자

---

77) CFTC(2020), Digital Assets Primer, 9면.

78) OCIE, 「The Division of Examinations' Continued Focus on Digital Asset Securities」, SEC, 2021.02.26, 1면.

79) 일본 금융결제에관한법률(資金決済に関する法律) 제2조 제5항.

80) EUROPEAN COMMISSION, Proposal for a Regulation of the European Parliament and of the Council on Markets in Crypto-assets, and amending Directive (EU) 2019/1937, Brussels, 24.9.2020, COM(2020) 593 final. (https://eur-lex.europa.eu/legal-content/EN/TXT/?uri=CELEX:52020PC0593) (2022.01.31.확인)

81) MiCA 제3항 제1조(2).

금세탁방지 가이드라인」에서 '가상통화'를 '거래상대방으로 하여금 교환의 매개 또는 가치의 저장수단으로 인식되도록 하는 것으로서 전자적 방법으로 이전 가능한 증표 또는 그 증표에 관한 정보'로 정의하였고,[82] 2018년 5월 대법원은 '비트코인'에 대하여, 경제적인 가치를 디지털로 표상하여 전자적으로 이전, 저장 및 거래가 가능하도록 한 '가상화폐의 일종'으로 재산적 가치가 있는 무형의 재산이라고 판시한 바 있으나,[83] 2020년 개정 특정금융정보법은 '전자적으로 거래 또는 이전될 수 있는 전자적 증표(그에 관한 일체의 권리를 포함한다)'를 '**가상자산**'으로 정의하였고,[84] 이후 대법원 또한 '가상자산'은 '국가에 의해 통제받지 않고 블록체인 등 암호화된 분산원장에 의하여 부여된 경제적인 가치가 디지털로 표상된 정보'라고 판시하였다.[85]

특정금융정보법상의 정의는 국내 유일한 법률상의 정의라는 의의가 있으며, 경제적 가치를 지닌 전자적 증표로서 전자적으로 거래되는 모든 것을 포괄하므로 가상자산의 유형이나 발행·사용의 목적, 용도 등에 따른 구별이 없는 광의의 개념으로 FATF의 가상자산(Virtual Asset) 정의와 유사하다.

최근 논의의 흐름은 자산(asset) 개념으로 전체를 칭하되 이를 그 특성에 따라 분류하여, 금융규제와 같은 기존 규제의 적용대상인지 여부를 식별하는 데에 초점이 있다.[86] 그리고 식별 결과

82) 금융위원회, 「가상통화 투기근절을 위한 특별대책('17.12.28) 중 금융부분 대책 시행」, 2018.01.23일자 보도참고자료의 (붙임2) 가상통화 관련 자금세탁방지 가이드라인.

83) 대법원 2018.05.30. 선고 2018도3619 판결.

84) 특정금융정보법 제2조 제3호.

85) 대법원 2021.11.11. 선고 2021도9855 판결.

86) 그리고 기존 규제의 대상이 아니거나 포섭되지 않는 유형에 대하여는 그

기존 규제가 적용되지 않는 유형의 가상자산에 대한 추가적인 입법제안도 논의되고 있다. 다만 우리나라의 경우 아직 가상자산의 분류가 정립된 것이 없고, 가상자산에 대한 포괄적인 정의 및 가상자산사업자의 자금세탁방지의무 이행에 대한 사항만이 특정금융정보법에 정해져 있는 상황이다.[87)]

이에 본서에서는 용어의 통일성과 기술의 편의를 위하여 현행 법상의 용어인 '가상자산'을 기본적인 용어로 사용하되, 다만 국내외 법령, 보고서 등에서 다른 용어('암호자산', '가상통화' 등)가 사용된 경우에는 혼란을 피하기 위하여 이를 그대로 사용하기로 한다. 또한 아래 가상자산의 법적 지위 검토는 그 법적 지위에 대한 실무적인 이슈가 실제로 제기되었던 '비트코인'에 대하여 검토한다.

발행, 유통, 소비자보호 등과 관련하여 새로운 제도를 수립할 것인지(예: 유럽연합), 아직 진화과정을 지켜볼 것인지에 대해서는 각국별로 다른 입장을 보이고 있다.

물론 가상자산의 유형을 불문하고 보유 자체를 불법으로 금지하거나(예: 중국, 이집트, 이라크, 카타르, 오만, 모로코, 알제리, 튀니지, 방글라데시 등), 은행의 가상자산 취급업무 및 가상자산거래사업자의 서비스제공을 금지하는 국가(예: 터키, 베트남, 마카오, 아랍에미레이트연합, 사우디아라비아 등 40여 개국)도 있다(금지국가 데이터는 미국 의회도서관, Regulation of cryptocurrency around the world : November 2021 Update, 66면 Legal Status of Cryptocurrencies. https://tile.loc.gov/storage-services/service/ll/llglrd/2021687419/2021687419.pdf) (2022.02.02.확인).

87) 그 분류와 제도 정비에 대하여는 산업 질서 수립을 위한 법제의 과정에서 보다 깊이 있는 논의가 이루어질 것으로 보인다(본서 Ⅱ.2.나. 국내 동향 부분 참조).

나. 가상자산(비트코인)의 법적 지위

1) 민법상 물건 · 동산 · 점유의 목적물 해당 여부

민법은 제98조에서 물건을 “유체물 및 전기 기타 관리할 수 있는 자연력을 말한다”라고 정의하고 있다. 물건이 되기 위해서는 유체물과 관리할 수 있는, 즉 배타적 지배가 가능한 자연력으로서, 외계의 일부이고 독립성 요건을 충족하여야 한다.[88]

디지털 정보의 경우에도 지배가능성, 관리가능성이 있다면 물건의 개념을 확대하여 물건에 포함시킬 수 있다는 견해[89]와 가상자산은 물건에 해당하며 부동산이 아니므로 동산으로 분류된다고 하는 견해[90]도 있다.

유체물은 전부 물건이 되고, 무체물은 관리가 가능한 자연력이 물건의 개념에 포함된다. 가상자산은 현금과는 달리 물리적 실체가 없이 전자화된 파일의 형태로 되어 있기 때문에 유체물은 아니다.[91] 또한 단순한 데이터 등의 정보나 권리 등의 관념적 존재는 물건의 개념에 포함되지 아니하고, 디지털 정보로서의 가상자산이 전기와 같이 자연으로부터 산출되는 특정한 에너지로서 관

---

88) 지원림, 「민법강의」, 홍문사, 2016, 148-149면.

89) 배대헌, 「거래대상으로서 디지털정보와 “물건” 개념 확대에 관한 검토」, 상사판례연구 제14권, 2003, 344면. 관리가능성과 배타적 지배가능성의 개념이 상대적이므로 정보의 법적 성격을 적극적으로 해석하여 보호해야 한다고 주장하는 견해도 있다(최경진, 「디지털유산의 법적 고찰-온라인유산의 상속을 중심으로」, 경희법학 제46권 제3호, 2011.04, 264면).

90) 전승재 · 권헌영, 「비트코인에 대한 민사상 강제집행 방안-암호화폐의 제도권 편입 필요성을 중심으로-」, 『정보법학』 제22권 제1호, 2018 등, 88-89면, 국회입법조사처, 현안분석 「가상자산 강제집행 논의의 현황과 시사점」, 류호연, 2021.09.30. 7면에서 재인용.

91) 최인석(2019), 76면.

리할 수 있는 자연력에 해당한다고 볼 수 없으므로,[92] 가상자산은 민법상 물건에 해당하지 않는다. 민법상 부동산과 동산의 구별은 물건인 경우에 한하고,[93] 점유의 목적물 또한 그러하므로,[94] 물건에 해당하지 않는 가상자산은 동산의 개념에 포섭될 수 없으며 가상자산에 대한 점유의 개념 역시 상정하기 어렵다.

과거 일본 법원은 원고가 마운트 곡스의 파산관재인에 대하여 소유권에 기한 비트코인 반환(명도)을 청구한 사건에서,[95] 비트코인이 소유권의 객체가 되기 위해서는 유체성과 배타적 지배 가능성이 인정되어야 할 것이나, 비트코인 거래라는 것은 송부된 비트코인을 표상하는 전자적 기록의 송부에 의해 이루어지는 것이 아니라 송부 당사자 이외의 관여가 필요하고, 특정 참가자가 작성·관리하는 비트코인 계좌의 비트코인 잔고는 블록체인상에 기록되어 있는 주소와 관계된 비트코인의 전체 거래를 차감 계산한 결과로서의 수량이지 그 잔고에 상당하는 비트코인 자체를 표상하는 전자적 기록이 존재하는 것은 아니며, 비트코인 입출금 구조에 따르면 비트코인 계좌의 관리자가 당해 주소에 있어 당해 잔고의 비트코인을 배타적으로 지배하고 있다고 볼 수 없다는 이유로, 비트코인은 민법상 소유권의 객체가 될 수 없다고 판시한 바 있다.[96]

---

92) 윤배경, 「가상화폐에 대한 강제집행의 제문제와 특별현금화 방안에 대한 제언」, 『변호사』 제5집, 2018, 115면. 국회입법조사처(류호연, 2021), 7면에서 재인용.

93) 민법 제99조(부동산, 동산) ① 토지 및 그 정착물은 부동산이다. ② 부동산 이외의 물건은 동산이다.

94) 민법 제192조(점유권의 취득과 소멸) ① 물건을 사실상 지배하는 자는 점유권이 있다.

95) 東京地裁, 平成 27年 8月 5日 선고, 平成 26年(ワ) 第33320号.

2) 국세징수법상 압류의 대상인지 여부

국세징수법상 강제징수는 재산의 압류, 압류재산의 매각·추심 및 청산의 절차로 이루어지며,[97] 이 중 압류는 체납자의 특정 재산에 대하여 법률상 또는 사실상 처분을 금지시키는 관할세무서장의 행위를 말한다. 국세징수법은 압류재산을 전통적 유형의 재산을 중심으로 분류하여, 부동산 등, 동산 및 유가증권, 채권, 그 밖의 재산권으로 나누어 압류에 관한 규정을 두고 있다.[98]

가상자산이 물건에 해당하며 '동산'으로 분류된다는 견해[99]에 의하면 체납자의 가상자산은 국세징수법 제5관 동산 및 유가증권에 대한 규정에 따라 동산 압류의 절차와 방식으로 가능할 것이다. 그러나 앞서 살핀 바와 같이 가상자산은 동산에 해당하지 아니하므로 동산으로의 의제 혹은 준용에 대한 규정이 없는 한 동산의 압류에 대한 규정은 적용될 수 없다.

기획재정부도 점유는 동산·부동산과 같은 물건에 대해서만 상정이 가능하기 때문에 가상자산에 대한 점유 개념은 성립되지 않는다고 하여,[100] 종래 체납자가 보유한 가상자산에 대한 압류는 체납자의 가상자산을 보관 중인 가상자산사업자를 대상으로 체납자의 가상자산사업자에 대한 가상자산 반환청구권을 '채권'으로 간주하여 국세징수법 제7관 채권에 대한 규정을 적용하는 방식으로 이루어지곤 하였다.[101]

---

96) 新·判例解説 Watch 民法(財産法)No.107 – LEX/DB.
(https://lex.lawlibrary.jp/commentary/pdf/z18817009-00-031071316_tkc.pdf)
(2022.02.02.확인)

97) 국세징수법 제24조.

98) 국회 기획재정위원회 검토보고서, 정명호 수석전문위원, 2021.11, 7면.

99) 전승재 외 1인(2018) 88-89면, 국회입법조사처(류호연, 2021) 7면에서 재인용.

100) 국회 기획재정위원회 검토보고서, 정명호 수석전문위원, 2021.11, 11면.

그러나 이러한 방식은 ① 물권과 달리 특정한 사람의 행위를 대상으로 하는 채권의 특성상 가상자산사업자가 보관하지 않고 체납자 개인이 보관 중인 가상자산에 대하여는 적용이 불가능하고, ② 가상자산사업자가 보관 중인 가상자산이라도 체납자가 가상자산의 실질적 소유자는 따로 있고 본인은 명의만 대여하였을 뿐이라는 주장을 하며 압류에 불복하는 사례가 발생하는 등 실무적인 어려움이 수반된다.[102] 뿐만 아니라 ③ 가상자산 반환청구권을 압류한 경우 세무당국은 체납자를 대위한 결과 가상자산사업자로부터 체납액 상당의 가상자산을 반환받아야 할 것이나 국세징수법은 채권추심의 결과 체납자를 대위하여 '물건'을 받은 경우만을 규정하고 있어[103] 가상자산의 수령 근거가 미비하고,[104] ④ 만약 이를 수령할 수 있다 해도 가상자산을 특정 거래

---

101) 국세청은 2021년 3월, 366억 원 상당의 가상자산을 보유한 고액체납자 2,416명에 대한 강제징수 시 그 가상자산(반환청구권)을 압류하였고, 서울시도 2021년 4월 가상자산으로 재산을 은닉한 고액체납자 676명이 보유한 251억 원 가량의 가상자산(반환청구권)을 압류하였다(국회입법조사처(류호연, 2021), 3면).

102) 국회 기획재정위원회 검토보고서, 정명호 수석전문위원, 2021.11, 8면.

103) 국세징수법 제52조(채권 압류의 효력 및 추심) ② 관할 세무서장은 제51조 제1항에 따른 통지를 한 경우 체납액을 한도로 하여 체납자인 채권자를 대위한다.

국세징수법 제66조(공매) ① 관할 세무서장은 압류한 부동산등, 동산, 유가증권, 그 밖의 재산권과 제52조 제2항에 따라 체납자를 대위하여 받은 물건(금전은 제외한다)을 대통령령으로 정하는 바에 따라 공매한다.

104) 다만 현실적으로는 우리나라 가상자산사업자의 이용약관 중 거래 종료나 거래 계속 중에 채무자가 제3채무자인 거래소에 대하여 비트코인 자체의 지급이나 반환을 구할 수 있는 경우는 없고 다만 거래 종료 시나 거래소에 의한 계약해지 시에 거래소 전자지갑에 들어 있는 비트코인을 그 시세로 환전하여 현금으로 지급받거나 제3자에게 매각하여 그 대금을 현금으로 지급받는 경우가 대부분이다. 박영호, 「암호화폐의 강제집행, 비트코인을 중심으로」, 사법 제49호, 2019, 37면.

장(증권시장)에서 직접 매각할 수 있다는 상장증권과 같은 규정[105]이 없는 이상 반환된 가상자산을 세무당국이 공매[106]하는 방식으로 현금징수를 실현할 수밖에 없다는 문제도 있었다.[107]

이러한 문제를 입법적으로 해결하기 위하여 제21대 국회 기획재정위원회에 체납자의 가상자산 자체에 대한 압류 및 매각의 근거 규정을 마련하는 국세징수법 개정안(고용진의원안 등)이 발의되었고,[108] 2021년 11월 30일 기획재정위원회 전체회의의 의결을 거친 개정안(기재위 대안)[109]이 법제사법위원회를 거쳐 같은 해 12월 2일 본회의에서 가결되어 같은 달 21일 개정 국세징수법이 공포되었다.

개정 국세징수법은 ① 가상자산을 국세징수법상의 압류재산

---

105) 국세징수법 제66조(공매) ② 제1항에도 불구하고 관할 세무서장은 압류한 재산이 「자본시장과 금융투자업에 관한 법률」 제8조의2 제4항 제1호에 따른 증권시장(이하 "증권시장"이라 한다)에 상장된 증권인 경우 해당 시장에서 직접 매각할 수 있다.

106) 국세징수법 제66조 제1항.

107) 그간의 현금징수는 압류사실을 통보받은 체납자가 자발적으로 현금을 납부하거나, 체납자나 가상자산사업자로부터 동의를 받고 사업자가 보관 중인 가상자산을 매각하는 방법으로 이루어졌다(국회입법조사처(류호연, 2021), 3면). 그러나 이는 위 본문 ③, ④의 문제점을 우회하기 위하여 (i) 체납자의 압류재산 내지 세무당국의 대위수령물을 매각할 권한 없는 가상자산사업자에게 근거 없이 이를 매각하도록 한 셈이고, (ii) 대위권의 범위 내에 있는 가상자산의 반환은 체납자의 동의여부를 불문한다 하더라도 대위로 인한 반환을 넘어 체납자의 명시적인 동의 없이 사업자가 이를 매각하도록 한 것은 고객 개인의 체납에 대한 아무런 책임이 없는 가상자산사업자로 하여금 무리한 위험을 감수하도록 한 측면이 있다.

108) 고용진 의원 등 15인, 국세징수법 일부개정법률안(의안번호 12074)(고용진의원안) 및 정부제출, 국세징수법 일부개정법률안(의안번호 12404)(정부안) 등.

109) 국회 기획재정위원회 위원회의결안, 국세징수법 일부개정법률안(대안), 제안연월일 2021.12.01. 제안자 윤후덕 기획재정위원장(기재위 대안).

중 권리의 변동에 등기 또는 등록이 필요하지 아니한 '그 밖의 재산권'으로 분류하고,[110] ② 관할 세무서장은 가상자산에 대한 압류 시 체납자에게, 제3채무자가 있는 경우에는 그 제3채무자에게 각 이를 통지하고,[111] ③ 실효성 있는 압류를 위하여 압류대상인 가상자산을 '이전'할 것을 체납자 혹은 제3채무자에게 요구할 수 있으며,[112] ④ 요구를 받은 자는 이에 따라야 할 의무가 있음을 규정하였다.[113] 또한 ⑤ 체납자인 고객의 가상자산을 보관하는 가상자산사업자가 관할세무서장의 가상자산 이전 요구에 따르지 아니하는 경우 세무공무원이 그 주거등을 수색할 수 있도록 하였다.[114] 종래 국세징수법은 압류재산을 '점유'하는 제3자가 재산의 인도를 거부하는 경우 세무공무원이 그 주거등을 수색하거나 시정을 해제할 수 있다고 규정하였는데,[115] 가상자산은 물건이나

---

110) 국세징수법 제55조(그 밖의 재산권의 압류 절차 등) ③ 관할세무서장은 제2항에 따라 「특정 금융거래정보의 보고 및 이용 등에 관한 법률」 제2조제3호에 따른 가상자산(이하 "가상자산"이라 한다)을 압류하려는 경우 체납자[같은 법 제2조제1호하목에 따른 가상자산사업자(이하 "가상자산사업자"라 한다) 등 제3자가 체납자의 가상자산을 보관하고 있을 때에는 그 제3자]에게 대통령령으로 정하는 바에 따라 해당 가상자산의 이전을 문서로 요구할 수 있고, 요구받은 체납자 또는 그 제3자는 이에 따라야 한다.

111) 국세징수법 제55조(그 밖의 재산권의 압류 절차 등) ② 관할 세무서장은 권리의 변동에 등기 또는 등록이 필요하지 아니한 그 밖의 재산권을 압류하려는 경우 그 뜻을 다음 각 호의 구분에 따른 자에게 통지하여야 한다. 1. 제3채무자가 있는 경우: 제3채무자 2. 제3채무자가 없는 경우: 체납자

112) 국세징수법 제55조 제3항.

113) 국세징수법 제55조 제3항.

114) 국세징수법 제35조(수색) ② 세무공무원은 다음 각호의 어느 하나에 해당하는 경우 제3자의 주거등을 수색할 수 있고, 해당 주거등의 폐쇄된 문·금고 또는 기구를 열게 하거나 직접 열 수 있다.
2. 체납자의 재산을 **점유·보관**하는 제3자가 재산의 **인도 또는 이전**을 거부하는 경우

115) 舊 국세징수법 제35조(수색) ② 세무공무원은 다음 각호의 어느 하나에 해당

동산에 포섭되지 않으므로 이를 점유한다는 것을 상정하기 어려운바, 이를 '보관'하는 제3자를 상대로 압류재산 확보를 위한 수색이 가능하도록 법문언적으로 이를 보완한 것이다. ⑥ 압류물은 공매가 원칙이나,[116] 압류한 재산이 가상자산사업자를 통해 거래되는 가상자산인 경우에는 상장증권을 증권시장에서 매각할 수 있도록 한 것과 같이 가상자산사업자를 통하여 직접 매각할 수 있도록 하는 규정도 신설되었다.[117]

이로써 가상자산이 국세징수법상 압류의 대상인가에 대한 논의는 입법적으로 해결된 셈이다. 본 개정은 체납자가 보유한 가상자산 자체에 대한 압류와 징수실현 절차를 정하여 가상자산을 보유한 체납자에 대한 강제징수의 실무적·법리적 어려움을 해소하고, 이를 보관중인 가상자산사업자가 있는 경우 그 가상자산사업자가 강제징수에 협력하여 가상자산을 이전하고 매각할 근거와 의무 규정을 마련함에 따라, 그간 근거 규정이 미비한 상황에서 분쟁위험을 무릅쓰고 체납 해소를 위해 과세당국에 협력해 온 가상자산사업자의 위험부담도 불식시킬 것으로 보인다.

다만, 가상자산사업자가 보관하고 있지 않은 가상자산의 경우

하는 경우 제3자의 주거등을 수색할 수 있고, 해당 주거등의 폐쇄된 문·금고 또는 기구를 열게 하거나 직접 열 수 있다.
2. 체납자의 재산을 **점유**하는 제3자가 재산의 **인도**를 거부하는 경우

116) 국세징수법 제65조(매각 방법) ① 압류재산은 공매 또는 수의계약으로 매각한다.

117) 국세징수법 제66조(공매) ① 관할 세무서장은 압류한 부동산등, 동산, 유가증권, 그 밖의 재산권과 제52조제2항에 따라 체납자를 대위하여 받은 물건(금전은 제외한다)을 대통령령으로 정하는 바에 따라 공매한다.
② 제1항에도 불구하고 관할 세무서장은 다음 각호의 어느 하나에 해당하는 압류재산의 경우에는 각호의 구분에 따라 직접 매각할 수 있다.
2. 가상자산사업자를 통해 거래되는 가상자산: 가상자산사업자를 통한 매각

징수실현의 공백은 일부 남아 있다. 즉, 체납자가 개인적으로 보관하는 가상자산의 개인키를 분실하거나 망각하였음을 주장하며 '이전' 의무를 미이행하는 경우, 과세당국으로서는 ① 체납자의 주거등을 수색하여 직접 이전을 시도하거나[118] ② 법령이 정한 체납의 불이익을 부과하여 간접적으로 강제하는 방안[119] 외에 강제징수의 방법이 없다. 또한 실제로 체납자가 개인키를 분실하거나 망각한 경우라면 상기 조치는 체납자에게 가혹할 뿐 아니라 사실상 그 목적을 달성하기도 어려운데, 사안마다 체납자의 개인키 분실 혹은 망각 주장의 진위 여부를 파악하기 곤란한 측면도 있다.

3) 민사집행법상 압류의 대상인지 여부

현행 민사집행법에 기하여 가상자산 자체에 대한 강제집행이 가능한지에 대하여는 견해가 대립한다. 종래 다수의 가상자산 관련 가압류신청 인용 결정이 있었으나 이들은 모두 가상자산 자체가 아니라 가상자산사업자가 보관 중인 채무자의 가상자산에 대한 반환청구권에 관하여 이루어진 것이었다.[120]

민사집행법상 채무자가 가진 모든 재산으로 금전적 가치가 있

118) 국세징수법 제35조(수색) ① 세무공무원은 재산을 압류하기 위하여 필요한 경우에는 체납자의 주거 · 창고 · 사무실 · 선박 · 항공기 · 자동차 또는 그 밖의 장소(이하 "주거등"이라 한다)를 수색할 수 있고, 해당 주거등의 폐쇄된 문 · 금고 또는 기구를 열게 하거나 직접 열 수 있다.

119) 국세징수법 제107조 내지 제115조는 사안별 납세증명서 제출의무, 임차인의 미납국세 등 열람, 체납시 사업에 관한 허가 등의 제한, 출국금지, 고액·상습체납자의 명단 공개 등을 규정하고 있다.

120) 울산지법 2018.01.05.자 2017카합10471 결정, 서울중앙지법 2018.02.01.자 2017카단817381 결정, 서울중앙지법 2018.03.19자 2018카단802743 결정, 서울중앙지법 2018.04.12.자 2018카단802516 결정 등.

는 것이면 모두 집행의 대상이 되는 것이 원칙이다.[121] 예외적으로 압류금지재산은 집행의 대상에서 제외되는데, 법정압류금지재산,[122] 도산절차집행의 재산,[123] 처분금지물[124] 등이 압류금지재산에 해당하고,[125] 가상자산은 이에 해당하지 않는다. 따라서 가상자산의 금전적 가치가 인정되는 이상 가상자산은 강제집행의 대상인 채무자의 총재산에 포함된다. 그러나 채무자가 보유한 가상자산에 대한 강제집행이 실제로 가능하기 위해서는 현행 민사집행법상 적용할 규정이 명확해야 한다.

가상자산이 물건에 해당하며 '동산'으로 분류된다는 견해는 현행 민사집행법상 동산에 대한 강제집행 규정에 따르면 된다고 하나,[126] 앞서 살핀 바와 같이 가상자산은 동산에 해당하지 아니하므로 동산으로의 의제 혹은 준용에 대한 규정이 없는 한 동산 압류에 대한 규정은 적용할 수 없다.

가상자산은 민사집행법상 '그 밖의 재산권'에 해당하므로 채권집행절차에 대한 규정에 따라[127] 강제집행이 가능하다는 견해도

---

121) 이시윤, 「신민사집행법」, 박영사, 2020, 88면.

122) 민사집행법에서 직접 압류금지재산으로 규정한 것으로, 유체동산에 대한 제195조와 채권에 대한 제246조가 있다.

123) 채무자 회생 및 파산에 관한 법률에 의하여 파산채권자는 파산재단에 속하는 재산에 대해 강제집행이 허용되지 아니하며(동법 제348조), 개인회생절차의 개시 결정 후의 채무자의 재산(동법 제600조 제1항), 회생절차 개시결정 후의 재산(동법 제58조)도 마찬가지이다.

124) 학교교육에 직접 사용하는 학교법인의 재산, 일신전속적 권리 등 법률상 양도금지물이 되어 그 권리의 이전이 곧 권리주체의 존립과 양립되지 아니한 경우이다.

125) 이시윤(2020), 96면.

126) 전승재 외 1인(2018), 88-89면, 국회입법조사처(류호연, 2021), 7면에서 재인용.

127) 민사집행법 제251조(그 밖의 재산권에 대한 집행) ① 앞의 여러 조문에

있다.[128] 그러나 '그 밖의 재산권'에 대한 압류는 제3채무자에 대한 압류명령을 발하는 방식으로 이루어지고,[129] 압류명령 신청 시 제3채무자의 표시를 필수적 기재사항으로 하는데,[130] 채무자 개인의 전자지갑에 보관된 가상자산의 경우 제3채무자가 존재하지 않아 이를 그대로 적용하기에는 어려움이 있다.

결국 현행 민사집행법상으로 가상자산 자체에 대한 강제집행은 어렵다고 봄이 타당하다. 따라서 가상자산 자체에 대한 강제집행 규정을 민사집행법에 도입하여 입법적으로 보완할 필요가 있다. 일례로 민사집행법에는 민사집행의 편의를 위하여 등기할 수 없는 토지의 정착물로서 독립하여 거래의 객체가 될 수 있는 것, 토지에서 분리하기 전의 과실로서 1월 이내에 수확할 수 있는 것 그리고 유가증권으로서 배서가 금지되지 아니한 것을 유체동산으로 간주하는 규정을 두고 있는데, 해당 규정인 민사집행법

규정된 재산권 외에 부동산을 목적으로 하지 아니한 재산권에 대한 강제집행은 이 관의 규정 및 제98조 내지 제101조의 규정을 준용한다.

128) 이시윤(2020), 494면.

129) '그 밖의 재산권'에 대한 강제집행은 그 성질에 어긋나지 않는 범위 내에서 채권집행절차에 관한 규정이 준용되고(민사집행법 제251조 제1항 및 민사집행규칙 제174조), 채권집행절차에서 압류의 효력은 압류명령이 제3채무자에게 송달된 때 생긴다(민사집행법 제227조 제3항).

130) 민사집행규칙 제159조(압류명령신청의 방식)
① 채권에 대한 압류명령신청서에는 법 제225조에 규정된 사항 외에 다음 각호의 사항을 적고 집행력 있는 정본을 붙여야 한다.
1. 채권자 · 채무자 · 제3채무자와 그 대리인의 표시
2. 집행권원의 표시
3. 집행권원에 표시된 청구권의 일부에 관하여만 압류명령을 신청하거나 목적채권의 일부에 대하여만 압류명령을 신청하는 때에는 그 범위
② 법 제224조제3항의 규정에 따라 가압류를 명한 법원이 있는 곳을 관할하는 지방법원에 채권압류를 신청하는 때에는 가압류결정서 사본과 가압류 송달증명을 붙여야 한다.

第189조 제2항의 제1호 내지 제3호에 이어 제4호로 '「특정 금융거래정보의 보고 및 이용 등에 관한 법률」 제2조 제3호에 따른 가상자산(이하 "가상자산"이라 한다)'과 같은 규정을 추가 신설하여, 채무자가 개인의 전자지갑에 보관 중인 가상자산은 유체동산 강제집행의 규정에 따라 강제집행이 가능하도록 하는 방안이 있다.[131] 다만 민사집행법 제189조 또한 '물건'을 전제로 한 규정이므로, 민사집행에 한하여 가상자산 또한 '물건'으로 포섭하는 정의 규정을 두거나 제2항의 '물건'을 다른 용어로 대체함으로써 문언적 충돌 가능성을 배제할 필요도 있다.

4) 형법상 재산 · 재물 · 재산상 이익에의 해당 여부[132]

가상자산이 형법상 재산, 재물, 재산상 이익에 해당할 수 있는지 판단해 본다. 재산은 한 개인이 보유하고 있는 경제적 가치의 총체로서 유형 · 무형의 모든 가치를 포함하는 개념으로 이러한 경우의 재산을 전체로서의 재산이라고 한다.[133]

재산의 범위에 관해서는 견해가 나뉘고 있는데, 법적 재산설은 재산을 사법(私法)상 인정되는 권리의 총체로 이해하고, 경제적 재산설은 경제적인 가치가 부여될 수 있는 지위의 총체를 재산개념으로 이해하며, 법적 · 경제적 재산설은 법적 재산설과 경제적 재산설의 극단을 완화하기 위한 절충적인 견해로서 경제적 재산

---

131) 박영호(사법, 2019), 27면. 다만 이 경우에도 채무자가 개인키를 분실하거나 망각하였음을 주장하는 경우 집행관 명의의 전자지갑으로 이전할 방법이 없어 압류 자체가 불가능해지는 공백이 있다.

132) 최인석(2019), 76-79면을 요약 인용하되, 2021년 선고된 대법원판결의 내용을 추가하였다.

133) 신동운, 「형법각론」, 법문사, 2017, 827면.

설의 입장에서 위법한 재산 상태를 재산개념에서 제외시키는 견해이다. 판례는 경제적인 관점에서 재산의 개념을 이해하고 있다.[134] 재산상 이익의 개념을 설명하면서 재산상 이익은 재물 이외의 재산상의 이익을 말하는 것으로, 반드시 사법상 유효한 재산상의 이득만을 의미하는 것이 아니고 외견상 재산상의 이득을 얻을 것이라고 인정할 수 있는 사실관계만 있으면 여기에 해당된다[135]고 하여 경제적 재산설의 입장을 취하고 있다.

형법상 재산은 재물과 재산상 이익으로 나누어진다. 재물은 물건을 대상으로 하는 개별재산, 즉 재산적 가치가 있는 물건이다.[136] 재물의 개념에 관해서는 유체물에 한정할 것인지, 무체물도 포함하는지에 관해서 견해가 대립되고 있다. 유체성설은 유체물, 즉 일정한 공간을 차지하고 있는 물체에 한한다고 보는 견해이고, 관리가능성설은 유체물뿐만 아니라 관리가 가능한 무체물도 재물이 된다고 보는 견해이다. 형법은 제346조에서 관리할 수 있는 동력도 재물로 간주하여 관리가능성설을 입법화하여 입법적으로 해결을 하고 있다. 하지만, 형법은 관리 가능한 동력을 재물로 간주하므로 관리 가능한 동력이 아닌 무체물의 경우에는 여전히 견해의 대립이 의미가 있는데, 관리가능성설의 관리에 대해서는 전기·열기·냉기·수력 등 물리적으로 관리가 가능한 무체물로 이해하고 채권, 무체재산권과 같은 무형적 권리는 우리 형법이 재산상 이익과 재물을 구별하는 점에 비추어 볼 때 재물에는 포함되지 않는다고 보는 것이 일반적이다.[137] 판례도 타인의

---

134) 신동운(2017), 827-828면.
135) 대법원 1997.02.25. 선고 96도3411 판결.
136) 신동운(2017), 832면.

전화기를 무단으로 사용하여 전화통화를 한 행위에 관하여 전기통신사업자에 의하여 가능하게 한 전화기의 음향송수신기능을 부당하게 이용하는 것으로 무형적 이익에 불과하고 물리적 관리의 대상이 될 수 없어 재물이 아니므로 절도죄의 객체가 될 수 없다고 판시한 바 있다.[138]

재산상 이익의 개념에 관해서 판례는 강도죄의 요건이 되는 재산상의 이익을 판단하면서 재산상 이익은 재물 이외의 재산상의 이익으로, 반드시 사법상 유효한 재산상의 이득만을 의미하는 것이 아니고 외견상 재산상의 이득을 얻을 것이라고 인정할 수 있는 사실관계만 있으면 해당된다고 판시한 바 있고,[139] 사기죄의 객체가 되는 재산상의 이익을 판단하면서 반드시 사법상 보호되는 경제적 이익만을 의미하지 아니하고, 부녀가 금품 등을 받을 것을 전제로 성행위를 하는 경우 그 행위의 대가는 사기죄의 객체인 경제적 이익에 해당하므로, 부녀를 기망하여 성행위 대가의 지급을 면하는 경우 사기죄가 성립한다고 판시하였다.[140]

즉, 판례는 재산상 이익을 사법상 유효성 여부와 상관없이 외견적인 경제적 이익으로 판단하고 있으므로 불법적인 이익도 경제적 이익이 있으면 재산상 이익으로 보고 있는 것이다. 마찬가지로 재물도 재산상 이익의 일부로 볼 수 있으므로 경제적 가치가 있어야 한다.

판례는 정보에 관하여 재물성 해당 여부를 판단한 바 있다. 판

---

137) 신동운(2017), 832면, 대법원 1997.02.25. 선고 96도3411 판결.
138) 대법원 1998.06.23. 선고 98도700 판결.
139) 대법원 1997.02.25. 선고 96도3411 판결.
140) 대법원 2001.10.23. 선고 2001도2991 판결.

례는 절도죄의 객체는 관리 가능한 동력을 포함한 '재물'에 한하고, 절도죄가 성립하기 위해서는 그 재물의 소유자 기타 점유자의 점유 내지 이용가능성을 배제하고 자신의 점유하에 배타적으로 이전하는 행위가 있어야 하는데, 컴퓨터에 저장되어 있는 '정보'는 유체물이 아니고 물질성을 가진 동력도 아니므로 재물이 될 수 없다고 판시하였다.141)

현행 형법의 해석으로는 가상자산은 디지털 정보로서 유체물이 아니고 관리할 수 있는 동력도 아니므로 재물의 개념에는 포섭되지 않는다고 할 것이다.

하지만, 형법상 재산에는 재물 이외에 재산상 이익이 있다. 재산상 이익은 경제적 가치가 있는 무형의 지위를 말하므로,142) 재물 이외의 모든 재산상 이익이 포함될 수 있다. 현실적으로 가상자산은 가상자산거래소를 통하여 법정통화와 환전이 되고 있고, 가상자산을 가지고 가맹점에서 재화와 서비스의 구매도 가능하며, 비트코인을 형성하는 블록체인 기술의 다양한 활용 측면이 있는 만큼 경제적 가치가 있으므로 재산상 이익에 해당되며, 상위개념인 재산에도 포함된다고 할 것이다.

대법원 또한 '가상자산은 국가에 의해 통제받지 않고 블록체인 등 암호화된 분산원장에 의하여 부여된 경제적인 가치가 디지털로 표상된 정보로서 재산상 이익에 해당한다'고 하여 사기죄의 성립을 인정한 바 있다.143) 또한 비트코인은 경제적인 가치를 디지털로 표상해 전자적으로 이전, 저장과 거래가 가능하도록 한

141) 대법원 2002.07.12. 선고 2002도745 판결.
142) 신동운(2017), 828면.
143) 대법원 2021.11.11. 선고 2021도9855 판결.

가상자산의 일종으로 사기죄의 객체인 재산상 이익에 해당함을 분명히 하였다.[144] 최근 대법원은 원인불명으로 비트코인을 이체받은 자가 이를 사용·처분한 사안에서 배임죄의 성립을 부정하였는데, 이는 가상자산이 재산상 이익에 해당하지 않아서가 아니라 원인불명으로 가상자산을 이체받은 사람이 신임관계에 기초하여 가상자산을 보존하거나 관리하는 지위에 있다고는 볼 수 없기 때문이었다.[145]

5) 형사적 몰수의 대상인지 여부[146]

형법은 제48조에서 임의적 몰수의 대상을 물건으로 규정하고 있다. 가상자산은 물건이 아니므로 형법총칙상 임의적 몰수를 할 수 없다.

형법각칙에서도 몰수의 대상을 규정하고 있다. 공무원의 직무에 관한 죄와 관련하여서는 뇌물 또는 뇌물에 공할 금품을 몰수의 대상으로 하고 있고,[147] 아편에 관한 죄와 관련해서는 아편, 몰핀이나 그 화합물 또는 아편흡식기구를 몰수의 대상으로 하고 있다.[148] 그리고 횡령과 배임의 죄와 관련해서는 배임수증행위로

---

144) 이정구,「대법 "비트코인도 재산, 사기죄의 '재산상 이익' 해당"」, 2021.11.19. 일자 조선일보 기사.
(https://www.chosun.com/national/court_law/2021/11/19/J5WWMM67QJGKRODUGOYJH337AQ/) (2022.02.28. 확인)

145) 대법원 2021.12.16. 선고 2020도9789 판결.

146) 최인석(2019), 79-82면을 요약 인용하되, 2018년 선고된 대법원판결의 내용을 추가하였다.

147) 형법 제134조(몰수, 추징) 범인 또는 정을 아는 제삼자가 받은 뇌물 또는 뇌물에 공할 금품은 몰수한다. 그를 몰수하기 불능한 때에는 그 가액을 추징한다.

148) 형법 제206조(몰수, 추징) 본장의 죄에 제공한 아편, 몰핀이나 그 화합물

취득한 재물을 몰수의 대상으로 하고, 재산상 이익에 대해서는 추징을 할 수 있다고 규정하고 있다.[149)]

가상자산이 뇌물, 뇌물에 공할 금품인지가 문제되는데, 가상자산은 물건이 아니어서 뇌물이 아니고, 뇌물에 공할 금품에 해당되지 않으므로 형법상 몰수의 대상은 아니다. 경제적 가치가 있기 때문에 몰수하기 불가능한 경우에 해당되어 추징의 대상이 된다고 할 것이다. 형법에서도 배임수증행위와 관련하여 재물일 경우에는 몰수의 대상으로 하고 있고, 재산상 이익의 경우에는 추징을 한다고 규정하고 있으므로 가상자산의 경우에는 추징을 하는 것이 형법의 규정에 맞는 해석일 것이다.

한편 특별법에서는 재산 자체에 대한 몰수제도를 도입하고 있는데, 이는 특정범죄로 인한 범죄수익과 그로 인한 파생적 이익을 전부 박탈하여 범죄를 조장하는 경제적 요인을 근본적으로 제거하기 위한 목적이다.[150)] 범죄수익은닉규제법에서는 몰수의 대상을 수익, 재산으로,[151)] 특정범죄가중법에서는 몰수의 대상을

또는 아편흡식기구는 몰수한다. 그를 몰수하기 불능한 때에는 그 가액을 추징한다.

149) 형법 제357조(배임수증재) ① 타인의 사무를 처리하는 자가 그 임무에 관하여 부정한 청탁을 받고 재물 또는 재산상의 이익을 취득하거나 제3자로 하여금 이를 취득하게 한 때에는 5년 이하의 징역 또는 1천만 원 이하의 벌금에 처한다.
③ 범인 또는 정(情)을 아는 제3자가 취득한 제1항의 재물은 몰수한다. 그 재물을 몰수하기 불가능하거나 재산상의 이익을 취득한 때에는 그 가액을 추징한다.

150) 신동운(2017), 799면.

151) 범죄수익은닉규제법 제8조(범죄수익 등의 몰수) ① 다음 각호의 재산은 몰수할 수 있다. 1. 범죄수익 2. 범죄수익에서 유래한 재산 3. 제3조 또는 제4조의 범죄행위에 관계된 범죄수익 등 4. 제3조 또는 제4조의 범죄행위에 의하여 생긴 재산 또는 그 범죄행위의 보수로 얻은 재산 5. 제3호 또는 제4호에 따른 재산의 과실 또는 대가로 얻은 재산 또는 이들 재산의 대가

재산으로,[152] 특정경제범죄가중법에서 재산, 이익을 몰수의 대상으로 하고 있다.[153] 이처럼 특별법에서는 형법상 몰수·추징의 특례로서 몰수의 대상을 확장하고 있다.

최근 가상자산이 범죄수익은닉규제법상 몰수의 대상에 해당한다는 대법원 판례가 있다. 사안은 피고인이 해외에 서버를 둔 불법 음란물 사이트를 운영하면서 음란물을 유포하고, 위 사이트에 불법도박 사이트의 광고를 게시하면서 회원들과 광고주로부터 14억 원 상당의 현금과 5억 원 상당의 비트코인(216 비트코인) 등 총 19억 원 상당의 수익을 올린 혐의로 아동·청소년의 성보호에 관한 법률 위반(음란물제작·배포 등), 정보통신망 이용촉진 및 정보보호 등에 관한 법률 위반(음란물유포), 도박개장방조 등 혐의로 기소된 사안이다.

1심에서는 216 비트코인에 관하여 비트코인은 물리적 실체가 없는 전자화된 파일의 형태이고, 객관적인 기준가치를 상정할 수 없어 몰수하는 것이 적절하지 않고, 범죄수익에 대한 추징이 타당하다고 하였고, 대법원 2008도1392 판결을 인용하면서 범죄수

로 얻은 재산, 그 밖에 그 재산의 보유 또는 처분에 의하여 얻은 재산
범죄수익은닉규제법 시행령 제2조(신고 또는 공로의 범위) ② 제1항제3호에서 "은닉재산"이란 몰수·추징의 판결이 확정된 자가 은닉한 현금, 예금, 주식, 그 밖에 재산적 가치가 있는 유형·무형의 재산을 말한다.

152) 특정범죄가중법 제13조(몰수) 제3조 또는 제12조의 죄를 범하여 범인이 취득한 해당 재산은 몰수하며, 몰수할 수 없을 때에는 그 가액을 추징(追徵)한다.

153) 특정경제범죄가중법 제10조(몰수·추징) ① 제4조제1항부터 제3항까지의 경우 범인이 도피시키거나 도피시키려고 한 재산은 몰수한다.
② 제5조부터 제7조까지 및 제9조제1항·제3항의 경우 범인 또는 정황을 아는 제3자가 받은 금품이나 그 밖의 이익은 몰수한다.
③ 제1항 또는 제2항의 경우 몰수할 수 없을 때에는 그 가액을 추징한다.

익을 특정할 수 없는 경우에는 이를 추징할 수 없는데 제출한 증거만으로 216 비트코인 중 범죄수익에 해당하는 부분만을 특정하기도 어렵다고 판시하였다.[154]

하지만 항소심에서는 비트코인이 범죄수익은닉규제법에서 규정하는 재산에 해당하여 몰수의 대상이 된다고 판시하였다.[155] 피고인은 비트코인을 몰수할 수 있는 근거 규정이 없고, 정부에서 비트코인의 경제적 가치를 인정하지 않으며, 시세가 급변하므로 가치를 객관적으로 산정하기 불가능하다고 주장하였지만, 법원은 범죄수익은닉규제법은 형법상 몰수·추징의 특례를 규정하여 몰수의 대상을 재산으로 확장하였고,[156] 재산은 사회통념상 경제적 가치가 인정되는 이익 일반이므로, 재산적 가치가 인정되는 비트코인은 범죄수익은닉규제법상 재산에 해당되어 몰수의 대상이 된다고 판시하였다.[157]

수원지방법원이 1심에서 216 비트코인에 관하여 물리적 실체가 없는 전자화된 파일 형태이고, 객관적인 기준가치를 상정할 수 없기 때문에 몰수하는 것이 적절하지 않다고 판시한 것은 타당하지 않다. 비트코인은 개인 간 직접거래를 통하거나 가상자산거래소를 통하여 상대방이 동의하는 지정가 혹은 시가로 법정통

154) 수원지법 2017.09.07. 선고 2017고단2884 판결.

155) 수원지법 2018.01.30. 선고 2017노7120 판결.

156) 범죄수익은닉규제법 제8조 제1항.

157) 이외에도 피고인은 블록체인이 10분마다 갱신되므로 피고인이 보관하던 비트코인이 압수된 비트코인과의 동일성을 인정할 수 없으므로 몰수할 수 없다고 주장하였지만, 법원은 몰수 대상 비트코인을 특정하여 이체, 보관하는 등 방법으로 압수하고, 이와 같은 이체기록이 블록체인을 통해 공시되므로 블록체인정보가 10분마다 갱신된다는 점으로 동일성이 상실되지 않는다고 판시하였다.

화와 환전이 가능하고, 재화나 서비스를 구매할 수도 있으므로 경제적 가치가 있는 이익 일반인 재산에 해당되므로, 범죄수익은닉규제법상 몰수 대상인 재산에 해당되고, 특별법상 몰수대상인 이익, 수익의 개념에도 포함되므로 몰수할 수 있다고 할 것이다.

위 사건에서 이후 대법원 역시 '가상화폐는 재산적 가치가 있는 무형재산으로 이를 몰수할 수 있다'고 판시하였다.[158] 대법원은, 범죄수익은닉규제법상 '범죄수익'은 '중대범죄에 해당하는 범죄행위에 의하여 생긴 재산 또는 그 범죄행위의 보수로 얻은 재산'[159]으로 이를 몰수할 수 있다고 규정하고,[160] 동법 시행령에 따르면 '은닉재산'이란 '몰수·추징의 판결이 확정된 자가 은닉한 현금, 예금, 주식, 그 밖에 재산적 가치가 있는 유형·무형의 재산'이라고 규정하는바,[161] 그 입법 취지 및 법률 규정의 내용을 종합할 때 범죄수익은닉규제법에 정한 중대범죄에 해당하는 범죄행위에 의하여 취득한 것으로 재산적 가치가 인정되는 무형재산도 몰수할 수 있음을 분명히 하였다. 피고인이 중대범죄의 대가로 취득한 비트코인은 경제적인 가치를 디지털로 표상하여 전자적으로 이전, 저장 및 거래가 가능하도록 한 이른바 가상화폐의 일종이고, 피고인은 위 음란사이트를 운영하면서 사진과 영상을 이용하는 이용자 및 음란사이트에 광고를 원하는 광고주들로부터 비트코인을 대가로 지급받아 재산적 가치가 있는 것으로 취급한 점에 비추어 '비트코인은 재산적 가치가 있는 무형의 재산'

---

158) 대법원 2018.05.30. 선고 2018도3619 판결.
159) 범죄수익은닉규제법 제2조 제2호 가목.
160) 범죄수익은닉규제법 제8조 제1항 제1호.
161) 동법 시행령 제2조 제2항 본문.

이라고 보아야 하고, 몰수의 대상인 비트코인이 특정되어 있다는 이유로, 피고인이 취득한 비트코인을 몰수할 수 있다고 본 항소심의 판단이 정당하다고 판시한 것이다.[162)]

본 대법원 판시는 범죄행위로 인하여 발생하였거나 이로 인하여 취득한 물건과 그 대가로 취득한 물건만을 몰수의 대상으로 하는 형법상의 몰수 규정에서 나아가, 범죄수익 박탈로 중대범죄로의 경제적 유인을 차단하고자 하는 범죄수익은닉규제법의 입법 취지[163)] 및 범죄수익에 대한 광범위한 몰수를 권고하는 FATF 국제기준[164)]에도 부합하는 판시라 할 것이다.

6) 한국은행법상 화폐 내지 법화인지 여부[165)]

가상자산의 법적 성격과 관련해서 가상자산이 법정통화에 해당하지 않는다는 점에 대하여는 의견이 일치하고 있다. IMF도 통화의 법적 개념은 국가의 권력에 기반하고 있는데, 가상통화는

---

162) 이후 비트코인은 몰수된 상태로 보관되었는데, 관할청인 수원지방검찰청은 2021. 3. 25. 개정 특정금융정보법 시행에 맞추어 가상자산거래소를 통해 몰수한 비트코인을 전량 매각하였다. 비트코인의 매각은 「형사소송법」 제477조 제4항 및 「국세징수법」 제65조 제1항에 근거하여 다수에 대한 수의계약의 형태로 진행되었으며, 매각대금 122억 9,400여만 원은 국고에 귀속되었다. 국회입법조사처(류호연, 2021), 2면.

163) 범죄수익은닉규제법 제10조(추징) ① 제8조 제1항에 따라 몰수할 재산을 몰수할 수 없거나 그 재산의 성질, 사용 상황, 그 재산에 관한 범인 외의 자의 권리 유무, 그 밖의 사정으로 인하여 그 재산을 몰수하는 것이 적절하지 아니하다고 인정될 때에는 그 가액을 범인으로부터 추징할 수 있다.

164) FATF(2012-2021), International Standards on Combating Money Laundering and the Financing of Terrorism & Proliferation, FATF, Paris, France.

165) 최인석(2019), 66-67면을 요약 인용하되, 국제회계기준위원회 산하 국제회계기준 해석위원회(International Financial Reporting Standards: IFRS)의 2022년 자료 등을 추가하였다.

이러한 개념요건을 충족하지 못한다고 지적하고 있다.[166]

한국은행법 제47조는 "화폐의 발행권은 한국은행만이 가진다"고 규정하고, 동법 제48조는 "한국은행이 발행한 한국은행권은 법화(法貨)로서 모든 거래에 무제한 통용된다"고 규정하여 한국은행권이 법정통화임을 밝히고 있다. 가상자산은 민간에 의하여 생성되고, 독자의 단위를 사용하며, 국가에 의한 강제통용력이 보장되지 않으므로 법정통화가 아니다.

가상자산은 가치 변동성이 높기는 하지만 가치를 저장하는 기능이 있고, 가맹점에서 재화와 서비스를 구매할 수 있어 교환을 매개하는 기능이 일부 있으며, 비트코인(฿)으로 표시되는 등 일정 부분 화폐로서 기능하고 있는 측면도 있다.

실제로 가상자산의 화폐성을 인정한 판결도 있다. 2016년 9월 19일 뉴욕주 남부지역 연방법원 Alison J Nathan 판사는 비트코인을 불법적으로 유통하여 무인가 자금송금업체운영 등의 혐의로 기소된 Anthony R Murgio의 형사사건에서 유죄를 인정하였다.[167] Murgio와 피고인들은 Coin.mix라는 비트코인 거래소를 통하여 수백만 달러의 비트코인을 미국 전역의 소비자에게 유통시켰다. 법원은 자금(funds)의 일반적 의미는 Webster's Dictionary상 이용 가능한 금전적 재원이고, 금전적이란 화폐의 형태를 취하거나 화폐로 이루어진 것을 말하며, 화폐란 일반적으로 교환수단, 가치척도, 지불수단으로 받아들여지는 것을 의미한다고 밝히면서, 비트코인은 재화와 서비스의 지급수단으로서 일반적으로 받

---

166) IMF(2016), 16면.

167) 자본시장연구원(배승욱), 「비트코인(Bitcoin)의 화폐성을 인정한 미국 판결의 의미와 시사점」, 자본시장포커스, 2017-02, 2017.

아들여지고 있고, 은행계좌에서 직접적으로 교환이 가능하기 때문에 금전적 자원, 교환수단, 지불수단이라는 일반적인 화폐에 해당한다고 판결하였다.[168] 반면 가상자산의 화폐성을 부인한 판결도 존재한다. 2016년 7월 22일 비트코인을 불법유통하고 자금세탁한 혐의로 기소된 Michell Espinoza의 형사사건에서 Teresa Mary Pooler 판사는 비트코인은 일반적인 교환수단이 아니고, 현금이나 금과 같은 실물자산이 아니어서 법정통화가 아니라고 판결하였다.[169] 국제회계기준위원회 산하 국제회계기준 해석위원회(International Financial Reporting Standards: IFRS) 또한 암호화폐(cryptocurrency)[170]가 일부 특정한 재화나 용역의 대가로 사용될 수 있다고 하더라도, 모든 거래를 재무제표에 측정하고 인식하는 기준이 될 정도로 재화나 용역의 가격을 결정하는 화폐단위로 사용되며 교환의 매개로 쓰이는 암호화폐는 알려진 바가 없는바, 현재 암호화폐는 현금(cash)의 특성을 가지고 있지 않아 현금으로 볼 수 없다고 해석하였다.[171]

현행법하에서 법정통화는 국가의 권력에 기반하고, 국가가 화폐의 발행 및 관리주체인 것을 말하므로 가상자산은 법정통화가 될 수 없다.

---

168) 자본시장연구원(배승욱, 2017-02).

169) 자본시장연구원(배승욱), 「비트코인(Bitcoin)의 화폐성을 부인한 미국 판결의 의미와 시사점」, 자본시장 Weekly, 2016-31, 2016.

170) IFRS는 암호자산(cryptoassets) 중 (i) 보안을 위해 암호화하는 분산원장에 기록된 디지털 또는 가상의 화폐로서 (ii) 관할 당국에 의해 발행된 것이 아니며, (iii) 보유자와 상대방 사이에 계약을 형성시키지 않는 세 가지 특성을 모두 가진 것을 암호화폐(cryptocurrency)로 지칭한다.

171) IFRS, 「IFRIC Update June 2019」, agenda paper 12, Holdings of Cryptocurrencies, June 11, 2019.

7) 자본시장법상 금융투자상품 해당 여부[172)]

자본시장법에서는 '금융투자상품'의 개념을 정의하고 있다. '금융투자상품'의 개념은 자본시장법상 규제의 핵심적 구성요소가 된다. 자본시장법의 주된 목적은 투자자 보호에 있고, 투자자에 대한 정보제공 의무를 부과하는 공시규제(자본시장법 제118조 이하, 제159조 이하)와 미공개중요정보이용행위, 시세조종행위와 같은 불공정거래행위의 규제(자본시장법 제174조, 176조, 제178조)는 '금융투자상품'의 거래에 적용이 있고, 금융위원회의 인가나 등록 대상이 되는 금융투자업도 '금융투자상품' 개념 중심으로 기술되어 있어 '금융투자상품'의 개념이 자본시장법의 적용범위를 결정하기 때문이다.[173)]

자본시장법은 제3조 제1항에서 '금융투자상품'을 "이익을 얻거나 손실을 회피할 목적으로 현재 또는 장래의 특정(特定) 시점에 금전, 그 밖의 재산적 가치가 있는 것을 지급하기로 약정함으로써 취득하는 권리로서, 그 권리를 취득하기 위하여 지급하였거나 지급하여야 할 금전 등의 총액이 그 권리로부터 회수하였거나 회수할 수 있는 금전 등의 총액을 초과하게 될 위험(이하 '투자성'이라 한다)이 있는 것을 말한다"고 규정하고 있다. 따라서 '금융투자상품'이 되기 위해서는 이익을 얻거나 손실을 회피할 목적이 있어야 하고, 현재 또는 장래의 특정시점에 금전 등을 지급하기로 하는 약정이 있어야 한다.[174)] '금융투자상품'은 약정으로 취득하

---

172) 최인석(2019), 67-69면을 요약 인용하되, 투자계약증권 해당 여부에 관한 논의 등을 추가하였다.

173) 김건식 · 정순섭, 「자본시장법」, 두성사, 2013, 52면.

174) 시기적으로 현재뿐만 아니라 장래까지 규정하여 파생상품까지 포함하고, 특정 시점으로 규정을 하여 금융투자상품계약의 만기가 확정되거나 확정

는 권리이므로 권리성이 있어야 하고, 투자원금의 손실 가능성인 투자성도 있어야 한다.[175)]

자본시장법 제3조 제2항에서는 '금융투자상품'을 '증권'과 '파생상품'으로 구분하고, 동법 제4조 제1항에서 '증권'을 '금융투자상품'으로서 취득 당시 지급한 금액 외의 추가적인 지급의무를 부담하지 않는 것으로 규정하고,[176)] 제5조에서 '파생상품'을 계약상 권리라고 규정하고 있으므로,[177)] '금융투자상품'이 되기 위해서는 '금융투자상품'의 일반적 정의와 '증권'과 '파생상품'에 대한 정의를 모두 충족하여야 한다.[178)] '금융투자상품'을 '증권'과 '파

될 수 있음을 규정하고 있다(김건식 외 1인(2013), 57면). 지급의 대상도 금전 이외의 재산의 이전을 포함하여 넓게 해석하고 있다(김건식 외 1인(2013), 53면).

175) 임재연, 「자본시장법」, 박영사, 2013, 25면.

176) 자본시장법 제4조(증권) ① 이 법에서 "증권"이란 내국인 또는 외국인이 발행한 금융투자상품으로서 투자자가 취득과 동시에 지급한 금전 등 외에 어떠한 명목으로든지 추가로 지급의무(투자자가 기초자산에 대한 매매를 성립시킬 수 있는 권리를 행사하게 됨으로써 부담하게 되는 지급의무를 제외한다)를 부담하지 아니하는 것을 말한다.
② 제1항의 증권은 다음 각호와 같이 구분한다. 1. 채무증권 2. 지분증권 3. 수익증권 4. 투자계약증권 5. 파생결합증권 6. 증권예탁증권

177) 자본시장법 제5조(파생상품) ① 이 법에서 "파생상품"이란 다음 각호의 어느 하나에 해당하는 계약상의 권리를 말한다. 1. 기초자산이나 기초자산의 가격·이자율·지표·단위 또는 이를 기초로 하는 지수 등에 의하여 산출된 금전 등을 장래의 특정 시점에 인도할 것을 약정하는 계약 2. 당사자 어느 한쪽의 의사표시에 의하여 기초자산이나 기초자산의 가격·이자율·지표·단위 또는 이를 기초로 하는 지수 등에 의하여 산출된 금전 등을 수수하는 거래를 성립시킬 수 있는 권리를 부여하는 것을 약정하는 계약 3. 장래의 일정기간 동안 미리 정한 가격으로 기초자산이나 기초자산의 가격·이자율·지표·단위 또는 이를 기초로 하는 지수 등에 의하여 산출된 금전 등을 교환할 것을 약정하는 계약 4. 제1호부터 제3호까지의 규정에 따른 계약과 유사한 것으로서 대통령령으로 정하는 계약

178) 한민, 「로앤비 온라인 주석서 자본시장과금융투자업에관한법률 제3조」, 2016.03.08, 8면.

생상품' 두 가지로 규정하고 있기 때문에 '증권'과 '파생상품'에 해당하지 않으면 '금융투자상품'이 될 수 없는 것이다.[179)]

비트코인은 가치상승을 목적으로 투자하는 측면이 있기 때문에 이익을 얻기 위한 목적이 있고, 가치변동으로 원본 손실 가능성이 있기 때문에 투자성 요건도 충족한다. 하지만, 금전 등을 지급하기로 한 약정이 존재하지 않고, 권리관계도 존재하지 않으므로 '금융투자상품'에 해당하지 않는다. '증권'과 '파생상품'의 정의에도 부합하지 않으므로 '금융투자상품'이 될 수 없다. 즉, 비트코인은 지급수단의 일종이지, 금융투자상품과 같이 약정에 의하여 성립하는 권리라고 보기는 어렵다. 따라서 증권·파생상품과 같은 금융투자상품으로 보기는 곤란하다.[180)]

그러나 이러한 논의를 비트코인에 국한하지 않고, 다양하게 진화하는 가상자산의 유형 중 "투자계약증권"의 요건을 충족하는 가상자산이 있다면 이를 금융투자상품으로 인정할 것인지에 대한 것으로 논의를 확장해 볼 필요가 있다. 자본시장법은 '특정투자자가 그 투자자와 타인(다른 투자자를 포함한다. 이하 이항에서 같다) 간의 공동사업에 금전등을 투자하고 주로 타인이 수행한 공동사업의 결과에 따른 손익을 귀속받는 계약상의 권리가 표시된 것'을 "투자계약증권"으로 정의하고 있다.[181)]

미국 증권거래위원회(Securities and Exchange Commission: SEC)는 하우이 이론(Howey Test)에 따라 사례별로 판단하여 "투자계약(investment contract)"의 실질이 인정되면 그것이 가상자산인지 여

---

179) 김건식 외 1인(2013), 63면.
180) 박영호(사법, 2019), 16면.
181) 자본시장법 제4조 제6항.

부와 관계없이 일률적으로 연방증권법(the Security Act 1933 및 the Securities Exchange Act 1934)을 적용한다. 그런데 하우이 이론에 따르면 투자계약이란 '다른 사람의 (기업가적 혹은 경영적) 노력으로 인한 이익에 대한 합리적인 기대로 공동사업에 금전을 투자하는 것'으로, 자본시장법상 투자계약증권의 정의와 상당히 유사하다.[182]

가상자산이 '금융투자상품'에 포함되면, 투자자에 대한 정보제공 의무를 부과하는 공시규제와 시세조종행위와 같은 불공정거래행위 금지 규제를 적용할 수 있으므로 투자자 보호의 측면에서는 유리한 측면이 있다.

다만 투자계약증권의 성질을 가진 가상자산을 자본시장법으로 의율하기 위해서는, 첫째, 가상자산에 대한 적용을 전제로 한 자본시장법에 대한 수정 검토가 반드시 필요하다. EU 집행위원회(EC) 역시 이러한 취지로 「암호자산 시장 규정 제안(Proposal for the Markets in Crypto Assets Regulation: MiCA)」에서 금융상품에 해당하는 가상자산에 적용하기 위해 기존 금융규제법령인 EU의 제2차 금융상품지침(Markets in Financial Instruments Directives II: MiFID II)의 개정을 함께 제안하였다. 미국 증권거래위원회(Securities and Exchange Commission: SEC)의 경우 이와 같은 수정 검토 없이 기존 증권법에 따른 의율을 강행한 결과 수많은 프로젝트들이 좌절되고 플랫폼에 거래 중이던 가상자산이 갑자기 거래가 중단되어 거래자들에게 혼란을 초래하는 등 부작용에 직면하였으며, 이를 해소하기 위해 가상자산 프로젝트에 대한 증권성 판단 여부를 3년

---

182) 미국의 가상자산 유형별 분류 및 적용 법제 관련 상세는 본서 Ⅱ.2.가. 국제적 추이 부분에 상술하였다.

간 유예하는 세이프하버조항이 하원에 상정되어 현재 심의 중에 있다. 둘째, 가상자산별로 자본시장법의 적용대상인지 여부를 판단할 수 있는 명확한 기준이 수립되어 일반 및 대중에 공개되어야 한다. 미국 SEC도 이를 위해 수차례의 노액션레터와 가이드라인 등을 발표 및 공개하고 설명함으로써 가상자산 사업자들이 기초적인 판단을 할 수 있도록 조력한 바 있다. 셋째, 증권성 기준에 해당하는지 여부를 판단하는 것은 가상자산의 분류에 따른 단일화된 방식이 아니라 해당 가상자산마다 사례별로 판단하는 원칙이 정립되어야 한다. 특히 현재의 토큰들은 그 기능이 유동화되고 여러 기능들이 융합하는 경향이 있기 때문에(복합적 기능의 가상자산을 하이브리드 토큰(hybrid token)이라고도 한다),[183] 가상자산에 대한 법의 적용 여부를 판단함에 있어서는 유형별로 정형화된 접근이 아닌 개별 사례별로 판단할 것이 요구된다.[184] 이는 미국 SEC, 영국 FCA 및 EU 집행위원회의 공통적인 접근방식이기도 하다.[185]

아울러 새로운 금융기술로 혁신적인 진화를 거듭하고 있는 가상자산 생태계 특성상, 투자계약증권의 요건에 해당한다는 이유로 자본시장법에 따른 금융규제를 일률적으로 적용하는 것은 진화를 방해하고 기술의 발전을 막아서는 부작용을 초래할 수 있으므로 신중한 접근이 요구된다. 동일한 위험에 동일한 규칙이 적

183) Valeria Ferrari, 「The regulation of crypto-assets in the EU - Investment and payment tokens under the radar」, Maastricht Journal of European and Comparative Law, May 2020.

184) Valeria Ferrari(2020).

185) 각국의 가상자산 유형별 분류 및 적용 법제 관련 상세는 본서 Ⅱ.2.가. 국제적 추이 부분에 상술하였다.

용된다는 원칙은 타당하나, 기존의 규칙은 가상자산의 고유한 특성 또는 새롭게 등장가능한 사업모델을 염두에 두고 만들어진 것이 아니기 때문이다.[186)]

8) 외국환거래법상 외국환 해당 여부[187)]

외국환거래법에서는 '외국환'을 '대외지급수단', '외화증권', '외화파생상품' 및 '외화채권'으로 규정하고 있다.[188)] '대외지급수단'[189)]은 외국통화, 외국통화로 표시된 지급수단, 그 밖에 표시통화에 관계없이 외국에서 사용할 수 있는 지급수단을 말하고, '외화증권'[190)]은 외국통화로 표시된 증권 또는 외국에서 지급받을 수 있는 증권, '외화파생상품'[191)]은 외국통화로 표시된 파생상품 또는 외국에서 지급받을 수 있는 파생상품, 그리고 외화채권[192)]은 외국통화로 표시된 채권 또는 외국에서 지급받을 수 있는 채권을 말한다.

비트코인은 현행 자본시장법상 '금융투자상품'인 '증권'과 '파생상품'이 될 수 없기 때문에, 동법상의 정의를 원용하고 있는 '외화증권', '외화파생상품'에 해당할 수는 없다. 그리고 채권은 예금 · 신탁 · 보증 · 대차(貸借) 등으로 생기는 금전 등의 지급을 청

---

186) Valeria Ferrari(2020).

187) 최인석(2019), 70-71면을 요약 인용하되, 대외지급수단 해당 여부에 관한 최근 외국의 동향(엘살바도르 등) 등을 추가하였다.

188) 외국환거래법 제3조(정의) ① 이 법에서 사용하는 용어의 뜻은 다음과 같다. 13. "외국환"이란 대외지급수단, 외화증권, 외화파생상품 및 외화채권을 말한다.

189) 외국환거래법 제3조 제1항 제4호.

190) 외국환거래법 제3조 제1항 제8호.

191) 외국환거래법 제3조 제1항 제10호.

192) 외국환거래법 제3조 제1항 제12호.

구할 수 있는 권리를 말하는데[193] 비트코인은 이러한 권리관계가 존재하지 않기 때문에 채권이 될 수 없으므로 '외화채권'에도 해당하지 않는다.

가상자산이 '대외지급수단'에 해당할 가능성은 있다. '대외지급수단'은 외국통화, 외국통화로 표시된 지급수단, 그 밖에 표시통화에 관계없이 외국에서 사용할 수 있는 지급수단을 말한다. 가상자산이 외국환거래법상 '대외지급수단'이 되면 가상자산거래소가 가상자산을 중개하는 행위는 외국환업무[194]에 해당하여 가상자산거래소는 기획재정부에 외국환업무취급기관으로 등록을 해야 한다.[195]

대외지급수단 중 '외국통화'란 대한민국의 법정통화인 원화 이외의 통화를 의미하므로[196] 만약 비트코인이 외국통화로 인정된다면 외국환거래법상의 대외지급수단에 해당할 여지가 있다. 실제로 엘살바도르의 경우 2021년 6월 비트코인법[197]의 제정을 통

193) 외국환거래법 제3조 제1항 제11호.

194) 외국환거래법 제3조(정의) ① 이 법에서 사용하는 용어의 뜻은 다음과 같다. 16. "외국환업무"란 다음 각 목의 어느 하나에 해당하는 것을 말한다. 가. 외국환의 발행 또는 매매 나. 대한민국과 외국 간의 지급·추심(推尋) 및 수령 다. 외국통화로 표시되거나 지급되는 거주자와의 예금, 금전의 대차 또는 보증 라. 비거주자와의 예금, 금전의 대차 또는 보증 마. 그 밖에 가목부터 라목까지의 규정과 유사한 업무로서 대통령령으로 정하는 업무

195) 외국환거래법 제8조(외국환업무의 등록 등) ① 외국환업무를 업으로 하려는 자는 대통령령으로 정하는 바에 따라 외국환업무를 하는 데에 충분한 자본·시설 및 전문 인력을 갖추어 미리 기획재정부장관에게 등록하여야 한다.

196) 외국환거래법 제3조(정의) ① 이 법에서 사용하는 용어의 뜻은 다음과 같다.
1. "내국통화"란 대한민국의 법정통화인 원화(貨)를 말한다.
2. "외국통화"란 내국통화 외의 통화를 말한다.

197) 위키피디아.

해 같은 해 9월부터 비트코인을 자국의 법화로 인정하였고, 2021년 11월 칠레 의회[198]와 2022년 1월 미국 애리조나주 의회에도 비트코인을 통화로 인정하는 내용의 법안이 발의되는[199] 등 일부 외국에서 비트코인을 공식적인 통화로 인정하려는 움직임이 있다. 외국통화에 해당하려면 해당 국가에서 법률에 의해 모든 거래에 무제한 통용되는 강제통용력이 인정되어야 한다. 엘살바도르의 비트코인법은 비트코인을 결제로 받아들여야 한다는 강제 규정을 두고 있기는 하나,[200] 비트코인 거래 기술에 접근할 수 없는 경우 예외를 인정하고 있고,[201] 사용자가 원하면 대체 법화인 미 달러로 즉시 교환이 가능한 통화 선택의 여지를 규정하고 있어[202] 법화로서의 강제통용력이 있다고 볼 수 없다. 따라서 비트코인은 외국환거래법상 외국통화에 해당하지 아니한다고 해석함이 타당하다.

일본 정부 또한 엘살바도르의 비트코인법에 법률상 비트코인에 의한 지불을 받아들여야 할 의무에 대한 면제 규정이 있다는 이유로 비트코인이 외국통화에 해당하지 않는다고 해석하였

(https://en.wikipedia.org/wiki/Bitcoin_Law) (2022.02.03.확인)

198) 김태욱, 「"비트코인, 거래수단으로 인정"… 법안 발의한 칠레 하원의원 [단독]」, 2021.12.24일자 머니S 기사.
(https://moneys.mt.co.kr/news/mwView.php?no=2021122006288057639) (2022.02.03.확인)

199) Brandy Betz, 「State Senator Introduces Bill to Make Bitcoin Legal Tender in Arizona」, 2022.01.28.일자 코인데스크 기사.
(https://www.coindesk.com/business/2022/01/28/arizona-senator-introduces-bill-to-make-bitcoin-legal-tender/) (2022.2.10.확인)

200) 엘살바도르 비트코인법 제7조.

201) 엘살바도르 비트코인법 제12조.

202) 엘살바도르 비트코인법 제8조.

다.[203] IMF는 높은 가격변동성을 고려할 때 비트코인이 법화로 사용되어서는 안 된다는 입장을 밝히며 엘살바도르에 대하여 현행 비트코인법의 범위를 좁힐 것을 권고한 바 있다.[204]

비트코인이 대외지급수단 중 '그 밖에 표시통화와 관계없이 외국에서 사용할 수 있는 지급수단'에 해당하는지 여부를 살핀다. 외국환거래법은 '지급수단'을 법정통화, 환어음, 약속어음, 증표, 플라스틱 카드 또는 그 밖의 물건에 전자 또는 자기적 방법으로 재산적 가치가 입력되어 불특정 다수인 간에 지급을 위하여 통화를 갈음하여 사용할 수 있는 것으로서 대통령령으로 정하는 것으로 규정하고 있다.[205] 가상자산은 디지털 파일의 형태로 재산적 가치가 저장되어 있고, 불특정 다수인 사이에서 지급수단으로 이용되고 있어 통화에 갈음하여 사용할 수 있는 것으로 볼 수 있기 때문에, 대외지급수단의 요건은 충족한다. 다만 동법 시행령 규정에 따라 행정규칙인 외국환거래규정[206]의 개정을 통해 비트코

---

203) S.Ninomiya, 「日本政府､ビットコインを外国通貨と認めず　エルサルバドルの法定通貨化受け」, 2021.07.01일자 COINPOST 기사. (https://coinpost.jp/?p=257816#038;from=in_article00) (2022.02.03.확인)

204) IMF, 「El Salvador: Staff Concluding Statement of the 2021 Article IV Mission」, November 22, 2021, 제13항.

205) 외국환거래법 제3조(정의) ① 3. "지급수단"이란 다음 각 목의 어느 하나에 해당하는 것을 말한다.
가. 정부지폐 · 은행권 · 주화 · 수표 · 우편환 · 신용장
나. 대통령령으로 정하는 환어음, 약속어음, 그 밖의 지급지시
다. 증표, 플라스틱 카드 또는 그 밖의 물건에 전자 또는 자기적 방법으로 재산적 가치가 입력되어 불특정 다수인 간에 지급을 위하여 통화를 갈음하여 사용할 수 있는 것으로서 대통령령으로 정하는 것
외국환거래법 시행령 제3조(지급수단) ② 법 제3조 제1항 제3호 다목에서 "대통령령으로 정하는 것"이란 대금을 미리 받고 발행하는 선불카드와 그 밖에 이와 유사한 것으로서 기획재정부장관이 인정하는 것을 말한다.

206) 외국환거래규정 제1-2조(용어의 정의) 34. "지급수단"이라 함은 법 제3조

인을 대외지급수단으로 정하여야 외국환관리법상의 대외지급수단이 될 수 있을 것이다.

9) 부가가치세법상 재화인지 여부[207)]

가상자산이 부가가치세법상 재화에 해당하는지가 문제된다. 부가가치세법은 '재화'를 "재산적 가치가 있는 물건 및 권리"로 규정하고, 시행령에서 '재화'의 범위를 "유체물과 전기, 가스, 열 등 관리할 수 있는 자연력과 물건 이외에 재산적 가치가 있는 모든 것"이라고 규정하고 있다.[208)]

대법원은 온라인 게임에 필요한 게임머니가 부가가치세법상 재화에 해당한다고 판결한 바 있다.[209)] 과세관청이 게임머니를 게임제공업체나 게임이용자로부터 매수한 후, 다른 게임 이용자에게 매도하고, 그 대금을 중개업체를 경유하여 게임이용자로부터 지급받은 원고에게 부가가치세 부과처분을 한 사안에서, 대법

제1항 제3호에서 규정하는 정부지폐 · 은행권 · 주화 · 수표 · 우편환 · 신용장과 환어음 · 약속어음 · 상품권 · 기타 지급받을 수 있는 내용이 표시된 우편 또는 전신에 의한 지급지시 및 전자금융거래법상 전자화폐, 선불전자지급수단 등 전자적 방법에 따른 지급수단을 말한다. 다만, 액면가격을 초과하여 매매되는 금화 등은 주화에서 제외한다.

207) 최인석(2019), 82-83면을 요약 인용하되, 가상자산거래소의 통신판매업자 해당 여부에 관한 신규 논의 등을 추가하였다.

208) 부가가치세법 제2조(정의) 이 법에서 사용하는 용어의 뜻은 다음과 같다. 1. "재화"란 재산 가치가 있는 물건 및 권리를 말한다. 물건과 권리의 범위에 관하여 필요한 사항은 대통령령으로 정한다.
부가가치세법 시행령 제2조(재화의 범위) ① 「부가가치세법」(이하 "법"이라 한다) 제2조제1호의 물건은 다음 각호의 것으로 한다. 1. 상품, 제품, 원료, 기계, 건물 등 모든 유체물(有體物) 2. 전기, 가스, 열 등 관리할 수 있는 자연력 ② 법 제2조제1호의 권리는 광업권, 특허권, 저작권 등 제1항에 따른 물건 외에 재산적 가치가 있는 모든 것으로 한다.

209) 대법원 2012.4.13. 선고 2011두30281 판결.

원은 게임머니가 부가가치세법상 재화에 해당하고, 게임머니의 매도거래는 재화의 공급에 해당한다고 판시하였고, 그 이유에 대해서는 고등법원 판결이유[210]를 인용하여, 다른 게임이용자 등으로부터 대가를 지급하고 매수한 게임머니를 지배·관리하면서, 다른 게임이용자에게 보다 높은 가격에 게임머니를 판매함으로써 이윤을 남기고 매도한 이상, 위 게임머니는 재산적 가치가 있는 거래의 객체로서 온라인 게임서비스상에서 게임 등을 이용할 수 있는 권리 내지 기타 재산적 가치가 있는 무체물로서 구 부가가치세법상 재화에 해당한다고 판시하였다. 게임머니가 단순히 지급수단으로 이용되는 경우에는 부가가치세법상 재화가 아니지만 거래의 대상이 되는 경우에는 재화로 본 것이다.[211]

게임머니는 현실세계에서 법정통화와의 교환이나 현실세계에서의 재화나 서비스의 구매에 사용할 수 없는 교환불가능(폐쇄형) 가상자산에 해당되거나, 또는 현실세계에서의 통화를 가지고 구매할 수는 있지만, 이를 다시 원래의 통화로 환전할 수 없는 일방향 가상통화(Virtual currency with unidirectional flow)에 해당된다. 게임회사에서는 폐쇄형 가상통화인 게임머니의 사용자 간 매매를 금지하고 있지만, 실제로 이용자 간 거래가 이루어지고, 아이템중개사이트와 같은 2차적 거래시장에서 환전이 이루어지고 있다. 일방향 가상통화로 가상세계에서의 재화와 서비스 구매뿐만 아니라 경우에 따라서는 현실세계에서의 재화와 서비스의 구매도 가능하기 때문에 폐쇄형, 일방향, 양방향 가상통화의 경계가 모

---

210) 대구고법 2011.10.14. 선고 2011누1277 판결.

211) 강성모, 「마일리지 관련 거래와 부가가치세」, 조세법연구 20-3, 한국세법학회, 2014, 208-210면.

호하다.

게임머니는 폐쇄형, 일방향 가상통화에 상관없이 사이버상에서 각종 서비스를 이용할 수 있는 권리로서 재산적 가치가 있고, 개인 간 거래나 아이템중개사이트 등을 통하여 거래의 객체로서 법정통화로 환전이 되므로 재산적 가치가 있는 모든 것이라는 재화의 개념에 해당한다고 보여지므로 판례의 태도가 타당하다.

이러한 관점에서 보면, 비트코인과 같은 양방향 가상자산은 개인 간 직접거래를 통하여 매매가 되고 있고, 가상자산거래소를 통하여 지정가격이나 시가로 법정통화와 환전이 되며, 가맹점에서 재화와 서비스를 구매할 수 있으므로 재산적 가치가 있는 모든 것이라는 부가가치세법상 재화의 개념에 포함된다고 할 것이다.

국세청 또한 비트코인 매각 관련 질의에 대하여 "비트코인(Bitcoin)이 화폐로서 통용되는 경우에는 부가가치세 과세대상에 포함되지 아니하는 것이나, 재산적 가치가 있는 재화로서 거래되는 경우에는 부가가치세법 제4조에 따라 부가가치세 과세대상에 해당한다"고 회신하여, 가상자산이 부가가치세법상의 재화에 해당함을 분명히 하였다.[212)]

가상자산이 재화에 해당하는 경우 그 재화를 판매하거나 거래를 중개하는 가상자산 거래사업자가 통신판매업자에 해당하는지 여부도 문제된다. 전자상거래법에서는 '통신판매'를 우편·전기통신 등 방법으로 재화 또는 용역의 판매에 관한 정보를 제공하고,

---

212) 부가, 서면-2014-부가-21616, 2015.12.29.
(https://teer.hometax.go.kr/home.do?mode=getReq_view&url=pub/getReq_view&reqId=E0ODI=MTA2MT&loginId=&viewYn=Y) (2022.02.03.확인)

소비자의 청약을 받아 재화 또는 용역을 판매하는 것으로 정의하고,[213] '통신판매중개'란 사이버몰, 즉 컴퓨터 등과 정보통신설비를 이용하여 재화 등을 거래할 수 있도록 설정된 가상의 영업장 이용을 허락하는 등의 방법으로 거래 당사자 간의 통신판매를 알선하는 행위로 규정한다.[214] 이에 따르면 가상자산 거래사업자는 행위유형에 따라 통신판매 또는 통신판매중개를 업으로 하는 자로서 전자상거래법상의 통신판매업자에 해당하는 것으로 해석이 가능하고, 종래 국내 가상자산 거래사업자들도 통신판매업자로 신고를 하고 사업을 운영하곤 하였으나, 2018년 공정거래위원회가 전자상거래과를 통해 가상자산거래소의 업태는 통신판매업 신고 대상이 아니라는 입장을 밝히면서,[215] 국내 가상자산사업자

---

213) 전자상거래법 제2조(정의) 이 법에서 사용하는 용어의 뜻은 다음과 같다.
2. "통신판매"란 우편 · 전기통신, 그 밖에 총리령으로 정하는 방법으로 재화 또는 용역(일정한 시설을 이용하거나 용역을 제공받을 수 있는 권리를 포함한다. 이하 같다)의 판매에 관한 정보를 제공하고 소비자의 청약을 받아 재화 또는 용역(이하 "재화 등"이라 한다)을 판매하는 것을 말한다. 다만, 「방문판매 등에 관한 법률」 제2조제3호에 따른 전화권유판매는 통신판매의 범위에서 제외한다.
3. "통신판매업자"란 통신판매를 업(業)으로 하는 자 또는 그와의 약정에 따라 통신판매업무를 수행하는 자를 말한다.

제12조(통신판매업자의 신고 등) ① 통신판매업자는 대통령령으로 정하는 바에 따라 다음 각호의 사항을 공정거래위원회 또는 특별자치시장 · 특별자치도지사 · 시장 · 군수 · 구청장에게 신고하여야 한다. 다만, 통신판매의 거래횟수, 거래규모 등이 공정거래위원회가 고시로 정하는 기준 이하인 경우에는 그러하지 아니하다

214) 전자상거래법 제2조(정의) 이 법에서 사용하는 용어의 뜻은 다음과 같다.
4. "통신판매중개"란 사이버몰(컴퓨터 등과 정보통신설비를 이용하여 재화등을 거래할 수 있도록 설정된 가상의 영업장을 말한다. 이하 같다)의 이용을 허락하거나 그 밖에 총리령으로 정하는 방법으로 거래 당사자 간의 통신판매를 알선하는 행위를 말한다.

215) 이규하, 「가상통화거래소 전상법상 공정위 '유권해석'…"'통신판매업' 아니다" 결론」, 2018.02.07일자 뉴스핌 기사.

들은 통신판매업에 대한 등록을 스스로 말소한 바 있다.[216)]

10) 기업회계기준상 자산인지 여부와 그 분류

가상통화는 거래의 객체가 되고, 재산적 가치가 있어 재화에 해당하므로, 자산으로서의 성격도 가지고 있다.[217)]

기업회계기준은 '자산'을 과거의 거래나 사건의 결과로서 현재 기업실체에 의해 지배되고, 미래에 경제적 효익을 창출할 것으로 기대되는 자원으로 정의하고,[218)] '자산'에 내재된 '미래의 경제적 효익'을 직접적으로 또는 간접적으로 기업실체의 미래 현금흐름 창출에 기여하게 될 잠재력으로 규정하고 있다.[219)] 가상자산은 기업 등이 가상자산의 취득과 처분을 결정할 수 있으므로 자원을 지배하고 있고, 가상자산거래소를 통하여 환전할 수 있어 미래 현금흐름 창출에 기여하게 될 잠재력이 있으므로 기업회계기준상 '자산'의 정의에는 해당한다.[220)]

2019년 6월, 국제회계기준위원회 산하 국제회계기준 해석위원회(International Financial Reporting Standards: IFRS)는 가상통화(cryptocurrency)에 대해 물리적 실체가 없고 식별이 가능한 비화폐성 자산이라는 무형자산의 요건을 충족하며, 가상통화의 보유는

(https://www.newspim.com/news/view/20180207000230) (2022.02.03.확인)

216) 김윤진, 「암호화폐거래소, 통신판매업자 등록 '자발적 말소'」, 2018.04.11일자 비트와이드 기사.
(https://www.bitwide.co.kr/insight/insight_view.php?uData=ZXhlTW9kZSUzRHZpZXclMjZpZHglM0QyMTA=) (2022.02.03.확인)

217) 최인석(2019), 84면.

218) 한국회계연구원, 「재무회계 개념체계」, 2003.12.04, 90문단.

219) 한국회계연구원(2003), 91문단.

220) 최인석(2019), 84면.

기업이 통상적 영업 과정에서 판매 목적으로 보유하는 것(재고자산)을 제외하고는 모두 무형자산의 회계처리에 의한다고 해석하고,[221] 동시에 가상통화는 금융자산에는 해당하지 않는다는 견해를 밝혔다.[222]

종래 국내에서도 보유 가상자산에 대한 회계처리를 두고 사업자들의 고심이 많았다. 국내 가상자산사업자는 일반기업회계기준(K-GAAP)을 적용하는 비상장사인 경우가 많아 IFRS 의무적용대상인 기업은 많지 않았으나, 위 해석으로 가상자산사업자들의 회계처리 방식에 일종의 기준이 마련된 셈이었다. 한국회계기준원 또한 관련 질의에 대한 공식회신을 통해, 기업이 가상자산을 통상적인 영업과정에서 판매목적으로 보유한다면 재고자산으로 분류하고, 그렇지 않다면 무형자산으로 분류하는 방침임을 밝힌 바 있다.[223]

이에 따르면 가상자산 거래로 소득 발생 시 개인에 대한 소득세, 법인에 대한 법인세 그리고 부가가치세 과세가 가능할 것이다. 우리나라의 경우 법인의 수익은 법인세를 통한 과세가 이미 이루어져 왔고, 개인의 가상자산 거래로 인한 수익에 대한 과세는 2020년 개정 소득세법에 의해 기타소득으로의 과세가 예정되

221) IFRS, "IFRIC Update June 2019," agenda paper 12, Holdings of Cryptocurrencies, (June 11, 2019).

222) IFRS(2019), The Committee concluded that a holding of cryptocurrency is not a financial asset.

223) 한국회계기준원, K-IFRS 질의회신 요약, "한국채택국제회계기준에서 가상통화의 분류", 2019.12.10., para4 (http://www.kasb.or.kr/fe/bbs/NR_view.do?bbsCd=1017&bbsSeq=34533), (2021.11.21.확인); 질의대상 가상통화(가상화폐 또는 암호화폐 등으로도 불림, 이하 '가상통화')를 통상적인 영업과정에서 판매목적으로 보유한다면 재고자산으로 분류하고, 그렇지 않다면 무형자산으로 분류한다.

어 있다.[224][225] 부가가치세의 도입은 이론적으로 가능하나[226] 우리나라를 포함한 대부분의 국가에서 아직 적용되고 있지 않다.

현행 IFRS의 회계기준에 대하여, 가상자산은 회계적으로 무형자산보다 금융자산에 가까우므로 이를 금융자산으로 보고 금융투자소득 과세를 해야 한다는 견해가 있다.[227] 일본 회계기준제정기구 역시 투자목적의 자산에 적용되는 다른 IFRS의 규정과

---

224) 소득세법 제21조(기타소득) ① 기타소득은 이자소득·배당소득·사업소득·근로소득·연금소득·퇴직소득 및 양도소득 외의 소득으로서 다음 각호에서 규정하는 것으로 한다.
27. 「특정 금융거래정보의 보고 및 이용 등에 관한 법률」 제2조 제3호에 따른 가상자산(이하 "가상자산"이라 한다)을 양도하거나 대여함으로써 발생하는 소득(이하 "가상자산소득"이라 한다)

225) 한편 가상자산 과세는 2022년 1월 1일부터 시행될 예정이었으나, 해당 규정인 법률 제17757호 소득세법 일부개정법률 부칙 조항(제1조 제2호, 제5조, 제20조 제2항, 제22조 등)에 대한 개정안이 반영된 소득세법 일부개정법률안(대안)이 2021년 12월 2일 국회 본회의를 통과하여 같은 해 12월 8일 공포됨에 따라 그 과세 시행일이 2023년 1월 1일로 유예되었다. 따라서 납세의무자의 가상자산으로 인한 소득에 대한 실제 세금 납부는 2024년 5월부터 이행된다. 한국블록체인협회, 「'가상자산 과세 유예' 국회 본회의 통과 환영」, 2021.12.03일자 보도자료 참고

226) 국세청 또한 비트코인 매각 관련 질의에 대하여 "비트코인(Bitcoin)이 화폐로서 통용되는 경우에는 부가가치세 과세대상에 포함되지 아니하는 것이나, 재산적 가치가 있는 재화로서 거래되는 경우에는 부가가치세법 제4조에 따라 부가가치세 과세대상에 해당한다"고 회신한 바 있다. 부가, 서면-2014-부가-21616, 2015.12.29.
(https://teer.hometax.go.kr/home.do?mode=getReq_view&url=pub/getReq_view&reqId=E0ODI=MTA2MT&loginId=&viewYn=Y) (2021.11.21.확인)

227) 전경운, 「가상화폐도 금융자산…주식처럼 세금공제를」, 2021.09.14일자 매일경제; 오문성 한양여대 교수(한국조세정책학회장)는 최근 한국조세연구포럼 하계학술대회에서 '바람직한 가상자산 과세 방안'을 주제로 한 발표에서 가상자산을 금융자산으로 보고 금융투자소득 과세를 해야 한다고 주장했다. 오 교수는 가상자산이 회계적으로 무형자산보다 금융자산에 가깝지만 새로운 형태의 자산이기 때문에 국제회계기준(IFRS)의 정의를 만족시키지 못해 무형자산으로 분류되고 있다고 설명했다(위 기사 중 발췌).
(https://www.mk.co.kr/news/economy/view/2021/09/887973/) (2021.11.21.확인)

같이 투자목적으로 보유하는 가상자산에 대해서도 공정가치평가를 통한 손익을 인식하도록 회계기준을 개정할 필요성이 있다고 지적한 바 있다.[228] 한편 가상자산이 금융자산으로 해석되면 법인세나 소득세 과세는 여전히 가능하나 부가가치세 과세 대상에서는 제외된다.

---

228) Accounting Standard Board of Japan(ASBJ), "Comments on the Discussion Paper Accounting for Crypto-assets (Liabilities)", 2021.07.30일자, para4. (https://www.asb.or.jp/en/wp-content/uploads/20210730_e.pdf) (2021.11.21.확인)

II.

제도화 과정 및 추이

가상자산은 등장 이래 현재까지 창의적 진화과정을 통해 다변화해 왔으며, 그 개념과 법적 지위에 대한 논의도 한동안 지속될 것으로 보인다. 가상자산 관련 제도화 역시 다양한 모습으로 연구되고 전개되어 온 가운데, 이하에서는 규제 도입 측면에서의 제도화와 신산업 영역에 대한 행위규범 수립 측면에서의 제도화라는 두 가지 관점으로 나누어 가상자산에 대한 제도화 과정 및 추이를 살펴보고자 한다.

1. 규제 도입 측면에서의 제도화(위험성 규제)

가. 국제적 추이 - 자금세탁방지제도(FATF)

가상자산 특히 비트코인의 등장은 새로운 방식의 금융서비스로 시장에 인식되었고, 기존의 금융서비스에서 소외된 계층과 금융인프라가 취약한 국가에 대체금융수단으로 기능하며 기존 금융의 한계를 극복하고 그 효율을 촉진할 것으로 기대되었다. 그러나 시스템에 의해 파악되고 통제되기 이전의 금융 신기술은 자금세탁 및 테러자금조달에 이용될 위험 역시 크기 마련이었다.[1] 또한 해킹 등 가상자산 탈취범죄[2]나 가상자산을 이용한 각종 사

1) FATF(2019), Guidance for a Risk-Based Approach to Virtual Assets and Virtual Asset Service Providers, FATF, Paris, para1.

2) **일본**에서는 2014년 2월 당시 최대의 가상자산거래소였던 마운트곡스(Mt.Gox)에서 85만 비트코인(5,400억)이 분실되는 사건이 있었다. 분실된 비트코인 중 20만 개는 복구되었지만, 나머지 65만 개의 비트코인은 소재를 찾을 수 없었고, 마운트곡스(Mt.Gox)는 4월에 법원에 파산신청을 하게 되었는데, 마운트곡스 CEO인 카펠레스는 디도스(DDos · 분산서비스거부) 공

기범죄[3] 사례도 발생하면서, 신기술 출현으로 야기된 새로운 위

격으로 웹사이트가 마비되었고, 이 기간에 해커들이 비트코인을 절취하였다고 주장하였다. 하지만 이용자들은 카펠레스의 자작극 의혹을 제기하였고, 카펠레스는 데이터변조와 횡령혐의로 체포되었으나 2019년 횡령·배임에 대하여는 공소기각결정을, 전자장부 위작에 대하여는 유죄판결을 받았다. 정우필, 「[가상화폐 특집: 끝나지 않은 마운트곡스 해킹 악몽]① 자작극이냐 해킹이냐 4년째 논란」, 2017.05.23일자 뉴스투데이 기사. (http://www.news2day.co.kr/104361) (2018.10.04.확인) 및 Yogita Khatri, 「일본 법원, 마운트곡스 전 CEO 전자장부 조작에 유죄 판결」, 2019.03.16.일자 코인데스크코리아 기사. (http://www.coindeskkorea.com/news/articleView.html?idxno=41791) (2021.11.21.확인)

국내에서는 2017년 4월 처음으로 가상자산거래소 야피존이 해킹되었다. 해커의 공격으로 핫월렛(hot-wallet) 4개에 있는 약 3,831 비트코인(55억 원 상당)이 탈취당하였는데, 이는 회사 총자산의 37.08%에 해당하는 규모였다. 야피존은 처리과정에서 회원들의 자산(원화·비트코인·이더리움 등)에 대하여 사건 직후 잔고 보유 현황을 기준으로 37.08%를 차감하겠다고 공지하여 발생한 손실을 회원들에게 모두 전가한다는 비판을 받기도 하였다. 이후 야피존은 유빗으로 회사명을 변경하고 다시 영업을 시작하였지만 2017월 12월 재차 해킹공격을 받아 고객자산 17%에 상당하는 170억 원 상당의 코인이 탈취되어 파산절차에 들어가게 된다.

김지민, 「비트코인 거래소 '야피존' 해킹 당해… 55억 탈취」, 2017.04.26일자 머니투데이 기사.
(http://news.mt.co.kr/mtview.php?no=2017042618272699047&outlink=1&ref=http%3A%2F%2Fsearch.naver.com) (2018.10.04.확인)
고란, 「국내 비트코인 거래소 해커에 뚫렸다」, 2017.04.28일자 중앙일보 기사. (https://news.v.daum.net/v/20170428010145373?f=p) (2022.04.11.확인)

3) **미국**에서는 증권거래위원회(Securities Exchanges Commission: SEC)가 2013년 7월 Bitcoin Savings & Trust(BTCST)의 설립자인 Trendon T. Shavers를 가상통화를 이용한 폰지 사기(Ponzi Scheme) 혐의로 기소를 한 사례가 있었다. Shavers는 거래소 간 차익 거래를 통하여 투자자들에게 하루 1%의 이자를 지급하겠다고 약속을 하여 700,000 BTC를 유치하였는데, 재판의 변론과정에서 Shavers는 투자계약이라는 정의를 만족시키기 위해서는 비트코인이 화폐로 인정되어야만 한다고 주장을 하였지만, 법원은 비트코인의 화폐성 여부는 관련이 없고, 가상통화를 이용한 경우에도 투자계약이 될 수 있으므로 SEC의 기소가 유효하다고 판단을 하였다. (United States District Court EASTERN DISTRICT OF TEXAS, CASE NO. 4:13-CV-416, SEC. & TRENDON T. SHAVERS and BITCOIN SAVINGS AND TRUST.)

험에 대한 대응이 필요하였다. 이들 중 국제 공조에 의한 조속한 협의가 도출되고 다수 국가의 국내법에 반영된 것은 자금세탁 및 테러자금조달 위험에 대한 규제(AML/CFT),[4] 즉 자금세탁 및 테러자금방지제도이다.

자금세탁(Money Laundering)[5]은 일반적으로 범죄행위로부터 얻은 불법자산을 합법적인 자산인 것처럼 위장하는 과정[6]을 말하는데, 주로 범죄행위로부터 얻은 불법재산의 발생 원인을 적법하게 취득한 것으로 가장하거나 재산 자체를 은닉하는 행위를 말한다.[7] 조직범죄는 국경을 초월하여 범죄수익을 얻고, 이러한 수익이 자금세탁과정을 거쳐 다른 합법적 사업에 재투자되거나 또 다른 범죄에 이용되기 때문에 자금세탁방지제도는 중요하다. 자금세탁방지제도는 처음에는 범죄수익의 세탁방지로 시작되었지만 테러자금조달[8] 및 대량살상무기확산[9]금융을 차단하는 것으로

4) Anti-Money Laundering and Counter-Terrorist Financing.

5) 자금세탁이라는 용어는 1920년대 미국에서 조직범죄자들이 세탁소에서 현금거래가 많다는 점을 이용하여 도박이나 불법주류판매를 통한 수입금을 세탁소의 합법적인 수입으로 가장한 것에서 유래하였다고 한다(장일석, 「자금세탁방지제도의 이해」, 박영사, 2011, 3면).

6) 장일석(2011), 3면.

7) 국제자금세탁방지기구(Financial Act Task Force: FATF)는 자금세탁을 범죄수익의 불법원천을 가장하기 위한 과정(the processing of criminal proceeds to disguise their illegal origin)으로 정의하고 있다(THE WORLD BANK(Paul Allan Schott), 「자금세탁방지 및 테러자금조달금지 제도 해설」, 특별권고 Ⅸ 관련 내용 수록 개정판, 2010, 1-3면).

8) 테러자금조달은 테러에 이용된다는 것을 알면서 자금 또는 재산을 모집하거나 제공하는 행위를 말하는데, 국제협약에서 테러의 개념이 명시적으로 규정된 것은 테러자금조달 억제를 위한 국제협약(International Convention for the Suppression of the Financing of Terrorism(1999))이다(금융정보분석원(위재천), 「테러자금 조달관련 연구」, 2009, 5면). 그 핵심적인 내용은 다음과 같다. 1. 자금이 다음의 행위에 이용된다는 의도를 가지거나 혹은 부분적으로 전체적으로 다음의 행위에 이용된다는 것을 알면서 직접적이든 간접적이

방지범위가 확대되어, 현재에는 테러자금조달금지 제도를 포함하는 개념으로 이해되고 있다.[10] 테러리스트가 대량살상무기나 그 부품, 미사일 등을 확보하기 위해서는 자금이 필요하고, 대량살상무기의 확산을 방지하기 위해서는 자금원을 봉쇄하는 것이

든 불법적이고 고의로 어떠한 수단으로라도 자금을 제공하거나 모집하는 경우 본 협약상의 죄를 저지르는 자; b. 대중을 협박하거나 정부나 국제기구가 어떤 행위를 하도록 강요하거나 어떤 행위를 하는 것을 하지 못하게 할 목적으로 무장 충돌의 상황에서 시민이나 적대행위에 가담하지 않은 기타 개인들에게 죽음을 유발하거나 심각한 상해를 입히려고 의도된 기타 모든 행위(WB(Paul Allan Schott, 2010), 11-12면).

9) 대량살상무기확산은 핵·화학·생물 무기 및 이에 필요한 재료 등을 제조, 개발, 운송하는 등 확산하는 행위를 말한다. 대량살상무기(Weapons of Mass Destruction: WMD)는 전쟁과 테러에 이용될 수 있는, 단시간에 대량의 인명을 살상할 수 있는 무기로서 핵무기, 생화학무기, 재래식 무기 등과 대량살상무기의 발사 수단이 되는 미사일을 말한다(금융정보분석원(아주대학교 산학협력단), 「테러자금조달 방지 체제의 선진화·국제화 방안에 관한 연구」, 2009.12, 1면). 이러한 대량살상무기는 테러와 연계가 되기 때문에 문제가 된다. 1995년 3월 옴진리교가 일본의 지하철역에서 사린가스를 살포하여 수천명의 사상자가 발생한 것처럼 대량살상무기를 이용한 테러가 발생할 경우 그 피해는 막대하다. 실제로 핵이나 방사능 등 대량살상무기를 이용한 테러 위협의 증가는 현실이 되고 있다. 미국 9·11 테러를 일으킨 알카에다가 핵물질의 입수를 시도하였다는 증거가 발견되었고, 2001년 11월 국제원자력기구(IAEA)는 핵관련 시설에 대한 공격과 방사성물질을 사용한 핵테러의 가능성이 증대하고 있다며 경고한 바도 있으며, 미국의 중앙정보국이 2002년 1월 미의회에 대량살상무기 중에서 테러리스트들이 가장 관심을 가지는 것이 화학제라고 보고서를 제출한 바도 있다(금융정보분석원(아주대학교 산학협력단, 2009). 3-5면).

10) FATF는 권고사항(FATF Recomendations. FATF 권고사항 또는 FATF 국제기준이라 한다)을 채택하여 각국의 준수 여부를 감독하고 있다. 권고사항은 1996년, 2001년, 2012년 3차례 개정되어 현재는 제4차 권고사항이 적용되고 있다. 처음에는 순수하게 자금세탁방지 관련내용을 담은 40개 권고사항만이 있었는데, 9·11 테러 이후 테러자금조달방지가 이슈가 되자 FATF는 9개의 특별권고사항을 추가로 채택하였고, 2012년 자금세탁방지와 테러자금조달방지를 포함하는 제4차 FATF 40개 권고사항이 채택된 것이다(금융정보분석원(성균관대학교 산학협력단), 「금융환경 변화에 따른 심사분석기법 개발 연구」, 2016.10, 38-39면).

필요하므로 테러자금조달방지와 자금세탁방지는 맥을 같이하는 측면이 있다.[11] 자금세탁은 불법행위의 수익인 자금이 세탁되어 그 원천이 위장되는 과정으로 자금의 출처가 중요한 측면이 되고, 테러자금 조달은 그 자금원천의 합법과 불법 여부가 문제 되지 않고 테러를 위하여 그 재산적 가치의 사용이라는 측면이 중요하다는 점에서 차이가 있지만,[12] 자금세탁에 이용되는 방법과 테러자금의 출처와 그 사용을 은닉하는 방법이 본질적으로 동일하기 때문에 자금세탁방지 제도에서 테러자금조달방지 제도를 포함하여 설계하는 것이다.[13][14]

국제자금세탁방지기구(Financial Action Task Force: FATF)[15]는 금융신기술을 이용한 자금세탁 등에 대응하기 위해, 인터넷 기반 결제서비스나 가상자산 등과 같은 신기술의 출현에 대하여 적극적인 모니터링을 해왔다.[16] 다만 FATF는 가상자산 관련 자금세탁방지에 그 목적이 한정되어 있는 기관으로, 소비자 보호, 과세,

---

11) 실제로 이러한 의미에서 9·11 테러사건 이후 UN 안전보장이사회는 2004년 4월 28일 '테러단체 등 비국가 행위자'에 대한 대량살상무기 확산방지를 목적으로 하는 안보리 결의안 제1540호(Non-proliferation of weapons of mass destruction)를 채택하였는데, 안보리 결의 제1540호는 모든 회원국에게 테러목적으로 핵무기, 생화학무기와 그 운반수단을 제조, 획득, 보유, 개발, 운송, 이전 또는 사용하는 것과 관련된 비국가행위자에게 자금을 조달하는 시도들을 금지하는 효과적인 법제도 마련을 의무화하고 있다(United Nations Security Council, Resolution 1540, 28 April 2004).

12) 금융정보분석원(위재천, 2009), 8면.

13) WB(Paul Allan Schott, 2010), 12면.

14) 위 단락은 최인석(2019), 144-146면을 인용함.

15) 국경을 초월하여 발생하는 자금세탁·테러자금조달에 공동 대응하기 위해 1989년 설립된 기구로서 국제기준 마련, 각국의 이행현황 평가 등의 기능을 수행한다. 우리나라는 2009년 10월 4일 정회원으로 가입하였다.

16) FATF(2019), para1.

시장 조작 문제, 금융 안정성 우려 등의 가상자산과 관련된 다른 규제 문제들은 FATF의 고려대상이 아니다.[17] 이에 본 장의 위험성 규제에 대한 국제적 추이는 가상자산 관련 대표적인 위험 규제로 자금세탁방지 등에 대한 FATF의 활동 내용을 살피고 그 추이를 검토한다.

1) 2014, 가상통화에 대한 핵심 정의 및 잠재적 위험 보고(2014 VC report)

2013년 FATF는 "선불카드, 모바일결제 그리고 인터넷 기반 결제서비스에 대한 위험기반 접근 지침"[18]에서 '대체 온라인 통화'에 대한 추가 작업을 고려 중임을 밝힌 바 있다.[19] 그에 따른 가상자산 관련 리스크 모니터링의 초기 결과물은 FATF가 2014년 6월 발행한「가상통화에 대한 핵심 정의 및 잠재적 위험에 대한 보고서(2014 VC report)」[20]이다. 본 보고서는 가상통화(virtual currency)를 법화(fiat)의 전자적 표현을 의미할 수 있는 전자화폐(digital currency)와 구별하고,[21] 이를 '교환의 매개체, 계산의 단위, 가치 저장소로서 기능하며 전자적으로 거래 가능한 가치의 전자적 표현'으로 정의하였다.[22] 중앙집중형, 전환형, 폐쇄형 등 특성에

17) FATF(2019), page8, para14.
18) FATF(2013), FATF Guidance for a Risk-Based Approach to Prepaid Cards, Mobile Payments and Internet-Based Payment Services, June 2013.
19) FATF(2013), page11, para29.
20) FATF(2014), FATF report for Virtual Currencies: Key Definitions and Potential AML/CFT Risks, June 2014.
21) FATF(2014), page4.
22) FATF(2014), page4, "Virtual currency is a digital representation of value that can be digitally traded and functions as (1) a medium of exchange; and/or (2) a unit of account; and/or (3) a store of value, but does not have

따라 이를 목록화하고, 비트코인이 최초의 분산형·전환형 가상통화이자 최초의 암호화폐임을 명시하였다.[23] 가상통화의 금융효율성과 글로벌 통화로서의 잠재력에 불구, 익명성 그리고 국경을 초월하는 이용범위로 인해 자금세탁과 테러자금으로의 오용에 취약하다는 특성을 분석하고, 리버티 리저브 사건,[24] 실크로드 사건,[25] 그리고 웨스턴 익스프레스 인터내셔널 사건[26] 등에서

legal tender status (i.e., when tendered to a creditor, is a valid and legal offer of payment) in any jurisdiction."

23) FATF(2014), page5.

24) **Liberty Reserve Case** : 2013년 미국 정부가 코스타리카를 기반으로 설립된 Liberty Reserve를 가상통화 LR을 이용하여 무허가 자금송금업무를 하고, 자금세탁을 하였다는 혐의로 기소한 사건이다. 조사결과 Liberty Reserve는 미국에 소재하는 회원 20만 명을 포함하여 전 세계에 100만 명의 회원을 보유하고 있었고, 2006년 설립 이후 2013년 5월 폐쇄되기까지 6년간 약 5,500만 건의 거래를 통하여 60억 달러의 불법자금을 세탁하였다고 한다. 이용자들은 이름, 주소 등을 제공하고 Liberty Reserve의 계좌를 개설하는데, 가명이 허용되었고, Liberty Reserve는 계좌의 추적을 피하기 위하여 자금세탁방지체계가 허술한 해외의 사설환전소(third-party currency exchanger)를 이용하였다. 자금세탁과정을 살펴보면, 특정 이용자가 달러 등 법정통화를 러시아나 나이지리아 등에 소재한 사설환전소로 송금을 하면, 사설환전소가 Liberty Reserve로 송금을 하고, Liberty Reserve는 LR로 전환하여 특정 이용자의 계좌로 LR을 입금한다. 이후 이용자는 LR을 다른 고객과 불법거래에 활용하기도 하고, 또 다른 사설환전소를 통하여 법정통화로 환전을 할 수 있다. Liberty Reserve의 이용자들은 회사의 시스템을 이용하는 대가로 건당 거래금액의 1%를 수수료로 지불하는데, 계좌 추적이 불가능한 서비스를 제공받기 위해서는 추가적으로 비밀유지 수수료(privacy fee)를 지급해야 했다고 한다(한국금융연구원, 「미국의 인터넷형 가상화폐를 이용한 돈세탁 범죄 기소」, 주간금융브리프 제22권 제24호, 2013).

25) **Silk Road Case** : 실크로드(Silk Road)는 무기, 마약, 개인정보 등 불법 컨텐츠를 중개하는 웹사이트로, 일반적인 브라우저로 검색이 되지 않고, 토르브라우저를 이용해서만 접근이 가능한 온라인 블랙마켓이다. 2013년 10월 미국 FBI는 마약, 무기, 개인정보 등 불법적인 거래를 중개하면서 모든 거래를 비트코인을 이용하여 결제한 실크로드의 운영자를 체포하여 마약거래, 해킹, 자금세탁 등 혐의로 기소하였고, 사이트는 폐쇄하였다(FATF(2015), Guidance For a Risk-Based Approach to Virtual Currencies, JUNE 2015).

가상통화가 어떻게 불법적으로 활용되었는지 그 내용을 상세하게 공개하였다.

2) 2015, 가상통화에 대한 위험기반 접근 지침 (2015 VC Guidance)[27]

2015년 6월 FATF는 「위험기반접근법[28]에 의한 가상통화 관련 지침」[29]을 발표하였다. FATF는 위 지침에서 위험기반접근법에 따라 법화로 환전 가능한(Convertible) 가상통화에 대한 자금세탁방지 및 테러자금조달 노력을 집중할 것을 강조하고,[30] 상품 및 서비스를 구매하기 위하여 가상통화를 취득하는 사용자가 아닌, 가상통화거래소와 같이 법정통화와의 환전의 접점에 있는 가상통화 지급 상품·서비스 제공자(Providers of Virtual Currencies Payment Products and Service: Providers of VCPPS, 본 항에서는 가상통화사업자)를 규율하는 데 노력하며,[31] 장기적으로는 법정통화와 환전을 하지는 않지만 가상통화를 송금하고 수신하고 저장하는 금융기관과 비금융사업자를 규율하는 것도 고려해야 한다고 설명하였다.[32]

---

26) **Western Express International** : 다국적 인터넷 기반 사이버 범죄 단체인 Western Express Cybercrime Group을 8년간 조사한 결과, 조직원 16명이 글로벌 신원 도용/사이버 사기로 기소되거나 유죄판결을 받았던 사건이다(FATF(2015)).

27) 최인석(2019), 217-219면을 요약 인용하였다.

28) 각국이 자국의 자금세탁 및 테러자금조달의 위험을 확인하고 평가하여, 그 위험평가 결과에 기초하여 자금세탁 및 테러자금조달 방지 또는 감소 조치들이 확인된 위험에 상응하도록 하는 위험중심의 접근법을 적용하여야한다는 것이다(FATF Recommendations 1).

29) FATF(2015).

30) FATF(2015), 6면.

31) FATF(2015), 6면.

32) FATF(2015), 6면.

동 지침에서는 권한당국과 가상통화사업자에 대하여 적용이 가능한 FATF 권고사항을 나열하고 있다.

가상통화사업자와 관련해서는 FATF가 정의하는 금융기관에 가상통화거래소, 지갑공급업체, 지급결제 관련 업체들이 포함이 되기 때문에, 가상통화사업자에게 FATF 권고사항이 적용되어 자금세탁방지 및 테러자금조달금지 관련 요구사항이 부과되어야 한다고 하였다.[33] 구체적으로 FATF 권고사항 10(고객확인제도), 권고사항 22(특정비금융사업자 · 전문직 고객확인제도), 권고사항 11(기록보관), 권고사항 20(의심거래보고)을 적용하도록 요구하고 있다. 고객확인제도가 전환 가능한 가상통화와 관련된 자금세탁 및 테러자금조달 위험의 감소에 필요한 수단으로 보고, 가상통화사업자가 거래관계를 수립하거나 자금세탁 또는 테러자금조달이 의심되는 경우 고객확인의무를 이행하도록 하고 있고(권고사항 10), 가상통화거래가 범죄활동과정이나 테러자금조달과 관련되어 있을 때 혐의거래보고와 기록을 보관하도록 하고, 금융기관과 특정 비금융 전문직 사업자도 최소한 공개키, 관련 계좌, 거래일자, 금액에 대한 거래기록 정보를 유지할 것을 권고하였다.[34]

권한당국에게는 가치 및 자금이전업자에 해당하는 가상통화사업자를 인 · 허가나 등록하도록 하여, 적절한 자금세탁 및 테러자금조달방지 조치를 취하도록 하고(권고사항 14),[35] 가상통화사업자가 적절한 규제와 감독의 대상이 되도록 하며(권고사항 26), 자금세탁 및 테러자금조달 방지의무의 이행을 위하여 효과적인 민 ·

33) FATF(2015), 6면.

34) FATF(2015), 12-14면.

35) FATF(2015), 9-10면.

형사, 행정제재조치를 가지며(권고사항 35), 자금세탁 및 테러자금 조달방지와 관련한 광범위한 국제협력을 신속히, 그리고 효과적으로 제공하여야 한다고 밝혔다.

표 1 권한당국과 가상통화사업자의 의무사항

구분	내용
권한당국	(권고사항 14–자금 및 가치이전 서비스) 자금 및 가치이전서비스 제공업자에 해당하는 가상통화사업자가 인 · 허가, 등록하도록 하고, 권고사항 조치이행 여부를 확인하고 감독할 수 있도록 하여야 함
	(권고사항 26–금융기관에 대한 규제와 감독) 가상통화사업자가 적절한 규제와 감독의 대상이 되도록 함
	(권고사항 35–제재) 자금세탁방지 및 테러자금조달방지 의무사항을 준수하지 않는 경우를 대비하여 효과적이고 비례적인 민 · 형사, 행정적 제재조치를 가지고 있어야 함
	(권고사항 40–기타 국제협력) 권한당국이 자금세탁, 전제범죄, 테러자금조달과 관련된 광범위한 국제협력을 신속, 효과적으로 제공할 수 있도록 하여야 함
가상통화사업자	(권고사항 10) 금융기관의 고객확인 – 거래개시시나 자금세탁과 테러자금조달 의심이 있는 경우 고객 확인의무 이행
	(권고사항 11) 기록보관 – 권한당국의 정보제공 요구 시 국내 및 국제거래 필수기록을 최소 5년 이상 보관
	(권고사항 20) 의심거래보고 – 자금이 범죄수익이나 테러자금조달과 연관이 있다고 의심되는 경우 혹은 의심에 합당한 정황이 있는 경우 그 내용을 금융정보분석원에 보고
	(권고사항 22) 고객확인과 기록보존의무가 특정 비금융 전문직 사업자에게도 적용

(자료: FATF(2015))

3) 2018, 정의규정 채택 및 FATF 권고사항 제15항 업데이트

2018년 3월 G20 재무장관 및 중앙은행 총재회의에서 G20 회원국들은 공동선언문을 통해 가상자산(당시 crypto-assets)에 FATF 권고사항을 적용하고자 결의하면서, FATF가 해당 표준을 재검토하고 국제적 구현을 독려할 것을 요청하였다.[36] 가상자산 등의 기술혁신이 금융 시스템과 경제 효율성에 미칠 긍정적인 잠재력을 인정하면서도, 국가 통화의 핵심적 요소가 부족함으로 인해 발생하는 자금세탁 및 테러자금조달 관련 문제를 염려하며, 국제표준설정기구들(SSBs)[37]에 대하여도 그 위험에 대한 지속적 모니터링과 필요시 다자간 대응을 평가할 것을 요청하였다.

FATF는 이에 따라 2018년 10월, 가상자산(VA)과 가상자산서비

---

36) Communiqué, G20 Finance Ministers and Central bank Governors Meeting,Buenos Aires.(Mar.19-20,2018), **para9**; We acknowledge that technological innovation, including that underlying crypto-assets, has the potential to improve the efficiency and inclusiveness of the financial system and the economy more broadly. Crypto-assets do, however, raise issues with respect to consumer and investor protection, market integrity, tax evasion, money laundering and terrorist financing. Crypto-assets lack the key attributes of sovereign currencies. At some point they could have financial stability implications. We commit to implement the FATF standards as they apply to crypto-assets, look forward to the FATF review of those standards, and call on the FATF to advance global implementation. We call on international standard-setting bodies (SSBs) to continue their monitoring of crypto-assets and their risks, according to their mandates, and assess multilateral responses as needed.
(https://www.mof.go.jp/english/policy/international_policy/convention/g20/180320.htm) (2022.02.03.확인)

37) 국제표준설정기구들(Standard-Setting Bodies: SSBs)로는 Financial Stability Board(FSB), Financial Action Task Force on Money Laundering(FATF), Organisation for Economic Cooperation and Development(OECD) 등이 있다. (https://www.fsb.org/work-of-the-fsb/about-the-compendium-of-standards/wssb/?page_moved=1) (2022.02.03.확인)

스제공자(VASP)라는 용어를 정립하고, FATF 권고사항[38] 제15항 신기술(New Technologies) 항목에 가상자산에 대한 권고를 추가하였다. 업데이트의 요지는, VASP는 각국의 자금세탁방지 및 테러자금조달방지 관련 규제하에 있어야 하고, 라이센스 또는 등록이 필요하며, FATF 권고사항에 명시된 관련 조치들을 준수하고 그 준수 여부에 대한 효과적 모니터링 또는 감독이 이루어져야 한다는 것이다.[39]

이로써 가상자산(VA) 및 가상자산서비스제공자(VASP)라는 새로운 용어가 FATF 정의규정집에 추가되었다.[40] 이는 2014년경 가상자산에 대한 초기 정의를 수립한지 수년 만에 가상자산 관련 서비스와 비즈니스 모델이 다변화하고, 특히 익명성이 강화된 가상자산과 믹서, 텀블러, 분산형 플랫폼과 거래소, 그 외 자금의

---

38) FATF가 2012년 발표한 자금세탁, 테러자금 및 공중협박자금조달 방지를 위한 국제 표준으로, 본 표준 각 항 및 그 주석서는 가입국에 대하여 구속력을 갖는다.

39) FATF(2012-2021), page17;

15. New technologies

Countries and financial institutions should identify and assess the money laundering or terrorist financing risks that may arise in relation to (a) the development of new products and new business practices, including new delivery mechanisms, and (b) the use of new or developing technologies for both new and pre-existing products. In the case of financial institutions, such a risk assessment should take place prior to the launch of the new products, business practices or the use of new or developing technologies. They should take appropriate measures to manage and mitigate those risks. To manage and mitigate the risks emerging from virtual assets, countries should ensure that virtual asset service providers are regulated for AML/CFT purposes, and licensed or registered and subject to effective systems for monitoring and ensuring compliance with the relevant measures called for in the FATF Recommendations.

40) FATF(2012-2021), 130면.

흐름을 파악하기 어렵게 하는 다양한 유형의 상품과 서비스가 등장함에 따라,[41] 새로운 기술과 서비스제공자에 대한 표준 적용 여부를 보다 분명히 해야 할 필요에 의한 것이었다. 2018년 채택된 이 정의는 현재까지 유지되고 있는 FATF의 가상자산 및 가상자산사업자에 대한 정의규정이다.

FATF가 초기에 가상자산을 지급수단의 관점에서 접근하고 전자화폐와의 구별에 집중하였다면, 2018년의 정의, 즉 현재의 정의는 가상자산을 '전자적으로 거래 또는 이전 가능한 전자적 가치의 표현'으로 '법화, 증권 및 다른 금융자산을 전자적으로 표현한 것'과 구별하면서, '지급 또는 투자 목적으로 사용 가능한' '자산'의 일종으로 접근한다는 점에서 차이가 있다.

표 2 가상자산 정의 규정의 변화[44]

	2014년 6월(2014 VC report)	2018년 10월
용어	가상통화(Virtual Currency)[42]	가상자산(Virtual Asset)[43]
요건	• 전자적으로 거래(trade) 가능한 • 교환의 매개 / 계산의 단위 / 가치의 저장 수단으로 기능하는 • 전자적 가치의 표현	• 전자적으로 거래(trade) 또는 이전(transfer) 가능한 • 지급 또는 투자 목적으로 사용 가능한 • 전자적 가치의 표현
구별 개념	법화와 구별 전자화폐(E-money)와 구별	법화, 증권 및 FATF 권고사항이 미치는 기타 금융자산의 전자적 표현과 구별

41) FATF(2019), 6면, para4.

42) FATF(2014), 4면; Virtual currency is a digital representation of value that can be digitally traded and functions as (1) a medium of exchange; and/or

또한 FATF는 2014 VC report에서 거래사업자, 관리사업자, 사용자, 채굴자, 지갑, 지갑제공자뿐 아니라 소프트웨어 개발자, 웹 관리자에게까지 미치는 대부분의 참여자들을 모두 잠재적 자금세탁 등의 위험이 있는 가상통화시스템참가자로 목록화하면서, 이 목록이 완전치 않으며 가상통화 기술과 사업 모델의 급속한 발전에 따라 달라질 수 있음을 강조한 바 있다.[45] 2018년 FATF는 자금세탁방지의무 적용 대상이 되는 가상자산서비스제공자(VASP)를 가상자산과 법화 또는 동종 / 이종 가상자산 간의 교환, 가상자산의 이전, 가상자산 보관·관리 등을 영업으로 하는 자로 분류 및 정리하였다.

(2) a unit of account; and/or (3) a store of value, but does not have legal tender status (i.e., when tendered to a creditor, is a valid and legal offer of payment) in any jurisdiction.

43) FATF(2012-2021), 130면; A virtual asset is a digital representation of value that can be digitally traded, or transferred, and can be used for payment or investment purposes. Virtual assets do not include digital representations of fiat currencies, securities and other financial assets that are already covered elsewhere in the FATF Recommendations.

44) FATF(2014)와 2018년 FATF 정의규정집(FATF(2012-2021))을 바탕으로 저자가 재구성하였다.

45) FATF(2014), 8면, para3.

표 3 가상자산 관련 자금세탁방지의무 등 적용대상의 변화[46]

	2014년 6월(2014 VC report)	2018년 10월
용어	가상통화시스템참가자 (Virtual Currency System Participants)	가상자산서비스제공자 (Virtual Asset Service Provider)[47]
요건	• 가상통화거래사업자(exchanger) • 관리사업자(administrator) • 사용자(use) • 채굴자(miner) • 가상통화지갑(virtual currency wallet) • 지갑제공자(wallet provider) • 웹관리자, 소프트웨어개발자 등 기타	제3자를 위하여 / 대리하여 아래 중 하나 이상을 영업으로 수행하며 다른 국제기준에 의해 커버되지 않는 자연인 또는 법인 i) 가상자산과 법화 간의 교환 ii) 하나 이상의 가상자산 간의 교환 iii) 가상자산의 이전 iv) 가상자산 또는 가상자산 통제수단의 보관 / 관리 v) 발행인이 제공 / 판매하는 가상자산 관련 금융서비스의 참여 및 제공

46) FATF(2014)와 2018년 FATF 정의규정집(FATF(2012-2021))을 바탕으로 저자가 재구성하였다.

47) FATF(2012-2021), 13면; Virtual asset service provider means any natural or legal person who is not covered elsewhere under the Recommendations, and as a business conducts one or more of the following activities or operations for or on behalf of another natural or legal person:
i. exchange between virtual assets and fiat currencies;
ii. exchange between one or more forms of virtual assets;
iii. transfer of virtual assets;
iv. safekeeping and/or administration of virtual assets or instruments enabling control over virtual assets; and
v. participation in and provision of financial services related to an issuer's offer and/or sale of a virtual asset.

4) 2019, 권고사항 제15항 주석서 확정 및 각국의 조속한 이행 권고 (2019 VA · VASP guideline 등)

2019년 6월 G20 재무장관 및 중앙은행 총재회의에서 회원국들은 위 2018년의 FATF 권고사항 업데이트에 대한 환영의사를 밝히며 가상자산에 대한 FATF 권고사항 적용 의지를 재확인하였다.[48) 같은 해 이어진 제30기 제3차 FATF 총회에서는 가상자산과 관련하여 지난해 업데이트된「권고사항 제15항에 대한 주석서(Interpretive Note R.15)」[49)가 최종 확정되고,「위험기반접근법에 따른 가상자산 및 VASP에 대한 지침서(2019 VA · VASP guideline)」[50)가 발간되었으며,「가상자산에 대한 공개성명서(2019 Public Statement on VA · VASP)」[51)가 채택되었다. FATF는 공개성명서를 통해 각 회원국에 가상자산 관련 FATF 권고사항의 조속한 이행을 요청하면서, 1년 후인 2020년 6월 총회에서 각국의 이행상황을 점검할 계획임을 밝혔다.[52) 이에 따라 우리나라를 포함한 회원국들은 1년

---

48) Communiqué, G20 Finance Ministers and Central bank Governors Meeting, Fukuoka.(Jun.8-9,2019), para13.

49) 주석서(Interpretive Note)는 국제기준(Recommendation)과 함께 회원국이 준수해야 할 구속력 있는 국제기준이다.

50) FATF(2019). 지침서(Guidance)는 회원국이 권고사항(Recommendation) 및 주석서(Interpretive Note)에 따른 이행과정에서 참고할 수 있도록 해설서 성격으로 발간되는 것으로 구속력은 없다.

51) FATF(2019), Public Statement on Virtual Assets and Related Providers, FATF, Paris. 공개성명서(Public Statement)는 FATF 총회의 결정사항과 관련 계획 등을 회원국을 포함한 대외에 명확하게 공포하는 취지의 문서이다. 그 자체의 구속력은 없으나, 구속력 있는 총회의 결정을 주된 내용으로 하기도 한다.

52) FATF(Public Statement, 2019), para4; The threat of criminal and terrorist misuse of virtual assets is serious and urgent, and the FATF expects all countries to take prompt action to implement the FATF Recommendations in the context of virtual asset activities and service providers. The FATF

이내에 FATF 권고사항 및 주석서에 따른 가상자산 관련 자금세탁방지제도를 국내에 수립할 입법과제를 안게 되었다.

주석서는 구속력이 있는 8개 조항으로 이루어져 있으며,[53] 각국이 국내법에 가상자산 관련 자금세탁을 방지하는 데 필요한 실효적인 조치를 규정하는 기준이 된다. ① 국가는 가상자산과 VASP에게 FATF 국제기준을 적용하고, 관련된 위험을 식별, 평가 및 이해하여야 하며, 위험기반접근법에 기한 효과적인 조치를 요구하여야 한다. 국가는 미등록 VASP에 대한 제재조치(sanction)를 취해야 하며, VASP의 FATF 국제기준 이행 여부를 감독하고, 미준수에 대하여 효과적이고 비례적이며 설득력 있는 제재 범위를 정하되 그 제재는 이사 및 고위 경영진에게도 적용 가능해야 한다. ② VASP의 자금세탁·테러자금조달 방지(AML/CFT) 관련 의무 이행 여부에 대한 감독기관은 자율규제기관(Self-Regilatory Body: SRB)이 아닌 권한 있는 기관(Competent Authorities)이어야 하며, 감독기관은 범죄자 및 관련자들이 VASP의 사실상의 지배자가 되지 않도록 막는 법적 조치를 취해야 하고, VASP의 자금세탁방지의무 이행을 감독하며, 미이행 시 제재 및 의무위반 시 허가 또는 신고를 취소·제한·중지시킬 수 있는 권한이 있어야 한다. ③ VASP는 인·허가(license) 또는 신고·등록(register)되어야 하고, 고객확인의무, 전신송금 시 정보제공의무, 의심거래보고 등의 예방조치(preventive measures)를 이행할 의무가 있다. ④ 또한 자금세탁방지 등의 실효적 수단으로, 국제협력의 중요성을 강조하였다.

---

will monitor implementation of the new requirements by countries and service providers and conduct a 12-month review in June 2020.

53) FATF(2012-2021), page76, FATF 권고사항 제15항에 대한 주석서(Interpretive Note R.15).

표 4 권한당국과 가상자산사업자의 의무사항

구분	의무사항
국가·권한당국	(주석서 1) 가상자산을 부동산, 수익, 펀드 또는 기타 자산이나 이에 상당하는 가치로 간주해야 하며, 가상자산 및 VASP에 대해 FATF 권고사항에 따른 조치를 적용해야 함
	(주석서 2－권고사항 1) 위험기반접근법에 따라 가상자산 및 VASP 관련 AML / CFT 위험을 식별 · 평가 · 이해하고, VASP가 그 위험을 식별 · 평가 · 완화하기 위한 조치를 취하도록 요구해야 함
	(주석서 3) 인 · 허가나 신고 · 등록 없이 VASP 활동을 하는 자에 대한 제재 조치가 있어야 하고, 범죄자 또는 그 동료가 VASP의 중요하거나 지배적인 이익 또는 관리 기능을 보유하거나 소유자가 되는 것을 방지하기 위해 필요한 조치를 취해야 함
	(주석서 5) VASP가 AML / CFT 의무사항을 준수하는지 감독 또는 모니터링하고, 실효적인 모니터링을 위하여 감독당국에게 검사 · 정보제출강제 · (불응 시)제재 권한과, 라이센스 · 등록을 철회 · 제한 · 정지할 권한을 포함한 다양한 징계 및 재정적 제재를 부과할 수 있는 권한을 부여해야 함
	(주석서 6－권고사항 35) AML / CFT 의무사항을 준수하지 않는 경우를 대비하여 VASP뿐 아니라 그 이사들 · 고위경영진에 미치는 효과적이고 비례적이며 설득력 있는 형사 · 민사 · 행정적 제재 조치를 가지고 있어야 함
	(주석서 8－권고사항 40) 권한당국이 AML / CFT와 관련된 광범위한 국제협력을 신속, 효과적으로 제공할 수 있도록 하여야 함
VASP	(주석서 3) 인 · 허가를 취득하거나 신고 · 등록을 해야 함
	(주석서 6－권고사항 10) USD / EUR 1,000 이상인 경우 고객확인의무 이행
	(주석서 6－권고사항 16) 전신송금 시 금융거래제한대상에 대한 거래거절 및 출금정지 등을 그대로 적용하고, 송금VASP는 가상자산 이전에 있어 필수적이고 정확한 송금인 정보 그리고 필수적인 수령인 정보를 획득 · 보유하여 수취VASP 등에 제공하며, 수취VASP는 가상자산 이전에 있어 필수적인 송금인 정보 그리고 필수적이고 정확한 수령인 정보를 획득 · 보유하여야 함

(자료: FATF, Annex A. Recommendation 15 and its Interpretive Note and FATF Definitions)

이어 FATF는 「위험기반접근법에 따른 가상자산 및 가상자산 사업자에 대한 지침서(2019 VA · VASP guideline)」를 발행하였다.[54] 이는 회원국들로 하여금 FATF 표준이 각국의 VASP와 가상자산, 가상자산 활동에 어떻게 적용되어야 하는지 자세히 이해하도록 하여 그 효율적인 적용을 돕기 위한 것이었다. 본 지침은 구속력은 없으나 각국의 자금세탁방지 관련 규제안 수립 시 구체적인 기준으로 활용되었다.[55]

FATF는 본 지침을 통해 가상자산으로 인한 자금세탁 · 테러자금조달의 위험을 방지할 조치를 촉구하면서도, 이는 불법행위자의 가상자산 및 VASP 악용가능성에 대한 우려 때문일 뿐, 각국이 VASP나 가상자산 활동을 본질적으로 높은 위험이라고 분류해서는 안 되며,[56] 이러한 요소들은 각국 정부뿐 아니라 VASP 또는 가상자산 활동에 참여하는 고객에게 은행서비스를 제공하는 금융회사들 및 기타 이해관계자들에 의해서도 고려되어야 한다는 점을 분명히 하였다.[57] 금융회사의 경우 본 지침에 따라 위험기반 접근방식을 적절히 적용하고, 적절한 위험평가 없이 VASP 부문 내 고객 관계의 종료 또는 제외에 의존하지 않는 것이 중요하다고 강조하였다.[58] 각국이 본 지침을 국내법에 반영함에 있어, 계속 진화하고 새로이 도입되는 기술에 적용할 수 있도록 충분한 유연성을 갖출 것도 주문하였다.[59]

---

54) FATF(2019), page8, para13.

55) 금융위원회도 가상자산 관련 특금법 개정 완료 후 하위법령 개정에 동 지침서 내용을 적극 활용할 예정임을 밝힌 바 있다. 금융위원회, 2019.06.24일자 보도자료, “제30기 제3차 국제자금세탁방지기구[FATF] 총회 참석,” 3면.

56) FATF(2019), page8, para16.

57) FATF(2019), page8, para18.

58) FATF(2019), page8, para18.

5) 2021, 가상자산 및 가상자산서비스제공자 지침서 업데이트(2021 VA · VASP updated guideline)

이후에도 FATF 차원의 가상자산 관련 자금세탁방지 노력은 계속되었다. 2020년 3월, FATF는 디지털 환경에서 고객을 식별하는 데 도움이 되는 「디지털 ID 가이드라인」[60]을 발표하고, 2020년 6월, 「가상자산(VA) 및 VASP에 대한 12개월간의 검토보고서」[61]를 발간하였으며, 2020년 6월, 「스테이블코인에 대한 보고서」[62]를 작성하여 G20에 제출하고, 2020년 9월, 「가상자산 Red Flag Indicators 보고서」[63]를 발표하였다. 2021년 3월, 「위험기반감독 지침」[64]을 발표하고, 2021년 7월, 「두 번째 12개월간의 검토보고서」[65]를 발표하였다.

그리고 2021년 10월 28일, 2019년의 「위험기반접근법에 따른 가상자산 및 VASP에 대한 지침서 업데이트(2021 VA · VASP updated guideline)」가 발표되었다.[66]

중요내용은, 먼저 ① **가상자산의 정의와 권고사항 적용범위**에 대한 FATF의 입장을 확인하였다. 디지털자산(Digital Assets) 중에

59) FATF(2019), page9, para19(b).

60) FATF(2020), Guidance on Digital Identity, FATF, Paris.

61) FATF(2020), 12-month Review Virtual Assets and VASPs, FATF, Paris, France.

62) FATF(2020), FATF Report to the G20, FATF, France.

63) FATF(2020), Money Laundering and Terrorist Financing Red Flag Indicators Associated with Virtual Assets, FATF, Paris, France.

64) FATF(2021), Guidance on Risk-Based Supervision, FATF, Paris.

65) FATF(2021), Second 12-month Review Virtual Assets and VASPs, FATF, Paris, France.

66) FATF(2021), Updated Guidance for a Risk-Based Approach to Virtual Assets and Virtual Asset Service Providers, FATF, Paris.

는 가상자산의 정의에 해당하지 않는 새로운 금융자산도 있으며, 이 경우 각 국가는 새로운 금융자산이 가상자산인지 현존하는 금융규제 내의 기존 자산에 포섭되는 것인지 판단하여 어느 법 체계를 적용하는 것이 적절한지 고려해야 한다.[67] 가상자산의 정의에는 부합하지 않더라도 법화, 증권 기타 금융자산에 해당하는 것은 여전히 FATF 권고사항의 적용범위 내에 있다.[68] FATF는 기술중립성의 원칙에 따라, 사용된 기술이 무엇인지가 아니라 자산이나 서비스의 특성이 무엇인지가 권고사항의 적용 여부를 결정한다고 보았다.[69] 이러한 FATF의 시각은 ② **대체불가능토큰**(Non-Fungible Tokens: NFT)[70]에 대하여도 동일하게 적용된다. 이들은 일반적인 FATF의 가상자산의 정의에 해당하지는 않지만, 중요한 것은 명칭이나 외관이 아니라 본질(nature)과 실제 기능(function in practice)이므로, 사실상 지급이나 투자목적으로 사용된다면 가상자산의 정의에 해당한다.[71] 또 가상자산의 정의에 해당하지 않는다고 해서 바로 FATF 권고사항이 적용되지 않는 것은 아니다. 금융자산에 해당하는 NFT라면 기존 금융자산에 대한 FATF 권고사항의 적용을 받는다.[72] 각 국가는 NFT에 대한 FATF 권고사항의 적용에 대해 사례별로(case-by-case basis) 검토하

67) FATF(2021), page23, para51.
68) FATF(2021), page22, para46.
69) FATF(2021), page22, para47.
70) FATF는 호환(대체)되는 것이 아니라 고유한, 그리고 지급이나 투자수단으로 사용되기 보다는 수집의 목적으로 사용되는 디지털자산을 이른바 NFT(non-fungible tokens) 또는 암호화수집품(crypto-collectibles)이라고 한다. FATF(2021), page24, para53.
71) FATF(2021), page24, para53.
72) FATF(2021), page24, para53.

여야 한다.[73] ③ **스테이블코인**(stable coin)[74]에 대하여도 마찬가지이다. 법화 또는 다른 가상자산과 안정적 비율로 교환이 가능한 토큰이라도, 거래 또는 이전이 가능하고 지급 또는 투자의 목적으로 사용된다면 여전히 가상자산에 해당한다.[75] FATF는 스테이블코인도 다른 디지털자산들처럼 그 본질에 따라 가상자산에 대한 FATF의 권고사항 또는 다른 금융자산에 대한 FATF 권고사항에 의해 커버된다는 입장이며,[76] 그렇다면 자금세탁방지의무 이행의 주체는 누구여야 하는가에 대하여는 개별 스테이블코인의 약정에 대한 독립적인 정밀 검토를 통해 판단해야 한다고 하였다.[77]

④ **트래블룰**(travel rule, 이른바 여행규칙)의 시행에 관한 사항은 가상자산 관련 전신송금 시 정보제공 의무에 대한 규제표준을 명확하게 해달라는 시장의 요청에 따른 것이었다. "전신송금"이란 수취 금융회사의 수취인이 사용가능한 일정액의 금원을 마련하기 위해 전자적 방법으로 송금인을 대행하여 금융회사를 통해 전자적 방법으로 수행되는 모든 거래를 말한다.[78] 또한 "트래블룰"이란 종래 금융회사들이 고객의 요청으로 위 전신송금을 수행할 때 그 송금인 및 수취인 정보를 확인하여 자금의 이동경로를 파

---

73) FATF(2021), page24, para53.

74) 스테이블코인에 대한 합의된 정의는 없지만, Financial Stability Board(FSB)는 이른바 스테이블코인이란 특정 자산 또는 다른 자산에 대한 자산의 집합과 관련(연동)하여 안정적인 가치를 유지하고자 하는 암호자산의 유형이라고 하였다. FATF(2020), FATF Report to the G20, FATF, France, 6면.

75) FATF(2021), page23, para50.

76) FATF(2021), page24, para54.

77) FATF(2021), page33, para89.

78) FATF(2012-2021), para16.

악해야 한다는 자금세탁방지를 위한 규칙 중 하나로, 가상자산 산업에 적용될 경우에는 가상자산이 어디(누구)로부터 출발(송신)하여 어디(누구)로 도착(수취)한다는 전자적 이동 경로의 정보, 즉 가상자산의 이동경로를 파악해야 한다는 규칙을 의미한다.

가상자산 이동 시에도 트래블룰이 적용되어야 한다는 FATF의 방침은 이미 확인된 바 있으나, 업데이트가 발간된 2021년까지도 그 실현이 전반적으로 미진하였다.[79] 기존 금융권에서의 트래블룰 적용은 국경 관할이 상대적으로 명확하고 메시지 표준과 이를 주고받는 관계가 분명한 환경을 전제로 하였는데, 가상자산의 이동에 트래블룰을 적용하기 위해서는 기존 금융권과 같은 결제 메시지의 교환 없이도 국경과 관할을 넘나들며 자유롭게 시장에서 들어오고 나가는 가상자산 이동의 특성을 고려한 별도의 구체적인 기준이 필요하였다.[80]

이에 개정된 지침서에서는, 민간이 참여하는 공개 논의를 거친 결과 가상자산의 이동에 트래블룰을 적용하는 데 필요한 추가지침을 제시하였으며 그 주요 내용은 다음과 같다.

(i) 법화 간 거래뿐 아니라 가상자산 간의 거래만을 영업으로 하는 VASP의 경우에도 트래블룰은 적용되며, VASP 사이뿐만 아니라 VASP와 VASP가 아닌 자 사이의 가상자산 이전에도 트래블룰이 적용된다.[81]

---

79) GI-TRUST, KBCA(2021), Report of the Task Force Global Implementation of Travel Rule Standards, Seoul, 6면. (https://kblockchain.org/upload_data/download_file/[KBCA]GITRUST_REPORT_2021_final_v.2.pdf) (2022.02.04.확인)

80) GI-TRUST, KBCA(2021), 6면.

81) FATF(2021), para179.

(ii) 국가는 모든 가상자산의 이전을 국내송금이 아닌 해외송금(국경을 넘는 전신송금)으로 취급해야 한다.[82)]

(iii) 송신사업자는 송신인의 신원(이름과 주소)[83)]을 확인하는 데 있어, 수취사업자는 수취인의 신원(이름)[84)]을 확인하는 데 있어 각 자신의 KYC(CDD) 프로세스에 의해 정확성을 확인해야 하고, 송신사업자는 수취인에 대하여, 수신사업자는 송신인에 대하여 각 금융거래제한대상이 아닌지 여부를 검토하고, 각 거래를 모니터링하여 의심스러운 거래인 경우 신고하여야 한다.[85)]

(iv) 정보제공은 가상자산 이전보다 먼저 또는 동시에 이루어져야 하며,[86)] 안전하게 보안된 방식으로 전송되고 저장되어야 한다.[87)]

---

82) FATF(2021), para179. 통상 전신송금 시 제공할 정보는 해외송금의 경우가 국내송금의 경우보다 많다. 우리나라 특정금융정보법도 금융회사등에 대하여 국내송금 시에는 송금인과 수취인의 성명 및 계좌번호만을 요구하나, 해외송금의 경우는 송금인의 주소 또는 주민등록번호(법인인 경우에는 법인등록번호, 외국인인 경우에는 여권번호 또는 외국인등록번호)를 추가로 요구하고 있다(특정금융정보법 제5조의3 제1항 참고).

83) FATF(2021), para182, (a), (c); 송신사업자가 확인해야 하는(verified) 신원정보로 송신인의 이름과 주소를 명시하였다.

84) FATF(2021), para183, (d); 수취사업자가 확인해야 하는(verified) 신원정보로 수취인의 이름을 명시하였다.

85) FATF(2021), Table 1. Data requirements for ordering and beneficiary VASPs in the travel rule.

86) FATF(2021), para185.

87) FATF(2021), para186.

표 5 트래블룰 관련 기존 FATF 권고사항(주석서 포함)과 비교[88]

구분	FATF 권고사항	2021. 10. FATF 지침서
적용 범위	당국의 허가받은 또는 신고된 중앙집중형 VASP 간의 가상자산(VA) 이동[89]	• VASP–VASP 간의 가상자산(VA) 이동 • VASP–의무기관(은행 등) 간의 VA 이동 • VASP–비의무기관(개인지갑 등) 간의 VA 이동
규제 정도	언급 없음	모든 VA 이동을 해외송금(국경을 넘는 전신송금)으로 취급
CDD 의무	언급 없음	VASP는 • 송신인 또는 수취인의 각 신원을 확인하는 데 자신의 CDD 프로세스를 활용 • 송신인 또는 수취인이 금융거래제한대상인지 여부를 확인하고 의심스러운 경우 보고
정보 제공 시 의무	필수정보는 즉시 & 안전하게 제출되어야 한다.[90] • 용어의 의미 해설은 언급 없음	필수정보는 즉시 & 안전하게 제출되어야 한다. • 즉시: VA이동과 먼저 또는 동시에 • 안전하게: 무단 공개로부터 보호될 수 있도록 안전한 방식으로 전송하고 저장

다만 본 지침에 의해 가상자산 이동에 대한 트래블룰 적용 관련 규제가 어느 정도 구체화 되었다 해도, 완전한 트래블룰 구현까지는 해결해야 할 문제들이 남아 있다. 이미 다양한 트래블룰 구현 기술이 비통일적으로 시장에 적용되기 시작하였고, 이 중에는 호환이 불가능하거나 어려운 경우도 있으며, 각국의 가상자산 관련 다양한 제도의 의무 적용 시기 문제와 맞물려 있기 때문에

88) GI-TRUST, KBCA(2021), 8면의 table 1을 저자가 재구성한 것이다.
89) FATF 권고사항 제15항에 대한 주석서(Interpretive Note R.15) 제7항(b).
90) FATF 권고사항 제15항에 대한 주석서(Interpretive Note R.15) 제7항(b).

조속히 기술적 해결책을 세워야 한다는 것이다.[91] FATF는 이를 위한 민간의 참여를 지속적으로 독려해 왔으며, 우리나라에서도 트래블룰 관련 다양한 표준들을 상호 운용할 수 있는 솔루션을 제안하는 민간 차원의 연구보고서가 한국블록체인협회에서 발표된 바 있다.[92]

나. 국내 동향

가상자산의 출현에 따른 위험에 대응하기 위한 국제적 논의는 국내에도 영향을 미쳤다. 가상자산에 대한 정부의 논의는 2016년경 시작되고 2017년부터 본격적으로 진행되었다. 가상자산을 악용한 불법행위에 대한 대응으로 시작하여, 이른바 김치프리미엄[93] 당시에는 투기근절을 위해 거래 자체를 규제해야 한다는 논의도 있었다. 우리 정부는 기반기술인 블록체인 기술은 지원하고 육성하되, 가상자산 거래는 투기로 인한 위험이 큰 규제대상이라는 분리 정책의 기조를 유지해 왔다.

관련 법안으로는 20대 국회(2016~2020년)에서 2017년 7월, 가상

---

91) GI-TRUST, KBCA(2021), 1.Introduction para8.

92) 한국블록체인협회,「국내 최초 '트래블 룰' 표준화 연구보고서 발표」, 2021.11.23.일자 보도자료.
(https://www.kblockchain.org/board/press/read/2505?nPage=1) (2022.02.04.확인)

93) 김치 프리미엄(Kimchi premium)은 한국에서 거래되는 가상자산의 시세가 해외 거래소 시세와 비교해 얼마나 높은가를 뜻하는 단어이다. 해외 거래소보다 높을 경우 '김치 프리미엄이 끼어 있다' 비슷한 정도로 낮아질 경우 '김치 프리미엄이 빠졌다'라고 표현한다. 본래 가상자산에서만 쓰이는 말이었으나 금 거래에도 종종 등장하는 등 용례가 확장되고 있다.
나무위키. (https://namu.wiki/w/%EA%B9%80%EC%B9%98%20%ED%94%84%EB%A6%AC%EB%AF%B8%EC%97%84) (2022.02.04.확인)

통화 및 관련 사업에 대한 정의와, 관련 사업을 하는 자의 자기자본요건 및 금융위원회 인가, 소비자보호를 위한 예치의무 및 시세조종행위금지의무 등을 정하는 전자금융거래법 일부개정법률안(박용진 의원 대표발의)이 처음 발의되었다.[94] 한편 가상자산 관련 자금세탁방지의무를 국내 입법화한 특정금융정보법의 개정은 임기 말인 2020년 이루어져 2021년 시행되었다.

1) 2016, 디지털통화 제도화 TF

가상자산(당시 '디지털화폐' 또는 '디지털통화')과 관련하여 미국 · 일본 등의 제도화 동향을 보아가면서 제도화를 본격 추진하겠다고 한 금융위원회 발표에 따라,[95] 2016년 금융위원회, 기획재정부, 한국은행, 금융감독원 및 학계 · 법률 전문가로 구성된 TF가 구성되었다.[96] 가상자산을 악용 · 빙자한 각종 불법행위를 차단하는 한편, 가상자산사업자(당시 '비트코인 거래소')를 통한 거래가 꾸준히 증가하고 있고 업계에서도 제도화를 희망하고 있다는 점에서 산업 제도화가 필요하며, 가상자산의 건전하고 투명한 거래를 위한 제도적 기반을 마련할 필요가 있다는 취지였다.[97]

TF는 가상자산 분야를 핀테크 발전 로드맵의 일환으로 고려하

---

94) 박용진의원 등 10인, 전자금융거래법 일부개정법률안, 의안번호 8288, 2017.07.31.

95) 이정훈, 「'핀테크' 집중 육성…3년간 3조원 지원…전자화폐 '비트코인' 제도권 편입한다,」 2016.10.24.일자 한겨레. (https://www.hani.co.kr/arti/economy/finance/767129.html#csidx12e1aa0a7ed9e8595efa64a3b08a169) (2022.02.04.확인)

96) 금융위원회, 「디지털화폐 T/F 제1차 회의 개최」, 2016.11.17일자 보도자료.

97) 금융위원회, 「디지털화폐 T/F 제1차 회의 개최」, 2016.11.17일자 보도자료, 2면.

여, 2017년 1/4분기까지 관련 정책 방향을 마련하고자 하였다. 당시 TF는 가상자산 관련 제도가 없어 업계의 건전한 성장을 저해할 우려가 있다는 점 그리고 규제 사각지대를 방치하면 불법행위 우려가 크다는 점 양자를 균형 있게 고려한 것으로 보인다.[98)]

2) 2017, 가상통화 관계기관 합동 TF

정부는 다음해인 2017년 9월에 이르러「가상통화 관계기관 합동 TF」를 구성하고 가상자산(당시 '가상통화')의 거래 현황을 파악하고 대응하기 위한 논의를 시작하였다. 당시 TF에서는 가상자산의 거래 투명성과 소비자보호 장치를 마련하기 위한 목적으로, 가상자산사업자(당시 '가상통화 취급업자')의 이용자 본인확인 강화 방안으로 은행이 발급한 가상계좌를 통해 이용자 본인 계좌에서만 입출금하는 방안과, 가상자산사업자에 대한 자금세탁방지 의무부과 방안 등이 제시되었고, 지분증권·채무증권 등 증권발행 형식으로 가상통화를 이용하여 자금을 조달하는 행위, 즉 증권발행 형식의 ICO(Initial Coin Offering)를 금지하였다.[99)] 동시에 가상자산사업자에게 협회 구성을 통한 자율규제 실시가 권고되었다.[100)]

소비자 보호를 위한 규제적 논의가 대부분이긴 하였으나 당시까지도 정부는 가상자산관련업에 대한 금융업 제재 여부에 대해

98) 금융위원회,「디지털화폐 T/F 제1차 회의 개최」, 2016.11.17일자 보도자료, 3면.

99) 금융위원회,「가상통화 관계기관 합동 TF 개최-가상통화 현황 및 대응방향」, 2017.09.04.일자 보도자료, 3면.

100) 금융위원회,「가상통화 관계기관 합동 TF 개최-가상통화 현황 및 대응방향」, 2017.09.04.일자 보도자료, 1면.

서도 시장 추이와 각국 제도 경과 등을 보아 합리적인 방향으로 준비해 나간다는 입장이었다.

또한 가상자산사업자들의 자율적 영업행위 준칙 마련을 위해 2017년 하반기 중 협회를 구성할 예정이었고,[101] 이에 따라 2018년 1월 다수의 국내 가상자산사업자들의 참여로 한국블록체인협회가 구성되었다.[102] 국내 거래사업자들은 동 협회를 통해 소비자 보호를 위한 고객정보 및 예치자산의 구분관리, 암호키 안전관리 방안 등을 명시한 자율규제안을 마련하고,[103] 동 협회는 2018년 8월 12개 회원사에 대한 자율규제안 준수 여부의 자체 심의를 진행하였다.[104]

2017년 9월 29일「기관별 추진현황 점검을 위한 가상통화 관계기관 합동 TF」[105]에서 정부는 가상자산(당시 '가상통화') 거래가 제

---

101) 금융위원회,「가상통화 관계기관 합동 TF 개최-가상통화 현황 및 대응방향」, 2017.09.04.일자 보도자료, 별첨1, 9면.

102) 한국블록체인협회,「암호화폐 거래소 자율규제 실시 계획」, 2017.12.15일자 보도자료 중 추진경과 항목 참조.
(https://www.kblockchain.org/board/press/read/116?search_str=%EC%9E%90%EC%9C%A8%EA%B7%9C%EC%A0%9C&nPage=3) (2022.02.03.확인)

103) 이경은,「한국블록체인협회, '암호화폐 거래소 자율규제안' 발표」, 2017.12.15.일자 블로터 기사.
(https://www.bloter.net/newsView/blt201712150006) (2021.11.11.확인)

104) 자율규제 심사항목은 일반심사(28개 항목), 보안성 심사(66개 항목) 등 총 94개의 심사항목으로 구성되어 있으며 일반심사에서는 거래소 이용자에 대한 투자 정보제공 체계, 민원관리 시스템 체계, 이용자 자산 보호 체계, 자금세탁방지 체계로 등으로 심사가 진행되었고, 보안성 심사는 사용자 인증, 네트워크 관리, 서버관리, 월렛관리, 접근관리, 복구, 운영, 개인정보 보호 부문을 중심으로 실시하였다. 한국블록체인협회,「한국블록체인협회, 제1차 자율규제심사 결과발표를 위한 기자간담회 개최」, 2018.07.10일자 보도자료.
(https://www.kblockchain.org/board/press/read/435?nPage=5) (2021.11.11.확인)

105) 금융위원회, 국무조정실, 기획재정부, 공정거래위원회, 법무부, 방송통신위

도화될 것이라는 시장의 기대를 전면 부인하고, 증권발행 형식에 한하지 않고 기술이나 용어 등에 관계없이 모든 형태의 ICO를 금지하였다.[106] 금전대여, 코인마진거래 등 신용공여가 금지되었고, 이와 관련한 금융회사의 영업, 업무제휴 등을 전면 차단하는 조치도 이루어졌다. 유사수신, 다단계 등 가상자산을 이용한 사기 사례가 발생함에 따라 ICO, 신용공여, 시세조종, 표시광고 등 가상자산 관련 금지행위를 정하는 유사수신행위법의 연내 개정 추진 계획도 발표되었다.[107]

가상자산사업자(당시 '가상통화 취급업소')에게 자금세탁방지의무를 부과하는 특정금융정보법 개정도 제안되었다. 금융위원회 산하 금융정보분석원에서는 특정금융정보법에 따른 자금세탁방지 의무를 이미 부담하고 있는 은행에 대해, 고객이 가상자산사업자인지 여부를 식별하고, 거래 시 강화된 고객확인 등 특별한 주의를 기울일 것을 당부하였다.[108]

국내 ICO가 전면 금지되면서, 해외에서 ICO를 하여 가상자산을 발행한 후 그 가상자산을 국내 업체에 위탁·유통 대행 계약을 통해 국내 거래플랫폼에 상장하는 방식으로 신규 가상자산이 시장에 등장하곤 하였다.[109]

원회, 국세청, 경찰청, 한국은행, 금융감독원, 인터넷진흥원 관계자로 구성되었다.

106) 금융위원회, 「기관별 추진현황 점검을 위한 가상통화 관계기관 합동 TF 개최」, 2017.9.29.일자 보도참고자료, 2-3면.

107) 금융위원회, 「기관별 추진현황 점검을 위한 가상통화 관계기관 합동 TF 개최」, 2017.9.29.일자 보도참고자료, 5면.

108) 금융위원회, 「가상통화 투기근절을 위한 특별대책('17.12.28) 중 금융부분 대책 시행」, 2018.01.23일자 보도참고자료, 11면.

109) 배지원, 「벤처기업, ICO 금지 불구 해외 상장 활발」, 2018.01.26일자 더벨 기사.

3) 2017, 법무부 가상통화 대책 TF

12월 4일 개최된「가상통화 관계기관 합동 TF」[110]에서는 가상자산(당시 '가상통화')이 화폐나 금융상품이 아니며, 정부가 가치의 적정성을 보장하지 않는다는 정부의 기본입장에는 변함이 없음을 재확인하였다.[111] 비트코인 등 거래에 널리 이용되는 블록체인 기술에 기반한 가상자산과는 달리, 소스코드를 투명하게 공개하지 않는 다단계 유사코인 등에 대한 주의를 당부하는 한편, 필요시 강도 높은 조치를 검토할 수 있도록 법무부가 주관부처가 되어 추가 규제 대책 마련을 논의하기로 하였다.[112]

이에 따라 법무부는「가상통화 대책 TF」[113]를 발족하였는데, 본 TF는 가상자산을 이용한 범죄에 엄정하게 대처한다는 명시된 계획에 불구하고 가상자산을 '내재된 가치가 없는 투기수단'으로 조명하고, 가상자산 '거래 자체'에 대한 엄정한 규제 방안을 마련하여 선량한 국민들의 피해를 예방해야 함을 강조하였다.[114]

(https://www.thebell.co.kr/free/content/ArticleView.asp?key=201801250100050770003111&lcode=00) (2022.02.04.확인)

110) 김용범 금융위원회 부위원장 주재, 금융위, 국조실, 기재부, 공정위, 법무부, 방통위, 국세청, 경찰청, 한은, 금감원, 인터넷진흥원 관계자 등으로 구성되었다.

111) 김남규,「정부 '가상통화 금융상품 아니다'…은행 가상계좌 본인인증 강화」, 2017.09.03.일자 IT조선 기사.
(http://it.chosun.com/site/data/html_dir/2017/09/03/2017090385009.html) (2022.02.04.확인)

112) 금융위원회,「향후 대응방향 점검을 위한「가상통화 관계기관 합동 TF」개최」, 2017.12.04.일자 보도참고자료.

113) 법무부「가상통화 대책 TF」는 법무실장(팀장), 정책기획단, 형사법제과, 상사법무과, 형사기획과 등으로 구성되었다.

114) 법무부,「법무부,「가상통화 대책 TF」발족」, 2017.12.04일자 보도자료.

4) 2017, 가상통화 관련 긴급대책

가상자산(당시 '가상통화')에 대한 투자 열기에 이를 악용한 범죄 행위도 증가하면서, 정부는 12월 13일 국무조정실 주재 관계부처 차관회의[115]를 열고 「가상통화 관련 긴급대책」을 수립 · 발표하였다.[116] 정부는 가상자산의 거래에 대하여는 다양한 규제를 적용하되, 블록체인 기술 자체는 국내 기술개발과 산업진흥을 위해 지원 · 육성한다는 방침을 제시하였고,[117] 이러한 정부의 방침은 이후 수회 재확인되며 유지되었다.

긴급대책의 요지는 첫째, 가상자산 투기과열에 대한 대응방안으로 ① 은행이 거래자금 입출금 과정에서 이용자가 본인임을 확인하고, 이용자 본인계좌에서만 입출금되도록 관리, ② 고교생 이하 미성년자, 비거주자(외국인)는 계좌개설 및 거래 금지, ③ 제도권 금융회사의 가상자산 보유 · 매입 · 담보취득 · 지분투자를 금지, ④ 투자위험성 주기적 경고 등이 제시되었다. 둘째, 가상자산을 이용한 불법행위에 대한 대응방안으로는 ① 다단계 · 유사수신 · 사기 · 마약 · 범죄수익은닉 등의 범죄에 대한 집중단속, ② 환치기 단속, ③ 가상자산사업자(당시 '가상통화거래소') 개인정보유출 관련 위법행위 조사, ④ 가상자산사업자 약관불공정여부 직권조사, ⑤ 가상자산사업자 정보통신망법상 정보보호관리체계인증[118] 의무

---

115) 국무조정실장 주재로 기획재정부, 법무부, 금융위원회, 방송통신위원회, 공정거래위원회, 과학기술정보통신부, 산업통상자원부, 국세청, 경찰청, 한국은행, 금융감독원이 참여하였다.

116) 국무조정실, 「정부, 가상통화 관련 긴급 대책 수립」, 2017.12.13일자 보도자료.

117) 국무조정실, 「정부, 가상통화 관련 긴급 대책 수립」, 2017.12.13일자 보도자료, 4면.

118) 정보보호관리체계인증(Information Security Management System: ISMS)이란 정보통신망법 제47조에 따른 것으로 보안체계의 적절성을 평가인증하

부과 및 법 위반 시 제재,[119] ⑥ 가상자산채굴업의 산업단지 불법 입주 일제 단속[120] 등을 골자로 하였다. 셋째, 가상자산 거래에 대한 규율 마련방안으로 가상자산사업자에 대한 ① 고객자산의 별도 예치, 설명의무 이행, 이용자 실명확인, 암호키 분산보관, 가상자산 매도·매수의 호가·주문량 공개 등의 의무화, ② 자금세탁방지의무 부과, ③ ICO, 신용공여, 시세조종, 방문판매 등에 관한 법률상 방문판매·다단계판매 ·전화권유판매, 표시·광고, 금융업 유사상호 사용, 그 밖의 불공정거래행위 등의 금지행위를 규정하고 위반 시 처벌할 수 있도록 하는 입법조치를 예고하였다.[121]

이를 전후하여 가상자산 송금 관련 거래에 유념하라는 기획재정부 지침이 은행에 전달되고, 산업은행과 기업은행 등 국책은행들의 관련 가상계좌 추가 개설이 중단되었다.[122] 법무부는 '가상통화 거래소 폐쇄를 위한 특별법' 제정을 건의하는 등 가상자산 거래 사업장을 폐지해야 한다는 의견을 정부에 제안하였다.[123][124]

는 제도이다.

119) 본 긴급대책 발표 당시 가상자산사업자들은 정보통신망법상 통신판매자로 등록하여 사업을 운영하는 경우가 많았고, 일정 규모 이상(매출액 100억 이상, 일평균 방문자수 100만 이상)인 가상자산사업자는 정보통신망법 제47조 제2항 제3호에 따라 ISMS 의무 대상에 해당하였다. 본서 Ⅱ.1.나.9) 부가가치세법상 재화인지 여부 부분 참고.

120) 당시 농사용 또는 산업용 전기를 이용하여 가상자산의 채굴에 필요한 대량의 전력을 저비용으로 공급받고자 한 사례가 종종 있었다. 권준범, 「산업·농사용 전기로 24시간 가상화폐 채굴」, 2018.02.13.일자 에너지신문 기사. (http://www.energy-news.co.kr/news/articleView.html?idxno=53039) (2022.02.04.확인)

121) 국무조정실, 「정부, 가상통화 관련 긴급 대책 수립」, 2017.12.13일자 보도자료.

122) 정연주, 「가상화폐 거래소에 은행 가상계좌 제공 사실상 중단(종합2)」, 2017.12.12.일자 뉴스1 기사. (https://www.news1.kr/articles/?3178274) (2022.02.04.확인)

5) 2018, 가상통화 투기근절을 위한 특별대책 등

일부 가상자산(당시 '가상통화')의 국내 시세가 해외에 비해 높게 형성되는 현상이 지속되자,[125] 정부는 2017년 12월 28일 관계부처 차관회의[126]에서 위 긴급대책에 추가로 투기근절을 위한 특별대책을 마련하고 이를 2018년 1월부터 시행하기로 하였다.

첫째, 가상자산 거래 실명제를 도입하였다.[127] 본인확인이 곤란한 현행 방식의 가상계좌 활용을 금지하고, 실명확인 입출금계정 서비스로 전환하도록 하였다. 이를 위해 가상자산사업자(당시 '가상통화 거래소')에 대한 가상계좌 신규 발급을 즉시 전면 중단하고, 기존 가상자산사업자의 신규 회원에 대한 가상계좌 제공을 중단하도록 하였으며, 기존 가상계좌 이용자의 전환 작업을 신속히 진행하도록 하였다. 불건전 가상자산사업자에 대한 지급결제 서비스 제공 중단 방침과 거래 실명제 확립 시까지 은행권이 가상자산사업자를 식별·특별관리할 수 있도록 가상자산사업자인

---

123) 국무조정실, 「정부, 가상통화 투기근절을 위한 특별대책 마련」, 2018.12.28 일자 보도자료, 6면.

124) 차대운, 「박상기 법무 '가상화폐 거래소 폐쇄 목표…여러 대책 나온다'」, 2018.01.11.일자 연합뉴스 기사.
(https://www.yna.co.kr/view/AKR20180111090900004) (2022.02.04.확인)

125) 이일호, 「비트코인 사용설명서, 왜 한국만 '김치 프리미엄' 붙나」, 2017.12.28일자 인사이트코리아 기사.
(http://www.insightkorea.co.kr/news/articleView.html?idxno=21417) (2022.02.04.확인)

126) 국무조정실장 주재로 기획재정부, 법무부, 금융위원회, 방송통신위원회, 공정거래위원회, 과학기술정보통신부, 국세청, 경찰청, 한국은행, 금융감독원 등이 참여하였다.

127) 「30일부터 가상화폐 실명제 실시. 거래소 은행계좌 필수」, 2018.01.28일자 BBS 뉴스.
(http://news.bbsi.co.kr/news/articleView.html?idxno=863660) (2022.02.04.확인)

고객에 대한 고객확인의무를 강화하고, 의심거래 모니터링을 강화하도록 하였다. 둘째, 가상자산 관련 범죄에 대해 구속수사 원칙, 법정최고형 구형 원칙 등을 밝혔다. 셋째, 온라인 광고 등 규제를 위해 가상자산사업자의 자율정화 활동을 촉구하였다. 넷째, 가상자산 투기 근절을 위해 법무부의 가상자산 거래사업장 폐쇄 의견을 포함한 모든 수단을 검토한다는 방침을 밝혔다.[128)]

거래 실명제 도입과 거래사업장 폐쇄라는 양립 불가한 정책이 동시에 시사되면서 가상자산 시장과 이용자의 혼란이 가중되자 2018년 1월 15일 정부는 「가상통화에 대한 정부입장」을 발표하였다. 거래사업장 폐쇄방안은 법무부가 제시한 투기 억제 대책 중 하나일 뿐 가상자산에 대한 대응 주체는 국무조정실이며, 이는 향후 범정부 차원에서 충분한 협의와 의견조율 과정을 거쳐 결정할 것이라는 취지를 밝히고[129)] 가상자산 실명제를 차질 없이 추진할 것임을 분명히 하였다.[130)]

금융위원회는 이와 관련한 조치로서 같은 날 즉시 은행에 가상자산 거래를 위한 가상계좌의 신규 제공을 중단할 것을 요청하고,[131)] 곧이어 2018년 1월 23일에는 2018년 1월 30일부터 가상자산 거래 실명제를 실시할 계획임을 발표하였다.[132)133)134)]

---

128) 국무조정실, 「정부, 가상통화 투기근절을 위한 특별대책 마련」, 2017.12.28. 일자 보도자료.

129) 문장훈, 「가상화폐거래소 폐쇄대신 실명제 강력추진」, 2018.01.16.일자 세종경제신문 기사.
(https://m.post.naver.com/viewer/postView.nhn?volumeNo=12142062&memberNo=36478988) (2022.02.04.확인)

130) 국무조정실, 「가상통화에 대한 정부입장」, 2018.01.15 일자 보도자료.

131) 「금융위, 은행에 가상화폐 거래 가상계좌 제공 중단 요청」, 2018.12.28.일자 YTN.
(https://www.ytn.co.kr/_ln/0102_201712281440427308) (2022.02.04.확인)

132) 금융위원회, 「가상통화 투기근절을 위한 특별대책('17.12.28) 중 금융부분

이에 따라 은행은 가상자산사업자인 고객에 대해 기존 가상계좌 서비스[135]를 대체하여 실명확인 입출금 계정(실명확인계정) 서

대책 시행」, 2018.01.23일자 보도참고자료, 2면.

133) 금융위원회가 2017.12.28. 시중 은행들을 상대로 가상통화 거래를 위한 가상계좌의 신규 제공을 중단하도록 한 조치('이 사건 중단 조치') 및 금융위원회가 2018.01.23. 가상통화 거래 실명제를 2018.01.30.부터 시행하도록 한 조치('이 사건 실명제 조치', '이 사건 중단 조치'와 합하여 이를 '이 사건 조치'라 한다)에 대하여 청구인(가상통화 거래소 및 그 회원)의 기본권을 침해하였다는 취지의 **헌법소원심판 청구**가 있었다. 이에 대하여 헌법재판소는, 가상통화 거래소에 대한 신규 가상계좌 제공 중단을 요청받은 은행들이 당국의 요청에 따르지 아니할 경우 은행들에 행정상·재정상 불이익이 따를 것이라는 내용은 달리 확인할 수 없고, 이 사건 조치는 금융기관들의 자발적 순응을 상정한 가이드라인의 성격을 가지므로 이 사건 조치가 당국의 우월적인 지위에 따라 일방적으로 강제된 것으로 볼 수 없어, 이 사건 조치는 헌법소원의 대상이 되는 공권력의 행사에 해당하지 않는다는 이유로 이를 각하하였다. 하지만 이에 대하여, 이 사건 조치는 헌법소원의 대상이 되는 공권력의 행사에 해당하고, 그 밖에 이 사건 심판청구가 부적법하다고 볼 사정이 없으며, 이 사건 조치는 (특정금융정보법 개정으로 사후적인 후속입법이 이루졌다 하더라도) 법률유보원칙에 위반하여 청구인들의 기본권을 침해한다는 반대의견(재판관 이선애, 재판관 이은애, 재판관 이종석, 재판관 이영진)이 있다. 헌재 2021.11.25. 선고 2018헌마90 결정 등(정부의 가상통화 관련 긴급대책 등 위헌확인).

134) 위 헌재 결정에서 반대의견은 "금융기관들이 실명계좌 신규 제공 중단 조치에 불응하면 시정명령, 영업 정지 요구, 과태료 등의 제재 조치를 가할 가능성을 배제할 수 없기 때문에 금융위 조치를 가이드라인에 불과하다고 보기는 어렵다"고 밝혔다. 또 "실명제 조치도 마찬가지"라고 덧붙였다. 전지성, 「헌재 '가상통화 규제, 헌법소원 대상 아냐」, 2021.11.25일자 코인데스크코리아.
(http://www.coindeskkorea.com/news/articleView.html?idxno=76369)
(2022.02.04. 확인)

135) 은행 가상계좌는 종래 아파트 관리비, 학교 등록금, 범칙금 등의 효율적인 납부를 위해 이용되어 온 것으로, 당시 가상자산사업자는 은행에 별도의 모계좌를 지정하여 이를 가상자산 매매계정으로 하고 이용자별 가상계좌를 통해 이용자의 자금을 모계좌에 집금하는 방식이 일반적이었다. 국무조정실, 「정부, 가상통화 투기근절을 위한 특별대책 마련」, 2017.12.28일자 보도자료 3면 및 금융위원회, 「가상통화 투기근절을 위한 특별대책('17.12.28) 중 금융부분 대책 시행」, 2018.01.23일자 보도참고자료, 6면.

비스[136]를 개시하게 되었다. 단 실명확인계정 서비스 제공 여부 및 어느 사업자에게 제공할지 여부는 은행의 책임하에 자율적으로 결정하도록 하였다.[137]

6) 2018, 금융위원회 가상통화 관련 자금세탁방지 가이드라인

금융위원회의 가상자산(당시 '가상통화') 관련 자금세탁방지 가이드라인은 2018년 1월 30일 시행되었고 같은 해 6월 일부 개정되었다. 본 금융위원회 가이드라인은 2021년 가상자산사업자(당시 '가상통화 취급업소')가 직접 자금세탁방지의무를 부담하기까지(개정 특정금융정보법의 시행일까지)[138] 가상자산사업자에게 실명확인계정 서비스를 제공하는 은행을 통해 해당 가상자산 거래사업장에서 이루어지는 가상자산 거래를 간접적으로 규제하는 방식으로 사실상 실질 규범의 기능을 하였다.[139]

---

136) 실명확인 입출금계정 서비스는 본인임이 확인된 거래자의 은행 계좌와 가상자산사업자의 동일은행 계좌 간에만 입출금을 허용하는 서비스로, 가상자산사업자가 동 서비스를 이용하는 경우 이를 제공하는 거래 은행의 계좌를 보유하고 있는 이용자만이 해당 계좌를 통해 입출금이 가능하고, 미보유 이용자는 출금만 가능하게 된다. 국무조정실, 「정부, 가상통화 투기근절을 위한 특별대책 마련」, 2017.12.28일자 보도자료 3면 및 금융위원회, 「가상통화 투기근절을 위한 특별대책('17.12.28.) 중 금융부분 대책 시행」, 2018.01.23일자 보도참고자료 3면.

137) 금융위원회, 「가상통화 투기근절을 위한 특별대책('17.12.28.) 중 금융부분 대책 시행」, 2018.01.23일자 보도참고자료, 4면.

138) 개정된 가이드라인은 2018년 7월 10일부터 시행되었고 2019년 7월 9일까지 적용 예정이었으나 추후 개정 특정금융정보법 시행일까지 그 적용이 연장되었다.

139) 실제로 개정 특정금융정보법은 기존 금융위원회의 가이드라인이 법제화된 것으로 보는 시각이 있다. 더노디스트, 「금융위원회, '가상통화 자금세탁방지 가이드라인' 법제화」, 2019.05.12.일자 더노디스트코리아 포스트. (https://m.post.naver.com/viewer/postView.nhn?volumeNo=19995189&memberNo=45998722) (2022.02.04.확인)

가이드라인은 가상자산을 '거래상대방으로 하여금 교환의 매개 또는 가치의 저장 수단으로 인식되도록 하는 것으로서 전자적 방법으로 이전 가능한 증표 또는 그 증표에 관한 정보'로 정의하고, ① 화폐·재화·용역 등으로 교환될 수 없는 전자적 증표 또는 그 증표에 관한 정보로서 발행인이 사용처와 그 용도를 제한한 것, ② 상품권, ③ 게임산업법 제32조 제1항 제7호에 따른 게임물의 이용을 통하여 획득한 유·무형의 결과물, ④ 전자금융거래법 제2조 제14호에 따른 선불전자지급수단 및 같은 법 제2조 제15호에 따른 전자화폐는 가상자산에서 제외하였다.

또한 ① 은행으로 하여금 고객인 가상자산사업자가 이용자의 거래자금을 안전하게 관리하는지 여부를 확인하는 등 높은 수준의 주의의무를 이행하도록 하고, ② 가상자산 거래와 관련하여 은행이 자금세탁으로 의심할 수 있는 금융거래 유형(구체적으로 이용자가 가상자산 거래를 위해 1일 1,000만 원 이상 또는 7일간 2,000만 원 이상의 자금을 입출금하는 경우 또는 법인단체인 이용자의 가상자산 거래를 위한 입출금 거래를 하는 경우 등)을 제시하면서, 의심에 합당한 근거가 있는 경우 금융정보분석원(FIU)에 적극 보고하도록 하였다. 또한 ③ 가상자산사업자가 신원확인 정보제공을 거부하는 경우 은행은 계좌서비스 제공을 거절하여야 하고, 실명확인계정 서비스를 이용하지 않고 법인 계좌 또는 임직원 계좌로 이용자의 자금을 수취하는 등 자금세탁 위험도가 특히 높다고 판단되는 경우에도 은행이 거래를 거절할 수 있도록 하였다. ④ 가상자산과 관련하여 은행을 비롯한 금융회사들의 전사적 내부통제를 강화하도록 하고, 금융권 협회 등을 통해 가상자산사업자에 대한 정보를 금융회사들이 공유할 수 있도록 하였다.[140] 실무적으로는 은행이 가상자산사업자를 고위험고객으로 분류하도록 하고, 6개월 이하의 주기마다 확인하도록 함으로써 실명확인계정 서비스 제공 계약 체결 시 기간의 단위도 통상 6개월로 이루어지게 되었다.[141)]

2018년 6월 27일 금융위원회는 가이드라인을 개정하여, ① 금융회사는 가상자산사업자의 집금계좌의 거래뿐 아니라 非집금계좌의 거래에 대해서도 모니터링을 강화하고, 집금계좌로부터 이체가 단기간 지속적으로 반복(비정상적 이체 등)되거나 비집금계좌로 파악된 계좌에서 집금거래로 의심되는 패턴이 발견된 경우 등 이상거래 발견 시 강화된 고객확인을 실시하도록 하였다. ② 국내 가상자산사업자 목록뿐 아니라 개별 금융회사가 파악 중인 해외 사업자의 목록도 금융회사 간 상호 공유토록 하고, 해외 사업자로 송금하는 거래에 대한 모니터링을 강화하였다. ③ 거래종료는 의심거래보고의 시한과 같이 '지체 없이'하고, 주소 · 연락처 불명이나 휴업 · 폐업 등으로 고객인 가상자산사업자에 대한 현지실사가 불가능한 경우를 거래거절 사유로 명시하였다.[142)]

당시 은행권은 가상자산사업자에 대한 신규 실명확인계정 서비스 제공 계약에 대하여 소극적인 입장을 보이는 한편, 법인계좌 또는 임직원계좌를 집금계좌로 이용해 온 가상자산사업자 고객에 대하여 자금세탁위험이 높다는 이유로 거래 종료(입금정지조

---

140) 금융위원회,「가상통화 투기근절을 위한 특별대책('17.12.28.) 중 금융부분 대책 시행」, 2018.01.23일자 보도참고자료의 (붙임1) 금융위 부위원장 모두발언, (붙임2) 가상통화 관련 자금세탁방지 가이드라인 및 (붙임3) 주요 의심거래 보고사례 등 참고.

141) 실명확인계정 서비스를 이용하지 않는 경우는 3개월 이하의 주기마다 지속적으로 확인하도록 하였다.

142) 금융위원회,「「가상통화 관련 자금세탁방지 가이드라인」 개정」, 2018.06.27일자 보도자료.

치)를 통지하기도 하였다. 이에 이를 통지받은 가상자산사업자가 은행의 입금정지조치가 위법함을 법원에 호소한바, 법원은 입금정지조치를 받은 가상자산사업자가 은행을 상대로 한 입금정지조치금지 가처분 신청사건에서 은행이 당국(금융위)의 가이드라인만으로 입금정지조치를 한 것은 법령에 근거하지 않은 위법한 것이라고 판단하여 가처분을 인용하였고,[143] 본안 판결에서도 같은 취지로 이와 같은 은행의 조치는 위법하다고 판결하였다.[144]

7) 2019, FATF 권고사항 국내 입법 논의

2019년 6월 제3차 FATF 총회에서 각 회원국에 가상자산 관련 FATF 권고사항의 조속한 이행을 요청하고 1년 후인 2020년 6월 총회에서 각국의 새로운 국제기준 이행상황을 점검할 계획임을 밝히면서, 회원국인 우리나라도 가상자산사업자의 자금세탁방지 의무를 국내법에 반영하는 입법과제를 부담하게 되었고, FIU와 국회 그리고 업계 전반에서 이를 위한 논의가 급속히 진행되었다. 제20대 국회에서 특정금융정보법 개정을 위한 입법안이 발의되었고, 이 중 국회정무위원회에 상정된 개정안은 전재수의원안, 제윤경의원안, 김병욱의원안 및 김수민의원안 4건이었다. 각 주요 내용과 최종 특정금융정보법 개정안에 대하여는 특정금융정보법의 입법과정 항목에서 후술하도록 한다.

정부의 가상자산 관련 정책은 가상자산을 이용한 자금세탁 내지 범죄 등 불법행위 방지 및 투기 억제를 위한 측면에 머물며 금융위원회의 가이드라인에 의해 은행을 통한 간접규제 방식을

---

143) 서울중앙지법 2018.10.29.자 2018카합21246 결정.

144) 서울중앙지법 2020.01.22. 선고 2018가합584372 판결.

지속하였다. 또한 가상자산에 대한 규제와 블록체인 기술의 발전은 별개라는 입장을 고수하였다.[145]

8) 2020, 특정금융정보법 개정

2020년 3월 특정금융정보법 개정안이 국회 본회의를 통과하고 동 시행령이 개정되면서, 국내 가상자산 관련 자금세탁방지 위험에 대하여 특정금융정보법에 의한 규제가 도입되었다. 개정 특정금융정보법 상세는 후술한다.

금융위원회는 특정금융정보법 개정 이후에도 투자자 보호 등을 위해 ICO(Initial Coin Offering)에 대한 기존의 사실상 금지 원칙을 유지함을 확인하였다.[146]

9) 2021, 특정금융정보법 시행에 따른 사업자 신고 수리 및 가상자산 관리방안

개정된 특정금융정보법에 따르면 기존 영업 중인 가상자산사업자들은 2021년 3월 25일부터 9월 24일까지 개정 특정금융정보법에 따른 신고를 완료하도록 하였다. 실명확인계정을 획득한 거래사업자 4개社, 실명확인계정 없이 ISMS 인증만을 획득한 거래사업자 25개社와, ISMS 인증을 획득한 지갑사업자 및 보관관리업자 13개社, 도합 42개社가 신고를 접수하였고,[147] 2021년 11월

145) 법무부, 「가상통화 관련 범죄에 대해 지속적 엄정 대응 방침 - 가상통화 사범 420여명 기소(총 피해액 2조 7천억 원)」, 2019.07.19일자 보도자료.

146) 금융위원회, 「가상자산 관련 「특정금융정보법 시행령」 개정안 입법예고 (11.3.~12.14.)」, 2020.11.03일자 보도자료, 10면.

147) 금융위원회, 「고승범 금융위원장, 가상자산사업자 신고 및 영업현황 점검」, 2021.09.26일자 보도참고자료, 2면.

12일자 기준으로 실명확인계정을 획득한 거래사업자 4개社[148]와, ISMS 인증만을 획득한 거래사업자 20개社,[149] 보관관리업자 5개社[150]의 신고가 수리되어 총 29개 사업자가 특정금융정보법상의 자금세탁방지의무를 먼저 부담하게 되었다.[151]

표 6 가상자산거래업자 영업 동향(2021. 11. 12.)[152]

<table>
<tr><th colspan="2">구분</th><th>신고요건</th><th>회사수
(66)</th><th>신고접수</th><th>영업 동향</th></tr>
<tr><td rowspan="2">신고
대상</td><td>A</td><td>ISMS+실명확인계정</td><td>4개사</td><td>4개사</td><td>• 4개사 원화 코인마켓 신고 → 정상 영업 중
• 이 중 3개사는 신고수리</td></tr>
<tr><td>B</td><td>ISMS 획득</td><td>25개사</td><td>25개사</td><td>• 25개사 코인마켓 신고 → 정상 영업 중</td></tr>
</table>

148) 업비트(㈜두나무), 코빗(㈜코빗), 코인원(㈜코인원), 빗썸(㈜빗썸코리아). 금융위원회·금융감독원, 「42개 가상자산사업자에 대한 신고 심사 결과」, 2021.12.23일자 보도자료, 6면.

149) 플라이빗(㈜한국디지털거래소), 지닥(㈜피어테크), 고팍스(㈜스트리미), 비둘기지갑(차일들리㈜), 프로비트(오션스㈜), 포블게이트(㈜포블게이트), 후오비코리아(후오비㈜), 코어닥스(㈜코어닥스), 플랫타익스체인지(㈜플랫타이엑스), 한빗코(플루토스디에스㈜), 비블록(㈜그레이브릿지), 비트레이드(㈜블록체인컴퍼니), 오케이비트(㈜오케이비트), 빗크몬(㈜골든퓨처스), 프라뱅(㈜프라뱅), 코인엔코인(㈜코엔코코리아), 보라비트(㈜뱅코), 캐셔레스트(㈜뉴링크), 텐앤텐(㈜텐앤텐), 에이프로빗(㈜에이프로코리아). 금융위원회·금융감독원, 「42개 가상자산사업자에 대한 신고 심사 결과」, 2021.12.23일자 보도자료, 6면.

150) 코다(㈜한국디지털에셋), 케이닥(㈜한국디지털자산수탁), 헥슬란트(㈜헥슬란트), 마이키피월렛(코인플러그), 하이퍼리즘(㈜하이퍼리즘). 금융위원회·금융감독원, 「42개 가상자산사업자에 대한 신고 심사 결과」, 2021.12.23일자 보도자료 6면.

151) 금융위원회 · 금융감독원, 「42개 가상자산사업자에 대한 신고 심사 결과」, 2021.12.23일자 보도자료, 1면.

152) 국회 정무위원회 검토보고서, 이용준 수석전문위원, 2021.11, 11면 일부 수정.

					• 25개사 모두 원화마켓 영업 종료
폐업 대상	C	ISMS 미획득	14개사	–	• 13개사 모두 영업 종료 • 신규 1개사는 미영업
	D	ISMS 미신청	23개사	–	• 23개사 모두 영업 종료

한편 2021년 5월 국무조정실은 「가상자산 거래 관리방안」을 발표[153]하여 ① 가상자산사업자의 관리·감독 및 제도개선은 금융위원회가, 블록체인 기술발전·산업육성은 과기정통부가 주관이 되어 추진할 것임을 밝히고, ② 가상자산사업자가 자체발행 가상자산을 취급하는 행위 금지, 가상자산사업자 및 그 임직원이 해당 가상자산사업자를 통해 가상자산을 거래하는 행위 금지 및 고객 자산의 콜드월렛 보관비율 상향 등 시행령 개정을 통한 제도개선을 예고하였다. 아울러 ③ 4월부터 6월까지로 예정되었던 범부처 가상자산 불법행위 특별단속 기간을 9월까지 연장하고, ④ 블록체인 기술의 발전과 글로벌 경쟁력 확보를 위한 육성전략을 제시하였다. ⑤ 당시 2022년 1월부터 시행이 예정되어 있던 개정 소득세법에 따른 과세 이행을 위한 사전 안내 및 전산시스템 구축 등을 추진하고, ⑥ 향후 가상자산 시장의 동향과 제도개선 효과 등을 고려하여 관련 제도보완을 지속 추진하겠다는 것이 요지이다.[154]

금융위원회는 개정 특정금융정보법상 실명확인계정 미이용이

153) 국무조정실, 「가상자산사업자 신고제도 안착에 중점...거래투명성 강화한다」, 2021.05.28.일자 보도자료.

154) 관계부처 합동, 「가상자산 거래 관리방안」, 2021.05.28일자 국무조정실 보도자료 별첨.

신고불수리사유로 명시되면서 일부 사업자가 신고기한 만료일까지 한시적 영업 후 폐업할 위험에 대비하여 2021년 7월, 94개의 집금계좌에 대한 전수조사를 실시하고, 조사결과 발견된 위장계열사, 임직원, 법무법인 등의 명의로 된 14개 위장계좌에 대하여 거래중단 조치를 취하기도 하였다.[155]

기존사업자의 신고수리 기한만료가 임박한 시점인 2021년 8월, 국회에서는 특정금융정보법상 가상자산사업자의 신고 불수리요건에서 '실명확인계정 미이용'을 삭제하거나,[156] 가상자산거래 전문은행 제도를 도입하여 전문은행에서 요건이 검증되면 계정을 개설하도록 하는 등의 법적 근거를 마련하며,[157] 시행일로부터 1년까지로 기존사업자의 신고기한을 6개월 더 연장하여야 한다는 취지의 특정금융정보법 개정안이 발의되기도 하였다.

10) 국내 동향 시사점

이렇듯 그동안 우리나라에서 진행된 가상자산 관련 정부의 조치와 제도 마련을 위한 논의의 중심은, 국내적으로는 신기술을 악용한 신종 범죄 수법을 파악하여 불법행위에 대응하고, 국제적으로는 특히 가상자산의 익명성을 활용한 자금세탁 및 테러자금 조달행위에 대해 국제 공조를 통한 방지제도를 마련하는 것이었다. 해외에서도 가상자산 시장에 대한 초기 규제의 진입은 자금

---

155) 금융위원회,「가상자산사업자 집금계좌에 대한 전수 조사결과 14개 위장계좌가 발견되었습니다」, 2021.7.29일자 보도자료.

156) 조명희의원 등 12인, 특정 금융거래정보의 보고 및 이용 등에 관한 법률 일부개정법률안, 의안번호 2111912, 2021.08.04. (조명희의원안).

157) 윤창현의원 등 12인, 특정 금융거래정보의 보고 및 이용 등에 관한 법률 일부개정법률안, 의안번호 2111949, 2021.08.06. (윤창현의원안).

세탁방지와 고객확인제도 관련 규정의 준수에 집중되어 이루어졌다.[158] 그러나 최근 해외 주요선진국 규제당국의 초점은 이제 시장 성장을 촉진하고 투자자이익, 시장무결성, 안정성 및 투명성을 확보하기 위한 적극적인 보호 쪽으로 이동하고 있다.[159]

가상자산을 새로운 산업으로 전망하고 그 성장을 독려하기 위해 시장과 산업에 대한 준칙을 수립하고자 하는 흐름은 영국, 미국, EU와 같은 선진국을 중심으로 시작되었다. 우리나라에서 최근 활발하게 논의되는 '가상자산 업(業)법'이라는 주제도, "관련 범죄 대응과 자금세탁방지"에서 "시장안정과 거래자보호를 위한 적절한 규제 설계"쪽으로 관점이 이동하는 취지인 점에서 국제적인 흐름과 궤를 같이한다고 볼 수 있다.

다음 항에서는 신산업 영업준칙 수립의 국제적 추이를 주요국가 중심으로 살펴보고, 국내동향을 검토하여 제도화 방향을 가늠해 본다.

2. 신산업 영업준칙 수립 측면에서의 제도화

가. 국제적 추이

신산업에 대한 영업준칙을 수립하는 측면에서 가상자산과 관련한 제도화의 국제적 추이는 가상자산을 유형화하여 그중 금융상품의 성격을 갖는 가상자산을 증권 등 금융상품의 일환으로 포

158) Delloitte(2021), Market Manipulation in Digital Assets, March 2021, 4면.
159) Delloitte(2021), 4면.

섭하여 기존의 금융규제를 적용하고, 그 외의 가상자산에 대한 정책 방향을 수립하고 필요한 경우 법제화로 나아가는 방식이 주를 이룬다. 주요 각국의 상세 현황을 검토하면 다음과 같다.

1) 미국

미국은 가상자산 전체에 대한 통일성 있고 명확한 법제도를 가지고 있지 않다.[160][161] 현재 연방 차원에서 증권·상품·송금서비스 등을 규율하는 여러 규제기관이 중복된 관할을 행사하고 있으며 입법 상황 내지 운영 제도도 각 주마다 차이가 있다.

가) 연방 차원의 기관별 현황

(1) 증권거래위원회(The Securities and Exchange Commission: SEC)

미국 증권법(the Securities Act of 1933)은 증권이 SEC에 등록되어

---

160) 최근 조 바이든 미국 대통령에 의해 미국 연방정부 최초로 가상자산에 대한 규범을 마련하도록 하는 행정명령이 발하여지긴 하였으나, 행정명령은 각 연방 기관의 구체적 입장을 제시하거나 새로운 규제를 즉시 도입하는 취지는 아니므로 연방 차원의 가상자산 규범 마련과 도입에는 시간이 소요될 것으로 보인다. Nikhilesh De, 「Biden Issues Long-Awaited US Executive Order on Crypto」, March 9, 2022, Coindesk 기사.
(https://www.coindesk.com/policy/2022/03/09/biden-issues-long-awaited-executive-order-on-crypto/) (2022.03.10.확인)

161) 다만 가상자산의 채굴은 미국 연방법과 주법에 따라 모두 합법으로 특별히 규제를 두고 있지 않고, 일부 지방정부에서 에너지 소비 및 환경 영향에 대한 우려로 가상자산 채굴에 대한 임시금지령을 발표한 사례(Plattsburgh, NY, City Code Ch. 270, Art. V, § 270-28-J (2018))가 있을 뿐이다. Sidley, 「The Virtual Currency Regulation Review: USA」, 2021.09.02일자 Law Reviews.
(https://thelawreviews.co.uk/title/the-virtual-currency-regulation-review/usa#footnote-139-backlink) (2022.02.04.확인)

있거나 등록면제사유에 해당하는 경우가 아닌 한 증권을 제안하거나 판매하기 위해 주간 상거래 수단이나 방법을 사용하는 것을 불법으로 규정하고 있다.[162] **2017년 7월**, SEC는 가상자산의 발행 및 판매가 연방 증권법(증권법 및 증권거래법)의 적용대상인지 여부를 분석한 **"DAO Report"**[163]를 발행하였다. 연방 대법원은 "Howey 사건"[164]에서 "투자계약"이란 ① 다른 사람의 (기업가적 혹은 경영적) 노력으로 인한 이익에 대한 합리적인 기대로 ② 공동사업에 ③ 금전[165]을 투자하는 것이라고 정의하면서,[166] 이는 '고

162) Securities Act § 5 (codified at 15 U.S.C. § 77e (2018)).

163) SEC, 「Release No. 81207; Report of Investigation Pursuant Section 21(a) of the Securities Exchange Act of: The DAO」, (July 25, 2017). 여기에서 'The DAO'는 컴퓨터 코드로 구현되고 분산원장 또는 블록체인으로 실행되는 가상의 분산자율조직(Decentralized Autonomous Organization)의 형태로 투자자에게 DAO 토큰을 판매하고 펀드 프로젝트를 통해 투자수익을 공유하고자 하였으나 코드 결함으로 프로젝트 실행 전 자산이 유출된 사건을 말한다.
(https://www.sec.gov/litigation/investreport/34-81207.pdf) (2022.02.04.확인)

164) 미국 연방대법원이, 하우이컴퍼니가 모든 생산물을 모아 그 순이익을 소유자에게 배분하기로 하고 각 48그루의 오렌지나무가 심어진 1에이커의 땅을 일반 대중에게 판매한 것은 증권법상의 투자계약에 해당한다고 판시한 사례를 말한다. SEC v. W.J. Howey Co., 328 U.S. 293 (1946). 본 사건에서 증권법상의 투자계약에 해당하는지 여부에 대한 연방대법원의 분석기준을 'Howey 기준', 이를 다른 사례에 적용하여 판단하는 것을 통상 'Howey Test'라고 한다.

165) SEC가 2013년 7월 Bitcoin Savings & Trust(BTCST)의 설립자인 Trendon T. Shavers를 가상통화를 이용한 폰지 사기(Ponzi Scheme) 혐의로 기소한 사건에서 법원은 비트코인의 화폐성 여부는 관련이 없고, 가상통화를 이용한 경우에도 투자계약이 될 수 있으므로 SEC의 기소가 유효하다고 판단을 하였다. United States District Court EASTERN DISTRICT OF TEXAS, CASE NO. 4:13-CV-416, SEC. & TRENDON T. SHAVERS and BITCOIN SAVINGS AND TRUST.

166) SEC(Release No. 81207, 2017), 11면; An investment contract is an investment of money in a common enterprise with a reasonable expectation of profits to be derived from the entrepreneurial or managerial efforts of

정된 것이 아니라 수익 약정에 기해 다른 사람의 돈을 사용하려는 사람들이 고안한 셀 수 없이 다양한 계획에 맞추어 적용이 가능한 융통성 있는 원칙'이라고 판시한 바 있다. SEC는 이러한 증권법의 원칙은 분산원장기술을 사용하는 가상조직이나 자본조달기관에도 동일하게 적용되므로, 경제적 실질이 "투자계약"의 요건에 부합하는 이상 그 형태와 기술에 불구하고 "증권(security)"에 해당하여 연방 증권법(the Securities Act of 1933 and the Securities Exchange Act of 1934)이 적용된다고 하였다.[167] 즉, 디지털자산(당시 가상통화[168])의 공모나 판매행위도 투자계약의 실질이 인정된다면 이는 증권 판매로 분류되어 증권법이 적용되고, 증권의 정의를 충족하는 디지털자산은 증권법에 따라 등록되어야 하며, 거래소의 정의를 충족하는 거래시스템 역시 동법에 따른 거래소 등록을 마쳐야 한다.[169]

2018년 6월 윌리엄 힌만(William Hinman) SEC 기업재무부 이사는 연설을 통해, 비트코인과 이더리움의 경우와 같이 ⓐ 코인이나 토큰이 작동하는 네트워크가 충분히 분산되어 있고, ⓑ 타인

others. See SEC v. Edwards, 540 U.S. 389, 393 (2004); SEC v. W.J. Howey Co., 328 U.S. 293, 301 (1946); see also United Housing Found., Inc. v. Forman, 421 U.S. 837, 852-53 (1975).

167) SEC(Release No. 81207, 2017), 11면.

168) 당시 SEC는 FATF의 2014년 정의규정에 따라 "가상통화(virtual currency)"라는 용어를 사용하였다. SEC(Release No. 81207, 2017), 3면 참고. 현재 SEC는 분산원장 또는 블록체인기술을 사용하여 발행·이전되는 자산을 "디지털자산(Digital Asset)"으로 통칭하고, 여기에는 이른바 가상통화(virtual currencies), 코인(coins), 토큰(tokens) 등이 포함되지만 이에 국한되지 않으며, 연방 증권법에 따른 증권의 정의를 충족하는 것과 그렇지 않은 것이 혼재한다고 한다. OCIE(2021), 1면.

169) SEC(Release No. 81207, 2017), 16면.

의 노력이 더 이상 사업성공의 핵심요소로 기대되지 않는다면 ⓒ 중요 정보에 대한 비대칭성이 감소하기 때문에, 증권법이 보호하는 투자계약에 해당하지 않을 수 있다고 하였다.[170] 그리고 **2019년 4월** SEC는「디지털자산의 투자계약 여부 분석을 위한 프레임워크」[171]를 발표하여 ⓓ 다른 디지털자산이나 실제 통화로 변환할 필요 없이 즉시 사용하여 상품 및 서비스에 대한 지불을 할 수 있는 가상통화는 투자계약에 해당하지 않을 가능성이 높다고 하고, 또한 상기 투자계약 판단기준 ①, ②, ③ 중 ①[172]요건이 부존재한다고 볼 수 있는 다양한 요소들을 제시하였다. 이에 따라 SEC가 개별 기업에 답변한 **조치 불요 회신**(no-action letters)[173]에는 ⓔ 디지털자산과 관련한 응용 프로그램을 개발하기 위해 토큰 판매 자금을 사용하지 않는다는 점, ⓕ 판매시점에서 응용 프로그램이 완전히 개발되어 작동한다는 점, ⓖ 판매시점에 의도한 기능(게임 또는 항공 전세 서비스 구매 등[174])에 즉시 사용이 가능한 점, ⓗ 토큰을 어플리케이션 외부로 전송할 수 없는 점, ⓘ 토큰이 항상 고정된 가격으로 판매되고 상환이 가능한 점, ⓙ 토큰이

170) William Hinman, Director, US Sec. and Exch. Comm'n Div. of Corp. Fin.,「Digital Asset Transactions: When Howey Met Gary (Plastic), Remarks at the Yahoo Finance All Markets Summit: Crypto」, (June 14, 2018).

171) Framework for “Investment Contract” Analysis of Digital Assets', US Sec. and Exch. Comm’n (Apr. 3, 2019).

172) ‘다른 사람의 (기업가적 혹은 경영적) 노력으로 인한 이익에 대한 합리적인 기대’를 말한다.

173) 기업의 요청에 따라 정부기관 직원이 발행하는 ‘특정 조치를 하지 않아도 된다’는 취지의 회신. 본 논의에서는 해당 기업의 특정 토큰은 증권법 또는 증권거래법에 따라 등록할 필요가 없다는 취지의 답변서를 말한다. 위키피디아. (https://en.wikipedia.org/wiki/No-action_letter) (2022.02.04.확인)

174) TurnKey Jet, Inc., SEC No-Action Letter (Apr. 3, 2019).

플랫폼상에서의 소모적 사용을 위한 것이라는 점 등과 같이, 개별 디지털자산이 투자계약에 해당할 가능성을 낮추는 요소들이 구체적으로 제시되어 있다.

위에서 언급한 ⓐ~ⓙ 요소는 모두 투자계약에 해당하는 디지털자산에서는 표출되지 않는 특성들로, 이에 관한 SEC의 구체적인 판단기준을 엿볼 수 있다는 점에서 의미가 있다.

투자계약의 실질을 가진 디지털자산을 증권법상의 증권으로 간주하는 SEC의 입장은 디지털자산의 투자자산으로서의 기능을 인정하고 금융규제 도입의 대상으로도 고려할 필요가 있다는 점에서 디지털자산이 제도금융의 일종으로 인정될 수 있음을 시사한 것으로 볼 수 있다. 그러나 특정 디지털자산이 증권에 해당하는지 여부에 대한 판단은 개별 사안마다 경제적 실질을 고려하여 이루어지기 때문에, 판단기준을 명확히 하고자 하는 SEC의 위와 같은 노력에도 불구하고 관련 기업들은 각각 취급하는 디지털자산에 대한 SEC의 해석에 따라 증권법 위반 행위로 제소될 수 있는 불안한 지위에 놓이게 되었다. 실제로 SEC가 투자계약의 실질이 있다고 판단한 디지털자산들, 예를 들어 그램(Grams),[175] 킨

175) **2019년 10월** SEC는 **텔레그램**이 미국과 해외에서 17억 달러 이상의 투자자금을 조달하여 만들어진 '그램'이라는 디지털자산의 제안 및 판매를 등록하지 않았다고 주장하며 텔레그램 그룹과 100% 소유 자회사인 TON Issuer Inc(통칭 텔레그램)를 고소하였다. 텔레그램은 SEC의 그램 인도 금지 가처분(추가) 신청에 대하여, 투자자들에게 그램을 판매한 것은 증권의 제안(offering of securitie)이지만 증권법에 따른 등록 면제 규정(규정 D에 따른 규칙 506(c))에 따라 수행한 것이고, 블록체인 도입 후의 그램의 거래는 증권 거래가 아닌 상품의 현물 거래에 해당한다고 주장하였다. 이에 대하여 미국 뉴욕 남부지방법원(SDNY)은 **2020년 3월**, 투자자들에게 그램을 판매한 것과 블록체인 도입 후의 그램의 거래(수반된 거래 포함)는 **일련의 행위(a single scheme)**로서 그 전체가 Howey test에 따른 투자계약에 해당한다는 SEC의 주장을 인용하였다(다만 블록체인 도입 후 그램의 거래 자

(Kin),[176] 리플(XRP)[177] 등의 발행 및 판매가 증권법 위반으로 제

체를 증권의 거래에 해당한다고 판단한 것은 아니다). (SEC v. Telegram Group Inc. et al, 19-cv-09439-PKC (S.D.N.Y. Oct. 11, 2019). See also Castel, J., Opinion & Order, SEC v. Telegram Grp. Inc. & Ton Issuer Inc., No. 1:19-cv-09439-PKC (S.D.N.Y. Mar. 24, 2020)). Michael S. Sackheim외 12인, 「The Virtual Currency Regulation Review: USA」, 2021.09.02일자 Law Reviews.
(https://thelawreviews.co.uk/title/the-virtual-currency-regulation-review/usa#footnote-139-backlink) (2022.02.04.확인)

176) **2020년 10월**에 SEC는 **Kik Interactive Inc (KI)**를 상대로 제기한 미등록 증권발행 소송에서 승소하였다. KI는 두 차례에 걸쳐 디지털 토큰인 Kin을 판매했는데, 첫 번째는 숙련된 투자자(sophisticated investor)에 대한 비공개 판매였고, 두 번째는 공개 판매였다. KI는 첫 번째 판매는 증권 판매에 해당하나 증권법에 따른 등록 면제 규정(규정 D에 따른 규칙 506(c))에 따라 수행한 것이고, 두 번째 판매는 '제3자의 노력에 기반한 수익의 기대를 가지고 공동 사업(a common enterprise)에 투자한다'는 Howey Test의 마지막 요건에 해당하지 않는다고 주장하였다. 이에 대하여 미국 뉴욕 남부지방법원(SDNY)은 KI가 모든 투자자 현금을 모아 토큰생태계를 개발하는 데 사용했고 더 나아가 KI가 토큰을 '투자'로 소개하였으며, 토큰생태계를 개발하여 토큰의 가치를 상승시킬 것임을 분명히 하였으므로 공동사업 요건을 충족하여 증권에 해당한다는 SEC의 입장을 지지하였다. 이어, **첫 번째 판매는 두 번째 판매와 통합**하여 판단하여야 하는데, 두 번째 판매 시 공인된 투자자(accredited investors)에게 한정하여 판매하지 않았기 때문에 증권법에 따른 등록 면제 규정(규정 D에 따른 규칙 506(c))이 적용되지 않으므로 결국 첫 번째 판매행위도 면제 요건에 해당한다고 볼 수 없다고 판시하였다. (19-cv-05244 (United States District Court for the Southern District of New York). Michael S. Sackheim외 12인(2021).

177) **2020년 12월** SEC는 디지털자산 XRP와 관련된 미등록 증권을 지속적으로 제공한 혐의로 **Ripple Labs (Ripple)**를 고소했다. SEC는 Ripple과 2명의 경영진이 등록 또는 면제 자격이 없는 상태에서 약 14억 달러 상당의 XRP를 판매했다고 주장하였다. SEC는 XRP의 구매자들은 공동 기업에 출자하였고, Ripple의 '기업가적' 및 '경영적' 노력에서 이익을 얻을 것으로 기대하였기 때문에 XRP가 Howey Test의 투자계약을 구성하므로 증권에 해당한다고 주장한다. 주장을 뒷받침하기 위해 SEC는 피고들이 XRP의 용도를 개발하고 XRP 거래 시장을 촉진할 것을 '반복적이고 공개적으로' 약속했다고 주장했다. 고소장에 대한 답변에서 피고는 XRP가 (*비트코인처럼 분산화되어 있고 법화나 다른 디지털자산으로의 전환 없이도 지급을 위해 즉시 사용 가능한*) 가상통화(virtual Currency)이므로 증권법의 적용을 반

소되었고, 이러한 디지털자산을 취급하는 거래기관 역시 증권거래법상의 거래소로 등록하지 않은 경우 그 법인과 경영진이 제소될 수 있어, 기존에 진행되어 온 디지털자산 프로젝트가 갑자기 중단되거나 거래기관에서의 거래가 중단되는 등, 오히려 혁신을 방해한다는 비판이 제기되었다.[178] 디지털자산의 네트워크가 다른 사람의 (기업가적 혹은 경영적) 노력에 의존하지 않는 기능적 또는 분산된 네트워크로 성숙하기 위해서는, 토큰이 네트워크에 배포되고 또 잠재적 사용자, 프로그래머 및 참여자들에 의해 자유롭게 거래될 수 있어야 하는데, 토큰의 초기 배포와 2차 거래(secondary transactions)에 모두 연방 증권법을 적용하는 것은 네트워크가 성숙되는 것을 좌절시키고, 증권으로 판매된 토큰이 네트워크상에서 비증권으로 기능하는 것을 차단한다는 것이다.[179]

이를 해소하기 위한 **"토큰 세이프하버[180] 제안**(Token Safe Harbor Proposal)"이 패트릭 맥헨리(Patrick McHenry) 의원의 발의로 법안 상정되어 현재 미 하원에서 논의되고 있다.[181][182] SEC 커미

지 않는다고 주장하였다. 이 이론을 뒷받침하기 위해 피고는 XRP가 사용자의 국경 간 거래를 가능케 하는 '교량 통화'라고 주장한다. 피고는 또한 XRP의 가치는 그들의 노력이 아니라 다른 가상통화의 가치에 달려 있으며 XRP가 배포되는 원장 시스템은 개방적이고 분산되어 있으며 Ripple의 지배범위 밖에 있다고 주장한다. 현재 소송은 계속 진행 중이다. Michael S. Sackheim외 12인(2021).

178) 하이레,「미 디지털 토큰 '세이프하버' 법안 발의...증권법 3년 유예 현실화될까」, 2021.10.06.일자 토큰포스트 기사. (https://www.tokenpost.kr/article-72349) (2022.02.04.확인)

179) Hester M. Pierce, Token Safe Harbor Proposal 2.0, April 13, 2021. (https://www.sec.gov/news/public-statement/peirce-statement-token-safe-harbor-proposal-2.0) (2022.02.04.확인)

180) 세이프 하버란 일정 조건을 충족하는 특정 상황에 대하여는 법적 책임을 보류하거나 면제하는 법률 규정을 말한다. 인베스토피아. (https://www.investopedia.com/terms/s/safeharbor.asp) (2022.02.04.확인)

셔너 헤스터 피어스(Hester M. Pierce)에 의해 **2020년 2월** 처음 제안되고[183] **2021년 4월** 업데이트된[184] "토큰 세이프하버 제안"은 초기 개발팀이 네트워크 참여를 촉진하고 기능적 또는 분산적 네트워크를 지속적으로 개발할 수 있도록, 일정한 조건하에 3년간의 연방 증권법 등록 조항의 면제를 제공하는 것을 골자로 한다. 이에 따르면 개발팀은 ① 공개 웹사이트에 소스코드와 토큰 이코노미, 개발자 정보 및 개발 계획 등을 공개한 후 ② 양식에 따른 적용통지서(a notice of reliance)를 작성하여 제출하고, ③ 적용통지서 접수일부터 유예만료일까지 개발 공개 계획과 블록탐색기를 6개월마다 업데이트하여야 하며, ④ 유예기간 종료 시 종결보고서(an exit report)를 제출하되 종결보고서에는 네트워크가 어떻게 분산되고 작동하는지 설명하는 외부 전문가의 분석결과를 제시하거나, 연방 증권법에 따라 해당 토큰이 등록될 것이라고 발표하는 것 중 하나가 포함되어야 한다. 이때 외부 전문가의 분석결과는 제안된 지침에 따른 설명, 즉 초기 개발팀의 지속적인 활동

181) GovTrack, 「H.R. 5496: Clarity for Digital Tokens Act of 2021」, (https://www.govtrack.us/congress/bills/117/hr5496) (2022.02.03.확인)

182) Kollen Post, 「Leading Republican on House Financial Services Committee introduces bill to establish a safe harbor for digital token」, 2021.10.05일자 THE BLOCK 기사.
(https://www.theblockcrypto.com/post/119554/leading-republican-on-house-financial-services-committee-introduces-bill-to-establish-a-safe-harbor-for-digital-tokens) (2022.02.04.확인)

183) Hester M. Peirce, SEC Comm'r, Remarks at the 4th International Blockchain Congress, Running on Empty: A Proposal to Fill the Gap Between Regulation and Decentralization (Feb. 6, 2020).
(https://www.sec.gov/news/speech/peirce-remarks-blockress-2020-02-06) (2022.02.04.확인)

184) Hester M. Pierce(2021).

이 토큰 가치 상승을 유도할 것으로 합리적으로 기대할 수 없는 정도인지 여부, 초기 개발팀이 공개적으로 제공되지 않은 네트워크에 대한 중요한 정보를 보유하고 있지는 않은지 여부 등이 포함되어야 한다.

본 제안은 디지털자산에 대한 연방 증권법의 적용 원칙을 유지하되, 블록체인과 디지털자산이라는 진화 중인 신기술의 개발 및 발전 단계에서 개발자들의 다각적인 시도를 방해하지 않도록 등록 유예기간을 허용하면서도, 연방 증권법상의 공시의무나 부정행위방지의무는 그대로 적용함으로써 토큰의 구매자를 보호하는 역할을 할 것으로 기대된다.

한편 등록된 디지털자산 시장 참여자들에 대하여는 SEC 산하의 준법검사감독국(Office of Compliance Inspections and Examinations: OCIE)이 2020년 1월, ① 투자적합성, ② 포트폴리오 관리 및 거래 관행, ③ 고객 자금 및 자산의 안전, ④ 가격 책정 및 평가, ⑤ 준법 프로그램 및 통제 효율, ⑥ 직원들의 영업외 활동에 대한 감독 등을 지속적으로 평가하고 감독할 것임을 밝혔고, 이어 2021년 2월 「증권인 디지털자산에 대한 검사국의 지속적 관심」이라는 위험 알림[185]을 발표하여 구체적인 감독 사항들을 예로써 제시하는 등 등록 사업자의 준법 운영을 가이드하고 있다.

(2) 상품선물거래위원회(Commodity Futures Trading Commission: CFTC)

CETC는 2014년 비트코인 등의 가상통화[186]를 상품(commodity)

---

185) OCIE(2021).

186) CFTC는 비트코인과 같은 교환토큰(Exchange Tokens)을 **가상통화(Virtual**

으로 선언하고, 상품규제법(the Commodity Exchange Act: CEA)[187]으로 가상통화에 대한 감독을 하고 있다.[188] 가상통화가 상품인 이상, CFTC는 가상통화 파생상품거래에 대한 규제관할이 있고, 가상통화 자체의 거래에 대한 사기 및 조작에 대한 감독권한을 갖는다.[189] 따라서 비트코인 파생상품을 취급하는 거래 시설을 운영하는 자는 CFTC에 등록하여야 한다.

CFTC는 **2015년 9월 코인플립**(Coinflip, Inc.)에 대하여 CEA에 따른 등록 없이 비트코인 스왑거래 시설을 운영한 행위에 대하여 영업정지 명령을 발하고,[190] **2020년 10월 비트멕스**(BitMEX)에 대하여 그들이 CFTC에 선물거래소나 스왑 시행 시설로 등록하지 않은 채 2014년부터 2020년까지 비트코인, 이더리움, 라이트코인

Currency)라고 칭하고, 가상통화와 유틸리티토큰(Utility Tokens)을 포괄하는 개념을 **디지털토큰(Digital Tokens)**, 여기에 가상통화를 기초자산으로 하는 파생상품까지 지칭하는 개념으로 **디지털자산(Digital Assets)**이라는 용어를 사용한다. CFTC(2020), 9면.

187) 미 상품거래법 Section 1a(9)은 "상품"이란 "미래 이행을 위한 계약으로서 현재 또는 미래에 처리되는 모든 서비스, 권리 및 이익"이 포함되는 것으로 규정하여 광의의 정의 조항을 두고 있다.

188) CFTC, 「CFTC Backgrounder on Oversight of and Approach to Virtual Currency Futures Markets」, 2018.01, 4면.

189) 상품선물거래위원회(CFTC)는 파생상품 계약에 가상통화가 사용되거나 주간 상거래에 있어서 가상통화 사기나 시세조종이 있는 경우 관할권이 있으며, 사기 또는 시세조종의 경우를 제외하고는 상품선물거래위원회(CFTC)는 일반적으로 레버리지 또는 자금 조달에 사용하지 않는 가상통화와 현물 또는 현금 시장 교환이나 거래를 감독하지 않는다(CFTC, 「CFTC Backgrounder on Self-Certified Contracts for Bitcoin Products」, 2017.12.01.).

190) **Coinflip, Inc., d/b/a Derivabit, and Francisco Riordan,** CFTC Docket No. 15-29.
(https://www.cftc.gov/sites/default/files/idc/groups/public/@lrenforcementactions/documents/legalpleading/enfcoinfliprorder09172015.pdf) (2022.02.04.확인)

등 가상통화에 레버리지 리테일 상품거래와 선물, 옵션, 스왑 등을 불법으로 제공한 혐의로 제소하였다.[191] 또한 **2021년 3월 코인베이스**(Coinbase, Inc.)의 플랫폼에서 실행된 가상통화 자체의 거래에 대한 허위, 오도 또는 부정확한 보고 행위 등에 대한 과징금 납부를 명령하였다.[192]

CFTC는 모든 디지털자산의 거래에서 사기 방지 권한을 가지고 있는 셈으로, 디지털자산과 관련한 다양한 종류의 사기와 가장매매 등에 대하여 광범위한 관할을 행사하고 있어, 연방 증권법을 적용하는 SEC와 그 관할에 있어 충돌할 가능성도 존재한다. 이에 **2021년 4월** 美 하원에 규제기관 간의 협력 수준을 높이고 혁신을 촉진하기 위해 SEC, CFTC 등의 감독기관과 디지털자산 시장참여자가 참여하는 워킹그룹을 조직·운영할 것을 주요 골자로 하는 「**혁신장벽철폐법**(H.R.1602)」이 상정됨에 따라, 규제기관별 관할이 추후 명확해질 것으로 기대된다.[193]

---

191) 비트멕스는 자금세탁방지의무 위반혐의로 같은 날 금융범죄단속네트워크(Financial Crimes Enforcement Network: FinCEN)으로부터 제소당하기도 하였다. 이 소송은 지난 8월 비트멕스가 미국 거주자들의 플랫폼 이용을 차단하는 것을 조건으로 CFTC와 FinCEN에 합계 1천억 원대 벌금을 납부하는 것으로 합의되었다. Dave Michaels, 「BitMEX to Pay $100 Million to Resolve Regulator's Lawsuit Over Crypto Derivatives Trading」, Aug. 10, 2021, the wall street journal.
(https://www.wsj.com/articles/bitmex-to-pay-100-million-to-resolve-regulators-lawsuit-over-crypto-derivatives-trading-11628624960?page=1) (2022.02.04.확인)

192) CFTC, 「CFTC Orders Coinbase Inc. to Pay $6.5 Million for False, Misleading, or Inaccurate Reporting and Wash Trading」, Release Number 8369-21, March 19, 2021.

193) H.R.1602-Eliminate Barriers to Innovation Act of 2021, 117th Congress (2021-2022).

(3) 연방준비위원회(the Board of Governors of the Federal Reserve System: Fed)

2017년, 재닛 옐런(Janet Yellen) 전(前) Fed 의장은 비트코인에 대한 Fed의 정책질문에 대하여 '이것은 매우 투기적인 자산이며 Fed는 우리의 감독대상인 은행기관이 참가자들과의 모든 상호작용을 적절하게 관리하며 BSA에 따른 자금세탁방지를 적절하게 모니터링하고 있는지 확인할 뿐 어떤 역할도 하지 않는다'고 밝혔다.[194]

다만 Fed는 금융안정감독위원회(FSOC)[195]의 디지털자산 워킹그룹을 통해 가상통화 관련 활동을 계속 모니터링해 왔으며,[196] FSOC는 **2018년** 연례보고서에서 디지털자산이 현재는 금융시스템의 안정성에 위협이 되지 않으나 그 가치와 사용이 급격히 증가할 가능성이 있다고 하였다.[197]

---

194) Janet Yellen, 「Transcript of Chair Yellen's Press Conference of December 13, 2017」, 12 (Dec. 13, 2017).

195) 금융안정감독위원회는 중요 금융회사의 지정과 지급결제시스템, 지급결제활동의 지정을 담당하는 기구로서 금융시스템의 잠재적 위협을 사전적으로 파악하고 대응전략을 마련하여 정책당국 간 정보공유와 분쟁해결을 담당하기 위한 의결기구이다. 금융안정감독위원회는 의결권을 가진 정위원 10인과 의결권이 없는 준위원 5인으로 구성되는데, 정위원은 재무부, 연준(Fed), 통화감독청(OCC), 금융소비자보호국(CFPB), 증권거래위원회(SEC), 연방예금공사(FDIC), 상품선물거래위원회(CFTC), 연방주택금융청(FHFA), 신용협동조합(NCUA) 및 대통령이 임명하는 보험전문가로 구성된다. 임준환 외 2인, 「금융위기 이후 보험규제 변화 및 시사점」, 보험연구원 정책/경영보고서 2012-3, 2012, 96면.

196) 「Examining the Growing World of Virtual Currencies and the Oversight Conducted by the U.S. Securities and Exchange Commission and the U.S. Commodity Futures Trading Commission: Hearing Before the S. Comm. on Banking, Hous., and Urban Affairs」, 115th Cong. 11 (2018) (Testimony of CFTC Chairman J Christopher Giancarlo); Financial Stability Oversight Council Ann. Rep. 89 (2018) (FSOC Annual Report).

그리고 **2019년 7월** 현(現) 제롬 파월(Jerome Hayden Powell) Fed 의장은 의회에 대한 반기별 통화 정책 보고서에서, 리브라(Libra)[198]가 엄격한 감독이 필요한 미국 금융시스템 체계에 위험을 야기할 수 있고, 자금세탁, 소비자 보호 및 개인정보 관련 위험을 야기할 수 있다는 우려를 표명하였다.[199] Fed는 현재로서는 가상통화에 대한 직접적인 감독 가능성을 고려하고 있지 않으나, 금융안정감독위원회(FSOC)는 업종에 관계없이 금융시스템과 경제에 위협을 초래할 수 있는 대형 금융회사들을 Fed의 특별 감독을 받는 중요 금융회사로 지정하고 관리하는 기능을 담당하는 만큼[200] 리브라에 대한 파월 의장의 우려는 추후 디지털자산이 미국의 기존 금융시스템에 미치는 영향의 정도에 따라 Fed의 감독대상이 될 가능성도 배제하지 않는 취지로 보인다.[201]

---

197) FSOC, 2018 ANNUAL REPORT, 89면.

198) 미국 소셜미디어회사 meta(전 페이스북)가 기획하고 이용허가를 받은 가상자산 디엠(Diem)의 전신으로, meta가 취소한 스테이블코인 프로젝트 명칭이다. (디엠의 위키피디아 역사 참고)
(https://ko.wikipedia.org/wiki/%EB%94%94%EC%97%A0_(%EC%95%94%ED)%98%B8%ED%99%94%ED%8F%90) (2022.02.03.확인)

199) The Semiannual Monetary Policy Report to the Congress, Hearing before the Committe on Banking, Housing, and Urban affairs United States Senate, JULY 11, 2019, 8면.

200) 임준환 외 2인(2012), 96면.

201) 다만 Fed의 적극적인 관심은 중앙은행 디지털통화(Central Bank Digital Currencies; CBDC)의 발행 가능성에 대한 고려 쪽에 있다. Testimony of Federal Reserve Board Chairman Powell Before the Senate Banking Housing and Urban Affairs Committee (Feb. 12, 2020).
(https://www.banking.senate.gov/hearings/02/03/2020/the-semi-annual-monetary-policy-report-to-the-congress) (2022.02.04.확인)

나) 주 차원의 현황

(1) 각 주 현황 전반

미국은 이상과 같은 연방 차원의 제도 외에 주에서 정하는 송금에 관한 법령(Money Transaction Laws: MTL)이 있고, 이를 디지털 자산에 적용하는 방식도 주마다 상이하다. 많은 주들이 가상통화 거래에 내재된 위험에 대한 이용자 주의사항을 고지하고 있지만[202] 모든 주가 가상통화 활동에 대해 입법화하고 있는 것은 아니며 입장도 제각각이다. 뉴욕[203]처럼 가상통화 활동에 참여하는 법인을 감독하기 위해 별도의 새로운 규제 체제(이른바 '비트라이선스'(BitLicense))를 만든 경우도 있고, 법령의 개정 · 지침의 발행 등

---

202) 예를 들어 **노스캐롤라이나**주가 발표한 가상통화 이용자 주의사항은 State of North Carolina, Office of the Commissioner of Banks, 「Consumer Alert: Virtual Currencies」.
(https://www.nccob.gov/Public/docs/Financial%20Institutions/Money%20 Transmitters/OCOB_Virtual_Currency_Alert.pdf.) (2022.02.04.확인)

203) **뉴욕**주는 **2015년 6월** 가상통화업 감독규정(Regulations of the superintendent of Financial Services, Part 200, Virtual Currencies)을 제정하여, 세계 최초로 금융당국을 통하여 가상통화업 감독을 할 수 있는 규제체계를 마련하였다. 뉴욕 가상통화업 감독규정에 의하면 뉴욕에서 가상통화를 운영, 발행, 거래, 매매, 저장, 이체하는 행위 등 영업을 하기 위해서는 뉴욕금융청(the New York State Department of Financial Services: NYDFS)으로부터 사업에 대한 **라이선스**(BitLicense)를 받아야 한다(국회도서관(FB, 2018.04), 83-84면).
2015년 9월 Circle Internet Financial이 최초로 BitLicense를 취득하였고(NYDFS, 「NYDFS ANNOUNCES APPROVAL OF FIRST BITLICENSE APPLICATION FROM A VIRTUAL CURRENCY FIRM」, https://www.dfs.ny.gov/reports_and_publications/press_releases/pr1509221, 2022.02.03.확인), **2016년 6월** Ripple Labs가 두 번째로 BitLicense를 취득하였다. (NYDFS, 「DFS GRANTS VIRTUAL CURRENCY LICENSE TO XRP II, LLC, AN AFFILIATE OF RIPPLE」, https://www.dfs.ny.gov/reports_and_publications/press_releases/pr1606131, 2022.02.03.확인)

을 통해 기존의 MTL 적용대상에 특정 가상통화 활동을 포함시키거나,[204] 뉴햄프셔, 유타 및 와이오밍[205]과 같이 MTL 적용을 면제하고 가상통화에 친화적인 제도를 신설하는 곳도 있으며, 캘리포니아처럼 판단을 유보하고 있는 경우도 있다.[206]

---

204) **앨라배마, 코네티컷, 조지아, 노스캐롤라이나, 오리건, 버몬트, 워싱턴, 일리노이** 등 다수의 주가 여기 해당한다. 통상 기존의 MTL상에서 가상통화 또는 가상통화 활동이 돈(money) 또는 송금(money trasaction)에 해당하는 경우를 정리하고, 면허 취득 대상이 아닌 경우를 명시하는 방식이 일반적이다. **텍사스, 콜로라도, 켄사스, 테네시** 등은 분산화된 가상통화는 돈(money)에 해당하지 않으므로 MTL의 적용범위에 해당하지 않으나, 법정화폐로의 교환을 포함한 가상통화 거래는 송금(money transaction)에 해당한다고 한다. Michael S. Sackheim외 12인(2021).

205) **와이오밍**주는 **2019년** 가상통화 사업을 MTL 적용에서 면제하고, 특수목적 예치기관(Special Purpose Depository Institution: SPDI) 증서를 받아 와이오밍 주의 은행부(the Wyoming Department of Banking)의 감독을 받도록 하였다. State de novo charter applications. Kellie Mejdrich, 「Wyoming - Yes, Wyoming - Races to Fill Crypto-Banking Void', Politico (Nov. 21, 2019)」. (https://www.politico.com/news/2019/11/21/wyoming-cryptocurrency-banking-072727) (2022.02.04.확인) 이에 따라 **2020년 9월** 크라켄(Kraken)이 와이오밍 주 의회의 승인을 받은 첫 번째 SPDI 은행이 되었다. Nate DiCamillo, Kraken Becomes First Crypto Exchange to Charter a US Bank, Sep 16, 2020. (https://www.coindesk.com/business/2020/09/16/kraken-becomes-first-crypto-exchange-to-charter-a-us-bank/) (2022.02.04.확인)
나아가 **2021년 3월** 와이오밍 주 의회는 DAO(Decentralized Autonomous Organixzation, 분산형자율조직)를 일반 유한책임회사(limited liability companies, LLC)와 구별되는 **결합형 유한책임회사(limited liability corporations: LLCs)**의 한 유형으로 인정하는 법안을 통과시켰고, **2021년 7월**부터 시행됨에 따라 아메리칸 크립토페드 다오(the American CryptoFED DAO)가 첫 번째 DAO법인이 되었다. AB NEWS DESK, 「USA Gets Its First Legally Recognized DAO - 'The American CryptoFed DAO'」, July 5, 2021. (https://alexablockchain.com/usa-gets-its-first-legally-recognized-dao-american-cryptofed-dao/) (2022.02.04.확인)

206) Manuel P. Alvarez, Commissioner of Department of Business Oversight, State of California, (Feb. 25, 2020), 2면. (https://dbo.ca.gov/2020/02/27/cryptocurrency-exchange-platform-5/;) (2022.02.04.확인)

(2) 뉴욕주 가상통화업 감독규정[207)]

뉴욕주 가상통화업 감독규정(Regulations of the superintendent of Financial Services, Part 200, Virtual Currencies)은 가상통화만을 규율대상으로 하는 최초의 규율체계로서 의미가 있다. 구체적인 내용을 살펴보면 다음과 같다.

(Section 200.2 Definitions) 감독규정은 가상통화와 가상통화업을 정의하고 있다. 가상통화를 교환의 수단이나 가치의 전자적인 저장형태로서 사용되는 디지털 단위의 형태로서 (i) 중앙 저장소 또는 관리자를 가지고 있는 디지털 단위 (ii) 분산형이거나 중앙의 저장소 또는 관리자가 없는 디지털 단위 (iii) 연산이나 제조에 의하여 생성되거나 획득될 수 있는 디지털 단위가 포함되지만,[208)] (i) 온라인 게임 플랫폼 안에서만 사용이 가능하거나, 게임 플랫폼 외에서는 시장과 적용할 곳이 없는 경우, 법정통화나 가상통화로 전환이나 환전할 수 없는 경우, 실물의 재화와 서비스, 할인, 구매와 상환 여부가 불확실한 디지털 단위 (ii) 발행자 혹은 특정 상인의 고객친화나 보상프로그램의 일부로서 재화와 서비스 할인, 구매와 상환할 수 있는 디지털 단위로서 법정통화나 가상통화로 전환이나 상환이 되지 않는 경우 (iii) 디지털 단위가 선불카드의 일부로서 사용되는 경우는 제외된다고 규정하고 있다.[209)]

감독규정은 발행기관의 여부와는 상관없이 교환수단이나 가치의 저장수단으로 사용되는 모든 종류의 디지털 단위를 포괄적으

---

207) 최인석(2019), 180-195면을 인용하되, 일부 규정을 추가하였다.

208) Section 200.2 Definitions(p).

209) Section 200.2 Definitions(p).

로 가상통화의 정의에 포함시키고 있다. 이는 비트코인과 같은 분산원장기술을 이용하는 가상통화가 발행기관이 없다는 점을 고려한 것이다.

감독규정은 가상통화업에 대해서, 뉴욕주나 뉴욕 거주자와 관련된 행위로서 (i) 전송을 위한 가상통화의 수령이나 가상통화를 송금하는 행위(여기에는 금융거래 목적 외의 목적을 위하여 가상통화를 거래하거나 명목 가상통화 이상을 이전하는 것은 포함되지 않는다) (ii) 다른 사람을 대신하여 가상통화를 저장, 보유, 관리하는 행위 (iii) 고객 사업으로서 가상통화를 매매하는 행위 (iv) 고객 사업으로서 가상통화의 교환업무를 하는 행위 (v) 가상통화의 통제, 관리, 발행하는 행위를 포함하고, 다만 소프트웨어의 개발과 보급과 같은 행위는 가상통화업에 포함되지 않는다고 정의하고 있다.[210]

가상통화의 송금과 수신, 가상통화의 보유와 관리, 가상통화의 매매, 가상통화의 통제, 관리, 발행행위가 망라되어 있어 가상통화 거래가 대부분 이루어지는 가상통화거래소, 가상통화의 보관과 이전서비스를 제공하는 지갑회사의 행위는 전부 가상통화업에 포함된다. 하지만, 고객 비즈니스가 아니므로 개인적으로 가상통화거래소에서 가상통화를 사고파는 이용자들의 행위, 재화와 서비스의 대가로서 가상통화를 지급수단으로 이용하거나 가맹점에서 공급하는 재화와 서비스의 대가로 가상통화를 수령하는 것은 가상통화 관련 고객 사업으로서 하는 행위가 아니므로 가상통화업의 범위에서 제외된다.[211]

---

210) Section 200.2 Definitions(q).

211) 가상통화업 정의를 규정할 당시 채굴행위를 가상통화업에서 제외하여야 한다는 주장이 있었다(Information Technology & Innovation Foundation, 「public comment: Proposed Regulations for Virtual Currency Businesses」,

(Section 200.3 License) 감독규정은 가상통화업에 대한 규제로서 면허 제도를 도입하고 있다. 가상통화업을 영위하기 위하여 면허가 필요하고, 누구도 권한당국의 면허 없이 가상통화업에 종사하지 못한다.[212] 면허 없이 가상통화업을 영위하는 것은 금지되며, 면허를 받은 사업자가 면허를 받지 못한 사업자와의 대리인 계약을 통하여 대리인으로 활동하는 것 역시 금지된다.[213] 그리고 뉴욕 은행법상 인가를 받고, 감독기관으로부터 승인을 받아 가상통화업을 영위하는 사업자와 순수하게 재화와 서비스의 구매와 판매목적이나 투자목적으로 가상통화를 이용하는 상인과 소비자를 명시적으로 면허의 대상에서 제외하고 있다.[214] 이들은 가상통화 관련 사업목적이 아니어서 가상통화업에 포함되지 않으므로 명시적으로 가상통화업에서 제외한 것이다.

면허를 신청하기 위해서는 권한당국이 미리 정한 서식에 따른 서면에 의하여야 하고, 조직도·신청인 등의 신상정보, 재무제표 등 일정한 사항이 포함되어 있어야 한다.[215] 신청인은 감독규정

2014.10, 6-7면). 채굴업은 다른 사람들을 위하여 가상통화를 관리하지만 전적인 관리가 아니고, 영업 자체가 뉴욕과 의미 있는 관련이 있는 것도 아니며, 이중지불을 방지하고, 거래를 검증하는 등 중요한 기능을 하는데, 경쟁이 심화되고 비용지출이 증가하고 있으므로 가상통화업 규제에서 제외하여야 한다는 주장이다. 결과적으로 채굴업을 제외하여야 한다는 규정이 삽입되지는 않았다. 최인석(2019), 182-183면.

212) Section 200.3 License(a).

213) Section 200.3 License(b).

214) Section 200.3 License(c).

215) (i) 신청인의 정확한 명칭, 조직형태, 설립일, 관할권, 계열사의 목록과 계열사와의 관계를 보여주는 조직도, (ii) 신청인, 신청인의 이사, 주요업무집행자, 주요 주주, 주요 수익자의 개인성명, 주소와 이메일 주소, 경력, 경험, 자격이 포함된 신상정보, (iii) 환경에 관한 보고서, (iv) 신청인, 주요업무집행자, 주요 주주, 주요 수익자, 고객 자금에 접근 권한이 있는 신청인의 고용인에 대한 완전한 지문, 초상화 형식의 사진, (v) 주요임원 또는 고위 경

에 부합함을 스스로 증명하여야 한다.[216] 다만, 권한당국은 금융서비스법과 감독규정의 목적과 의도에 부합하는 경우 조건부 면허를 하여 신청을 승인할 수 있도록 하고 있다.[217] 권한당국은 신청서 또는 서류 등을 전자수단으로 작성하여 제출하는 것을 허용할 수 있고,[218] 신청인은 신청처리비용, 신청자료 검토 및 재무상

영진을 포함한 이들의 권한 수준과 직무범위가 나타난 신청인 및 경영구조의 조직도, (vi) 신청인, 주요 업무집행자, 주요 주주, 주요 수익자의 현재 재무제표 및 신청인의 다음 해 예상 대차대조표 및 손익계산서, (vii) 제공하는 상품과 서비스에 대한 세부사항, (viii) 은행 업무약정의 세부사항 등이 여기에 해당한다(Section 200.4 Application(a)). 뉴욕금융청(NYDFS)은 가상통화업 면허 신청인에게 신청인과 신청인의 관계인, 이사, 주요 업무집행자, 주요 주주, 주요 수익자, 고객자금에 접근권한이 있는 신청인의 고용인에 대한 광범위한 신상정보와 심지어는 지문과 사진을 요구하는 등 광범위한 개인정보를 요구하고 있다. 특히, 신청인의 가상통화업 관련자들의 지문과 증명사진과 같은 개인정보를 요구하는 것은 다수의 불법체류자가 존재하는 미국의 현실에서 가상통화가 자금세탁 및 테러자금조달에 이용될 우려가 있기 때문이다(배승욱, 「가상통화 법제구축 방안에 관한 연구」, 한국외국어대학교 대학원 법학박사학위논문(2018), 89-90면).

216) Section 200.4 Application(b).

217) 조건부 면허제도는 면허의 모든 규제 요구조건을 만족시키지 않더라도 신청인에게 면허를 부여하는 것인데, 조건부 면허를 받은 자에 대해서는 권한당국이 검사의 빈도 등 검사를 강화할 수 있다. 권한당국이 조건부 면허를 취소하거나 조건부 면허를 갱신하지 않는 경우에 면허는 발급일로부터 2년 후에 만료가 된다. 권한당국은 재량으로 금융서비스법의 목적과 의도에 부합하는 경우 조건부 면허를 추가기간 동안 갱신하거나 조건부 면허에서 조건을 제거할 수 있다. 그리고 이러한 조건부 면허는 정지되거나 철회될 수도 있으며, 권한당국은 재량으로 합리적 조건을 부가할 수 있고, 발행된 조건부 면허에서 조건을 부가하지 않을 수 있다. 조건부 면허를 발급할 것인지 여부, 조건부 면허를 갱신할 것인지, 조건을 제거할 것인지, 조건부 면허에서 특정조건을 부가하거나 제거할 것인지를 결정할 때 권한당국이 고려해야 하는 사항으로는 신청인 또는 면허소지자의 사업의 성격과 범위, 예상 사업규모, 신청인 또는 면허소지자가 소비자, 가상통화시장, 금융시장 및 일반 대중에게 제공하는 위험의 본질과 규모, 이러한 위험성을 제한하거나 완화하기 위한 조치, 신청인 또는 면허소지자가 FinCEN에 등록되어 있는지 여부 등이 있다(Section 200.4 Application(c)).

태 등 조사를 위하여 초기 신청수수료로 5,000달러를 지급하여야 한다.[219]

권한당국은 면허신청서의 제출, 필요한 수수료의 납부, 면허부여 시 감독규정을 준수할 수 있는지에 대한 신청인의 증명이 있는 경우, 재정상태와 책임, 금융 및 사업 경험, 특성과 일반적인 적합성을 조사하여야 한다. 권한당국이 이러한 자격요건을 갖추었다고 판단하면, 신청인의 사업이 이 감독 규정의 목적과 의도 내에서 정직하고 공정하며, 신중하고 효율적으로 수행될 것이라는 신뢰를 보증하는 것과 같게 된다. 권한당국은 신청서에 대한 승인을 서면으로 신청인에게 통보하여야 하며, 이 규정 또는 그 밖의 권한당국의 조건에 따라 신청인에게 가상통화업 면허를 발행하여야 한다. 만약 신청인의 면허 신청이 적절하다고 판단되지 않으면 권한당국은 이를 거부할 수 있다.[220] 권한당국은 신청서를 제출한 날로부터 90일 이내에 면허신청을 승인하거나 거부해야 한다. 이러한 90일 기간은 합리적인 기간 안에 권한당국의 재량으로 연장이 가능하고, 발급된 면허는 양도, 취소, 정지, 기간만료가 될 때까지 유효하게 된다.[221] 하지만, 규정 위반 등 일정한 경우에는 면허를 정지하거나 취소할 수 있다.[222][223]

---

218) Section 200.4 Application(d).

219) Section 200.5 Application fees.

220) Section 200.6 Action by superintendent(a).

221) Section 200.6 Action by superintendent(b).

222) Section 200.6 Action by superintendent(c).

223) 감독규정에 따라 발급된 라이선스는 청문을 통하지 않고는 취소되거나 정지되지 않는다. 권한당국은 면허소지자의 주된 사무소에 청문 일시, 장소를 10일 전까지 서면으로 통보하여야 하고, 면허를 정지 또는 취소하는 권한당국의 명령은 그 사유를 기재하여 면허소지자의 주사무소에 등기우편으로 송부하여야 한다(Section 200.6 Action by superintendent(d)). 권한당

(Section 200.7 Compliance(규제준수)) 감독규정은 면허소지자에 대한 의무를 규정하고 있다. 면허소지자는 적용 가능한 모든 연방 및 주 법률, 규칙 및 규정을 준수하여야 할 의무가 있으며,[224] 감독규정의 준수 및 기타 모든 적용 가능한 연방 및 주 법률, 규칙 및 규정을 조정하고 모니터링할 책임이 있으며 자격 있는 준법감시인을 지정하여야 한다.[225] 그리고 부정 방지, 자금세탁 방지, 사이버 보안, 개인정보보호 및 이 규정에 따라 요구되는 기타 정책을 포함한 서면의 준수 정책을 유지하고 집행하여야 하며, 이 정책은 이사회 또는 상응하는 기관이 검토하고 승인하여야 한다.[226]

(Section 200.8 Capital requirements (자본금 조건)) 감독규정은 면허소지자에게 권한당국이 특정한 위험평가에 기초하여 재정적 완전성과 면허소지자의 사업연속성에 충분하다고 판단하는 자본액과 형태를 유지하여야 한다고 규정하고 있다.[227]

(Section 200.9 Custody and protection of customer assets(고객자산의 보관과 보호)) 감독규정은 이용자 보호를 위하여 고객 자

국은 공공의 이익을 위하여 필요한 경우에는 규정, 은행법 또는 보험법 조항을 위반하는 행위를 금지하기 위하여 예비적 금지명령을 요청할 수도 있다(Section 200.6 Action by superintendent(e)).

224) Section 200.7 Compliance(a).

225) Section 200.7 Compliance(b) Compliance officer.

226) Section 200.7 Compliance(c) Compliance policy.

227) 면허소지자가 유지하여야 하는 최저자본액을 결정할 경우에는 권한당국은 면허소지자의 총자산의 구성, 총부채의 구성, 면허소지자의 가상통화업 실제 예상 매출액 등 다양한 요소를 고려해야 한다(Section 200.8 Capital requirements(a)). 각 면허소지자는 감독규정에 따라 유지되어야 하는 자본을 현금, 가상통화, 유동성 높은 투자 등급 자산 형태로, 권한당국이 수용할 수 있는 비율로 보유해야 한다(Section 200.8 Capital requirements(b)).

산의 보관과 보호 의무를 규정하고 있다. 각 면허소지자는 권한 당국이 수용하는 금액으로 보증금 또는 신탁계정을 유지하여야 하고, 신탁계정을 유지하는 경우에는 그 신탁계정이 자격 있는 관리인에 의하여 관리되도록 하여야 하며,[228] 타인을 위하여 가상통화를 저장, 보유, 관리, 통제를 하는 경우에는 타인이 의무를 부담하는 것과 동일한 유형과 금액의 가상통화를 보유하여야 한다.[229] 면허소지자가 다른 사람의 지시에 따라 그러한 자산을 판매 또는 양도하는 경우를 제외하고는 보관·유지·관리하고 있는 타인의 가상통화를 포함한 자산의 판매, 이전, 양도, 대여, 담보제공 혹은 이와 유사한 행위를 하는 것은 금지된다.[230]

(Section 200.16 Cyber security program(사이버보안프로그램))

감독규정은 면허소지자에게 전자 시스템의 가용성과 기능을 보장하고, 해당 시스템에 저장된 시스템 및 민감 정보를 무단 접근, 사용 또는 변조하는 행위로부터 보호하기 위한 효과적인 사이버 보안 프로그램을 수립하고 유지하여야 한다고 규정하고 있으며,[231] 서면상의 사이버 보안 정책을 구현할 것[232]과 정보보안최

228) Section 200.9 Custody and protection of customer assets(a).

229) Section 200.9 Custody and protection of customer assets(b).

230) Section 200.9 Custody and protection of customer assets(c).

231) 사이버 보안 프로그램은 다음 5가지 핵심 사이버 보안 기능을 수행하도록 설계되어야 하는데, 그 내용은 첫째, 면허소지자의 시스템에 저장된 정보, 그 정보의 민감성, 그리고 그러한 정보가 어떻게 그리고 누구에게 접근될 수 있는지를 식별함으로써 내·외부 사이버 위험을 식별하는 것, 둘째, 방어적인 인프라의 사용과 정책 및 절차의 이행을 통하여 인가받지 않은 접근, 사용 또는 기타 악의적인 행위로부터 면허소지자의 전자시스템 및 해당 시스템에 저장된 정보를 보호하는 것, 셋째, 침입, 데이터 유출, 시스템 또는 정보에 대한 무단 접근, 멀웨어 및 기타 사이버 보안사고를 탐지하는 것, 넷째, 탐지된 사이버 보안 사건에 대응하여 부정적인 영향을 완화하는 것, 다섯째, 사이버 보안 사건으로부터 복구하고 정상적인 작동 및 서비스

고책임자를 지정할 것도 규정[233]하고 있다.

(Section 200.17 Business continuity and disaster recovery(사업연속성 및 재해복구)) 감독규정은 면허소지자에게 비상사태 등으로 인한 사업 활동 중단에 대비하여 사업연속성 및 재해복구 계획을 수립하고 유지할 것을 규정하고 있다.[234]

(Section 200.19 Consumer protection(고객 보호)) 감독규정은 가상통화와 관련한 중요한 위험,[235] 거래와 관련한 일반 약관,[236]

를 복원하는 것이다(Section 200.16 Cyber security program(a)). 그리고 이러한 사이버 보안 프로그램은 전자시스템의 침투테스트를 적어도 매년 실시하고, 그 취약성 평가를 최소한 분기별로 수행하고, 모든 금융거래 및 회계를 완전하고 정확하게 재구성할 수 있는 데이터를 추적하고, 유지·관리할 수 있는 감사 기능을 포함하여야 한다(Section 200.16 Cyber security program(e)).

232) 각 면허소지자는 해당 시스템에 저장된 전자 시스템, 고객 및 거래 상대방, 데이터 보호를 위한 면허소지자의 정책과 절차를 설명하는 서면상의 사이버 보안 정책을 구현하여야 하며, 이 정책은 매년 면허소지자의 이사회 또는 상응하는 기관에 의하여 검토되고 승인되어야 한다. 사이버 보안 정책은 다음과 같은 영역을 다루어야 한다. 정보보안, 데이터 거버넌스와 분류, 접근통제, 사업연속성, 재난복구계획, 자원, 용량 및 성능계획, 시스템 및 네트워크보안, 물리적 보안, 환경통제, 고객 데이터 정보보호 등이 그것이다(Section 200.16 Cyber security program(b)).

233) 면허소지자는 사이버 보안 프로그램을 감독, 시행하고, 사이버 보안 정책을 실행할 책임 있는 정보보안최고책임자(CISO)로서 자격을 갖춘 직원을 지정하여야 한다(Section 200.16 Cyber security program(c)).

234) 각 면허소지자는 비상사태 또는 정상적인 사업 활동 중단에 대비하여 서비스의 가용성과 기능을 보장하기 위하여 합리적으로 설계된 사업연속성 및 재해복구(Business Continuity and Disaster Recovery) 계획을 수립하고 유지하여야 하며, 사업연속성 및 재해복구 계획은 사업 운영에 필수적인 문서, 데이터, 시설과 인프라, 역량을 파악하고, 책임 있는 감독자를 확인하는 등 요건을 충족하여야 한다(Section 200.17 Business continuity and disaster recovery(a)).

235) 면허소지자는 고객과의 관계를 형성하여 거래를 개시하기 전에 상품, 서비스 및 영업, 일반적인 가상통화와 관련한 중요한 위험 등을 영어와 기타 주요한 언어로 명확하고 읽기 쉬운 서면으로 공시하여야 한다. 중요한 위

거래조건[237]을 공시해야 한다고 규정한다. 그리고 면허소지자는 규정에서 요구하는 이 모든 공시를 고객이 수령하였는지 확인하여야 할 의무를 지고 있다.

(Section 200.20 Complaints(분쟁)) 감독규정은 면허소지자에게 불만사항을 공정하고 시기적절하게 해결하기 위한 서면 정책과 절차를 수립하고 유지하여야 할 의무를 부여하고 있다.[238] 그리고 면허소지자가 이에 대한 정책이나 절차를 변경한 경우에는 7일 이내에 권한당국에 보고하여야 한다.

감독규정은 감독사항과 관련하여 Section 200.12 Books and re-

험에는 가상통화는 법정통화가 아니며 정부가 지급을 보장하지 않고, 계좌 및 금액잔액은 연방예금 보험공사 또는 증권회사의 보호대상이 아니라는 점, 주, 연방, 국제적인 규제규범의 입법 및 규제변경이 가상통화의 양도, 사용, 교환 및 가치에 부정적인 영향을 미칠 수 있다는 점, 가상통화 거래로 인한 우발적인 손실은 회복될 수 없다는 점 등이다(Section 200.19 Consumer protection(a) Disclosure of material risks).

236) 가상통화업자는 신규고객을 위한 계좌를 개설하고 첫 거래를 개시하기 전에 상품, 서비스 및 가상통화와 관련한 일반약관 등을 영어와 그 밖의 중요한 언어로 명확하고 읽기 쉬운 서면으로 공시하여야 한다. 이러한 사항들에는 면허받지 않은 가상통화거래에 대한 고객의 책임, 고객이 사전승인된 가상통화의 지급을 중단할 수 있는 권리, 그러한 지급중지명령을 하는 절차, 고객계정에 관한 정보를 제3자에게 공개하는 것 등이 있다(Section 200.19 Consumer protection(b) Disclosure of general terms and conditions).

237) 가상통화업자는 거래를 개시하기 전에 거래조건을 명백하고 현저한 서면으로 영어와 다른 중요한 언어로 공시하여야 한다. 거래조건에는 거래금액, 적용 가능한 환율을 포함하여 고객이 부담하는 모든 수수료, 경비, 요금, 가상통화거래의 유형과 특성 등이 있다(Section 200.19 Consumer protection(c) Disclosures of the terms of transactions).

238) Section 200.20 Complaints(a). 웹사이트, 모든 물리적 장소 또는 권한당국이 정한 다른 장소에 명확하고 눈에 띄는 방법으로 면허소지자의 우편주소, 이메일 주소, 전화번호, 이의를 권한당국에 제기할 수 있다는 내용, 권한당국의 우편주소, 웹사이트 및 전화번호, 권한당국에 필요한 기타정보 등을 공개하여야 한다(Section 200.20 Complaints(b)).

cords(장부와 기록), Section 200.13 Examinations(권한당국의 검사), Section 200.14 Reports and financial disclosures(보고와 공시)를 규정하고 있다.[239]

(Section 200.12 Books and records(장부와 기록)) 면허소지자는 가상통화업 활동과 관련하여 작성일로부터 최소 7년 동안 모든 장부와 기록을 원래의 형식 또는 원시 파일 형식으로 권한당국이 면허소지자가 법률, 규칙 및 규정을 준수하는지 여부를 결정할 수 있는 상태로 작성, 보관 및 보존하여야 한다.[240] 각 면허소지

239) 이외에도 관리변경(인수와 합병)에 관한 규정(Section 200.11 Change of control; mergers and acquisitions)이 있다. 즉 권한당국의 사전 서면승인 없이 면허소지자의 관리가 변경될 수 있는 조치가 취해져서는 안 된다. 관리가 변경되기 전에 면허소지자에 대한 관리권을 획득하고자 하는 자는 권한당국이 수락 가능한 형식의 서면 신청서를 제출하여야 하고, 여기에는 신청자, 임원, 업무집행자, 주요 주주, 주요 수익자에 대한 정보가 포함되어 있어야 한다. 이 조항에서 '관리'라는 용어는 면허소지자의 경영권 및 정책의 방향을 지시하거나 이끌어 낼 권한을 직접 또는 간접적으로 소유한다는 것을 의미한다. 만약 어떠한 사람이 직·간접적으로 면허소지자의 10% 이상의 주식을 소유·관리·보유하고 있다면 관리권을 가지고 있다고 간주된다. 하지만 관리권을 획득한 자의 임원 등이 된 것은 관리권을 획득한 것으로 간주되지 않는다. 권한당국은 신청서를 제출한 날로부터 120일 이내에 면허소지자의 관리변경에 대한 신청을 승인하거나 거부하여야 한다. 120일 기간은 요건 및 조건을 준수할 수 있는 합리적 이유가 있으면 연장될 수 있다(Section 200.11 Change of control; mergers and acquisitions(a) Change of control). 또한 권한당국의 사전 서면승인 없이는 면허소지자의 자산 전부 또는 중요한 부분을 합병하거나 인수하는 조치는 금지된다. 합병 또는 인수 전에 합병기업이나 합병대상기업은 인수 합병에 관한 서면 계획이 포함된 신청서를 권한당국에 제출하여야 한다. 합병계획에는 합병할 각 사업체, 존속회사 또는 해당 사업자의 자산 전부 또는 거의 전부를 취득한 주체를 명시하여야하고, 인수합병의 조건과 방식이 포함되어야 한다. 권한당국은 합병 또는 인수 합병에 대한 서면 계획이 포함된 신청서가 제출된 날로부터 120일 이내에 합병 제안 또는 인수 제안을 승인하거나 거부하여야 하며, 120일 기간은 요건 및 조건을 준수할 수 있는 합리적 이유가 있으면 연장될 수 있다(Section 200.11 Change of control; mergers and acquisitions(b) Mergers and acquisitions).

자는 권한당국의 요청이 있는 경우 면허소지자 또는 그 자회사가 유지 관리하는 모든 시설, 서적, 기록, 문서 또는 기타 정보에 즉시 접근할 수 있도록 권한당국에게 제공하여야 하며,[241] 미완성, 미발급 또는 비활성 가상통화 계좌 또는 거래기록은 가상통화가 포기된 시점 이후 최소 5년간 유지되어야 한다.[242]

(Section 200.13 Examinations(권한당국의 검사)) 감독규정은 권한당국의 판단에 따라 면허소지자에 대한 검사가 필요하거나 권장될 때 면허소지자를 검사하는 것을 허용하고, 면허소지자가 권한당국에 협조하여야 한다고 규정하고 있다.[243] 면허소지자는 모든 장부, 기록, 계정, 서류 및 기타 정보에 대한 검사[244]와 필요한 특별 검사를 허용하여야 하며, 필요한 모든 관련 시설, 장부, 기록, 계정, 서류 및 기타 정보를 검토하는 것을 허용하여야 한다.[245] 권한당국이 면허소지자의 계열사를 검사하는 것이 필요한

240) 각 면허소지자가 보유하고 있는 장부 및 기록은 다음과 같은 내용이 포함되어야 한다. ① 개별 거래의 거래 금액, 일시, 지불 지시, 면허소지자가 수령하고 지불한 수수료 및 비용 총액, 면허소지자의 성명, 계좌번호, 실제 주소 ② 모든 자산, 부채, 자본, 수익과 비용계정 ③ 은행 잔고 증명서 및 계정기록 ④ 고객 및 거래 상대방에게 제공되는 진술 또는 평가 ⑤ 이사회 또는 상응하는 기관의 회의록 또는 기록 ⑥ 고객 확인 및 확인서류, 고객을 각각의 계좌 및 잔액에 연결하는 기록 및 주, 연방 자금 세탁 방지법, 규칙 및 규정 준수 등 모든 준수 위반 기록 ⑦ 고객 불만 및 거래 오류 해결에 대한 조사 또는 법률, 규칙 또는 규정 위반 가능성 있는 사실에 관한 통신기록 및 문서 등이 그것이다(Section 200.12 Books and records(a)).

241) Section 200.12 Books and records(b).

242) Section 200.12 Books and records(c).

243) 권한당국은 적어도 2년에 한 번은 검사하여야 한다. 검사빈도를 결정함에 있어서는 면허소지자의 재정 상태, 사업의 안전성과 건전성, 경영정책, 면허 취득자의 법률, 규칙 및 규정 등 준수여부가 고려되어야 한다(Section 200.13 Examinations(a)).

244) Section 200.13 Examinations(b).

245) Section 200.13 Examinations(c).

경우에도 면허소지자는 협조하여야 한다.[246)]

(Section 200.14 Reports and financial disclosures(보고와 공시)) 면허소지자은 회계 분기 종료 후 45일 이내에 일정한 정보가 포함된 분기별 재무제표를 권한당국에 제출하여야 하고,[247)] 면허소지자의 내부 통제 구조의 효과성에 관한 독립적인 공인 회계사의 의견 및 증명과 함께 감사된 연간 재무제표를 제출하여야 한다.[248)] 면허소지자, 주요 임원, 주요 주주, 주요 관리자, 주요 수익자에 대한 형사 소송 또는 파산절차가 진행될 경우에 권한당국에 서면으로 고지하여야 하고,[249)] 면허된 활동과 관련된 법률, 규칙 또는 규정 위반을 발견한 경우에도 권한당국에 보고서를 제출하여야 한다.[250)]

(Section 200.15 Anti-money laundering program(자금세탁방지 프로그램)) 면허소지자는 면허소지자의 활동, 서비스, 고객, 거래상대방 및 관련 법률, 규제준수, 재정위험, 명성위험을 고려한 초기 위험평가를 실시하고, 위험평가에 기반한 자금세탁방지 시스

---

246) Section 200.13 Examinations(d).

247) 재무제표에 포함되는 정보로는 ① 대차대조표, 손익계산서, 포괄 손익 보고서, 소유지분 변동 계산서, 현금 흐름표 및 순유동자산명세서를 포함하여 면허소지자의 재무 상태에 관한 설명, ② 이 규정에 따라 수립된 재정 요구사항의 준수를 입증하는 설명, ③ 재무예측 및 전략적 사업계획, ④ 부외 대차대조표 항목의 목록, ⑤ 각 계정의 설명을 포함한 계정과목, ⑥ 이 규정에 따라 허용된 면허소지자의 허용 투자보고서가 있다(Section 200.14 Reports and financial disclosures.(a)).

248) 연간 재무제표에는 ① 연간 재무제표를 작성하고, 적절한 내부 통제와 재무보고 절차를 수립 및 유지하며, 모든 관련 법률, 규칙 및 규정을 준수해야 한다는 경영진의 책임성명과 재무제표가 적용되는 회계 연도 동안 면허소지자가 해당 법, 규칙 및 규정을 준수하였다는 경영진의 평가 등이 포함되어야 한다(Section 200.14 Reports and financial disclosures(b)).

249) Section 200.14 Reports and financial disclosures(c).

250) Section 200.14 Reports and financial disclosures(e).

템을 구축, 유지, 시행하여야 하고, 위험평가가 변경되는 경우에는 매년 또는 추가적으로 평가를 실시하여야 하며, 그러한 변경사항을 반영하기 위하여 자금세탁방지 프로그램[251]을 적절히 수정하여야 한다.[252] 자금세탁방지 프로그램에는 면허소지자의 이사회 또는 상응하는 기관에 의하여 검토되고 승인된 서면 자금세탁방지 정책이 포함되어야 한다.[253] 일정한 방법으로 기록을 유지하고 보고하는 것을 규정하고 있는데, 거래의 기록과 관련해서는 모든 가상통화 거래와 관련하여 거래상대방의 인적 사항과 주소, 거래당사자의 계정, 구매, 판매, 양도된 금액을 포함하는 거래금액, 지급방법, 거래개시일과 완료일, 거래에 대한 설명에 관한 정보를 유지하도록 규정되어 있고, 거래의 보고와 관련해서는 연방법상 자금거래보고 요건에 해당하지 않는 가상통화에서 가상통화로의 일련의 거래를 할 때, 그 거래의 지불, 영수, 교환, 전환, 구매, 판매, 이전에 대한 거래를 포함하여, 미국 달러로 1거래일 동안 1인당 1만 달러를 초과하는 경우 면허소지자는 권한당국이

---

251) 자금세탁방지 프로그램은 최소한 다음을 포함하여야 한다. 그 내용은 ① 적용 가능한 모든 자금 세탁 방지법, 규칙 및 규정을 지속적으로 준수하도록 고안된 내부 통제, 정책 및 절차 시스템을 제공하고, ② 자금세탁방지 프로그램, 정책과 절차의 고안, 구축, 유지 또는 운영에 대한 책임이 없는 내부직원이나 권한이 있는 외부의 제3자가 최소한 매년 1회 실시하는 자금세탁방지 프로그램의 준수 여부 및 효과에 대한 독립 테스트와 그 결과를 서면 보고서 형식으로 권한당국에게 제공하며, 자금세탁방지 프로그램의 일상적인 준수를 조정하고 모니터링 할 책임 및 자격 있는 개인을 지정하는 것, 그리고 적절한 인원에 대하여 지속적인 훈련을 제공하여 자금세탁방지 요구사항에 대하여 충분히 이해시키고, 그들이 권한당국에 보고해야 하는 거래를 식별하고 본 규정에 따라 요구되는 기록을 유지할 수 있도록 하는 것이 여기에 해당된다(Section 200.15 Anti-money laundering program(c)).

252) Section 200.15 Anti-money laundering program(b).

253) Section 200.15 Anti-money laundering program(d).

미리 규정한 방식으로 24시간 이내에 공지하도록 규정되어 있다.

자금세탁, 탈세 또는 기타 불법과 범죄활동이 의심되는 거래를 감시해야 하는 의심거래 모니터링 규정도 있다.[254] 거래를 구조화하거나 거래 구조화를 지원하여 이 규정에 따른 보고 요건을 회피하지 않아야 하고,[255] 개인 고객 또는 거래 상대방의 신원을 혼란시키거나 은폐하게 하는 행위여서는 안 된다는 내용도 있다. 하지만, 규정의 어떠한 내용도 개별 고객이나 거래 상대방이 가상통화 거래사실 또는 성격을 일반 공중에게 알리도록 허가권자에게 요구하는 것으로 해석하여서는 안 된다고 규정한다.[256]

또한 면허소지자에게 고객 식별 프로그램을 유지해야 한다고 규정한다. 구체적으로, 계정 소유자의 확인과 관련된 내용으로 고객에 대한 계좌를 개설하거나 고객과 서비스 관계를 수립할 때, 각 면허소지자는 최소한 합리적이고 실용적인 범위 내에서 고객 신원을 확인하여야 하며, 신원을 확인하는 데 사용된 정보의 기록(이름, 주소 및 기타 식별 정보)을 수집하고, 미국 재무부 산하 외국자산관리국(Foreign Asset Control Office: OFAC)에서 관리하는 특별지정국민(SDN) 목록에 해당하는지에 대하여 고객 확인을 하여야 한다고 규정하고 있다.[257] 외국자산관리국(OFAC)에서 발행한 관련 규

---

254) 면허소지자는 관련 연방법, 규칙, 규정에 따라 의심스러운 활동보고서를 제출하여야 하고, 연방법에 따라 의심스러운 활동보고 요구사항을 따르지 않는 각 면허소지자는 권한당국이 규정한 방식으로 해당사실을 발견한 날부터 30일 이내에 법률 또는 규정 위반 가능성을 나타내는 의심거래보고서를 제출하여야 하며, 계속적인 의심스러운 활동은 지속적으로 검토되어야 하며, 의심거래보고서는 계속적인 활동을 보고한 마지막 날부터 120일 이내에 제출되어야 한다(Section 200.15 Anti-money laundering program(e)).

255) Section 200.15 Anti-money laundering program(f).

256) Section 200.15 Anti-money laundering program(g).

정을 준수하는 위험기반정책, 절차 및 관행을 갖추고 있음을 입증하여야 하고,[258] 연방 혹은 주 법률, 규칙 또는 규정을 위반하는 특정 또는 허용되지 않는 거래를 차단하거나 거부하기 위한 적절한 정책 및 절차를 마련하여야 한다는 내용도 있다.[259]

표 7 뉴욕주 Bit License 요약

구분	조항	내용
제정시기	2015년 6월	
규정명	• REGULATIONS OF THE SUPERINTENDENT OF FINANCIAL SERVICES PART 200. VIRTUAL CURRENCIES	
정의	Section 200.2 Definitions	• 가상통화: 발행기관 유무와 관계없이 교환수단이나 가치의 전자적인 저장형태로서 사용되는 디지털 단위 • 가상통화업: 가상통화의 송금과 수신, 가상통화의 보유와 관리, 그리고 사업으로 가상통화를 매매하는 행위, 가상통화의 통제, 관리, 발행행위
면허	Section 200.3 License	• 뉴욕금융청(NYDFS)에서 면허(BitLicense) 발급

257) 고위험 고객, 대량 계정 또는 의심스러운 활동보고서가 제출된 계정 등은 추가 요소를 기반으로 강화된 실사가 필요할 수 있다는 것과 외국관련 계정에 대한 강화된 의무에 대한 내용이 있다. 외국인을 위한 계정을 보유하고 있는 면허소지자나 외국면허소지자는 해외 사업의 성격, 유형 및 그러한 계좌가 제시하는 위험을 평가하는 것을 포함하여 자금 세탁을 탐지하기 위한 강화된 실사방법, 절차 및 통제를 확립하여야 하고, 외국의 유령계정과 관련해서 면허소지자는 가상통화업에 대하여 모든 유형의 관계를 유지하는 것이 금지되며, 대규모 거래의 식별과 관련된 내용으로 3,000달러 이상의 금액으로 거래를 시작하는 계정의 소유자에 대한 신원을 확인하여야 한다는 내용이 있다(Section 200.15 Anti-money laundering program(h)).

258) Section 200.15 Anti-money laundering program(i).

259) Section 200.15 Anti-money laundering program(j).

신청	Section 200.4 Application	• 신청인의 성명, 기업지배구조, 제무제표 등 내용이 기재된 서명이 된 서면으로 신청 • 권한당국은 90일 이내 승인 또는 거절을 확정 • 신청서 수수료 $5,000
최저 자본금	Section 200.8 Capital requirements	• 권한당국이 총자산, 유동성, 위험성 등을 감안하여 사업 연속성을 유지하는데 충분한 최저자본금 결정 • 신청인은 최저자본금을 항상 유지해야 함
감독기관 권한	Section 200.13 Examinations	• 권한당국 매 2년마다 재정상태, 사업안정성, 건전성에 대한 검사 • 분기별 재무제표 등 제출, 분기 마감일로부터 45일 이내
고객 재산보호	Section 200.9 Custody and protection of customer assets	• 보관하는 고객 자산 판매, 이전, 양도, 대여, 담보제공 금지 • 권한당국이 정한 보증금과 신탁계좌 유지
분쟁해결	Section 200.20 Complaints	• 분쟁해결 위한 정책, 절차 수립과 유지
기록	Section 200.12 Books and records.	• 사업활동 관련 장부 생성과 기록, 작성일부터 7년간 보관
자금세탁 방지	Section 200.15 Anti-money laundering program	• 거래기록의 유지와 보고 • 의심거래보고의무
고객보호	Section 200.19 Consumer protection	• 상품, 서비스, 영업과 관련된 위험 등 공시
사이버 보안	Section 200.16 Cyber security program	• 사이버 보안 프로그램 수립과 유지

자료: 자본시장연구원(배승욱), 「뉴욕주의 BitLicense」, 자본시장Weekly(2016-7), 2016 일부 수정.

(Section 200.10 Material change to business(중요한 영업 내용의 변경)) 면허소지자가 면허 신청 시 기재한 것과 다른 제품, 서비스 또는 활동을 하고자 하는 경우 이는 중요한 영업 내용의 변경에 해당하므로 뉴욕금융청(NYDFS)의 사전 서면승인을 받아야 한다. 이는 면허소지자가 새로운 가상통화를 취급하고자 하는 경우에도 적용되므로, 가상통화의 수가 기하급수적으로 증가한 수년간 새로운 유형의 가상통화를 다루고자 하는 면허소지자들으로부터의 승인 요청이 수회 있었다.[260] 뉴욕금융청(NYDFS)은 면허소지자들이 적시에 그리고 신뢰가능한 방법으로 새로운 코인을 취급할 수 있도록 효율을 증대하고자, 2019년 11월에 제안되어[261] 공개논의[262]를 거친 「가상통화 도입 또는 상장 지침(Guidance Regarding Adoption or Listing of Virtual Currencies)」[263]을 2020년 6월 발효하였다. 이에 따르면 면허소지자는, ① 뉴욕금융청(NYDFS)이 정하여 웹사이트에 공개한 승인된 가상통화 등재목록, 즉 **그린리스트**(Greenlist)[264]에 있는 가상통화는 자신이 면허

260) NYDFS, Guidance Regarding Adoption or Listing of Virtual Currencies, June 24, 2020.

261) NYDFS, Proposed Guidance Regarding Adoption or Listing of Virtual Currencies, November 12, 2019.

262) 본 공개논의에는 면허소지자, 법률전문가, 미국공인회계사회, 개인 등으로부터 19개의 의견이 제출되었다. NYDFS, Guidance Regarding Adoption or Listing of Virtual Currencies - Public Comments, December 11, 2019 - January 27, 2020.

263) NYDFS(2020).

264) 그린리스트(2021.10.4.일자)에는 비트코인, 비트코인캐시, 이더리움클래식, 이더리움, 라이트코인, 리플 등을 포함한 총 14개의 코인이 커스터디승인/상장승인으로 나누어 등재되어 있다. 다만 뉴욕금융청(NYDFS)은 언제든지 단독재량으로 면허소지자의 코인 사용을 금지하거나 제한할 수 있으며, 그린리스트에서 제외시키거나 그린리스트 자체를 중단할 수 있다. (https://dfs.ny.gov/apps_and_licensing/virtual_currency_businesses/Greenlist)

신청 시 취급승인을 받지 않은 코인이라도 뉴욕금융청(NYDFS)의 사전승인 없이 사전 통지만으로 이를 취급할 수 있다. ② 그린리스트상의 가상통화가 아닌 경우는 원칙대로 그 도입이나 상장을 위해 NYDFS의 사전승인을 받아야 한다. 그러나 ③ NYDFS에서 승인한 **코인 상장 정책**(coin-listing policy)을 운영하는 면허소지자는 그린리스트에 등재된 코인이 아니더라도 NYDFS에 대한 사전 통지 및 코인 상장 정책의 요건을 충족한다는 취지의 **자체인증**(self-certification)을 통해 새로운 코인을 도입할 수 있다.[265] 코인 상장 정책은 ⓐ 상장코인 및 정책에 대한 이사회 등의 강력한 거버넌스, ⓑ 모든 관련 법령이 정한 표준에 일치하도록 설계된 포괄적인 위험평가, 그리고 ⓒ 새로이 도입되는 코인에 대한 지속적인 모니터링이 반드시 포함된 것이라야 한다.[266] 본 지침으로 면허소지자의 취급 코인에 대하여 개별적이고 직접적인 NYDFS의 감독이 완화되고, 사전 승인된 정책 및 표준의 준수를 전제로 사업자의 영업 자율이 강화된 측면이 있다.

(3) 가상통화업에 대한 통일 규제법

이렇듯 주별로 다른 규율 체제에 통일적인 기준을 수립하고자 한 노력도 있다. 2015년 9월에는 미국의 주정부은행감독협의체(Conference of State Bank Supervisor: CSBS)가 각 주정부가 지침으로

(2022.02.05.확인)

265) 면허소지자의 사용이 승인된 코인(2021.7.28일자)은 그린리스트에 등재된 코인을 포함하여 총 104개이다.
(https://dfs.ny.gov/apps_and_licensing/virtual_currency_businesses/Greenlist)
(2022.02.05.확인)

266) NYDFS(2020).

활용할 수 있는 가상통화업 감독을 위한 주정부 차원에서의 모델 규제체계(Model Regulatory Framework)를 발표하였다.[267] 그리고 미국통일법위원회(Uniform Law Commission)는 2017년 7월 14일부터 2017년 7월 20까지 샌디에이고에서 개최된 연례회의에서 가상통화업에 대한 통일 규제법(Uniform Regulation Of Virtual Currency Businesses Act: URVCBA[268])을 통과시키고,[269] 2018년 가상통화의 보유·거래 등에 관한 상법 규정을 마련하여 「가상통화 사업에 대한 통일보완 상법(the Uniform Supplemental Commercial Law)」을 공포하였다.[270]

URVCBA의 중요한 내용은 다음과 같다.[271] 제1조에서는 가상통화와 가상통화업에 대한 정의를 하고 있다. 가상통화를 교환의 매개수단, 회계단위, 가치저장수단으로 사용되는 가치의 디지털 표상으로, 법정 통화가 아닌 것이라고 규정한다. 하지만, 상인이 이용자 친화정책이나 보상프로그램의 일부로서 가치를 부여하는 거래와 온라인 게임 내에서만 사용이 가능한 가치의 디지털 표상

267) Congressional Research Service(Edward V. Murphy, M. Maureen Murphy, Michael V. Seitzinger), 「Bitcoin: Questions, Answers, and Analysis of Legal Issues」, 2015.10, 14면.

268) Uniform Law Commission, Virtual-Currency Business Act, Regulation of, Legislation.
(https://www.uniformlaws.org/committees/community-home?CommunityKey=e104aaa8-c10f-45a7-a34a-0423c2106778) (2022.02.05.확인)

269) 자본시장연구원(배승욱), 「미국통일가상통화업규제법의 주요내용과 시사점」, 자본시장포커스 2017-15, 2017, 1면.

270) Uniform Law Commission, Virtual-Currency Businesses Act, Supplemental Commercial Law for the Uniform Regulation of.
(https://my.uniformlaws.org/committees/community-home?CommunityKey=fc398fb5-2885-4efb-a3bb-508650106f95) (2022.02.05.확인)

271) 이하 본항의 내용은 최인석(2019), 178-180면을 인용하되, 일부 내용을 보완·추가하였다.

은 가상통화에서 제외하고 있다.[272] 가상통화업에 대해서는 직접적으로 또는 가상통화관리서비스 공급업체와의 계약을 통하여 거주자를 위하여 가상통화를 교환, 이전, 가치를 저장하는 행위, 다른 사람을 위하여 전자적 귀금속 혹은 귀금속의 전자적 증명서를 보유하거나, 귀금속에 대한 이익을 표상하는 주식이나 전자적 증명서를 발행하는 행위, 하나 이상의 온라인게임이나 게임 플랫폼에서 사용되는 가치의 디지털 표상을 가상통화, 법정통화 등과 교환해 주는 행위로 규정하고 있다.[273]

제2조에서는 라이선스 없이 가상통화업을 영위할 수 없고, 라이선스는 양도가 불가하다는 등 라이선스에 관하여 규정하고 있다.[274]

제3조에서는 권한당국의 조사와 기록 등 가상통화업자의 의무에 대하여 규정하고 있다. 권한당국은 면허소지자와 등록자에 대하여 연례조사를 실시할 수 있고, 특별한 사유가 있는 경우에는 추가조사를 실시할 수 있다.[275] 기록과 관련하여 면허 취득자 또는 등록자는 모든 가상통화 사업 활동에 대하여 등록자나 면허자의 각 거래(이용자의 신원, 거래형태, 거래량, 거래일시, 계정, 이름 주소 등), 총 거래수 및 거래금액에 관한 기록을 유지하여야 한다.[276]

제4조에서는 집행에 관한 사항으로 등록, 면허의 일시 중지, 취소와 같은 집행수단에 대하여 규정하고 있다.[277] 또한, 소규모 스

---

272) URVCBA 제1조 제102항 제23호.
273) URVCBA 제1조 제102항 제25호.
274) URVCBA 제2조.
275) URVCBA 제3조 제301항.
276) URVCBA 제3조 제302항.
277) URVCBA 제4조 제401항.

타트업체에 대하여 인허가를 감면해주는 규정인 on-ramp 규정을 도입하여 연간 거래액이 5,000달러 미만인 가상통화업자는 라이선스를 면제하고 연간거래액이 5,000~35,000달러 미만인 가상통화업자는 임시등록절차를 수행하도록 하고 있는 점이 특징적이다.[278]

가상통화업에 대한 통일 규제법(URVCBA)은 가상통화와 관련된 각 주의 입법을 통일되게 규율하려는 시도로서 의의가 있다.[279] 동법은 연방 법률이 아닌 모델법으로 법적 구속력이 없고, 법적 구속력을 가지기 위해서는 각 주가 이를 기초로 하여 입법을 하여야 한다. 실제로 2019년 **로드 아일랜드**주가 이를 채택하여 현재 시행 중이며,[280] **루이지애나**주는 뉴욕주와 같은 독립된 가상통화사업법(the Virtual Currency Businesses Act: VCBA)을 채택하면서 라이선스 취득조건은 URVCBA에 따르도록 하였다.[281] URVCBA는 뉴욕주의 BitLicense 규정을 모델로 하고 있고, 실제로 동법을 제정하는 과정에서 뉴욕 금융당국이 가장 주도적인 역할을 하였기 때문에 URVCBA와 뉴욕주의 BitLicense 규정은 매우 유사한 측면이 있다.[282]

---

278) 자본시장연구원(배승욱, 2017-15), 3면.

279) 자본시장연구원(천창민 · 배승욱),「주요국의 가상통화 규제현황과 시사점」, 이슈보고서 18-03, 2018, 6면.

280) Uniform Law Commission, Virtual-Currency Business Act, Regulation of, Legislation.

281) Cajun Style,「Louisiana Serves Up New Virtual Currency Business Law」, 2020.07.30일자 Katten 기사. (https://katten.com/Louisiana-Serves-Up-New-Virtual-Currency-Business-Law-Cajun-Style) (2022.02.05.확인)

282) 배승욱(2018), 122면.

2) 일본

가) 2016, 자금결제법 및 범죄수익이전방지법 개정[283)]

일본에서도 2016년 5월 가상통화관련법[284)]이 마련되기 전에는 가상통화의 법적 지위가 명확하지 않았고, 이에 대한 법적 규제가 없었다. 2014년 당시 세계 최대의 가상통화거래소였던 일본의 마운트 곡스(Mt. Gox)의 파산으로 85만 비트코인이 분실되고, 이 중 65만 비트코인이 회수되지 못한 사건으로 가상통화 이용자를 보호하기 위한 제도의 필요성을 인식하게 되었고,[285)] 2015년 6월 26일에는 국제자금세탁방지기구(Financial Act Task Force: FATF)가 위험기반접근법에 따라 가상통화를 이용한 자금세탁방지 및 테러자금조달방지 노력과 가상통화거래소에 대한 규제를 하여야 한다는 지침을 공표하였는데,[286)] 이러한 국제사회의 요청에 부합하기 위하여 가상통화에 대한 법제도 마련을 위한 노력이 시작된 것이다.[287)]

---

283) 본항의 내용은 최인석(2019), 196-202면을 요약·인용하고, 일부 내용을 보완하였다.

284) 자금결제에 관한 법률 및 범죄 수익의 이전 방지에 관한 법률 개정으로 가상통화에 관한 규제를 하는 것을 내용으로 하는 법률안인「정보통신기술의 진전 등의 환경 변화에 대응하기 위하여 은행법 등의 일부를 개정하는 법률」(情報通信技術の進展等の環境変化に対応するための銀行法等の一部を改正する法律)로서 '핀테크법'이라 불리기도 한다.

285) 한국은행 동경사무소 현지정보,「일본정부, 비트코인에 대한 포괄적 규제 검토」, 2014.03.05.

286) FATF(2015), 6면.

287) 일본정부의 비트코인에 대한 공식입장은 2014년 2월 민주당 오쿠보 참의원이 질의한 비트코인에 관한 문의사항에 대한 답변서를 같은 해 3월 각의를 거쳐 공표한 내용에 나와 있는데, 여기에서 비트코인은 통화, 외국통화가 아니고, 비트코인 거래는 은행법 및 금융상품거래법에 의한 거래에 해당하지 않는다고 밝힌바 있다(한국은행 동경사무소 현지정보,「일본정

2015년 하반기 이후 금융심의회의「결제업무 등의 고도화에 관한 워킹그룹」에서 가상통화관련 법제도 검토를 진행하였고,[288] 이를 토대로 자금결제에 관한 법률('자금결제법')[289] 및 범죄 수익의 이전 방지에 관한 법률('범죄수익이전방지법') 개정으로 가상통화에 관한 규제를 하는 것을 내용으로 하는 법률안인「정보통신기술의 진전 등의 환경 변화에 대응하기 위하여 은행법 등의 일부를 개정하는 법률("情報通信技術の進展等の環境変化に対応するための銀行法等の一部を改正する法律案")」이 2016년 3월 국회에 제출되고,[290] 2016년 5월 15일 참의원 본회의를 통과하여 2017년 4월 1일 동법이 시행되었다. 이로써 가상통화거래소에 대한 등록과 업무에 대한 규제가 가능하게 되었다.[291]

일본은 위 2016년 자금결제법 개정을 통해 가상자산을 '가상통화'라 명명하고, ① 물품의 구매 또는 대여, 용역을 제공받는 경

부, 비트코인에 대한 기본입장 공표」, 2014.03.10.).

288) 금융심의회「결제업무 등의 고도화에 관한 워킹그룹」에서는 2015년 7월부터 총 7회에 걸쳐 결제 및 관련 금융 업무 방식 등에 대해 검토 및 심의를 하여 같은 해 12월 결제업무 등의 고도화에 관한 워킹그룹보고서를 작성하여 공표하였다.
(https://www.fsa.go.jp/singi/singi_kinyu/tosin/20151222-2.html.)(2022.02.05.확인)

289) 일본 자금결제법은 기술의 발전으로 다양한 지급결제 수단이 등장함에 따라 이에 대응하기 위한 새로운 규제체계가 필요하다는 문제의식을 기반으로 2009년 6월 제정되어 2010년 4월 시행되었다. 동법은 지급결제와 관련하여 선불식 지급수단(제2장), 자금 이동(제3장), 자금 청산(제4장)에 대한 규율을 담고 있었고, 2016년 개정으로 제3장의2에 가상자산에 관한 규정이 추가되었다. 조영은,「일본의 가상자산 이용자 보호 규율 강화」, 국회입법조사처, 외국입법 동향과 분석 제38호, 2020.04.28, 4면.

290) 자본시장연구원(배승욱),「일본 가상화폐관련 법률 개정」, 자본시장 Weekly, 2016-23, 2016.

291) 中崎尚·同河合健,「仮想通貨に関する国会提出法案について」, Anderson Mori & Tomotsune, 2016.03, 1면.

우에 이러한 대가의 변제를 위해 불특정인에게 사용할 수 있고, 불특정인을 대상으로 구매와 판매를 할 수 있는 재산적 가치(전자기타의 물건에 전자적 방법으로 기록된 것에 한하며 본국통화와 외국통화 및 통화표시 자산을 제외한다)이며, 전자처리장치를 통하여 이전할 수 있는 것과 ② 불특정인을 대상으로 상호 교환을 할 수 있는 재산적 가치이고, 정보처리장치를 통하여 이전할 수 있는 것으로 정의하였다.[292] 또한 가상통화교환업을 ① 가상통화의 매매 또는 다른 가상통화와의 교환, ② 행위 ①의 매개·중개·대리, ③ 행위 ①, ②와 관련하여 이용자의 금전 또는 가상통화의 관리 중 하나의 행위를 업으로서 행하는 것을 말한다고 정의하였다.[293] 가상통화교환업은 내각총리대신의 등록을 받은 자가 아니면 할 수 없고,[294][295] 제63조의2에 따라 등록된 자만을 가상통화교환업자로 정의한다.[296] 제63조의5에는 내각총리대신이 등록을 거부하여야 하는 사유가 열거되어 있는데, 등록거부사유 중 재무적인 요건이 규정되어 있다는 점이 특징이다. 그 요건으로, 등록거부사유로 가상통화교환업을 적정하고 확실하게 수행하기 위하여 필요하다고 인정되는 내각부령으로 정하는 기준에 적합한 재산적 기초를 갖지 않은 법인을 규정하고 있으며, 구체적으로 내각부령안[297]에

292) (구)자금결제법 제2조 제5항.
293) (구)자금결제법 제2조 제7항.
294) (구)자금결제법 제63조의2.
295) (구)자금결제법 제107조.
296) (구)자금결제법 제2조 제8항.
297) 2016년 12월 28일 개정된 자금결제법의 시행에 따라 그 이행을 위하여 가상통화교환업자에 대한 내각부령안과 가상통화업자관계자에 대한 사무지침이 공표되어 등록 필요조건과 등록 사업자에 대한 구체적인 규제내용을 규율하고 있다.

는 1,000만 엔의 최저자본금 요건과 순자산액이 마이너스가 아닐 것이라는 순자산 요건이 기재되어 있다.[298] 최저자본금 요건 외에 순자산 요건을 추가적으로 부과한 것은 최저자본금이 유지되더라도 누적 손실의 발생으로 가상통화교환업자가 채무초과에 빠질 위험성이 있기 때문에 이를 방지하기 위한 것이다.[299] 이러한 가상통화교환업자의 재무적 기초를 담보하기 위하여 가상통화교환업자가 매 사업연도 내각부령이 정하는 바에 따라 내각총리대신에게 작성하여 제출하는 가상통화교환업무에 관한 보고서에 재무에 관한 서류, 해당 서류에 관한 공인회계사 혹은 감사법인의 감사보고서를 첨부하도록 하고 있다.[300][301]

그 외에도 가상통화교환업자에 대한 행위규범으로서 명의대여를 금지하고,[302] 정보의 안전 관리의무를 부과하였다.[303] 또한 이용자 보호를 위한 조치로서 가상통화교환업자는 내각부령이 정하는 바에 따라 취급하는 가상통화와 본국통화 또는 외국통화와의 오인을 방지하기 위한 설명, 수수료 등 가상통화교환업무에 관한 계약내용에 대한 정보를 제공하는 등 가상통화교환업의 이

---

298) (구)내각부령안 제9조.

299) 이효경, 「최근 일본의 핀테크를 둘러싼 법제정비와 과제」, 강원법학 제49권, 2016.10, 247면.

300) 影島 広泰 弁護士, 猿倉 健司 弁護士, 「仮想通貨をめぐる法的なポイント - 第1回　資金決済法の改正に伴う「仮想通貨交換業」の規制とは」, business lawyers, 2017.03.17.

301) 금융심의회의 결제업무 등의 고도화에 관한 워킹그룹보고서에서는 이용자 보호의 관점에서 가상통화교환소에 대하여 규제를 도입하고 있는 국가들(미국, 독일, 프랑스)이 가상통화 교환소의 재무제표에 관한 외부감사를 요구하고 있다고 설명하고 있다(金融審議会, 「決済業務等の高度化に関するワーキング・グループ報告」, 2015.12, 30면).

302) (구)자금결제법 제63조의7.

303) (구)자금결제법 제63조의8.

용자를 보호하고 가상통화교환업무의 적정하고 확실한 수행을 보장하기 위하여 필요한 조치를 강구하여야 한다.[304] 이용자 재산의 관리의무로서 가상통화교환업자는 가상통화교환업무와 관련하여 내각부령이 정하는 바에 따라 가상통화교환업무에 관한 정보의 누설, 멸실, 훼손의 방지 등 정보의 안전 관리를 위해 필요한 조치를 하여야 하며, 이용자의 금전 또는 가상통화를 자기의 금전 또는 가상통화와 분리하여 관리하여야 한다고 규정하였다.[305] 동법 내각부령안 제20조 제2항 제1호에서는 가상통화교환업자는 이용자의 가상통화와 자기의 고유재산인 가상통화를 명확하게 구분하고, 이용자의 가상통화가 어떤 이용자의 가상통화인지 즉시 판별할 수 있는 상태여야 한다고 규정하고 있다.[306]

그 외에도 결제수단으로서의 가상통화의 특성을 고려하여, 2017년 7월 가상통화의 구입과 거래 시에 부과하던 8%의 소비세를 면제하는 등[307] 가상통화의 안정성을 제고하는 동시에 이용자들의 부담을 경감하는 방향으로 규제체계를 정비하였다.

나) 2019, 자금결제법 및 금융상품거래법 개정

그러나 규제체계 정비 직후인 2018년 일본 최대의 가상통화교환업자 중 하나인 코인체크(コインチェック)에서 5억 3400만 달러 상당의 가상자산 유출사고가 발생하고,[308] 같은 해 3월 일본 금

---

304) (구)자금결제법 제64조의10.

305) (구)자금결제법 제64조의11 제1항.

306) (구)내각부령안 제20조 제2항 제1호.

307) 대외경제정책연구원(안성배 · 권혁주 · 이정은 · 정재완 · 조고운 · 조동희), 「가상통화 관련 주요국의 정책 현황과 시사점」, 2018.02.08, 15면.

308) BBC news, 「Coincheck: World's biggest ever digital currency 'theft'」, 27 January 2018.

융청이 가상통화교환업자 2개社에 업무정지명령을, 코인체크를 포함한 5개社에 업무개선명령 등의 행정처분을 발하면서[309] 가상통화교환업자에 대한 규제 및 감독을 더욱 강화해야 할 필요성이 제기되었고, 가상통화교환업 등을 둘러싼 여러 문제에 대해 제도적인 대응을 검토하기 위해 금융청 산하에 「가상통화교환업 등에 관한 연구회」가 설치되었다.[310] 동 연구회가 같은 해 12월 발표한 보고서[311]에 따르면 2018년 가상통화교환업자의 절반가량이 가상자산 마진거래(margin-trading)[312]를 하고 있으며 2017년 가상자산 파생상품거래는 일본 가상자산 거래의 약 80%를 차지하고 있을 정도로 활발히 이루어지고 있으므로, 기초자산[313]인 가상자산의 높은 가치변동성이나 투기조장 문제를 이유로 이를 금지하기보다는 금융상품거래의 한 유형으로 포섭하고 관리하여

(https://www.bbc.co.uk/news/world-asia-42845505) (2022.02.05.확인)

309) 日本経済新聞, 仮想通貨7社に行政処分　金融庁､コインチェックは2度目, 2018年3月8日.
(https://www.nikkei.com/article/DGXMZO27845660Y8A300C1MM0000/) (2022.02.05.확인)

310) 金融庁, 「仮想通貨交換業等に関する研究会」の設置について, 平成30年3月8日.
(https://www.fsa.go.jp/news/30/singi/20180308.html) (2022.02.05.확인)

311) 金融庁, 「仮想通貨交換業等に関する研究会」報告書の公表について, 平成30年12月21日.
(https://www.fsa.go.jp/news/30/singi/20181221.html) (2022.02.05.확인)

312) 제3자가 빌려주는 금전을 활용하여 자산을 거래하는 방법으로, 전체 주문가치 중 일정 비율의 금전(마진 또는 증거금)을 위탁한 후 나머지 금전을 차입하여 거래를 할 수 있으므로 암호자산의 가치가 상승할 경우 투자금보다 더 많은 수익을 올릴 수 있으나, 반대로 암호자산의 가치가 하락할 경우 손실이 크게 확대될 수도 있다. 국회입법조사처(조영은, 2020), 5면.

313) 파생상품의 가치를 산정하는 기초가 되는 자산으로 파생상품에 따라 기초증권, 기초주식, 기초지수, 기초통화가 있을 수 있음. 국회입법조사처(조영은, 2020), 5면.

이용자를 보호하는 방안을 검토할 것과,[314] 가상통화라는 명칭을 암호자산으로 변경할 것 등을 제안하였다.[315] 같은 해 10월 FATF는 투자자산으로서의 성격을 고려하여 가상통화(Virtual Currency)라는 명칭을 가상자산(Virtual Asset)으로 이미 변경한 바 있고, 일본 정부는 이와 같은 국제적인 흐름과 자국 전문가들의 의견을 반영한 자금결제법 및 금융상품거래법 개정안을 2019년 3월 의회에 제출하였다.

2019년 5월 의결되어 2020년 5월 1일부터 시행된 **자금결제법의 주요 개정 내용**은 다음과 같다. 첫째, 가상자산의 법률상 명칭을 '가상통화'에서 '암호자산'으로 변경하고,[316] 종래 자금결제법의 대상에서 제외되었던 보관관리업자(커스터디업자)를 암호자산교환업자에 포함하였다.[317] 둘째, 암호자산교환업자는 이용자의 금전을 신탁회사 등에 신탁하는 방법으로 자신의 금전과 구분하도록 하여 구분관리의 방법을 명확히 하였다.[318] 셋째, 암호자산교환업무 관련 광고 시 허위 사실을 표시하거나 암호자산의 성격을 오인하게 할 만한 표시를 금지하였다.[319]

금융상품거래법에는 **「제6장의3 암호자산의 거래 등에 관한 규제의 장」을 신설**하였다. 먼저 정의규정에 암호자산을 금융상품의 일종으로 신설하고 금융상품거래법상 유가증권의 범위에 포함되도록 하여 금융규제의 적용을 받도록 하였다.[320] 둘째, 암호자산

---

314) 국회입법조사처(조영은, 2020), 5면.
315) 仮想通貨交換業等に関する研究会, 平成 30年 12月 21日, 報告書, 31면.
316) 일본 자금결제법 제2조 제5항.
317) 일본 자금결제법 제2조 제7항 제4호.
318) 일본 자금결제법 제63조의11.
319) 일본 자금결제법 제63조의9의3.

의 매매 기타 거래 또는 암호자산을 기초자산으로 하는 파생상품의 거래('거래 등') 시 부정한 수단 등의 사용을 금지,[321] 거래 등과 관련한 중요한 사항에 대해 허위의 표시가 있거나 오해를 유발하지 않기 위해 필요한 중요한 사실의 표시가 누락된 문서 및 기타 표시를 사용하여 금전 기타 재산을 취득하는 행위의 금지,[322] 거래 등을 유인할 목적으로 허위의 시세 이용 금지[323] 등 암호자산 거래 등과 관련한 **부정행위를 금지**하고(동법 제157조의 부정행위 금지에 대한 일반 규정의 적용을 배제하고, 특례규정으로 적용대상 및 지표를 암호자산의 경우에 맞도록 구체화하였다),[324] 셋째, 거래 등을 위해 암호자산, 암호자산 관련 옵션, 그리고 파생상품의 거래와 관련된 암호자산 관련 금융지표 등의 **시세변동을 도모할 목적으로 소문을 유포하거나 위계를 이용하여 폭행·협박하는 행위를 금지**하였다.[325] (동법 제158조의 유가증권 관련 일반 규정의 적용을 배제하고, 특례규정을 두어 적용대상 및 지표를 달리하여 규정하였다.)[326] 넷째, 시세조종행위를 금지하면서 기존 유가증권거래기관에 대한 일반 규정의 적용을 배제하고,[327] **암호자산 및 관련 파생상품의 거래 상황에 대해 타인에게 오해를 줄 목적으로** ① 권리이전·금전수수를 위한 것이 아닌 가장의 거래를 하거나,[328] ② 타인과 매도·매수

---

320) 일본 금융상품거래법 제2조 제24항 제3호의2.
321) 일본 금융상품거래법 제185조의22 제1항 제1호.
322) 일본 금융상품거래법 제185조의22 제1항 제2호.
323) 일본 금융상품거래법 제185조의22 제1항 제3호.
324) 일본 금융상품거래법 제185조의22 제2항.
325) 일본 금융상품거래법 제185조의23 제1항.
326) 일본 금융상품거래법 제185조의23 제2항.
327) 일본 금융상품거래법 제185조의24 제3항.
328) 일본 금융상품거래법 제185조의24 제1항 제1호 내지 제3호.

시기 및 가격 등을 통정 내지 공모하여 매도·매수 또는 거래 신청을 하거나,[329] ③ 이상과 같은 행위를 위·수탁하는 행위[330]를 금지하였다. 또한 **거래 등을 유인할 목적으로** 암호자산의 매매가 번창하고 있다거나 시세변동을 위한 매매 등을 해야 한다거나, 시세가 조작에 의해 변동되어야 한다거나, 암호자산의 매매를 위해 중요한 사항을 오해하게 하는 또는 허위인 표시를 고의로 하는 행위 역시 금지된다.[331]

일본은 범죄수익이전방지법에서 암호자산교환업자의 자금세탁방지의무를 규정하고, 자금결제법에서 암호자산을 정의하며 그 교환·보관·관리를 업으로 하는 암호자산교환업자에 대해 규정하고, 이용자 보호 의무 부과, 허위광고 및 오인광고 금지 등 사업자가 준수해야 할 행위규범을 정하였다. 그리고 금융상품거래법에서는 암호자산과 암호자산과 관련한 파생상품거래 시 모든 거래자에 대하여 시세조종 등과 같은 행위를 금지하는 규정을 두었다. 즉, 자금결제법은 암호자산사업자들의 의무와 준칙을, 범죄수익이전방지법은 암호자산사업자들의 자금세탁방지의무를, 금융상품거래법은 모든 암호자산 거래자들의 준칙을 정하는 구조라고 할 수 있다.

다만 일본의 개정 금융상품거래법은, 가상자산 전반에 대한 통일적인 규제에 치중한 나머지 가상자산을 실질에 따른 구별 없이 일괄하여 금융상품으로 의율하여 금융상품거래 시 적용되는 기존의 금융규제를 적용하였다는 점에서 과도한 규제로 보인다. 결

---

329) 일본 금융상품거래법 제185조의24 제1항 제4호 내지 제8호.
330) 일본 금융상품거래법 제185조의24 제1항 제9호.
331) 일본 금융상품거래법 제185조의24 제2항 제1호 내지 제3호.

국 과잉 규제로 인하여 블록체인 기술 발전이 저하되는 결과를 초래하였다는 지적이 있다.332)

일본 금융청은 2018년 10월 일본가상통화거래소협회(Japan Virtual and Crypto assets Exchange Association: JVCEA)를 자금결제법상 인정자금결제사업자협회로 인증하였다. 현재 JVCEA는 암호자산 교환업 및 암호자산 관련 파생상품거래업의 자율규제단체로, 자금결제법에 기초한 인정자금결제사업자협회 및 금융상품거래법에 기초한 인정금융상품거래업협회를 겸하고 있다.333) 자금결제법에 따라 암호자산교환업으로 등록하고자 하는 자가 JVCEA의 회원이 아닌 경우에는 등록이 거부되며,334) JVCEA는 금융청과의 협의로 자율규제안(自主規制規則)을 마련하고 회원사의 준수 여부를 감독하는 기능을 수행하고 있다.335) 빠르게 변화하는 업계의 특성을 감안할 때 개정 내지 신설에 장기간이 소요되는 법령 및 제도만으로 규율하기보다는 자율규제를 통해 일차적이고 자율적인 관리감독을 하도록 함으로써 보다 신속하고 유연한 대응을 가능케 하는 취지로 해석된다.

---

332) 김소희, 「가상자산 제도권 편입 가능할까」, 2021.07.12일자 조선비즈 기사. (https://biz.chosun.com/stock/stock_general/2021/07/12/CPDXXWZVMJDH5NQFXL3TTR2YII/) (2022.01.31.확인)

333) JVCEA 홈페이지 내 "협회개요". (https://jvcea.or.jp/about/) (2022.01.31.확인)

334) 일본 자금결제법 제63조의5 제6항.

335) JVCEA 홈페이지 내 "협회개요".

3) 영국

가) 2014, 수용적 입장으로의 변화[336]

전통적 금융 강국으로 평가되는 영국은 **2013년 5월** 국세청(HM Revenue & Customs: HMRC), 세관, 중대범죄청, 정보통신부가 함께 가상자산의 거래방식과 범죄 이용가능성 및 규제방안에 대한 본격적인 논의를 하였는데, 논의의 핵심은 가상자산의 과도한 익명성으로 인하여 자금세탁의 위험이 높기 때문에 강력한 규제가 필요하다는 것이었다.[337] 그 결과 영국 내에서 거래되고 있는 모든 가상자산에 대한 모니터링과 거래를 추적할 수 있는 국영거래소를 설립하기로 결정하였다.[338] 그리고 영국 국세청(HMRC)은 가상통화인 비트코인을 단일목적상품권(single purpose face-value voucher)으로 분류하였고, 비트코인을 이용하여 수익을 얻은 경우에 20%의 부가가치세를 부과하는 등 가상자산에 대하여 신중한 입장을 취하고 있었다.[339]

하지만 이후 가상자산에 대한 정부의 입장이 변모한다. 2014년 3월 영국 국세청(HMRC)은 가상통화와 관련된 경제활동에 대한 과세방향에 관한 보고서를 발표한다. 주요내용은 재화와 서비스에 대한 대가로 가상자산을 지급한 경우에는 교환의 매개체로서 역할을 하는 금융자산이므로 EU 부가가치세 지침 제135조 제1항(d) 규정에 의하여 비과세되고, 비트코인을 다른 외국화폐와 환

---

336) 최인석(2019), 212-213면 요약 인용.

337) 임선우, 「국가의 가상화폐(Virtual Currency) 수용에 관한 연구-2014년 비트코인(Bitcoin) 현상을 중심으로-」, 서강대학교 대학원 정치외교학과 석사학위논문(2016.08), 107면.

338) 국회도서관(FB, 2018.04), 95면.

339) 임선우(2016), 107면.

전하는 경우에도 가상자산 가치에 대한 부가가치세가 부과되지 않으며, 채굴활동도 부가가치세 목적을 위한 경제활동에 해당하지 않아 부가가치세 부과 대상이 되지 않지만, 기업의 화폐 교환에 따른 수익과 손실은 법인세 과세대상이 되고, 가상자산이 관련된 외환거래도 가상자산을 외화와 유사한 자산으로 보아 외환거래 차입과 관련된 일반규정이 적용되어 법인세 혹은 소득세를 부과한다는 것이었다.[340] 또한 가상자산에 대한 기존의 20% 부가가치세 부과 방침을 폐지하기로 결정하는 등 가상자산 관련 과세 완화를 추진하여 가상자산에 우호적인 환경을 조성한 것이다.[341]

이후, 2014년 8월에는 조지 오스본(George Osborne) 영국 재무장관이 핀테크를 위한 새로운 무역기구인 이노베잇 파이낸스(Innovate Finance)의 출범식에서 정부는 가상자산의 잠재력을 연구하는 주요 프로그램을 시작하는 등 새로운 기술에 대한 투자와 지원, 규제환경 조성에 노력하겠다고 발표하였다.[342] 이것은 영국 정부가 가상자산에 대한 이전의 신중한 입장에서 적극적 수용이라는 입장으로 공식적으로 전환한 것을 의미한다.[343]

한편 2015년 3월 영국 재무부(HM Treasury: HMT)는 가상자산에 대한 의견을 수렴하여 정부의 규제계획안을 발표하는데, 이는 가

---

340) GOK.UK, 「Revenue and Customs Brief 9 (2014): Bitcoin and other cryptocurrencies」, 2014.03.03.

341) 한국조세재정연구원(신상화 · 강성훈), 「가상화폐 이용증대에 따른 과세상 쟁점 분석 및 대응 방안 연구-비트코인을 중심으로」, 연구보고서 15-09(2015), 73면.

342) HM Treasury and The Rt Hon George Osborne, 「Speech: Chancellor on developing FinTech」, 2014.08.06.

343) 임선우(2016), 107-108면.

상자산의 남용으로 인한 자금세탁위험에 대한 규제를 가상자산 거래소에 적용하여 혁신을 지원하고 범죄적인 사용을 막기 위한 것이었다.[344] 하지만, 가상자산과 관련된 위험을 전달하면서도 업계에 과도한 부담을 주지 않기 위하여 정부는 표준협회, 가상자산업계와 함께 자발적인 고객보호를 위한 표준을 개발하는 것을 장려한다는 내용도 담고 있었다.[345]

나) 2017, 디지털 전략(UK Digital Strategy)

영국 정부는 2016년 영국 과학부가 발간한 「분산원장기술(Distributed Ledger Technology: DLT): 블록체인을 넘어서」[346]라는 보고서에 기초하여, 2017년 3월 디지털 전략(UK Digital Strategy)을 개시하며 DLT와 같은 신기술의 시험적 추진을 도입하는 등 영국을 디지털 사업을 시작하고 육성하기에 가장 좋은 곳으로 만들겠다는 포부를 밝혔다.[347]

이어 **2017년 4월**, 영국 금융감독당국(the Financial Conduct Authority: FCA)은 **「DLT에 대한 논의 문건」**[348]을 통해 처음으로 분산원장기술이 FCA가 규율하는 시장에 진입할 가능성에 대해 검토를 시작하였다. FCA는 여기에서 '소비자 보호, 시장의 무결성 그리고 시장의 공정한 경쟁을 확보하는 것이 기관의 목적이며,

---

344) HMT(2015), 「Digital currencies: response to the call for information」, 2015.03.

345) HMT(2015).

346) 이 보고서는 분산원장기술이 영국의 공공서비스를 어떻게 변화시키고 생산성을 높일 수 있는지에 대하여 설명하였다. Government Office for Science, 「Distributed ledger technology', Beyond Blockchain」, 2016.

347) DCMS, 「UK Digital Strategy」, March 2017.

348) FCA(DP17/3), Discussion Paper on distributed ledger technology, April 2017.

이를 위해 관련 사업자는 어떤 기술에 의한 것인지 관계없이 관련 거래기록을 보관하고 FCA가 요청할 때 즉각 제시할 수 있어야 한다'며 "**기술 중립성 원칙**(the philosophy of technology neutrality)"을 선언하였다. 이에 대한 공개논의 후 발표된 **2017년 12월 「DLT에 대한 논의 문건 검토 결과」**[349]는, ① 비트코인은 디지털통화(digital currencies)의 일종으로 이들은 현재 FCA의 규제대상이 아니나 추후 금융파생상품의 기초자산, 양도가능증권 또는 집합투자에 해당하게 되면 규제의 경계 내로 들어올 수 있다고 하였다.[350] ② 최초의 코인 공개제안(the initial Coin Offerings: ICOs)도 구조에 따라서는 FCA의 규제 대상이 될 수 있으나 이는 개별 ICO 사례마다 특성을 고려하여 판단해야 하며,[351] ③ 디지털자산 거래와 스마트 컨트랙트(smart contract)[352]는 현재 완성된 것이 아니라 진화 중인 기술임을 고려해야 하므로, 결론적으로 현재 규제의 틀을 그대로 또는 수정하여 적용하기보다 현행을 유지하며 디지털자산 시장을 지속적으로 모니터링할 것이라고 하였다.[353]

---

349) FCA(FS17/4), Distributed Ledger Technology, Feedback Statement on Discussion Paper 17/03, December 2017.

350) FCA(FS17/4), 14면, para3.8.

351) FCA(FS17/4), 15면, para3.

352) 이더리움 기반의 블록체인 시스템을 적용하여 거래의 성립 조건을 설정하고, 거래조건을 만족하면 자동으로 계약이 체결되고 계약조건대로 거래가 실행되며 실행 결과(즉, transaction)는 이더리움 블록체인에 저장하는 방식이 스마트 컨트랙트 방법이다. 스마트 컨트랙트를 코드로 구현하기 위해서는 특정 프로그램 개발환경(Solidity)을 사용하여야 하며, 여기에서 개발된 프로그램을 댑(Decentralized Application: DAPP)이라고 하며 컴파일된 바이트 코드는 이더리움 블록체인에 저장되어 사용자들의 호출로 자동 실행된다. 김시호, 「NFT와 스마트 컨트랙트: 디지털 자산 거래와 메타버스 생태계」, 한국인터넷진흥원 2021 KISA Report, Vol.7, 12면.

다) 2018, 암호자산의 분류 및 FCA의 규제 경계 논의

2018년 10월, 영국 재무부(HM Treasury), 금융감독당국(FCA) 그리고 영란은행(Bank of England)이 함께 참여한 **암호자산 태스크포스**(the UK Cryptoasset Taskforce: CATF)는 **최종보고서**[354]에서 ① 암호자산을 기초자산으로 하는 차액거래, 옵션, 선물, 양도가능증권 등 파생상품에 대한 규제,[355] ② 증권토큰에 기존의 금융규제를 적용함에 있어 그 방법의 명확화(사업자 인가 여부 포함),[356] ③ ICOs와 같이 지정투자(FCA의 specified investments)와 유사하지만 규제범위 밖에 설계된 활동의 규제를 위한 법령 정비 필요 여부[357] 등에 대한 컨설테이션을 진행하기로 결정하였다. 동시에, 분산원장기술(DLT)은 금융서비스뿐 아니라 다른 분야에 큰 이익을 가져올 잠재력이 있음을 확인하고, 세 참여 당국 모두가 그 발전을 지지함을 선언하였다.[358] 본 보고서는 암호자산을 기능에 따라 **교환토큰**(Exchange tokens),[359] **유틸리티토큰**(Utility tokens),[360]

---

353) FCA(FS17/4), 45면, para8.1

354) CATF(2018), final report, October 2018.

355) CATF(2018), 42면.

356) CATF(2018), 43면.

357) CATF(2018), 44면.

358) CATF(2018), 47면.

359) **교환토큰**은 '암호통화(cryptocurrencies)'라고도 하며 비트코인, 라이트코인 등이 이에 해당한다. 중앙은행과 같은 중앙화된 기관이 발행하거나 지원하지 않으며, 교환이나 투자수단으로 사용되도록 고안되었다(CATF(2018), 11면). 전통적 의미의 중개인 없이 재화나 용역을 사고팔기 위한 탈중앙화된 도구가 일반적이다(FCA(PS19/22), 4면).

360) **유틸리티토큰**은 DLT 플랫폼에서 제공하는 특정 제품 또는 서비스에 접근하는 데 쓰인다(CATP(2018), 11면). 지정투자와는 달리 보유자에게 권리나 의무가 아니라 현재 또는 미래의 재화나 용역에 대한 접근 권한을 부여한다(FCA(PS19/22), 4면).

증권토큰(Security tokens)[361]으로 분류하고, 암호자산의 용처나 특성, 생애주기에 따라 동시에 또는 순차적으로 여러 분류에 포함될 수 있다고 하였다.[362] 이는 가상자산의 첫 공식적 유형화로 평가되며, 경제협력개발기구(OECD), 국제증권감독기구(IOSCO), 스위스의 금융시장감독청(FINMA) 등이 이와 유사한 분류를 택한바 있다.[363]

그리고 **2019년 3월** 암호자산 태스크포스(CATF)에 따른 컨설테이션을 진행하기 위한 **「암호자산 지침 논의 자료」**[364]가 발간되었다. 본 지침서는 CATF의 암호자산 분류를 그대로 제시하면서, ① **교환토큰**은 FCA의 규제범위 밖으로 제5차 자금세탁방지 지침(The Fifth Anti-Money Laundering Directive: 5AMLD)에 따른 자금세탁방지 의무가 적용될 뿐이고,[365] ② **유틸리티토큰** 역시 전자화폐토큰이

---

361) **증권토큰**은 금융 서비스 및 시장법 규제활동명령(the Financial Services and Markets Act 2000 (Regulated Activities) Order 2001 (SI 2001/544): **RAO**)에 규정된 '지정투자(specified investments)'의 정의에 부합하는 특성을 갖는다(FCA(PS19/22), 4면). 증권토큰은 소유권, 특정 금액의 상환 또는 미래의 수익에 대한 배분과 같은 권리를 제공한다. 또한 EU의 제2차 금융상품지침(Markets in Financial Instruments Directives II: MiFID II)에 따라 양도가능증권(transferable securities) 또는 금융상품(financial instrument)일 수 있다(CATF(2018), 11면). 한편 RAO의 지정투자에는 예금, 전자화폐, 보험계약, 지분, 채무, 보증, 특정 유가증권임을 나타내는 증서, 옵션, 선물, 차액거래, 투자에 대한 권리 또는 이익 등이 있다. FCA, Regulated Activities Order - Specified investment, 2016. (https://www.handbook.fca.org.uk/handbook/glossary/G1117.html?date=2016-03-21) (2022.02.07.확인)

362) CATF(2018), 12면, para2.15.

363) 다만 용어상 교환토큰을 지불토큰 또는 가상통화, 유틸리티토큰을 소비자토큰, 증권토큰을 자산토큰으로 명칭을 달리하기도 한다. 자본시장연구원(김갑래), 「미국과 EU의 가상자산거래자 보호제도의 시사점」, 이슈보고서 2021-13, 3면.

364) FCA(CP19/3), Guidance on cryptoassets, Consultation Paper, January 2019.

아닌 한 FCA의 규제대상이 아닌 것으로 보았다.[366] 그러나 ③ **증권토큰,** 즉 ⓐ RAO의 지정투자(MIFID II(EU 제2차 금융상품지침)의 금융상품 포함), ⓑ 전자화폐규정(Electric money Regulations 2011: EMRs)의 전자화폐 및 ⓒ지불서비스규정(Payment Services Regulations 2017: PSRs)에 포착되는 토큰은 FCA의 규제대상이 된다고 하였다.[367] 따라서 관련 사업을 영위하는 자는 관련 법령을 준수하여야 하며 그에 따른 인·허가를 받아야 한다.[368]

라) 2019, 금융감독당국(FCA) 암호자산 최종 지침

위 **「암호자산 지침 논의 자료」**에 대한 공개 논의의 결과 **2019년 7월「암호자산 최종 지침」**이 발표되었다. 본 지침은 <u>① 암호자산의 분류</u>를 **증권토큰**(Security tokens),[369] **전자화폐토큰**(E-money tokens),[370] 그리고 **비규제토큰**(Unregulated tokens)[371]으로 재배열하고, FCA는 증권토큰과 전자화폐토큰만을 규제범위 내로 하며, 그 외 유틸리티토큰과 교환토큰은 FCA의 금융규제대상이 아니라고 하였다. 기존의 분류, 즉 교환토큰, 유틸리티토큰, 증권토큰이라는 기능에 따른 분류를 폐기하는 취지는 아니며, 다만 금융

365) FCA(CP19/3), 22면, para3.41.
366) FCA(CP19/3), 22면, para3.41.
367) FCA(CP19/3), 17면, para3.5.
368) FCA(CP19/3), 19면.
369) RAO의 지정투자에 해당하는 토큰에서 전자화폐를 제외한 것을 말한다. FCA(PS19/22), 16면.
370) 종래의 유틸리티토큰에서 전자화폐의 정의를 충족하는 모든 토큰이 여기에 해당한다. 이들은 EMRs의 적용 대상이 된다. FCA(PS19/22), 14면.
371) 종래의 교환토큰과 유틸리티토큰 중 전자화폐의 정의를 충족하지 않거나 RAO의 지정투자와 같은 권리를 제공하지 않는 토큰이 여기에 해당한다. 이들은 FCA의 규제범위 밖에 있다. FCA(PS19/22), 14면.

규제의 적용대상이 되는 토큰과 그렇지 않은 토큰을 구분하여 암호자산 관련 활동 참여자들에게 규제범위를 보다 명확하게 제시하기 위한 것이다.[372] 또한 ② 스테이블코인은 구조와 배열이 매우 다양하여 어떠한 단일 분류에도 적합하지 않기 때문에[373] 어느 분류에 해당하는지는 각 사례별로 판단할 수 있을 뿐이어서, 지정투자의 성격인 스테이블코인은 증권토큰으로, 전자화폐의 요건을 충족하면 전자화폐토큰, 어디에도 해당하지 않는 경우는 비규제토큰에 해당한다고 하였다.[374] 그리고 ③ 해외 송금과 같은 기존 규제의 대상인 지불서비스에 암호자산이 사용되는 경우, 해당 토큰 자체가 규제 대상이 되거나 증권토큰으로 의율되는 것이 아니고, 그러한 서비스를 제공하는 기업이 지불서비스규정(PSRs)에 따른 인허가 및 법령 준수의무를 부담하는 것이라고 하였다.[375]

372) 비규제토큰에 대한 규제여부는 FCA의 고려사항이 아니며 영국 재무부에서 별도의 논의를 진행하고 있다.

373) FCA(PS19/22), 18면.

374) FCA(PS19/22), 19면.

375) FCA(PS19/22), 19면.

표 8 암호자산의 기능적 분류 및 규제대상에 따른 구분

<table>
<tr><th>CATF & FCA(CP19/3)</th><th colspan="5">FCA(PS19/22)</th></tr>
<tr><th>기능적 분류</th><th colspan="3">규제대상에 따른 구분</th><th>적용법령</th><th>규제당국</th></tr>
<tr><td>교환토큰</td><td rowspan="2"></td><td rowspan="2">비규제토큰</td><td rowspan="5">스테이블코인</td><td colspan="2" rowspan="2">미정
(영국 재무부 공개 논의 분석 중)</td></tr>
<tr><td rowspan="2">유틸리티 토큰</td></tr>
<tr><td>① EMRs의 전자화폐에 해당하는 토큰</td><td>전자화폐토큰</td><td>EMRs</td><td rowspan="3">FCA</td></tr>
<tr><td>증권토큰</td><td>② RAO의 지정투자에 해당하는 토큰</td><td>증권토큰</td><td>FSMA</td></tr>
<tr><td></td><td colspan="2">③ PSRs의 지불서비스에 사용되는 토큰</td><td>PSRs</td></tr>
</table>

다만 금융감독당국(FCA)은 규제대상인지 여부에 대한 판단은 각 사례별로 이루어질 것임을 강조하였다.[376] 동시에 암호자산 관련 사업을 하고자 하는 자가 FCA로부터 사전승인이 필요한지 여부와, 자신의 사업활동이 규제대상이라면 어떤 규정의 적용을 고려하여야 하는지 여부를 자신이 참여하는 암호자산 활동의 단계에 따라 스스로 가늠할 수 있도록 자가진단표와 고려사항 예시를 제공하였으며 상세는 다음 그림과 같다.

376) FCA(PS19/22), 15면.

그림 3 FCA의 사전승인 요부에 대한 자가진단 흐름도[377]

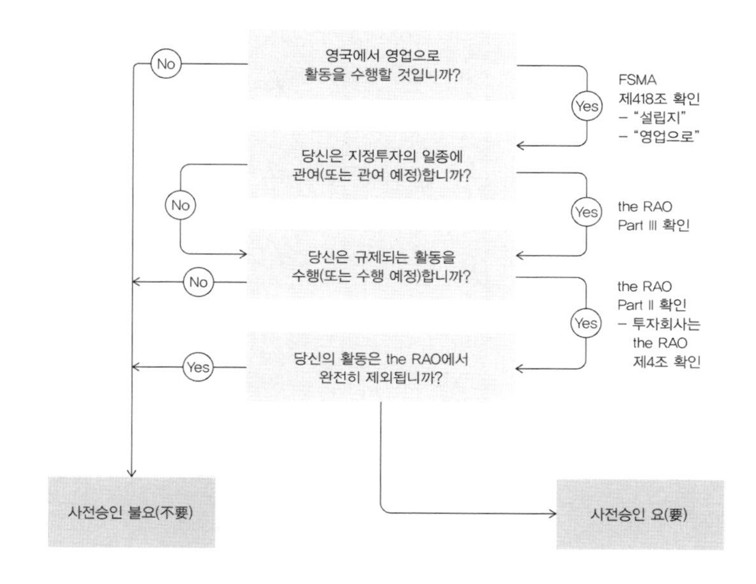

표 9 암호자산 사업자 유형별 규제 고려 요소[378]

사업자 유형	사업내용	고려사항
토큰 발행인	토큰발행 (ICOs 포함)	일반적으로 기업은 주식이나 사채에 해당하는 자체 증권 토큰의 발행자가 되기 위해 허가가 필요하지 않지만, 발행에 적용될 수 있는 다음 예시와 같은 규제를 고려할 필요가 있다. • 양도가능증권으로 영국 내에서 대중에게 제안되거나 규제된 시장에서 거래가 허용된 토큰으로 적용 면제 사유가 없는 한 사업설명서 규정(Prospectus Regulation)에 따른 사업설명서를 발행하여야 한다.[379]

377) FCA(PS19/22), 30면.

378) FCA(PS19/22), 47-49면을 저자가 종합하였다.

		• 공시지침(Disclosure Guidance) 및 투명성규칙(Transparency Rules) • 시장 남용 규정(Marjet Abuse Regulations) • 자금세탁 규제(AML/KYC) • 국제적으로 이용 가능한 경우는 이용 가능한 각 외국 관할권의 현지 법률 고려 필요 • 규제된 거래소에 상장을 원하는 경우는 상장 규칙(the Listing Rules) 고려 필요
자문 또는 다른 중개인	소비자들에게 다양한 토큰에 대한 자문을 제공하고 토큰 구매를 용이하게 하기도 함	허가가 필요한 경우의 예시로는 RAO가 증권 관련 규제 행위로 정한 것으로서 아래와 같은 것들이 있다. • 투자에 대한 자문을 제공 • 본인으로 투자 이행(RAO 14) • 대리인으로 투자 이행(RAO 21) • 투자 계약 주선(RAO 25(1)) • 투자 목적 약정 활동(RAO 25(2)) • 온라인 등 유사시스템을 통한 지시 전송(RAO 45(1))
거래 또는 중개 플랫폼	시장참여자들 간의 거래를 용이하게 함	운영, 거래범위 등에 따라 아래와 같은 경우 허가가 필요할 것임 • 다자간 또는 조직화된 거래시설을 운영(MTF/OTF) • 본인으로 투자 이행(RAO 14) • 대리인으로 투자 이행(RAO 21) • 투자 계약 주선(RAO 25(1)) • 투자 보호 및 관리(RAO 40) • 투자 목적 약정 활동(RAO 25(2)) • 온라인 등 유사시스템을 통한 지시 전송(RAO 45(1))
지갑 / 커스터디	토큰의 안전한 보관을 제공	활동 범위에 따라 다르지만 관련 허가가 필요한 예시로는 • 투자관리(RAO 37) • 투자 보호 및 관리(RAO 40)

지불 서비스 제공자	고객으로 하여금 암호자산으로 가맹점에 지불하거나 법화를 전송할 수 있도록 함	• 전자화폐토큰 발행 행위는 발행인이 신용기관, 신용조합 또는 지방은행인 경우 FSMA에 따라, 아니면 EMRs에 따라 허가가 필요할 것이다. • 송금, 지불계정운영, 지불거래실행 행위 등은 PSRs에 따른 허가가 필요할 것이다.

*그 외 암호자산 시장참여자로서 FCA의 규제범위 밖인 것은 채굴자, 거래프로세서, 개인투자자, 기관투자자 등이 있다.

마) 2021, 영국 재무부(HMT) 암호자산과 스테이블코인에 대한 규제 접근 논의

영국 재무부는 비규제토큰에 대한 전반적인 제도설계를 고려하고 있으며, 이를 위해 **2021년 1월「암호자산과 스테이블코인에 대한 규제접근을 위한 논의」**를 진행하였다.[380] 본 논의는 같은 해 3월까지 진행되었고, 2022년 현재 스테이블코인을 중심으로 한 규제접근에 대한 피드백을 분석 중이다.[381]

영국 재무부는 암호자산 규제의 경계, 목표 및 원칙은 정부와 재무부가 설정하되, **암호자산을 위한 별도의 독립 규제기관**을 만들어 세부규칙을 정한다는 접근방식을 제시하였다.[382]

---

379) FCA(PS19/22), 49면.

380) HMT(2021), 「UK regulatory approach to cryptoassets and stablecoins: Consultation and call for evidence」, 2021.01. 2021년 1월 7일부터 3월 21일까지 진행.

381) Closed consultation, UK regulatory approach to cryptoassets and stablecoins: consultation and call for evidence. (https://www.gov.uk/government/consultations/uk-regulatory-approach-to-cryptoassets-and-stablecoins-consultation-and-call-for-evidence) (2022.02.07.확인)

382) HMT(2021), 10면, para2.3

① 규제의 경계는 FCA의 접근법에 따르되[383] **스테이블코인**을 새로운 범주로 유형화할 필요성에 대한 의견을 구하였다. 스테이블코인을 사용한 거래가 비트코인을 사용한 거래의 가치를 넘어설 정도에 이르고,[384] 스테이블코인은 연동된 자산의 본질, 준비자산의 보유 여부 및 관리 방식에 따라 상환능력에 위험이 발생할 수 있는 만큼,[385] 우선 결제수단으로 사용되는 스테이블코인에 대하여는 규제를 도입하여[386] 제도권 내로 편입하자는 취지이다.[387] 본 논의의 대상인 "스테이블토큰"은 결제수단으로 사용되는 스테이블코인 만을 의미하고, 연동자산이 없는 경우(이른바 알고리즘 스테이블코인)[388]와 증권토큰 · 유틸리티토큰에 해당하는 것은 이번 논의에서 제외된다.[389]

② 암호자산 정책은 (i) 금융안정과 시장의 온전성 보호, (ii) 강력한 소비자 보호 기능, (iii) 경쟁과 혁신을 촉진하고 자국 경쟁력을 지원하는 세 가지를 그 목표로 제시하였다.[390]

③ 정책수립의 원칙은 (i) 기술중립적 입장에서 현재의 규제기관의 책임 분담을 최대한 유지하고, '동일한 위험에는 동일한 규

383) HMT(2021), 6면, para1.19

384) Yogesh Rawal, Complete guide to Stablecoins [Updated], Jul 17, 2020, HMT, UK regulatory approach to cryptoassets and stablecoins, 2021.01, 13면, para3.5에서 재인용. (https://medium.com/akeo-tech/complete-guide-to-stablecoins-in-2020-1f37b7e11d9d) (2022.02.07.확인)

385) HMT(2021), 14면, para3.7.

386) HMT(2021), 15면, para3.9.

387) HMT(2021), 17면, para3.16.

388) HMT(2021), 17면, para3.17.

389) HMT(2021), 17면, para3.18.

390) HMT(2021), 9면.

제 원칙'을 적용한다, (ii) 가장 긴급하고 급박한 위험부터 집중적으로 접근하는 '비례적 접근'이어야 한다, (iii) 민첩하고, 국제적 논의를 반영할 수 있으며, 향후 정부의 금융서비스 및 지급 규제에 대한 방침과도 잘 맞아야 한다는 정책 수립의 세 가지 기본원칙을 제시하였다.[391)]

4) 유럽연합(EU)

가) 2018, 핀테크액션플랜(FinTech Action Plan)

2016년 7월 26일 EU 집행위원회(European Commission: EC)는 EU 금융시스템을 이용한 자금세탁과 테러자금조달위험에 대처하기 위하여 자금세탁방지지침 제5개정안(The Fifth Anti-Money Laundering Directive: 5AMLD)을 제출하였고, 2018년 4월 19일 EU 의회는 집행위원회의 제안을 승인하였다.[392)] 동 지침은 암호자산 관련 잠재적인 자금세탁 및 테러자금조달위험에 대응하는 방안에 초점을 맞추고 있다.[393)]

EU 집행위원회는 2018년 핀테크액션플랜(FinTech Action Plan)[394)] 을 통해, 암호자산과 관련한 위험을 지속적으로 고려하면서도 동시에 EU의 기업, 투자자 및 소비자가 공정하고 투명한 프레임워크 내에서 암호자산과 같은 혁신기술을 잘 활용하여 EU가 성장

---

391) HMT(2021), 10면.

392) Ballard Spahr LLP, 「The Fifth Anti-Money Laundering Directive: Extending the Scope of the European Union's Regulatory Authority to Virtual Currency Transactions」, May 8, 2018.

393) 최인석(2019), 208면.

394) https://ec.europa.eu/info/publications/180308-action-plan-fintech_en (2022. 02.09.확인)

하는 신산업에서 리딩 플레이어가 될 수 있도록, 암호자산 및 ICO(Initial Coin Offering)에 대한 EU의 규제가 적합한지에 대해 보다 전반적인 평가가 필요하다고 하였다.[395] 그 결과 제출된 유럽은행감독기구(European Banking Authority: **EBA**)의 국제기준[396]과 유럽증권시장감독기구(European Security Market Authority: **ESMA**)의 보고서[397]는 금융투자상품이 아닌 대부분의 암호자산이 EU 금융법의 적용대상에서 벗어나 있음을 강조하였다.[398] 실제로 EU는 암호자산을 **금융상품**(financial instrument)인 것과 아닌 것으로 구별하고, 금융상품인 것은 유럽증권시장감독기구(ESMA)의 감독하에 제2차 금융상품시장지침(Markets in Finance Instruments Dierctives II: **MiFID II**)에 의해 규율하고, 불공정거래 행위에 해당하는 경우 EU 전회원국에 동일하게 적용되는 불공정 행위 규정(Market Abuse Regulation: **MAR**)을 적용한다.[399] 그러나 금융상품이 아닌 가상자산에 대하여는 별도의 규범을 가지고 있지 않았다. 다만 2019년 11월 한국블록체인협회를 방문한 프랑스 국회 로르 드 라 로디에르 의원은 오갑수 협회장과의 면담을 통해, 유럽 각국은 블록체인과 가상자산이 새로운 산업의 태동을 불러올 것이라는 기대가 크며, 입법을 포함하여 이를 산업화하기 위한 제도 마련이 곧 추진될 것임을 시사하였다.[400]

---

395) EC(2018, FinTech Action plan), Brussels, 8.3.2018, COM(2018) 109 final, COMMUNICATION FROM THE COMMISSION. (https://eur-lex.europa.eu/legal-content/EN/TXT/?uri=CELEX:52018DC0109) (2022.01.31.확인)

396) ESMA, Advice on 'Initial Coin Offerings and Crypto-Assets', 2019.

397) EBA report with advice on crypto-assets, 2019.

398) EC(2018, FinTech Action plan).

399) 자본시장연구원(김갑래, 2021-13), 16면.

나) 2020, 암호자산 시장 규정 제안(MiCA)

(1) 배경

2020년 9월 24일, EU 집행위원회(EC)는 「**암호자산 시장 규정 제안**(Proposal for the Markets in Crypto Assets Regulation: **MiCA**)」[401]을 발표하였다. EU 집행위원회는 디지털 금융의 수용으로 유럽의 혁신이 촉발되고 소비자를 위한 더 나은 금융상품을 개발할 기회가 창출될 것이라며, 디지털 금융을 수용하는 것의 중요성을 강조하였다.[402] MiCA는 이를 위해 ① EU금융법제가 적용되지 않는 비금융상품인 가상자산 시장에 법적 확실성을 부여하고, ② 혁신을 지원하며, ③ 암호자산 시장에 적절한 수준의 소비자·투자자 보호와 시장 무결성을 도입하고, ④ 금융 안정성을 도모하는 것을 목표로 한다.[403]

EU 집행위원회(EC) 우슬라(Ursula von der Leyen) 위원장이 강조한 것처럼, MiCA는 '암호자산에 대한 EU 공통의 접근법'을 도입하는 것이다.[404] MiCA는 각국의 실정에 맞도록 국내법에 도입하

---

400) 한국블록체인협회, 「프랑스 국회 로르 드 라 로디에르 의원 협회 방문」, 2019.11.05일자 협회활동자료. (https://www.kblockchain.org/board/association/read/1046?nPage=7) (2022.01.31.확인)

401) European Commission, Proposal for a Regulation of the European Parliament and of the Council on Markets in Crypto-assets, and amending Directive (EU) 2019/1937, Brussels, 24.9.2020, COM(2020) 593 final. (https://eur-lex.europa.eu/legal-content/EN/TXT/?uri=CELEX:52020PC0593) (2022.01.31.확인)

402) European Commission, Communication Digital Finance Package, 2020.09.24. digital finance strategy, para2. (https://ec.europa.eu/info/publications/200924-digital-finance-proposals_en) (2022.01.31.확인)

403) MiCA, Explanary Memorandum, para7.

도록 하는 지침(Directives)과는 달리 EU 전체에 규범력을 미치는 규정(Regulation)의 형태로, 향후 EU 의회와 이사회를 통과하면 EU 전체 27개 회원국은 가상자산시장에 대한 단일 규제 체제하에 놓이게 된다.[405)]

MiCA는 현재 입법절차 진행 중으로 업계 및 학계로부터의 다양한 제안과 의견이 전달되고 있으나, 내용의 중요한 변경은 없을 것으로 예측되고 있다.[406)] MiCA는 가상자산 시장에 특화된 공시규제, 불공정거래규제, 사업자규제를 단일 입법으로 체계화하려는 시도라는 점에서,[407)] 가상자산 업(業)법에 대한 국내의 논의에 있어서도 일관성 있는 제도의 정비 그리고 산업발전적 측면에서 공정한 규제 도입을 검토할 수 있는 유의미한 접근방식으로 평가된다. 다만 MiCA에 대해서는 규제의 범위와 정도가 지나치다는 우려의 목소리도 있다.

MiCA의 주요 내용들을 살피면 다음과 같다.

(2) 주요 내용

(가) 암호자산 및 암호자산서비스제공자

“암호자산(Crypto-asset: CA)”을 「분산원장기술(DLT) 또는 이와 유사한 기술을 사용하는 것으로서 전자적으로 이전 및 보관할 수 있

---

404) EC(2018, FinTech Action plan)

405) 자본시장연구원(김갑래 · 김준석), 「가상자산 거래자 보호를 위한 규제의 기본 방향」, 이슈보고서 21-27, 16면.

406) Sidley, 「Analysis of the Proposed EU Markets in Crypto-Assets Regulation」, November 12, 2020.
(https://www.sidley.com/en/insights/newsupdates/2020/11/analysis-of-the-proposed-eu-markets-in-cryptoassets-regulation) (2022.02.10.확인)

407) 자본시장연구원(김갑래 외 1인, 21-27), 16면.

는 가치 또는 권리의 디지털 표현」[408]으로 정의하고, ① 하나 이상의 암호자산 거래플랫폼 운영,[409] ② 제3자를 위한 커스터디(암호자산 자체 또는 암호키의 보관·관리)[410]와 ③ 제3자를 위한 거래주문의 접수·전송·실행,[411] ④ 암호자산과 암호자산의 교환 행위 또는 암호자산과 법화와의 교환 행위,[412] ⑤ 특정 구매자를 대상으로 한 신규발행 암호자산 등의 마케팅 행위,[413] ⑥ 암호자산 관련 자문행위[414] 중 하나 이상을 영업으로 하는 자를 암호자산서비스제공자(Crypto-asset Service Provider: CASP)로 정의한다.

암호자산의 발행행위는 계속적·반복적 업무를 전제로 하지 않으므로 암호자산서비스제공(사업)이라고 볼 수 없어, 암호자산 발행인의 의무 규정(발행하는 암호자산의 유형에 따라 제2장, 제3장 및 제4장)을 암호자산서비스제공자(CASP)에 대한 규정(제5장)과 분리하였다. 다만 시장남용금지에 대한 규정(제6장)은 거래플랫폼에서 거래되는 모든 암호자산 관련 행위에 대하여 적용되며 그 대상에 제한이 없다.

(나) 적용범위

MiCA는 EU 내에서 암호자산의 발행에 종사하는 자와 암호자산서비스제공자 모두에게 적용된다.[415] 다만 전자화폐토큰에 해

408) MiCA 제3조 제1항 제2호.
409) MiCA 제3조 제1항 제9호(b) 및 제11호.
410) MiCA 제3조 제1항 제9호(a) 및 제10호.
411) MiCA 제3조 제1항 제9호(e)(g), 제14호 및 제16호.
412) MiCA 제3조 제1항 제9호(c)(d), 제12호 및 제13호.
413) MiCA 제3조 제1항 제9호(f) 및 제15호.
414) MiCA 제3조 제1항 제9호(h) 및 제16호.
415) MiCA 제2조 제1항.

당하는 암호자산을 제외하는 '전자화폐(e-money)'[416]와 **'금융상품**(financial instrument)'[417]의 정의를 충족하는 암호자산은 각각 적용 대상에서 제외하였다. 이들은 종래의 각 해당 EU 지침에 따른 규율을 받는다.

특정 암호자산이 금융상품에 해당하는 경우 제2차 금융상품시장지침(**MiFID II**)[418]과 금융상품시장규정(**MiFIR**)[419]뿐 아니라 투자설명규정(**PR**)[420] 및 동지침(**PD**),[421] 엄격한 시장남용규제규정(**MAR**),[422] 중앙예탁결제원규정(**CSPR**)[423] 등 유럽 및 각국의 강력

416) MiCA 제2조 제1항(b).

417) MiCA 제2조 제2항(a).

418) the Markets in Financial Instruments Directive, Directive 2014/65/EU of the European Parliament and of the Council of 15 May 2014 on markets in financial instruments and amending Directive 2002/92/EC and Directive 2011/61/EU, [2014] OJ L 173/349 (Directive 2014/65/EU).

419) the Markets in Financial Instruments Regulation, Regulation No. 600/2014/EU of the European Parliament and of the Council of 15 May 2014 on markets in financial instruments and amending Regulation (EU) No. 648/2012, [2014] OJ L 173/84 (Regulation N. 600/2014/EU).

420) the Prospectus Regulation, Regulation No. 2017/1129/EU of the European Parliament and of the Council of 14 June 2017 on the prospectus to be published when securities are offered to the public or admitted to trading on a regulated market, and repealing Directive 2003/71/EC, [2017] OJ L 168/12 (Regulation No. 2017/1129/EU).

421) the Prospectus Directive, Directive 2003/71/EC of the European Parliament and of the Council of 4 November 2003 on the prospectus to be published when securities are offered to the public or admitted to trading and amending Directive 2001/34/EC, [2003] OJ L 345/64 (Directive 2003/71/EC).

422) the Market Abuse Regulation, Regulation No. 596/2014/EU of the European Parliament and of the Council of 16 April 2014 on market abuse (market abuse regulation) and repealing Directive 2003/6/EC of the European Parliament and of the Council and Commission Directives 2003/124/EC, 2003/125/EC and 2004/72/EC, [2014] OJ L 173/1 (Regulation No. 596/2014/EU).

한 금융규제가 적용되므로, 금융상품 해당 여부를 판단하는 것은 대단히 중요하다. 현재 EU 법원 및 금융당국은 암호자산이 금융상품으로서 증권에 해당하는지 여부를 판단하는 기준으로, 미국 연방대법원과 증권거래위원회(SEC)가 투자계약의 실질 여부를 판단하는 기준인 Howey Test와 유사한 기준을 제시하고 있다.[424] 즉, 증권은 ⓐ 양도가 가능하고(이전가능성), ⓑ 자본시장에서 용이하게 취급(거래)되어야 하며(협상가능성), ⓒ 발행 당시 단일 발행자에 의해 표준화되어 특정 암호자산이 동질의 투자상품으로 분류가 가능해야 하고(표준화), ⓓ 금융위험 등을 포함한 증권으로서의 기능적 구별점이 있어야 한다.[425] 유럽증권시장감독기구(ESMA)는 이를 판단함에 있어 '형식보다는 실질'에 의해, '사례마다 개별적으로 판단'함을 원칙으로 삼는다. 영국 금융감독당국(FCA) 그리고 미국 증권거래위원회(SEC)와 마찬가지로, 이러한 유럽증권시장감독기구(ESMA)의 관점은 '규제는 기술 중립적이어야' 하며 '동일한 사업에는 동일한 규칙이 적용되어야' 한다는 원칙에 부합한다.[426]

그러나 기존의 제도는 암호자산의 특징이나 다양한 비즈니스 모델을 전제로 한 것이 아니기 때문에, EU 집행위원회는 MiFID

423) the Central Securities Depositories Regulation, Regulation No. 909/2014/EU of the European Parliament and of the Council of 23 July 2014 on improving securities settlement in the European Union and on central securities depositories and amending Directives 98/26/EC and 2014/65/EU and Regulation (EU) No 236/2012, [2014] OJ L 257/1 (Regulation No. 909/2014/EU).

424) Valeria Ferrari(2020), 331면.

425) Valeria Ferrari(2020), 331면.

426) Valeria Ferrari(2020), 333면.

II의 적용범위를 좌우하는 '금융상품'에 대한 기존의 정의를 명확하게 하기 위한 지침 자체의 개정도 함께 제안하고 있다.[427] 이에 더하여 특정 가상자산이 금융상품에 해당하는지 여부를 보다 정확하게 판단할 수 있도록 ESMA에 가이드라인을 발행하는 역할을 부여해야 한다는 의견도 있다.[428]

(다) 암호자산의 분류

MiCA는 적용대상을 일반 암호자산(유틸리티토큰(Utility Token)[429] 포함)과 자산준거토큰(Asset-Referenced Tokens: ARTs)[430] 및 전자화폐토큰(E-Money Tokens: EMTs)[431]으로 구분하였다.[432] 그리고 "제2장 암호자산"에서 자산준거토큰(ARTs)과 전자화폐토큰(EMTs)을 제외한 (일반) 암호자산 발행인의 의무를, "제3장 자산준거토큰(ARTs)"과 "제4장 전자화폐토큰(EMTs)"에서 각각의 토큰 발행인

---

427) MiCA, Explanary Memorandum, para6.

428) Dirk A. Zetzsche외 3인, 「The Markets in Crypto-Assets Regulation (MiCA) and the EU Digital Finance Strategy」, Capital Markets Law Journal, Oxford Academic, 2020.11.30, 28면. (https://papers.ssrn.com/sol3/papers.cfm?abstract_id=3725395) (2022.01.30. 확인)

429) MiCA 제3조 제1항 제5호. 유틸리티 토큰은 분산원장기술에서 이용가능하고, 재화 또는 용역에 대한 디지털 접근을 제공하기 위한 암호자산의 일종으로, 오직 발행인에 의해 승인된다.

430) MiCA 제3조 제1항 제3호. 자산준거(가치연동)토큰은 수 개의 법화, 하나 이상의 상품 또는 암호자산, 또는 이러한 자산들의 조합의 가치에 연동하여 안정적인 가치를 유지하려는 암호자산의 일종이다.

431) MiCA 제3조 제1항 제4호. 전자화폐토큰은 교환의 수단으로 사용되는 것을 주된 목적으로 하며, 하나의 법화의 가치에 연동하여 안정적인 가치를 유지하려는 암호자산의 일종이다.

432) MiCA는 기존 EU의 금융관련 규제법제가 미치지 않는 규제공백을 보완하기 위한 입법이므로, 위 분류는 금융상품에 해당하는 암호자산(이른바 '증권형 토큰')을 제외한 분류이다.

의 의무를 따로 규정하고 있다. 이상 암호자산의 유형별로 발행인의 의무를 규정한 제2장부터 제4장까지가 MiCA의 핵심 내용으로 평가된다.[433]

이 중 자산준거토큰(ARTs)과 전자화폐토큰(EMTs) 관련 규정은 이른바 "스테이블코인(stable coin)"에 대한 것이다. MiCA는 스테이블코인 중 유로화, 미국달러화 등 한 가지 법화와 가치를 연동하는 것을 전자화폐토큰(EMTs)[434]으로, 수개의 법화, 금과 같은 상품, 다른 암호자산 또는 이들을 조합한 가치와 연동하는 것을 자산준거토큰(ARTs)[435]으로 칭하였다.[436]

MiCA에서 '암호자산의 발행인'이란 모든 종류의 암호자산을 대중에게 제안(이른바 '공모')하거나 해당 암호자산을 암호자산 거래플랫폼에 도입(이른바 '상장')하고자 하는 법인을 의미한다.[437] MiCA는 자산준거토큰과 전자화폐토큰의 발행인에 대하여 사업승인, 기존 사업체로서의 인허가 획득, 그리고 운영에 관한 요건 등을 규정하고, (일반) 암호자산의 발행인에 대하여는 백서 공시의무 등 발행하는 토큰에 대한 정보공개에 초점을 맞추고 있다.[438] 다음에서 항을 나누어 차례로 살펴본다.

---

433) Dirk A. Zetzsche외 3인(2020), 10면.

434) MiCA 제3조 제1항 제4호.

435) MiCA 제3조 제1항 제3호.

436) Patrick Hansen, 「New Crypto Rules in the European Union – Gateway for Mass Adoption, or Excessive Regulation?」, January 12, 2021. (https://law.stanford.edu/2021/01/12/new-crypto-rules-in-the-eu-gateway-for-mass-adoption-or-excessive-regulation/)·(2022.02.09.확인)

437) MiCA 제3조 제1항 제6호.

438) Dirk A. Zetzsche외 3인(2020), 10면.

표 10 MiCA 적용 대상인 암호자산 분류

<table>
<tr><th>CATF
(영국,2018)</th><th>FCA PS
(영국,2019)</th><th colspan="2">MiCA
(EU,2020)</th></tr>
<tr><th>기능적 분류</th><th>FCA 규제 구분</th><th>MiCA 적용여부 구분</th><th>적용법령</th></tr>
<tr><td>교환토큰</td><td rowspan="2">비규제토큰</td><td rowspan="2">①(일반) 암호자산
유틸리티토큰 포함</td><td rowspan="2">MiCA</td></tr>
<tr><td rowspan="2">유틸리티토큰</td></tr>
<tr><td rowspan="2">전자화폐토큰</td><td rowspan="2">전자화폐
(E-money)
전자화폐토큰 제외</td><td rowspan="2">지침
2009/110/EC 등</td></tr>
<tr><td rowspan="2">증권토큰</td></tr>
<tr><td>증권토큰</td><td>금융상품
(Investment
Instrument)</td><td>지침
2014/65/EU 등</td></tr>
</table>

<table>
<tr><td rowspan="2">스테이블코인</td><td>②자산준거토큰
ARTs</td><td>MiCA</td></tr>
<tr><td>③전자화폐토큰
EMTs</td><td>MiCA</td></tr>
</table>

(라) (일반) 암호자산 발행인의 의무

① 발행인은 법인이라야 하고,[439] ② 발행할 암호자산에 대한 백서를 작성하고 본국의 권한당국[440]에 통지한 후 이를 공시할

---

439) MiCA 제4조 제1항(a).

440) MiCA 제3조 제1항 제22호 (a)~(c). 발행인이 EU 내에 등록된 사무소나 지점이 있는 경우는 그 국가의 권한당국, EU 내에 등록된 사무실은 없지만 2개 이상의 지점이 있는 경우는 발행인의 선택에 따라 그중 하나가 속한 국가의 권한당국, 제3국에 설립되고 EU 내에 지점도 없으면 발행행위

의무가 있다.[441] ③ 기한을 정한 공모의 경우 그 공개제안으로 인해 조성된 자금(이른바 '공모자금')을 지정된 예치기관에 예치하여야 하고,[442] ④ 보유자의 최선의 이익을 위해 행동할 의무 등의 행위규범을 준수해야 한다.[443]

백서에는 발행인 및 프로젝트 주요 참가자의 상세, 발행 암호자산의 유형과 프로젝트 내용, 공모 및 상장 계획, 수반되는 권리·의무, 관련된 리스크 등에 대한 상세한 설명과 기반 기술 정보 등이 반드시 포함되어야 하며,[444] 보증할 수 없는 미래가치에 대한 언급은 금지된다.[445] 백서에 해당 암호자산에 대한 핵심 정보

(이른바 공모 또는 거래소상장 승인)를 최초로 예정하고 있는 회원국 중 한 국가의 권한당국에 통지한다.

441) MiCA 제4조 제1항(a) 내지 (e).

442) MiCA 제9조 제2항. 발행인은 정한 기한 내 조성된 공모자금이 법화인 경우는 신용기관에, 암호자산인 경우는 제3자를 위한 보관관리업의 승인을 받은 암호자산서비스제공자에게 각 보관하여야 한다.

443) MiCA 제13조 제1항 내지 제3항. 신의성실의무와 함께 발행인의 행위규범으로는 이해상충방지의무, EU표준에 맞는 시스템과 보안 유지의무, 암호자산보유자의 최선의 이익을 위해 행동하며 동등하게 대할 의무와, 공모발행이 취소된 경우 반환 보장의무 등이 있다.

444) **MiCA 제5조 [암호자산 백서의 내용과 형식]** ① 제4조 제1항(b)의 암호자산 백서는 다음의 정보를 모두 포함하여야 한다. (a) 발행인 상세 및 프로젝트의 설계개발에 대한 주요 참여자의 프레젠테이션, (b) 발행인의 프로젝트 상세, 대중에게 제안되거나 또는 거래승인을 구할 암호자산의 유형, 대중에게 제안하거나 거래승인을 구하는 이유, 그리고 대중에게 제안함으로써 마련된 자금 및 암호자산에 대한 사용계획, (c) 대중에게 제안 시 발행할 암호자산의 수 또는 거래승인을 구할 시 그 암호자산의 가격 및 약관 상세 등 특성에 대한 상세한 설명, (d) 암호자산에 부착된 권리 및 의무와 해당 권리를 행사하기 위한 절차 및 조건 상세, (e) 해당 암호자산을 보유·저장 및 이전할 수 있도록 발행인이 적용한 기반기술 및 표준에 대한 정보, (f) 암호자산 발행인, 암호자산, 암호자산의 대중에게 제안 및 프로젝트 구현과 관련된 위험에 대한 자세한 설명, (g) 부속서I에 명시된 공개 항목 *(참고로, 부속서I에는 (a)~(g) 를 서술하기 위해 필요한 발행인의 이름 등을 포함한 필수항목들이 상세히 기재되어 있다).*

를 비(非)기술적 언어로 설명한 요약본을 포함하도록 하고,[446] 국제금융 분야에서 통상 사용되는 언어 또는 최소한 한가지의 회원국 공식 언어로 쓰도록 하여[447] 거래참여자들의 백서에 대한 가독성을 보완하였다. 또한 아직 운영되고 있지 않은 서비스에 사용될 유틸리티토큰은 백서상 공모기간을 1년 이하로 제한하여[448] 유틸리티토큰 본래의 목적 달성을 위한 공모가 투자로서의 공모참여와 혼동될 위험을 방지하고자 하였다. 그리고 발행인은 암호자산의 이용자에게 계약체결일로부터 14일 이내에 무조건부 취소가 가능한 권리를 제공하고 이를 백서에 기재하도록 하였다.[449]

발행인은 적어도 암호자산의 발행 20일 전까지 본국 권한당국에 기타 사업요지[450]와 함께(마케팅자료[451])가 있는 경우는 마케팅자료도 함께) 백서를 통지하고,[452] 대중에 제안 또는 거래플랫폼에 거래 승인 신청 시 또는 그 이전에 누구나 접근 가능한 발행인의 웹사이트에 게시하는 방법으로 공시해야 한다.[453] 백서를 공시함

445) MiCA 제5조 제4항.

446) MiCA 제5조 제7항.

447) MiCA 제5조 제9항.

448) MiCA 제4조 제3항.

449) MiCA 제12조.

450) MiCA 제7조 제3항 및 제4항. 발행인은 백서 통지 시 발행 암호자산이 금융상품, 전자화폐, 예금, 구조화예금 등에 해당하지 않는 이유와, 공모 또는 상장 예정 국가와 예정 개시일자 등도 함께 알리도록 하였다.

451) MiCA 제6조 (a)-(d). 암호자산을 대중에 제안하거나 거래소의 거래 승인을 얻기 위한 마케팅자료(Marketing Communications)는 정확하게 식별가능한 정보로 구성되어야 한다. 즉, 마케팅자료상의 정보는 공정·분명하고 오해의 소재가 없어야 하며, 제4조에 따른 백서와 일치하여야 한다. 그리고 백서의 발행사실과 백서가 공시된 웹사이트를 명시하여야 한다.

452) MiCA 제7조 제2항.

으로써 발행인은 암호자산을 대중에게 제안하거나 거래플랫폼에 거래승인을 신청할 수 있으며, 이 효력은 EU 전체에 미친다.[454)]

단, (i) 무료로 제공되는 암호자산인 경우, (ii) 분산원장기술의 유지 또는 거래 유효성 확인에 대한 보상으로 채굴에 의해 자동으로 생성되는 암호자산인 경우와, (iii) 다른 암호자산과 대체가 불가능한 암호자산인 경우(**NFT**),[455)] (iv) 국가별 제공대상이 150인 미만인 경우, (v) 1년간 EU 전체에서 공모자금 총액이 1백만 유로 이하[456)]인 경우, 그리고 (vi) 적격투자자[457)]에 한하여 제안되고 적격투자자만 보유가능한 암호자산인 경우에는 백서의 작성·통지 및 공시 의무가 면제된다.[458)]

---

453) MiCA 제8조 제1항.

454) MiCA 제10조.

455) 대체불가능토큰, 이른바 "NFT"는 MiCA 제3조 제1항 제2호 암호자산의 정의규정에 따라 암호자산에 해당하고, NFT 발행인은 일반 암호자산의 발행인에 대한 규제(제2장)가 적용된다. 다만 NFT의 특성을 고려하여 발행 시 백서의 작성·통지 및 공시의무를 면제하였다. 따라서 NFT의 발행인은 제4조 제1항(a)에 따라 법인이라야 하며 같은 항(e)에 따라 제13조에 규정한 발행인의 의무를 준수하여야 한다.

456) 2022년 2월 현재 한화 약 13.5억 원에 해당한다.

457) MiCA 제3조 제1항 제20호. 적격투자자(qualified investors)란 'Regulation (EU) 2017/1129 제2조 제e항에 따른 적격투자자'를 의미한다. 'Regulation (EU) 2017/1129 제2조 제e항에 따른 적격투자자'란 'Directive 2014/65/EU에 정한 (i) 스스로 투자결정을 내리고 그것이 초래하는 위험을 적절하게 평가할 수 있는 경험과 지식 전문성을 보유한 전문고객(제2부속서 제1섹션), (ii) 보호의 일부를 포기하고 전문고객 취급을 요청하여 전문고객으로 취급되는 고객(제2부속서 제2섹션), (iii) 회원국이 인정한 적격거래상대방(제30조) 중 하나에 해당하는 자로서, 해당 용역이나 서비스에 대하여 전문고객 취급을 하지 않는다는 계약을 체결한 경우는 제외한다(제2부속서 제1섹션 para4). REGULATION (EU) 2017/1129 OF THE EUROPEAN PARLIAMENT AND OF THE COUNCIL of 14 June 2017 on the prospectus to be published when securities are offered to the public or admitted to trading on a regulated market, and repealing Directive 2003/71/EC.

발행인은 암호자산 보유자의 최선의 이익을 위해 행동하며, 백서 및 마케팅자료에 공개된 특혜를 제외하고 보유자를 동등하게 대우하여야 한다.459) 백서 공시 이후에 해당 암호자산에 대한 예비 구매자의 구매 여부 또는 보유자의 매매 여부 판단에 중대한 영향을 미칠 수 있는 사정변경이 발생하는 경우 발행인은 백서를 수정하고 권한당국에 통지한 후, 수정한 백서를 수정요지와 함께 누구나 접근 가능한 발행인의 웹사이트에 게시하는 방법으로 공시하여야 한다.460)

발행인 또는 경영진이 부정확하거나 오인을 초래하는 정보를 백서에 제공하여 백서에 대한 규정(제5조)을 위반한 경우, 보유자는 그로 인해 발생한 손해에 대해 발행인 또는 경영진에 대하여 손해배상을 청구할 수 있다.461) 이때 규정 위반 사실 및 그로 인한 손해 발생의 인과관계는 보유자가 입증하여야 하며,462) 발행인 또는 경영진은 민사상 면책을 항변할 수 없다.463) 다만 백서 요약본에 대하여는 요약자료의 특성상 작성자(발행인)의 책임을 제한할 필요가 있으므로, 요약본의 내용을 사유로 한 손해배상의 청구는 일관성이 없거나 핵심정보가 미기재된 경우에 한하여 가능하도록 하였다.464)

이와 같은 발행인의 의무는 모든 (일반) 암호자산의 발행인에게

458) MiCA 제4조 제2항 (a)-(f).
459) MiCA 제13조.
460) MiCA 제11조. 마케팅자료가 있는 경우도 이와 같다.
461) MiCA 제14조 제1항.
462) MiCA 제14조 제2항.
463) MiCA 제14조 제1항.
464) MiCA 제14조 제3항.

적용된다. 이에 대하여 비금융 블록체인이 실물경제에 활발하게 사용될 다수의 흥미로운 사례의 등장 자체가 차단될 것이라는 우려가 있다.[465] MiCA는 암호자산(Crypto-asset: CA)을 “분산원장기술(DLT) 또는 이와 유사한 기술을 사용하는 것으로서 전자적으로 이전 및 보관할 수 있는 가치 또는 권리의 디지털 표현”[466]으로 광범위하게 정의하고 있어 DLT 기반의 모바일 바우처와 같은 비금융 자산도 암호자산에 포함되는데,[467] 이들이 DLT 기반이라는 이유로 MiCA의 일반 암호자산 발행인의 의무가 적용된다면 백서의 작성, 준법 비용과 세금 등 과도한 부담이 작용한다는 것이다.[468] 기술 중립적 정책 접근법을 보장하기 위해서라도 일반 암호자산의 정의규정 내지 의무 적용 범위에 대한 검토가 필요하다는 지적이다.[469]

같은 맥락에서, 규제 통일성과 명확성을 도모하다 보니 결론적으로 스타트업에게 유독 높은 진입장벽이 설정되었다. EU 집행위원회의 제안 영향평가[470]는 현재 MiCA에 정한 요건을 준수하기 위한 비용으로 백서에 대한 3만 5,000~7만 5,000유로의 일회성 비용, 비규제기업에 대한 280~1,650만 유로의 일회성 준법 비용, 여기에 220~2,400만 유로의 반복적 준법 비용(자본준비금, 보고, IT-보

---

465) Patrick Hansen(2021).
466) MiCA 제3조 제1항 제2호.
467) MiCA 제3조 제1항 제5호.
468) Patrick Hansen(2021).
469) Patrick Hansen(2021).
470) European Commission, COMMISSION STAFF WORKING DOCUMENT IMPACT ASSESSMENT Accompanying the document Proposal for a Regulation of the European Parliament and of the Council on Markets in Crypto-assets and amending Directive (EU) 2019/1937, Brussels, September 24, 2020.

안, 거버넌스 등)을 더한 것으로 추산하고 있다. 이러한 재정적, 행정적 부담은 가상자산 생태계를 개발하고 발전시켜갈 일부 젊은 시장 참여자들에게 극복할 수 없는 진입장벽이 될 수 있다.[471)]

또한 EU에서 대중에게 제공되고 거래플랫폼에서 거래되는 암호자산을 발행하려면 무엇보다 법인을 설립해야 하는데, 이는 탈중앙화로 계속 나아가는 많은 디파이 토큰 프로젝트들의 전망을 어둡게 할 것이라는 우려도 있다.[472)] MiCA 발효 이전에 발행된 일반 암호자산은 발행인의 법인설립과 백서발행의무 규정(제4조)과 백서 기재 정보에 대한 발행인의 책임 규정(제14조)이 면제되기 때문에[473)] 기존의 프로젝트에 미치는 영향은 적겠지만, MiCA 발효 이후 경쟁력 있는 디파이 프로젝트의 개발이나 시도는 EU 내에서 어려워질 것이고, 이는 이용자 및 사업자들의 이탈로 이어져 결국 글로벌 경쟁력을 하락시킬 것이라는 지적이다.[474)] 이는 탈중앙화된 자율 조직, DAO의 법적 지위와도 연결된다. MiCA 규제하에서 암호자산의 발행인은 법인이어야 하므로, 기존의 법인과 같은 법적 지위를 전제로 하지 않는 DAO를 통한 토큰 발행은 사실상 불가능하다.

(마) 자산준거토큰(ARTs) 발행인의 의무

발행인은 ① EU 내에 설립된 법인이라야 하고, ② 발행할 토큰

---

471) Patrick Hansen(2021).

472) 김소라, 「'거침없는 질주 DeFi' 규제 역풍 맞나...美-英 규제나서」, 2020.10.8 일자 파이낸셜뉴스.
(https://www.fnnews.com/news/202010071623013892) (2022.02.11.확인)

473) MiCA 제123조 제1항.

474) Patrick Hansen(2021).

에 대한 백서 및 승인신청서를 작성 · 제출하고 본국 권한당국[475]의 승인을 받아야 한다. 승인을 득한 발행인은 ③ 보유자의 최선의 이익을 위해 행동할 의무 등의 행위규범을 준수하고, ④ 백서, 발행토큰의 유통현황, 준비자산[476] 관련 사항 등을 지속적으로 공시하며, ⑤ 일정 금액 이상의 자체보유자금을 항시 유지하고, ⑥ 준비자산을 지정된 예치기관에 예치하여야 한다. ⑦ 발행토큰이 '중요한 자산준거토큰'[477]으로 분류되면 추가적인 의무를 부담한다.

① 승인과 백서

자산준거토큰(ARTs)의 발행인은 본국의 권한당국으로부터 승인(각 국내법상의 인 · 허가)을 얻어야 한다.[478] 이 승인은 EU 내에 설립된 법인에 대하여만 부여되기 때문에,[479] ARTs의 발행인은 법인이라야 하며 법인의 설립지가 EU 내라야 한다.

승인을 받고자 하는 발행인은 본국의 권한당국에 신청서를 제출하여야 한다.[480] 신청서에는 신청인의 주소, 정관, 운영 프로그램 등 기본적 사항과, 해당 암호자산이 금융상품 · 전자화폐 · 예금 또는 구조화예금에 해당하지 않는다는 법률의견서, 해당 암호자

475) MiCA 제3조 제1항 제22호(d). ARTs 발행인의 경우 등록된 사무소가 있는 회원국의 관할당국을 말한다.

476) MiCA 제3조 제1항 제21호. 준비자산(reserve assets)이란 법정통화, 상품 또는 암호자산으로 구성된 자산의 집합으로, 자산준거토큰의 가치를 뒷받침하거나 이러한 자산의 투자를 지원한다.

477) MiCA 제39조 제1항 및 제6항. 중요한 자산준거토큰(Significant ARTs: S-ARTs)이란 유럽은행감독기구(EBA)가 자산준거토큰의 고객 규모, 가치 및 거래 수량 등을 고려하여 중요한 것으로 지정한 토큰을 말한다.

478) MiCA 제15조 제1항.

479) MiCA 제15조 제2항.

480) MiCA 제16조 제1항.

산의 백서, 그리고 발행인의 지배구조, 경영진 및 대주주의 건전성에 대한 증명 등이 필수적으로 포함되어야 한다.[481)]

ARTs의 백서에는 일반 암호자산 백서의 모든 기재사항에 더하여 지배구조, 고객불만처리절차에 대한 사항과, 무엇보다 준비자산과 관련한 보유자의 권리에 대한 상세 등이 기재되어야 한다.[482)] 준비자산 또는 발행인에 대한 직접청구권 내지 상환의 권

---

481) MiCA 제16조 [승인의 신청] ② 전항의 신청은 다음 각호의 정보가 모두 포함되어야 한다. (a) 신청인의 주소, (b) 정관, (c) 운영 프로그램, (d) ARTs가 금융상품, 전자화폐, 예금 또는 구조화예금에 해당하지 않는다는 법률의견서, (e) 발행인의 지배구조 상세, (f) 경영진 구성원의 신원, (g) 경영진 구성원의 건전성 증명, 그리고 (h) 20% 이상의 지분이나 의결권 등을 직간접적으로 보유한 자연인 또는 실질적 지배자인 자연인이 있는 경우 그 건전성 증명, (i) 제17조의 백서, (j) 제30조제5항(a)~(k)의 (준법) 정책과 절차, (k) 제30조제5항 마지막 단락의 제3자(준법 관련 규정의 준비자산 보관 업체)와의 약정 상세, (l) 제30조제8항의 지속경영정책 상세, (m) 제30조 제9항의 내부통제 메커니즘과 위험관리 절차, (n) 제30조제10항의 정보의 보안(사이버 보안을 포함), 무결성, 기밀성을 보호하는 절차 및 구조, (o) 제27조의 불만처리절차.

482) MiCA 제17조 [ARTs 백서의 형식과 내용] ① 제16조 제2항 제1호의 암호자산 백서는 제4조의 요건을 갖추어야 한다. 다만, 추가로 요구되는 정보는 다음 각호와 같다. (a) 제30조제5항(h)에 따른 제3기관의 역할 및 책임에 대한 설명을 포함한 발행인의 지배구조에 대한 상세한 설명, (b) 제32조에 따른 준비자산(보유액)에 대한 상세한 설명, (c) 제33조에 따른 자산의 분리를 포함한, 준비자산의 보관약정에 대한 상세한 설명, (d) 제34조에 따른 준비자산 투자의 경우, 해당 준비자산의 투자방침에 관한 상세한 설명, (e) 토큰 보유자와 제35조 제3항에 언급된 법인 또는 자연인이 준비자산 또는 발행인에 대해 가질 수 있는 직접 상환권이나 청구를 포함한 권리의 성격과 집행 가능성에 대한 자세한 정보(파산절차에서 그러한 권리가 어떻게 처리될 수 있는지 포함), (f) 발행인이 준비자산에 대한 직접(청구)권을 제공하지 않는 경우, 토큰의 유동성을 보장하기 위한 제35조제4항의 메커니즘에 대한 상세한 정보, (g) 제27조에 따른 불만처리절차에 대한 상세한 설명, (h) 부속서 I 및 II에 명시된 공개 항목. *(참고로, 부속서 I 에는 일반 암호자산 백서 기재사항을 서술하기 위해 필요한 발행인의 이름들을 포함한 필수항목들이, 부속서 II 에는 ARTs의 추가 백서 시재사항을 서술하기 위해 필요한 발행인 지배구조 상세 등을 포함한 필수항목*

리가 모든 보유자에게 주어진 것이 아닌 경우, 그에 대한 정확한 언급이 기재되어야 한다.[483] 백서에는 해당 암호자산에 대한 핵심 정보를 비(非)기술적 언어로 설명한 요약본을 포함하도록 하고,[484] 국제금융분야에서 통상 사용되는 언어 또는 최소한 한가지의 회원국 공식 언어로 쓰도록 하여[485] 거래참여자들의 백서에 대한 가독성을 보완하였다.

권한당국으로부터의 승인이 면제되는 예외로는 첫째, 규모 및 공모대상에 따른 것으로서 (i) 12개월 이상의 기간 동안 매월 말 산출한 자산총액의 평균이 5,000,000유로 상당액[486] 이하인 경우 또는 (ii) 적격투자자[487]에 한하여 제안되고 적격투자자만 보유 가능한 암호자산인 경우 권한당국으로부터의 승인이 면제된다. 이 경우 발행인은 자산준거토큰(ARTs)의 백서에 대한 규정(제17조)에서 정한 사항을 모두 포함하여 백서를 작성하고, 본국 권한당국에 기타 사업요지[488]와 함께 통지함으로써[489] ARTs를 대중에 제안하거나 암호자산거래소에 거래승인을 신청할 수 있다.[490] 둘째, 발행인이 EU신용기관지침[491]에 따라 승인된 신용기관[492]

들이 상세히 기재되어 있다.)

483) MiCA 제17조 제1항(e).

484) MiCA 제17조 제2항.

485) MiCA 제17조 제4항.

486) 2022년 2월 현재 기준으로 한화 약 68억 원에 해당한다.

487) (일반) 암호자산(유틸리티토큰(Utility Token) 포함) 발행인의 의무에서 살핀 바와 같은 개념이다.

488) MiCA 제7조 제3항 및 제4항.

489) MiCA 제7조 제2항.

490) MiCA 제15조 제3항. 통지는 MiCA 제7조에 따르고, 마케팅자료가 있는 경우 백서와 함께 통지한다.

491) DIRECTIVE 2013/36/EU OF THE EUROPEAN PARLIAMENT AND OF THE COUNCIL of 26 June 2013 on access to the activity of credit in-

인 경우에도 ARTs 발행인은 승인 의무가 면제된다. 이 경우 발행인은 ARTs 발행인의 백서에 대해 규정한 MiCA 제17조의 내용을 모두 포함하여 백서를 작성하고, 본국의 권한당국에 제출하여 백서에 대한 허락(approval)을 받아야 한다.[493)]

권한당국의 승인은 전체 EU에 대하여 효력이 있다. 본국의 권한당국으로부터 승인을 받은 법인은 EU 내 어디에서나 해당 암호자산을 대중에게 제안하거나 거래플랫폼에서 거래할 수 있다.[494)] 승인이 결정되면 신청서에 포함된 백서도 승인된 것으로 본다.[495)] 권한당국은 유럽은행감독기구(EBA), 유럽증권시장감독기구(ESMA), 유럽중앙은행(ECB) 그리고 필요 시 중앙은행[496)]에 승인 내용 전체를 알리고, ESMA는 승인받은 발행인에 대한 정보와 발행하는 ARTs에 대한 백서를 “암호자산 및 암호자산서비스제공자 목록”[497)]에 등재하여[498)] 자신의 웹사이트에 대중이 이용

---

stitutions and the prudential supervision of credit institutions and investment firms, amending Directive 2002/87/EC and repealing Directives 2006/48/EC and 2006/49/EC(‘2013/36/EU’ 또는 ‘EU신용기관지침’). 신용기관의 활동에 대한 접근과 신용기관투자회사에 대한 감독을 위한 것으로, 2006/48/EC, 2006/49/EC을 각 폐지하고 2002/87/EC를 개정하기 위한 지침이다.

492) EU신용기관지침(2013/36/EU) 제3조 제1항 및 Regulation (EU) No 575/2013 제4조 제1항. 신용기관(credit institution)이란 일반인으로부터 예금 기타 상환 가능한 자금을 수취하고 그 자신의 계좌(장부)에 신용(공제)을 부여하는 사업을 말한다. EU신용기관지침에 따른 신용기관은 사업 수행 전 각국 권한당국의 승인을 받고 유럽은행감독기구(EBA)에 통지하여야 한다(EU신용기관지침 제8조).

493) MiCA 제15조 제4항.

494) MiCA 제15조 제5항.

495) MiCA 제19조 제1항.

496) MiCA 제18조 제3항 후단. 통화가 유로화가 아닌 회원국 내에 설립된 신청인인 경우, 또는 유로화가 아닌 통화가 준비자산에 포함되어 있는 경우 권한당국은 해당 회원국의 중앙은행과 상의하여야 한다.

가능한 상태로 게시하여야 한다.499) 이후 해당 암호자산의 실제적·잠재적 보유자가 구매 등을 결정하는 데 중대한 영향을 미칠 수 있는 사업모델에 대한 의도된 변경이 있는 경우, 발행인은 이를 권한당국에 통지하고500) 수정된 백서 초안을 제출하여 백서 수정에 대한 허락(approval)을 받아야 한다.501)

신청인의 경영진 또는 사업모델의 위험성이 높거나 신청인이 승인요건을 충족하지 못한다면 본국의 권한당국은 승인을 거절하여야 한다.502) 또한 승인 이후라도 신청서에 거짓 정보를 기재하였거나 규정의 심각한 위반, 파산절차 내지 운영중단 등의 사유가 있는 경우 권한당국은 승인을 취소하여야 한다.503)

발행인 또는 경영진이 부정확하거나 오인을 초래하는 정보를

---

497) MiCA 제57조 제1항 전단. 유럽증권시장감독기구(ESMA)가 작성하여 웹사이트에 공시하는 모든 암호자산서비스제공자의 등록부를 말한다.

498) MiCA 제19조 제3항.

499) MiCA 제57조 제1항 후단.

500) MiCA 제21조 제1항.

501) MiCA 제21조 제2항.

502) MiCA 제19조 [승인 또는 거절] ② 권한당국은 다음 각호에 해당하는 객관적이고 입증 가능한 근거가 있는 경우 승인을 거절하여야 한다. (a) 신청인의 경영진이 효율적이고 건전하며 신중한 경영, 산업 연속성, 고객의 이익에 대한 적절한 고려, 그리고 시장의 무결성을 위협할 수 있는 경우, (b) 신청인이 본 장에 정한 요건을 충족하지 못하거나 충족하지 못할 가능성이 높은 경우, (c) 신청인의 사업모델이 금융 안정성, 통화정책 및 통화주권에 심각한 위협이 될 수 있는 경우.

503) MiCA 제20조 제1항 [승인의 취소] ① 권한당국은 다음 각호의 하나에 해당하는 경우 ARTs 발행인의 승인을 취소하여야 한다. (a) 승인 후 6개월 내에 미사용, (b) 연속된 6개월간 미사용, (c) 제16조 및 제21조의 승인 신청 시 거짓진술 등 비정상적 방법으로 승인을 취득한 경우, (d) 더 이상 승인요건을 충족하지 못하는 경우, (e) 본 장의 규정을 심각하게 위반한 경우, (f) 적용가능한 국내 파산법에 따른 정리절차에 놓인 경우, (g) 명시적으로 승인을 포기하거나 운영을 중단한 경우.

백서에 제공하여 ARTs 백서 규정(제17조)을 위반한 경우, 보유자는 그로 인해 발생한 손해에 대해 발행인 또는 경영진에 대하여 손해배상을 청구할 수 있다.[504] 이때 규정 위반 사실 및 그로 인한 손해 발생의 인과관계는 보유자가 입증하여야 하며,[505] 발행인 또는 경영진은 민사상 면책을 항변할 수 없다.[506] 다만 백서 요약본에 대하여는 요약자료의 특성상 작성자(발행인)의 책임을 제한할 필요가 있으므로, 요약본의 내용을 사유로 한 손해배상의 청구는 일관성이 없거나 핵심정보가 미기재된 경우에 한하여 가능하도록 하였다.[507]

② 행위규범

자산준거토큰(ARTs)의 발행인은 암호자산 보유자의 최선의 이익을 위해 행동하며, 백서에 공개된 특혜를 제외하고 보유자를 동등하게 대우하여야 한다.[508]

발행인은 대중이 토큰을 보유하는 한 백서를 지속 공시할 의무가 있다.[509] 수정된 백서나 마케팅자료가 있는 경우 백서와 함께 공시한다. 또한 유통 중인 ARTs의 규모, 준비자산의 가치와 구성에 대해 적어도 매월 투명하게 공개하고,[510] 준비자산에 대한 독

504) MiCA 제22조 제1항.

505) MiCA 제22조 제2항.

506) MiCA 제22조 제1항.

507) MiCA 제22조 제3항.

508) MiCA 제23조. 마케팅자료가 있는 경우도 같다. ARTs의 마케팅자료는 MiCA 제25조에 따라 정확하게 식별 가능한 정보로 구성되어야 한다. 즉, 마케팅자료상의 정보는 공정·분명하고 오해의 소재가 없어야 하며, 백서와 일치하여야 한다. 그리고 백서의 발행사실과 백서가 공시된 웹사이트를 명시하여야 한다. 또한 모든 보유자에게 직접청구권이나 상환청구권이 인정되지 않는 경우, 마케팅자료에 이 사실을 명시하여야 한다.

509) MiCA 제24조. 마케팅자료가 있는 경우도 같다.

립적 감사의 결과를 즉시 웹사이트에 게시하며,[511] ARTs 내지 준비자산의 가치에 중대한 영향을 미칠 사유가 있는 경우 즉시 이를 웹사이트에 게시하여야 한다.[512]

자산준거토큰(ARTs) 발행인은 견고하고 책임 귀속이 분명한 지배구조를 갖추고,[513] 지속경영정책과 시스템복구대책을 운영하여야 하며,[514] 독립된 제3자로부터의 감사를 받아야 한다.[515] 또한 엄격한 준법 정책 및 절차[516]와 내부통제 구축,[517] 정보보안 체계를 갖추고, 활동 관련 정보를 기록하고 보존하여야 한다.[518] 공정한 고객불만처리절차를 운영하며,[519] 발행인과 보유자, 발행인과 위탁업무 수행자(커스터디 등) 사이는 물론 발행인과 주주·경영진 · 직원 간에도 이해상충을 방지 · 식별하고 관리하며, 이해상충의 일반적 특성과 원인 및 경감조치 등에 관한 사항을 웹사이트의 눈에 띄는 곳에 공개하여야 한다.[520] 적격보유자[521]의 보유

---

510) MiCA 제26조 제1항.

511) MiCA 제26조 제2항 및 제32조 제5항. 준비자산에 대하여는 매 6월마다 별도의 독립된 회계감사를 받아야 한다.

512) MiCA 제26조 제3항.

513) MiCA 제30조 제1항.

514) MiCA 제30조 제8항.

515) MiCA 제30조 제11항.

516) MiCA 제30조 제5항.

517) MiCA 제30조 제9항.

518) MiCA 제30조 제9항.

519) MiCA 제27조.

520) MiCA 제28조.

521) MiCA 제3조 제1항 제26호. 적격보유(qualifying holding)란 EU DIRECTIVE 2004/109/EC 제9조, 제10조, 제12조 제4항 및 제5항에 따라, ARTs 발행인 또는 암호자산서비스제공자(CASP)의 자본금 또는 의결권의 10% 이상을 표상하거나 해당 사업의 경영에 중대한 영향력을 행사할 수 있는 직접적 또는 간접적 보유를 의미한다.

비율 변경이 발행인의 지위에 영향을 미칠 경우에는 사전에 서면으로 이를 권한당국에 통지하여야 하며, 권한당국은 이를 제한하는 조치를 취할 수 있다.[522)]

ARTs의 발행인은 물적 요건으로서 35만 유로[523)] 또는 준비자산 평균액[524)]의 2% 상당액 중 높은 것에 해당하는 최소한의 자체보유자금을 항시 보유할 의무가 있다.[525)]

③ 준비자산

자산준거토큰(ARTs) 발행인은 항시 토큰별로 준비자산(reserved assets)을 구성하고 보관하여야 한다.[526)] ARTs의 생성과 소멸은 준비자산의 증가 및 감소와 항시 일치하여야 하며,[527)] 준거자산의 목록과 구성, 준비자산에 포함된 자산의 유형과 비율, 준비자산의 위험평가 상세, 준비자산 투자 여부와 투자 시 정책, 토큰의 생성과 소멸이 준비자산에 반영되는 절차, 상환청구권자의 유형

---

522) MiCA 제37조 내지 제38조. 발행인의 적격보유자가 그 보유분을 직접 또는 간접적으로 취득·처분하거나 증가·감소케 하기로 결정하여 그 결과 그가 보유하는 자본금(capital) 또는 의결권의 비율이 10%, 20%, 30%, 또는 50%를 초과하거나 그 미만으로 떨어짐으로써 ARTs 발행인이 자회사가 되거나 자회사의 지위를 벗어나게 될 경우, 해당 취득제안자(the 'proposed acquirer') 또는 매각제안자(the 'proposed vendor')는 그 규모를 명시하여 권한당국에 사전에 서면으로 통지하여야 한다. 권한당국은 적격보유자의 평판 내지 재정 건전성 등을 평가한 결과 이를 반대할 합리적인 사유가 있는 경우 또는 제공된 정보가 불완전하거나 거짓인 경우에 한하여 이를 반대할 수 있다.

523) MiCA 제31조 제1항(a). 2022년 2월 기준 한화 약 4.8억 원에 해당한다.

524) MiCA 제31조 제1항(b). 연속된 6월간의 매월 말 평균값을 말한다. 이 금액은 권한당국이 발행인에 대한 위험평가결과에 따라 산출액의 20% 범위 내에서 이를 가감할 수 있다.

525) MiCA 제31조 제1항.

526) MiCA 제32조 제1항.

527) MiCA 제32조 제3항.

또는 목록 등을 포함하는 정확하고 상세한 준비자산 보유·관리 정책을 요한다.[528)]

준비자산은 항시 발행인의 자산과 분리하여 지정된 보관기관에 보관하되,[529)] 암호자산을 제외한 다른 자산은 모두 신용기관에, 암호자산은 제3자를 위한 보관관리업의 승인을 받은 암호자산서비스제공자에 각 보관한다.[530)] 준비자산에 대한 담보설정이나 제한권리 설정은 금지되고,[531)] 보유자의 상환요청에 부응하기 위하여 발행인은 준비자산에 대해 즉시 접근할 수 있다.[532)]

또한 발행인은 준거자산의 가치와 ARTs의 시장가치가 현격히 다를 경우 보유자의 발행인에 대한 직접청구권을 인정하고, 사업정리절차[533)] 내지 승인 취소, 운영 중단 등 사유 발생 시 준비자금이 보유자에게 지급되는 절차 등을 포함하는 보유자의 청구권 관련 정책과 절차를 수립하고 운영해야 한다.[534)]

준비자산의 투자는 제한적으로 허용되고[535)] 그에 따른 모든 수익과 손실, 투자위험 등은 발행인에게 귀속한다.[536)] ARTs 발행인은 보유자에게 그 보유기간에 상응하는 이자 또는 기타 이익을

---

528) MiCA 제32조 제4항.

529) MiCA 제33조 제1항(a).

530) MiCA 제33조 제2항 및 제33조 제1항(c).

531) MiCA 제33조 제1항(b).

532) MiCA 제33조 제1항(d).

533) MiCA 제42조. ARTs 발행인은 사업정리절차(orderly wind-down)에 대한 계획을 마련하고 지속적으로 업데이트하여야 한다.

534) MiCA 제35조.

535) MiCA 제34조 제1항. 유동성이 크고 위험성이 적으며 가격 손실을 최소한으로 신속히 청산할 수 있는 방식으로 해야 하며, 구체적인 안이 유럽은행감독기구(EBA)에 의해 준비될 예정이다.

536) MiCA 제34조 제3항.

제공할 수 없다.[537)]

ARTs 발행인은 준비자산에 대하여 매 6월마다 별도의 독립된 회계감사를 받아야 하며,[538)] 그 결과를 즉시 자신의 웹사이트에 게시하여야 한다.[539)]

④ 중요한 자산준거토큰(S-ARTs)

고객의 규모 및 거래량 등을 기준으로 특정 ARTs가 "중요한 자산준거토큰(Significant Aseset-Referenced Tokens: S-ARTs)"에 해당하는 경우,[540)] S-ARTs의 발행인은 적절한 보수정책의 도입,[541)] 자체보유자금 산출 비율 상향 적용(준비자산 평균액의 2%에서 3%로 상향)[542)] 등 해당 토큰의 영향력에 대비한 추가적인 의무를 부담한다. 또한 권한당국에서 유럽은행감독기구(EBA)로 감독 관할이 이전한다.[543)]

(바) 전자화폐토큰(EMTs) 발행인의 의무

발행인은 ① EU 내에 설립된 법인이라야 하고, ② 발행할 토큰

537) MiCA 제36조.

538) MiCA 제32조 제5항.

539) MiCA 제26조 제2항.

540) MiCA 제39조 제1항 및 제6항. 중요한 자산준거토큰으로 분류되는 요건은 MiCA 제121조에 따라 위원회가 채택할 것이나 임계점으로 제시된 바에 따르면 아래 항목 중 3가지 이상에 해당하면 S-ARTs로 분류될 가능성이 높다. (i) 자연인 또는 법인인 고객의 규모가 2,000,000명 이상, (ii) 발행된 토큰의 가치가 1,000,000,000(10억) 유로 이상, (iii) 일 거래횟수 500,000회 이상 또는 일 거래량 100,000,000(1억) 유로 이상, (iv) 준비자산의 규모가 1,000,000,000(10억) 유로 이상, (v) 7개국 이상에서 사용·지급 등.

541) MiCA 제41조 제1항.

542) MiCA 제41조 제4항.

543) MiCA 제39조 제5항.

에 대한 백서를 작성하고 권한당국에 통지한 후 이를 공시하여야 한다. 발행인은 ③ EU전자화폐지침을 준수하여야 하고, ④ 모든 보유자에 대하여 그 요청에 따라 액면가 상당액을 즉시 상환할 의무가 있으며, ⑤ 일정 금액 이상의 자체보유자금을 항시 유지하고, ⑥ 토큰 발행의 대가로 수령한 자금을 지정된 예치기관에 예치하여야 한다. ⑦ 발행토큰이 '중요한 전자화폐토큰'[544]으로 분류되면 추가적인 의무를 부담한다.

① 자격과 백서

발행인은 EU전자화폐지침(DIRECTIVE 2009/110/EC OF THE EUROPEAN PARLIAMENT AND OF THE COUNCIL of 16 September 2009 on the taking up, pursuit and prudential supervision of the business of electronic money institutions amending Directives 2005/60/EC and 2006/48/EC and repealing Directive 2000/46/EC)('2013/36/EU' 또는 'EU전자화폐지침')에 의해 승인받은 전자화폐기관[545] 또는 신용기관[546] 이어야 한다.[547]

EU전자화폐지침에 따른 전자화폐기관 내지 신용기관 승인을 받기 위해서는 본국의 권한당국에 신청서를 제출하여야 한다. 신

544) MiCA 제50조 제1항 및 제39조 제1항, 제6항. 중요한 전자화폐토큰(Significant EMTs: S-EMTs)이란 유럽은행감독기구(EBA)가 전자화폐토큰의 고객 규모, 가치 및 거래 수량 등을 고려하여 중요한 것으로 지정한 토큰을 말한다.

545) EU전자화폐지침(2009/110/EC) 제1조 제1항(a), 제2조 제1항. 전자화폐기관(electronic money institution)이란 전자화폐를 발행하도록 동 지침 제2장에 따라 승인된 법인을 의미한다.

546) EU전자화폐지침(2009/110/EC) 제1조 제1항(a) 및 EU신용기관지침(2006/48/EC) 제4조 제1항. 신용기관(credit institution)이란 일반인으로부터 예금 또는 기타 상환 가능한 자금을 수취하고 그 자신의 계좌에 신용(공제)을 부여하는 사업을 말한다.

547) MiCA 제43조 제1항(a).

청서에는 서비스 유형에 따른 운영프로그램, 최초 3년간의 예상 재무를 포함한 운영계획, 지배구조 및 내부통제, 적격보유자 적합성 및 경영진 건전성에 대한 증명 등이 필수적으로 포함되어야 한다.[548]

위 승인은 EU 내에 설립된 법인에 대하여만 부여되고,[549] 승인된 전자화폐기관은 전자화페토큰(EMTs) 발행 권한이 부여되므로,[550] 결론적으로 EMTs의 발행인은 법인이라야 하며 법인의 설립지는 EU 내라야 한다. 권한당국은 분명한 책임소재, 위험의 식별·관리·모니터링 절차 및 보고 절차, 적절한 내부통제구축 등을 포함한 건전한 지배구조를 갖춘 신청인에 한하여 이를 승인하여야 하고,[551] 이 승인은 EU 전체에 대하여 효력이 있다.[552] 다만 승인을 받은 기관이 12개월 이내로 승인을 사용하지 않거나, 승인 포기를 명시적으로 표시하는 경우, 6개월간 연속하여 영업을 하지 않는 경우, 또는 신청서에 거짓 정보를 기재하였거나 승인요건을 더 이상 충족하지 못하는 등의 경우에는 권한당국은 그 승인을 취소할 수 있고,[553] 승인이 취소되면 EMTs 발행인의 자격도 상실된다.

---

548) EU전자화폐지침(2009/110/EC) 제3조 제1항 및 EU지불기관지침(2007/64/EC) 제5조.

549) EU전자화폐지침(2009/110/EC) 제3조 제1항 및 EU지불기관지침(2007/64/EC) 제10조 제1항.

550) MiCA 제43조 제1항(c) 후단.

551) EU전자화폐지침(2009/110/EC) 제3조 제1항 및 EU지불기관지침(2007/64/EC) 제10조 제4항.

552) EU전자화폐지침(2009/110/EC) 제3조 제1항 및 EU지불기관지침(2007/64/EC) 제10조 제9항.

553) EU전자화폐지침(2009/110/EC) 제3조 제1항 및 EU지불기관지침(2007/64/EC) 제12조 제1항.

EU전자화폐지침에 따라 승인된 전자화폐기관 내지 신용기관은 EMTs 발행을 위한 별도의 승인은 요구되지 않으며, 다만 발행할 암호자산에 대한 백서를 작성하고 권한당국에 통지한 후 이를 공시하여야 한다.[554)]

이와 같은 발행인의 자격요건은 (i) 12개월 이상의 기간 동안 매월 말 산출한 자산총액의 평균이 5,000,000유로 상당액[555)] 이하인 경우[556)] 또는 (ii) 적격투자자[557)]에 한하여 홍보·배포되고 적격투자자만 보유 가능한 전자화폐토큰인 경우에는 요구되지 아니한다.[558)] 이 경우 발행인은 전자화폐토큰(EMTs)의 백서 규정(제46조)에 따른 백서를 작성하고, 권한당국에 통지하여야 한다.[559)]

EMTs 백서에는 발행인 및 프로젝트 주요 참가자의 상세, 공개 제안 및 상장 계획 여부, 수반되는 권리·의무, 관련된 리스크 등에 대한 상세한 설명과 기반 기술 정보, 그리고 수수료를 포함한 상환 조건 등이 반드시 포함되어야 한다.[560)] 백서에 해당 암호자

554) MiCA 제43조 제1항(c).

555) 2022년 2월 현재 기준으로 한화 약 68억 원에 해당한다.

556) MiCA 제43조 제2항(b). 해당 기준을 5,000,000유로 이하로 정하도록 한 EU전자화폐지침(2009/110/EC) 제9조 제1항(a)에 따라 국내법에 더 낮은 기준이 설정되어 있는 경우는 그에 의한다.

557) (일반) 암호자산(유틸리티토큰 포함) 발행인의 의무에서 살핀 바와 같은 개념이다.

558) MiCA 제43조 제2항.

559) MiCA 제43조 제2항.

560) MiCA 제46조 [EMTs 백서의 형식과 내용] ① 발행인은 EU에서 EMTs를 대중에게 제공하거나 거래플랫폼에서 거래하려면 그에 대한 승인을 얻기 전 백서를 자신의 웹사이트에 게시하여야 한다. ② 전항의 백서에는 아래 모든 항목이 포함되어야 한다. (a) 발행인에 대한 설명, (b) 발행인의 프로젝트에 대한 자세한 설명과 프로젝트의 설계 및 개발에 개입한 주요 참여

산에 대한 핵심 정보를 비(非)기술적 언어로 설명한 요약본을 포함하도록 하고,[561] 국제금융 분야에서 통상 사용되는 언어 또는 최소한 한 가지의 회원국 공식 언어로 쓰도록 하여[562] 거래참여자들의 백서에 대한 가독성을 보완하였다. 발행인은 EMTs 백서의 요약본에, 보유자는 언제든 액면가로 상환받을 권리가 있다는 점과 수수료를 포함한 상환의 조건을 명시하여야 한다.[563]

발행인은 적어도 암호자산의 발행 20일 전까지 본국 권한당국

자들의 프레젠테이션, (c) 백서가 암호자산의 대중에게 제공 또는 거래플랫폼에서의 거래 승인과 관련이 있는지 여부에 대한 표시, (d) 제44조에 따른 액면가 상환권을 포함하여 토큰에 부착된 권리·의무 및 권리 행사의 절차와 조건에 대한 자세한 설명, (e) 토큰의 보유, 보관 및 양도를 가능케 하는 발행인에 의한 기반 기술 및 표준에 대한 정보, (f) 발행인, 토큰 그리고 프로젝트 구현과 관련된 위험, (g) 부속서 III에 명시된 공개 항목*(참고로, 부속서Ⅲ에는 (a)~(g)를 서술하기 위해 필요한 발행인의 이름 들을 포함한 필수항목들이 상세히 기재되어 있다)*. ③ 전항의 모든 정보는 공정하고 명확하며 오해의 소지가 없어야 한다. 백서는 누락된 자료가 없어야 하며 간결하고 이해하기 쉬운 형태로 제시되어야 한다. ④ 백서상의 정보는 정확하며 요구사항을 준수하였다는 발행인 경영진의 진술이 포함되어야 한다. ⑤ 백서에는 비기술적 언어로 EMTs의 공모 또는 거래플랫폼에서의 거래의 승인 그리고 특히 EMTs의 필수적 요소에 대한 핵심 정보를 제공하는 요약자료가 포함되어야 한다. 그리고 요약본에는 다음 각호의 내용을 포함하여야 한다. (a) EMTs 보유자는 언제든지 액면가로 상환받을 권리가 있음. (b) 상환 조건(수수료 포함). ⑥ 모든 백서에는 날짜가 기재되어야 한다. ⑦ 백서는 국내 회원국의 공식 언어 중의 하나 또는 국제 금융 분야에서 관례적으로 사용되는 언어로 작성되어야 한다. ⑧ 백서는 제5조에 따라 기계가 읽을 수 있는 형식으로 작성되어야 한다. ⑨ 발행인은 발행일로부터 제20영업일 전에 제3조 제1항 제24호(b)의 백서 초안과 마케팅 커뮤니케이션 내용을 권한당국에 통지하여야 한다. ⑩ 최초의 백서 발행 후 토큰에 대한 구매 결정 또는 토큰 보유자의 상환 결정에 중대한 영향을 미칠 수 있는 변경 또는 새로운 사실이 발생한 경우 발행인은 백서를 수정하고 권한당국에 통지하여야 한다.

561) MiCA 제46조 제5항.

562) MiCA 제46조 제7항.

563) MiCA 제46조 제5항.

에 백서를(마케팅자료[564])가 있는 경우는 마케팅자료도 함께) 통지하고,[565] 대중에 제안 또는 거래플랫폼에 거래승인신청 전 발행인의 웹사이트에 게시하는 방법으로 공시해야 한다.[566] 백서를 공시함으로써 발행인은 전자화폐토큰(EMTs)을 대중에게 제안하거나 거래플랫폼에 거래승인을 신청할 수 있다. 추후 해당 암호자산의 실제적·잠재적 보유자가 구매 등을 결정하는 데 중대한 영향을 미칠 수 있는 사실의 변경이 있거나 새로운 사실이 있는 경우 발행인은 백서를 수정하고 이를 권한당국에 통지하여야 한다.[567]

발행인 또는 경영진이 부정확하거나 오인을 초래하는 정보를 백서에 제공하여 EMTs 백서에 대한 규정(제46조)을 위반한 경우, 보유자는 그로 인해 발생한 손해에 대해 발행인 또는 경영진에 대하여 손해배상을 청구할 수 있다.[568] 이때 규정 위반 사실 및 그로 인한 손해 발생의 인과관계는 보유자가 입증하여야 하며,[569] 발행인 또는 경영진은 민사상 면책을 항변할 수 없다.[570] 다만 백서 요약본에 대하여는 요약자료의 특성상 작성자(발행인)의 책임을 제한할 필요가 있으므로, 요약본의 내용을 사유로 한

---

564) MiCA 제48조 제1항 및 제2항. EMTs을 대중에 제안하거나 거래소의 거래승인을 얻기 위한 마케팅자료(marketing Communications)는 정확하게 식별 가능한 정보로 구성되어야 한다. 즉, 마케팅자료상의 정보는 공정·분명하고 오해의 소재가 없어야 하며, 백서와 일치하여야 한다. 그리고 백서의 발행사실과 백서가 공시된 웹사이트를 명시하여야 한다. 또한 모든 보유자에게 언제든지 가치에 따른 상환을 청구할 권리가 있음을 명시하여야 한다.

565) MiCA 제46조 제9항.

566) MiCA 제46조 제1항.

567) MiCA 제46조 제10항.

568) MiCA 제47조 제1항.

569) MiCA 제47조 제2항.

570) MiCA 제47조 제1항.

손해배상의 청구는 일관성이 없거나 핵심정보가 미기재된 경우에 한하여 가능하도록 하였다.[571)]

② 행위규범

MiCA에 별도의 정함이 없는 한 발행인은 EU전자화폐지침 제2장 및 제3장의 요건을 모두 충족하여야 한다.[572)] 즉, EMTs 발행인은 독립된 제3자로부터 감사를 받아야 하고,[573)] 최소 5년간의 기록보관의무를 부담하며,[574)] EU개인정보지침에 따른 보유자의 개인정보 보호조치를 취하여야 한다.[575)] 적격보유자[576)]의 보유비율 변경이 발행인의 지위에 영향을 미칠 경우에는 사전에 이를 권한당국에 통지하여야 하며, 권한당국은 이를 제한하는 조치를 취할 수 있다.[577)] 전자화폐토큰의 유통·상환은 유통을 대행하는

571) MiCA 제47조 제3항.

572) MiCA 제43조 제1항(b). MiCA에 별도로 정함이 있는 경우는 그에 따른다.

573) EU전자화폐지침(2009/110/EC) 제3조 제1항 및 EU지불기관지침(2007/64/EC) 제12조 제1항.

574) EU전자화폐지침(2009/110/EC) 제3조 제1항 및 EU지불기관지침(2007/64/EC) 제19조.

575) EU개인정보지침(95/46/EC).

576) EU신용기관지침(2006/48/EC) 제4조 제11항. 적격보유(qualifying holding)란 자본금 또는 의결권의 10% 이상을 표상하거나 해당 사업의 경영에 중대한 영향력을 행사할 수 있는 직접적 또는 간접적 보유를 의미한다. 이를 보유하는 자연인 또는 법인을 '적격보유자'라 한다.

577) EU전자화폐지침(2009/110/EC) 제3조 제3항. 발행인의 적격보유자가 그 보유분을 직접 또는 간접적으로 취득 처분하거나, 증가·감소하기로 결정하여 그 결과 그가 보유하는 자본금(capital) 또는 의결권의 비율이 20%, 30%, 또는 50%를 초과하거나 그 미만으로 떨어짐으로써 EMTs 발행인이 자회사가 되거나 자회사 지위를 벗어나게 될 경우에는 권한당국에 사전에 그 의도를(그렇게 할 것임을) 통지하여야 한다(subpara1). 권한당국은 그가 행사하는 영향력이 발행인의 신중하고 건전한 경영에 위해를 끼칠 우려가 있는 경우에는 반대의사를 표명하거나 그 외 상황을 종결하는 적절한 조치를 취하여야 한다(subpara3). 이러한 조치에는 경고(명령), 이사

자연인 또는 법인('유통대리인')을 통해 할 수 있으나,[578] 대리 발행은 금지된다.[579]

EMTs는 ARTs와는 달리 모든 보유자에게 청구권(claim)이 부여되어야 하며, 일부에게만 이를 부여하는 전자화폐토큰의 발행은 금지된다.[580] 보유자의 상환(redeem) 요청이 있는 경우 발행인은 액면가에 상응하는 화폐가치 상당액을 즉시 상환하여야 한다.[581] 만약 발행인이 백서에 정한 기한 내 또는 요청일로부터 30일 내에 보유자의 상환요청에 응하지 않는 경우, 발행인과 계약관계에 있는 (a) 전자화폐토큰 발행의 대가로 수령한 자금의 보관기관[582] 또는 (b) 유통대행인[583]에게 상환의무가 부여된다.[584] 또한 EMTs 발행인은 보유자에게 그 보유기간에 상응하는 이자 또는 기타 이익을 제공할 수 없다.[585]

EMTs의 발행인은 물적 요건으로서 35만 유로[586] 또는 전자화폐토큰 미지급금 평균액의 2% 상당액[587] 중 높은 것에 해당하는

나 경영자에 대한 제재, 해당 주주나 조합원이 보유한 주식에 대한 의결권 행사 중지 등이 포함될 수 있다(subpara4).

578) EU전자화폐지침(2009/110/EC) 제3조 제4항.

579) EU전자화폐지침(2009/110/EC) 제3조 제5항.

580) MiCA 제44조 제2항.

581) MiCA 제44조 제4항.

582) MiCA 제44조 제7항(a) 및 EU전자화폐지침(2009/110/EC) 제7조 제1항 및 EU지불기관지침(2007/64/EC) 제9조 제1항.

583) MiCA 제44조 제7항(b) 및 EU전자화폐지침(2009/110/EC) 제3조 제4항.

584) MiCA 제44조 제7항.

585) MiCA 제45조.

586) EU전자화폐지침(2009/110/EC) 제4조 및 제5조 제1항. 2022년 2월 기준 한화 약 4.8억 원에 해당한다.

587) EU전자화폐지침(2009/110/EC) 제5조 제2항, 제3항 및 제5항. 전자화폐발행과 관련 없는 사업의 보유자금이 있는 경우는 이를 합산하고, 합산액은 권한당국이 발행인에 대한 위험평가결과에 따라 산출액의 20% 범위 내에

최소한의 자체보유자금을 항시 보유할 의무가 있다.[588] 또한 발행인은 전자화폐토큰을 발행한 대가로 수령한 자금에 대하여 신용기관의 별도 계정에 예치하거나, 권한당국이 지정하는 안전하고 유동적인 자산에 투자하는 등 국내법에 정하는 방식에 따른 보호조치를 취하여야 한다.[589] 이때 EMTs 발행인이 투자하는 자산은 해당 EMTs가 연동된 것과 동일한 통화로 표시된 것이어야 한다.[590]

③ 중요한 전자화폐토큰(S-EMTs)

고객의 규모 및 거래량 등을 기준으로 특정 EMTs가 "중요한 전자화폐토큰(Significant Electronic Money Tokens: S-EMTs)"에 해당하는 경우,[591] S-EMTs의 발행인은 전자화폐 발행의 대가로 취득한 자금을 자기자산과 분리하여 지정된 보관기관에 보관,[592] 투자시 제한,[593] 적절한 보수정책의 도입,[594] 자체보유자금 산출 비율 상향 적용(전자화폐토큰 미지급금 평균액의 2%에서 3%로 상향)[595] 등

서 이를 가감할 수 있다.

588) EU전자화폐지침(2009/110/EC) 제5조 제2항 subpara3.

589) EU전자화폐지침(2009/110/EC) 제7조 및 EU지불기관지침(2007/64/EC) 제9조 제1항.

590) MiCA 제49조.

591) MiCA 제50조 제1항 및 제39조 제1항, 제6항. 중요한 전자화폐토큰으로 분류되는 요건은 MiCA 제121조에 따라 위원회가 채택할 것이나 임계점으로 제시된 바에 따르면 아래 항목 중 3가지 이상에 해당하면 S-EMTs로 분류될 가능성이 높다. (i) 자연인 또는 법인인 고객의 규모가 2,000,000명 이상, (ii) 발행된 토큰의 가치가 1,000,000,000(10억) 유로 이상, (iii) 일 거래횟수 500,000회 이상 또는 일 거래량 100,000,000(1억) 유로 이상, (iv) 준비자산의 규모가 1,000,000,000(10억) 유로 이상, (v) 7개국 이상에서 사용·지급.

592) MiCA 제55조(a) 및 제33조.

593) MiCA 제55조(a) 및 제34조.

594) MiCA 제55조(b) 및 제41조 제1항 내지 제3항.

해당 토큰의 영향력에 대비한 추가적인 의무를 부담한다.

MiCA가 '중요한 전자화폐토큰(S-EMTs)'을 선별하도록 한 것은 종래 페이스북의 글로벌 스테이블코인 디엠(구 리브라 프로젝트)의 영향력을 의식하였기 때문이라고 한다.[596] 그런데 MiCA는 중요도에 따라 중요한 S-EMTs를 따로 구별하고 몇몇 추가적인 의무를 부여한 것 외에는, 대부분 일반 EU전자화폐지침을 그대로 따르도록 하고 있다.[597] EU전자화폐지침은 EU 회원국의 국내법의 기준이 되는 지침으로, 이러한 접근방식은 소규모의 전자화폐토큰 제공에는 유용할 수 있으나 S-EMTs에 해당하는 대규모의 글로벌 토큰에 적합한 규제환경은 될 수 없다는 의견이 있다.[598] 덧붙여 S-EMTs의 발행자로서는 EU전자화폐지침을 준수하고 미지급금 평균액의 3% 이상에 달하는 자체보유자산을 유지해 가며 EU의 거래플랫폼에 상장시킬 동력이 미비하여 EU를 선택하지 않을 것이고, EU 소비자들이 EU 규제권 밖의 외국 거래소로 향하게 만들 것이라는 지적이다.[599] 국경의 제한에서 비교적 자유로운 가상자산의 본질적 특성상, 특정 지역 또는 특정 국가에 적용되는 과도한 행위규범은 이용자와 사업자의 이탈을 불러온다. 국제 공조에 의해 동일한 수준의 규제를 적용하고 또 이를 준수할 의무가 있는 자금세탁방지 관련 규범의 적용 환경과는 달리,

595) MiCA 제55조(c) 및 제41조 제4항.

596) Patrick Hansen(2021).

597) MiCA 제43조 제2항(b). (EMTs 발행인은) 본 장에 규정된 것 외에 Directive 2009/110/EC 제2장 및 제3장에 정한 전자화폐기관에게 적용되는 요건을 충족해야 한다.

598) Dirk A. Zetzsche외 3인(2020).

599) Patrick Hansen(2021).

사업자와 이용자는 합리적인 판단에 따라 자신에게 이익이 되는 적절하고 융통성 있는 규제환경을 선택할 수 있기 때문이다.

(사) 암호자산서비스제공자 인가제 및 행위규범

암호자산서비스제공자(CASP)는 회원국에 등록된 사무실을 둔 법인으로서 등록지 권한당국으로부터[600] 승인을 받아야 한다.[601] 신청인은 승인신청서에 상호, 정관, 관련 법령 위반 여부, 고객자산 분리관리 조치, 시장남용방지 조치 등에 대해[602] 빠짐없이 기

600) MiCA 제54조 제1항.

601) MiCA 제53조 제1항.

602) MiCA 제54조 [승인의 신청] ② 신청인은 아래 각호의 사항을 기재하여야 한다. (a) 상호, 사용할 법적 이름 및 기타 상호 포함, 신청인의 법적 실체, 운영하는 웹사이트 및 물리적 주소, (b) 신청인의 법적 지위, (c) 신청인의 정관, (d) 신청인이 제공하고자 하는 서비스 운영 프로그램(마케팅 위치 및 방법 포함), (e) 신청인의 거버넌스에 대한 설명, (f) 신청인의 경영진에 해당하는 모든 자연인 그리고 직간접적으로 주식 또는 의결권의 20% 이상을 보유한 모든 자연인에 대한, 상법, 파산법, 금융서비스법, 자금세탁방지법, 테러방지법 그리고 전문책임의무 분야에서 국내 규정 위반 사실이 없다는 증명, (g) 신청인의 경영진에 해당하는 자연인이 신청인을 관리할 수 있는 충분한 지식, 기술 및 경험을 집합적으로 보유하고 있으며, 해당 자연인이 직무 수행에 충분한 시간을 할애한다는 증거, (h) 신청인의 내부 통제 메커니즘, 위험 판단 절차 및 사업 연속성 계획에 대한 설명, (i) 신청인의 IT 시스템 및 보안 체계에 대한 기술적 및 비기술적 언어로 된 설명, (j) 신청인이 제60조에 따른 안전조치(prudential safeguards)를 충족한다는 증거, (k) 신청인의 고객 불만 처리 절차 설명, (l) 고객의 암호자산 및 자금 분리 절차에 대한 설명, (m) 시장 남용을 감지하는 절차와 시스템에 대한 설명, (n) 신청인이 제3자를 대신하여 암호자산에 대한 보관 및 관리를 보장하고자 하는 경우에는 해당 보관 정책(custody policy)에 대한 설명, (o) 신청인이 거래플랫폼을 운영하고자 하는 경우에는 해당 운영 규칙에 대한 설명, (p) 신청인이 암호자산과 법화 간의 교환 또는 암호자산 간의 교환 서비스를 운영하고자 하는 경우에는 비차별적 상업정책에 대한 설명, (q) 신청인이 제3자를 대신하여 거래를 체결하고자 하는 경우에는 체결 방침에 대한 설명, (r) 신청인이 제3자를 대신하여 암호자산에 대한 주문을 수신하고 전

재하여야 하며, 권한 당국은 신청서 작성이 완료된 날로부터 3월 이내에 승인 여부를 판단하여야 한다.[603] 이 승인은 유럽증권시장감독기구(ESMA)에 등재되고[604] 전체 EU에 대하여 효력이 있다.[605]

경과조치로서, MiCA 발효일 이전에 적용 가능한 법률에 따라 암호자산서비스를 제공해 왔던 사업자는 발효일로부터 18개월 이내에 승인을 받도록 유예기간을 부여하였다.[606] 또한 독일의 경우처럼 암호자산사업자에 대한 라이선스를 이미 운용 중인 회원국의 승인된 사업자에 대하여는 간이절차(simplified procedures)에 의한 승인이 가능하다.[607] 기존 사업자는 MiCA 발효일로부터 18개월 이내에 이를 신청하여야 하고,[608] 권한당국은 신청인이 MiCA 발효 이전에 이미 관련 EU의 지침이나 국내법에 의해 승인된 사업자인 경우로서 권한당국이 신청서 항목에 해당하는 최신정보에 직접 접근할 수 있는 경우에는 이미 승인된 정보를 다시 요청할 수 없다.[609]

권한당국이 승인을 취소해야 하는 사유도 제시하였다. (i) 승인을 받은 날로부터 18개월 내로 이를 사용하지 않거나, (ii) 승인을 포기한 것이 명백한 경우, (iii) 연속하여 9개월간 승인된 서비스

송하고자 하는 경우, 신청인을 대리하여 자문하는 자연인이 의무를 이행하는 데 필요한 지식과 전문 지식을 보유하고 있다는 증명.

603) MiCA 제55조 제5항.

604) MiCA 제57조 제1항.

605) MiCA 제53조 제3항.

606) MiCA 제123조 제2항.

607) MiCA 제123조 제3항 전문.

608) MiCA 제123조 제3항 후문.

609) MiCA 제54조 제3항.

를 제공하지 않는 경우, (iv) 신청서에 허위사실을 기재하는 등 비정상적인 방법으로 승인을 득한 경우, (v) 더 이상 승인요건에 부합하지 않으며 기한 내 시정도 이루어지지 않는 경우 또는 (vi) MiCA를 심각하게 위반한 경우에는 권한당국은 승인을 취소하여야 한다.[610] 암호자산서비스제공자(CASP)는 승인이 취소될 경우 고객 자산을 다른 사업자에게 신속하고 체계적으로 이전할 적절한 절차를 수립하여야 한다.[611]

CASP는 고객의 최선의 이익을 위하여 행동하며, 고객에게 정확한 정보를 전달할 의무가 있다. 암호자산의 구매와 관련된 위험에 대하여 고객에게 경고하고, 가격 정책은 자신의 웹사이트에서 눈에 띄는 곳에 게시하는 방식으로 공개적으로 이용 가능하도록 공시해야 한다.[612]

또한 고객의 자금을 중앙은행 또는 신용기관에 즉시 예치하도록 하고, 예치된 고객의 자금이 CASP 자신의 계좌와 별도로 식별이 가능한 계좌에 보관되도록 필요한 모든 조치를 취하도록 하였다.[613] 또한 CASP는 고객 간, 고객과 내부인 간의 이해상충을 방지, 식별 및 관리하고 또 이를 공개할 의무가 있다.[614] 특히 거래플랫폼을 운영하는 CASP는, 암호자산에 대하여 자신의 거래플랫폼에서의 거래를 승인하거나 중단케 하는 요건과 절차(이른바 '가상자산의 상장 및 상장폐지에 관한 사항')를 포함한 운영규칙을 마련하고 이를 자신의 웹사이트에서 눈에 띄는 곳에 게시하는 방

610) MiCA 제56조 제1항.
611) MiCA 제56조 제7항.
612) MiCA 제59조 제1항 내지 제4항.
613) MiCA 제63조 제3항.
614) MiCA 제65조 제1항 내지 제4항.

식으로 공시하여야 한다.[615] 또한 제3자를 위한 암호자산의 보관 및 관리 서비스를 제공하는 암호자산서비스제공자는 오작동 또는 해킹으로 인한 암호자산의 손실에 대해 분실한 암호자산의 시장가치만큼 책임을 진다.[616] 적격보유자[617]의 보유 비율 변경이 암호자산서비스제공자(CASP)의 지위에 영향을 미칠 경우에는 사전에 서면으로 이를 권한당국에 통지하여야 하며, 권한당국은 이를 제한하는 조치를 취할 수 있다.[618]

(아) 시장남용금지

MiCA의 시장남용금지의무는, 승인받은 CASP가 운영하는 거래플랫폼에서 거래가 승인된 또는 그 승인을 요청해 놓은 암호자산과 관련한 행위이면 누구에게나 적용된다.[619]

먼저 발행인은 내부정보를 신속하게 공시하여야 한다.[620] 다만

615) MiCA 제68조.

616) MiCA 제67조 제8항.

617) MiCA 제3조 제1항 제26호. 적격보유(qualifying holding)란 EU DIRECTIVE 2004/109/EC 제9조, 제10조, 제12조 제4항 및 제5항에 따라, ARTs 발행인 또는 암호자산서비스제공자(CASP)의 자본금 또는 의결권의 10% 이상을 표상하거나 해당 사업의 경영에 중대한 영향력을 행사할 수 있는 직접적 또는 간접적 보유를 의미한다.

618) MiCA 제74조 내지 제75조. CASP의 적격보유자가 그 보유분을 직접 또는 간접적으로 취득·처분하거나 증가·감소케 하기로 결정하여 그 결과 그가 보유하는 자본금(capital) 또는 의결권의 비율이 10%, 20%, 30%, 또는 50%를 초과하거나 그 미만으로 떨어짐으로써 CASP가 자회사가 되거나 자회사의 지위를 벗어나게 될 경우, 해당 취득제안자(the 'proposed acquirer') 또는 매각제안자(the 'proposed vendor')는 그 규모를 명시하여 권한당국에 사전에 서면으로 통지하여야 한다. 권한당국은 적격보유자의 평판 내지 재정 건전성 등을 평가한 결과 이를 반대할 합리적인 사유가 있는 경우 또는 제공된 정보가 불완전하거나 거짓인 경우에 한하여 이를 반대할 수 있다.

619) MiCA 제76조.

즉시 공개하는 것이 발행인의 정당한 이익을 침해할 가능성이 있고, 공개 지연이 대중을 오도할 가능성이 없으며, 발행인이 해당 정보의 기밀성을 보장할 수 있다는 세 가지 요건이 충족되는 경우에 한하여 발행인은 자신의 책임하에 정보공개를 지연할 수 있다.[621]

또한 내부자거래는 금지된다. 누구도 암호자산을 취득 또는 처분하기 위하여 직접이든 간접이든, 자신을 위해서든 제3자를 위해서든 그 암호자산에 대한 내부정보를 사용할 수 없다.[622] 내부정보의 보유자는 관련 암호자산에 대해 그 정보에 기초하여 ⓐ 다른 사람의 취득 또는 처분, ⓑ 주문의 취소 또는 수정을 권고하거나 유도해서는 안 된다.[623] ⓒ 직무행사를 위한 것이 아닌 불법적인 내부정보의 공개 역시 금지된다.[624]

그리고 시세를 조작하는 행위를 금지하였다. 즉, ⓐ 적법한 사유에 의한 수행임을 규명하지 않는 한, 암호자산의 공급, 수요 또는 가격에 대한 거짓 또는 오해의 소지가 있는 신호를 주거나 주려는, 또는 비정상적 또는 인위적인 수준으로 하나 또는 수개의 암호자산의 가격을 설정하거나 설정하려는 거래 체결, 주문 설정 또는 기타 관련 행위는 금지된다.[625] ⓑ 가공의 장치 또는 다른 형태의 속임수를 동원하여 하나 또는 수개의 암호자산의 가격에 영향을 미치거나 미칠 수 있는 거래 체결, 주문 설정 또는 기타 관련 행

620) MiCA 제77조 제1항.
621) MiCA 제77조 제2항.
622) MiCA 제78조 제1항.
623) MiCA 제78조 제2항.
624) MiCA 제79조.
625) MiCA 제80조 제1항(a).

위[626] 그리고 ⓒ 정보를 유포하는 행위로서 (i) 유포자가 그 정보가 거짓 또는 오해의 소지가 있음을 알았거나 알았어야 함에도 유포하는 것을 포함하여, (ii) 인터넷을 포함한 매체 등을 통하여 암호자산의 공급, 수요 또는 가격에 대한 거짓 또는 오해의 소지가 있는 신호를 제공하거나 제공할 가능성이 있는 정보, (ii) 하나 또는 수개의 암호자산의 가격을 비정상적 또는 인위적인 수준으로 잡아둘 가능성이 있는 정보를 유포하는 행위도 금지된다.

MiCA가 제안하는 시세조종행위의 예시로는 ⓐ 직접 또는 간접적으로 매도·매수 가격을 고정시키거나(또는 시키려고 하거나), 다른 불공정거래의 조건을 조성하는(또는 조성하려고 하는) 등 암호자산의 수요와 공급에 대한 지배적인 위치를 점하는 것,[627] ⓑ 거래플랫폼에서 주문을 설정(취소·변경을 포함)함에 있어 ⓐ 와 같은 효과가 있는 것으로써 (i) 플랫폼의 기능을 방해하거나 지연시키(려)는 활동을 하거나 또는 그러한 활동에 관여하는 것, (ii) 거래플랫폼의 정상적인 기능을 저해시키는 주문을 넣는 것을 포함하여, 다른 사람이 거래플랫폼에서 실질 주문을 식별하는 것을 더 어렵게 만드는 행위를 하거나 또는 그런 행위에 관여하는 것, (iii) 특히 어떤 분위기를 조성하거나 악화시키기 위한 주문을 입력하는 것을 포함하여, 암호자산의 공급, 수요 또는 가격에 대하여 거짓 또는 오해의 소지가 있는 신호를 만들거나 또는 그런 행위에 관여하는 것 등이 있다.[628] 그리고 ⓒ 이전에 해당 암호자산에 대해 입장을 취했고 이후 그 영향으로 이익을 얻었음에도 대

626) MiCA 제80조 제1항(b).
627) MiCA 제80조 제2항(a).
628) MiCA 제80조 제2항(b).

중에게 이해상충문제에 대해 동시에 적절하고 효과적인 방법으로 공개하지 않는 등, 전통적인 매체 또는 전자매체에 간헐적으로 또는 정기적으로 접근하여 암호자산에 대한 의견을 발언함으로써 이익을 얻는 것[629] 또한 시세를 조작하는 행위로 간주한다.

나. 국내 동향

우리나라에서도 현재 가상자산 관련 산업을 정의하고 전체적인 방향과 행위규범을 정하려는 시도가 이루어지고 있다.

우리나라의 초기 정책과 법제는 가상자산이라는 신기술의 등장으로 인해 새로이 대두된 위험 요소들, 즉 기존의 다단계 내지 유사수신 관련 범죄행위에 가상자산을 악용하여 다수의 피해자를 발생시킨다거나, 익명성을 악용하여 기존 금융시스템의 투명성 규제를 회피하기 위한 수단으로 이용되는 경우 등에 대처하기 위한 목적이 컸다. 그 결과 정부의 수년간에 걸친 관련 범죄 특별단속이 이루어져 왔고, 자금세탁방지를 위한 국제 공조의 일환으로 특정금융정보법을 개정하여 국내 가상자산사업자의 자금세탁방지의무를 법제화하였다. 그리고 가상자산 대응의 주된 목적이 관련 범죄 단속과 소비자 보호에 있음을 강조하며, 가상자산을 금융상품의 일종으로 취급하거나 가상자산 거래를 금융 유사의 것으로 포섭하는 데 대하여는 소극적인 입장을 고수해 왔다.

다만 최근 금융선진국을 중심으로 가상자산 시장질서 수립과 거래자 보호에 대한 논의가 활발하게 이루어지고, 가상자산 시장

629) MiCA 제80조 제2항(c).

의 건전성을 확보하는 단계로의 진행이 자연스러운 논의의 흐름이 되면서, 국내에도 최근 모종의 변화가 감지되고 있다. 21대 국회에서 현재까지 발의된 가상자산 업(業)에 대한 법률안의 공통점이 가상자산 이용자의 보호와 가상자산 시장의 신뢰성·투명성 확보라는 점도 이를 뒷받침한다.

가상자산 업(業)법과 관련하여 20대 국회(2016~2020년)에서는 가상자산 관련 소비자 보호와 사업자 행위규범에 관한 약 6건의 법률안이 발의되었으나[630] 모두 의결에는 이르지 못한 채 임기만료로 폐기되었다. 현재 21대 국회(2020~2024년)에는 특정금융정보법 일부개정법률안 2건 및 전자금융거래법 일부개정법률안 4건을 비롯하여 가상자산 업(業)을 의율하는 제정법안 7건 등 도합 약 13건의 법률안이 발의되어 정무위원회에서 논의 중이다. 각 법률안의 개요를 살펴보면 다음과 같다.

1) 특정금융정보법 일부개정법률안[631]

특정금융정보법 일부개정법률안(이주환의원안, 이영의원안. 이하 법률안은 대표발의한 의원명으로 약칭한다)은 가상자산 시장의 질서

630) 박용진의원 등 10인, 전자금융거래법 일부개정법률안(의안번호 8288, 2017.07.31.), 정태옥의원 등 11인, 가상화폐업에 관한 특별법안(의안번호 11752, 2018.02.02.), 정병국의원 등 10인, 암호통화 거래에 관한 법률안(의안번호 11786, 2018.02.06.), 하태경의원 등 10인, 전자금융거래법 일부개정법률안(의안번호 15745, 2018.09.27.), 김선동의원 등 11인, 디지털 자산 거래 진흥법안(의안번호 16704, 2018.11.21.), 이언주의원 등 10인, 전자금융거래법 일부개정법률안(의안번호 20245, 2019.05.08.).

631) 이주환의원 등 11인, 특정 금융거래정보의 보고 및 이용 등에 관한 법률 일부개정법률안(의안번호 2107702, 2021.01.27)(이주환의원안), 이영의원 등 11인, 특정 금융거래정보의 보고 및 이용 등에 관한 법률 일부개정법률안(의안번호 2112119, 2021.08.19.)(이영의원안).

확립 및 이용자 보호를 목적으로, 현행 특정금융정보법에 의한 사업자 신고·수리 방식을 그대로 유지하면서 동법에 자본시장법상 불공정거래 관련 규제를 가상자산 시장에 도입하고자 하는 것이다.

참고로 자본시장법은 미공개정보이용, 시세조종 및 부정거래행위를 불공정거래행위로 금지하고 위반 시 형사처벌로 의율하고 있다.[632] 자본시장법이 정한 불공정거래행위 중 시세조종은 매매를 유인할 목적으로 인위적으로 유가증권의 시세를 변동시키는 행위로, 시장의 가격형성기능을 왜곡하여 다른 투자자에게 손해를 입히게 되므로 형사처벌 및 손해배상의 대상이 된다.[633] 누구든지 시세조종은 금지되며,[634] 자본시장법은 이를 위반한 자

632) 국회 정무위원회 검토보고서, 이용준 수석전문위원, 2021.07, 76면.

<table>
<tr><th>유형</th><th>내용</th><th>처벌 수준</th></tr>
<tr><td>미공개
정보이용
(자본시장법
제174조)</td><td>내부정보를 이용하여 회사의 증권 등을 매매하거나 타인에게 이용하게 하는 행위</td><td rowspan="3">(기본형)
1년 이상의 유기징역 또는 부당이득액의 3~5배의 벌금
(가중)
부당이득액 5억 이상은 3년 이상 징역
부당이득액 50억 이상은 무기 또는 5년 이상 징역</td></tr>
<tr><td>시세조종
(동법
제176조)</td><td>매매를 유인할 목적으로 인위적으로 유가증권의 시세를 변동시키는 행위</td></tr>
<tr><td>부정거래
(동법
제178조)</td><td>풍문 유포, 중요정보 부실표시 등 투자자를 기망하여 시장의 기능을 훼손</td></tr>
</table>

633) 국회 정무위원회 검토보고서, 이용준 수석전문위원, 2021.07, 27면.

634) 자본시장법 제176조(시세조종행위 등의 금지) ① 누구든지 상장증권 또는 장내파생상품의 매매에 관하여 그 매매가 성황을 이루고 있는 듯이 잘못 알게 하거나, 그 밖에 타인에게 그릇된 판단을 하게 할 목적으로 다음 각 호의 어느 하나에 해당하는 행위를 하여서는 아니 된다. 1. 자기가 매도하는 것과 같은 시기에 그와 같은 가격 또는 약정수치로 타인이 그 증권 또

에 대한 처벌635) 및 배상책임636)을 규정하고 있으나, 현재 가상

는 장내파생상품을 매수할 것을 사전에 그 자와 서로 짠 후 매도하는 행위, 2. 자기가 매수하는 것과 같은 시기에 그와 같은 가격 또는 약정수치로 타인이 그 증권 또는 장내파생상품을 매도할 것을 사전에 그 자와 서로 짠 후 매수하는 행위, 3. 그 증권 또는 장내파생상품의 매매를 함에 있어서 그 권리의 이전을 목적으로 하지 아니하는 거짓으로 꾸민 매매를 하는 행위, 4. 제1호부터 제3호까지의 행위를 위탁하거나 수탁하는 행위 ② 누구든지 상장증권 또는 장내파생상품의 매매를 유인할 목적으로 다음 각호의 어느 하나에 해당하는 행위를 하여서는 아니 된다. 1. 그 증권 또는 장내파생상품의 매매가 성황을 이루고 있는 듯이 잘못 알게 하거나 그 시세(증권시장 또는 파생상품시장에서 형성된 시세, 다자간매매체결회사가 상장주권의 매매를 중개함에 있어서 형성된 시세, 그 밖에 대통령령으로 정하는 시세를 말한다. 이하 같다)를 변동시키는 매매 또는 그 위탁이나 수탁을 하는 행위, 2. 그 증권 또는 장내파생상품의 시세가 자기 또는 타인의 시장조작에 의하여 변동한다는 말을 유포하는 행위, 3. 그 증권 또는 장내파생상품의 매매를 함에 있어서 중요한 사실에 관하여 거짓의 표시 또는 오해를 유발시키는 표시를 하는 행위.

635) 자본시장법 제443조(벌칙) ① 다음 각호의 어느 하나에 해당하는 자는 1년 이상의 유기징역 또는 그 위반 행위로 얻은 이익 또는 회피한 손실액의 3배 이상 5배 이하에 상당하는 벌금에 처한다. 다만, 그 위반 행위로 얻은 이익 또는 회피한 손실액이 없거나 산정하기 곤란한 경우 또는 그 위반 행위로 얻은 이익 또는 회피한 손실액의 5배에 해당하는 금액이 5억 원 이하인 경우에는 벌금의 상한액을 5억 원으로 한다. 4. 제176조 제1항을 위반하여 상장증권 또는 장내파생상품의 매매에 관하여 그 매매가 성황을 이루고 있는 듯이 잘못 알게 하거나, 그 밖에 타인에게 그릇된 판단을 하게 할 목적으로 같은 항 각호의 어느 하나에 해당하는 행위를 한 자 5. 제176조 제2항을 위반하여 상장증권 또는 장내파생상품의 매매를 유인할 목적으로 같은 항 각호의 어느 하나에 해당하는 행위를 한 자.

636) 자본시장법 제177조(시세조종의 배상책임) ① 제176조를 위반한 자는 다음 각호의 구분에 따른 손해를 배상할 책임을 진다. 1. 그 위반 행위로 인하여 형성된 가격에 의하여 해당 증권 또는 파생상품에 관한 매매 등을 하거나 그 위탁을 한 자가 그 매매 등 또는 위탁으로 인하여 입은 손해, 2. 제1호의 손해 외에 그 위반행위(제176조 제4항 각호의 어느 하나에 해당하는 행위로 한정한다)로 인하여 가격에 영향을 받은 다른 증권, 파생상품 또는 그 증권·파생상품의 기초자산에 대한 매매 등을 하거나 그 위탁을 한 자가 그 매매 등 또는 위탁으로 인하여 입은 손해, 3. 제1호 및 제2호의 손해 외에 그 위반 행위(제176조 제4항 각호의 어느 하나에 해당하는 행위로 한정한다)로 인하여 특정 시점의 가격 또는 수치에 따라 권리행사 또는

자산 시장에는 이 법이 적용되지 않으므로 법원은 시세조종과 유사한 가상자산 관련 행위에 대해 형법상 사전자기록위작죄로 의율하고 있다.[637]

이주환의원안은 가상자산사업자의 시세조종행위를 금지하고, 사업자에게 해킹사고 및 거래 관련 전자적 처리 과정에서 발생한 사고 등에 대한 방지 조치 의무를 부과하며, 위반 시 손해를 배상하도록 하였다.

이영의원안은 누구든지 시세조종을 금지하고, 위반 시 손해배상의 책임을 지도록 하며, 그로 인해 취득한 재산은 몰수·추징하도록 하였다.

조건성취 여부가 결정되거나 금전 등이 결제되는 증권 또는 파생상품과 관련하여 그 증권 또는 파생상품을 보유한 자가 그 위반 행위로 형성된 가격 또는 수치에 따라 결정되거나 결제됨으로써 입은 손해.

637) **대법원**은 자신이 대표이사로 있는 회사(가상자산거래소)의 매매거래가 활발히 이뤄지는 것처럼 꾸미기 위하여 차명 계정을 생성하고 실제 보유하고 있지 않은 원화와 가상자산을 보유하고 있는 것처럼 허위 입력한 다음 자동 주문 프로그램을 이용하여 매매주문을 입력한 행위에 대하여, 피고인이 자신이 대표이사로 있는 가상자산거래소와의 관계에서 권한을 남용하여 허위의 정보를 입력함으로써 회사의 의사에 반하는 전자기록을 생성한 것으로 보아 형법 제232조의2에 따른 사전자기록등위작죄를 인정하였다(대법원 2020.8.27. 선고 2019도11294 전원합의체 판결). 또한 시세에 영향을 끼칠 목적으로 계좌번호를 제공하고 타인으로부터 송금된 금원으로 가상자산을 매수 이체한 행위에 대하여, 현행법상 가상자산의 시세조종을 금지하는 강행법규가 존재하지 않는다는 이유로 금융실명법 제3조 제3항의 '그 밖의 탈법행위'에 해당한다고 단정하기 어렵다고 하여 무죄를 선고한 사례도 있다(울산지법 2020.1.31. 선고 2019고단2068 판결, 울산지법 2020.10.15. 선고 2020노183 판결).

2) 전자금융거래법 일부개정법률안[638]

전자금융거래법 일부개정법률안(박용진의원안, 강민국의원안, 배진교의원안, 정희용의원안)은 특정금융정보법은 자금세탁방지의무 이행을 목적으로 하는 법이므로, 법의 취지를 고려하여 전자금융거래법을 일부 개정함으로써 가상자산에 대한 일반 규제체계를 별도로 마련하고 가상자산사업자 유형과 가상자산 시장에 대한 규율을 정립하여 이를 체계적으로 관리할 필요성이 있음을 공통된 취지로 한다.

박용진의원안은 가상자산(본안에서 '가상통화') 발행을 가상자산업에 포함시켜 매매업, 거래업, 중개업, 관리업과 함께 인가의 대상으로 하였다. 사업자에게 위험설명의무를 부과하고, 가상자산거래사업자는 가상자산 예치금을 고유재산과 구분하여 지정기관에 예치하거나 이에 갈음하여 보험계약 또는 채무지급보증 등 가상자산 이용자 피해 보상계약을 체결하도록 하였다. 누구든지 시세조종행위와 자금세탁행위가 금지되고, 사업자에게 방문판매나 다단계판매 방식의 매매·중개를 금지하였다.

강민국의원안은 가상자산 발행을 가상자산업에 포함시켜 가상자산 관리업과 함께 등록 대상으로 규정하고, 가상자산 매매업과 중개업은 인가를 받도록 하면서, 특정금융정보법상 신고가 수리된 사업자는 인가 또는 등록한 것으로 보도록 하였다. 사업자에

638) 박용진의원 등 12인, 전자금융거래법 일부개정법률안(의안번호 2100590, 2020.06.16.)(박용진의원안), 강민국의원 등 11인, 전자금융거래법 일부개정법률안(의안번호 2110447, 2021.05.28.)(강민국의원안), 배진교의원 등 10인, 전자금융거래법 일부개정법률안(의안번호 2111860, 2021.08.02.)(배진교의원안), 정희용의원 등 11인, 전자금융거래법 일부개정법률안(의안번호 2113071, 2021.11.02.)(정희용의원안).

게 위험설명의무를 부과하고 가상자산 예치금을 고유재산과 구분하여 지정기관에 예치하도록 하였다. 누구든지 시세조종은 금지되고, 가상자산의 매매 등과 관련하여 부정한 수단 등을 사용하는 등의 부정거래행위를 금지하였다.

배진교의원안은 가상자산업은 인가를 받도록 하고, 인가 시 자기자본 50억 원 이상의 물적 요건과 이해 상충 방지체계를 갖출 것을 요건으로 한다. 특정금융정보법상 신고가 수리된 사업자는 인가를 받은 것으로 보도록 하였다. 사업자에게 위험설명의무를 부과하고 가상자산 예치금을 고유재산과 구분하여 지정기관에 예치 내지 신탁하거나 이에 갈음하여 보험계약 또는 채무지급보증 등 가상자산 이용자 피해 보상계약을 체결하도록 하였다. 사업자에게 방문판매나 다단계판매 방식의 거래를 금지하고, 사업자는 거래 관련 전자적 처리 과정에서 사고가 발생하거나 해킹 등으로 인해 발생한 피해에 대하여 손해를 배상하도록 하였다. 또한 사업자는 내부통제기준을 마련하고, 백서와 업무보고서를 공시하도록 하고 있다. 누구든지 시세조종은 금지되고, 직무상 또는 부정한 방법으로 알게 된 미공개 중요정보의 이용을 금지하며, 가상자산의 매매 등과 관련하여 부정한 수단 등을 사용하는 등의 부정거래행위를 금지하였다.

정희용의원안은 가상자산업은 인가를 받도록 하고, 인가 시 자기자본 10억 원 이상의 물적 요건을 요한다. 가상자산의 발행을 가상자산업에 포함시키고, 발행 시 금융위원회의 승인을 받도록 하였다. 사업자에게 위험설명의무를 부과하고 가상자산 예치금을 고유재산과 구분하여 지정기관에 예치하거나 이에 갈음하여 보험계약 또는 채무지급보증 등 가상자산 이용자 피해 보상계약을 체결하도록 하였다. 사업자는 거래 관련 전자적 처리 과정에서 사고가 발생하거나 해킹 등으로 인해 발생한 피해에 대하여 손해를 배상하도록 하였다. 누구든지 시세조종과 자금세탁행위가 금지되고, 직무상 또는 부정한 방법으로 알게 된 미공개 중요정보의 이용을 금지하며, 가상자산의 매매 등과 관련하여 부정한 수단 등을 사용하는 등의 부정거래행위를 금지하였다.

3) 가상자산 관련 제정법률안[639]

제정법률안(이용우의원안, 김병욱의원안, 양경숙의원안, 권은희의원안, 민형배의원안, 윤창현의원안, 김은혜의원안)은 가상자산 업(業)에 대한 포괄적이고 종합적인 규율체계를 마련하고자 하는 동시에, 가상자산 산업 진흥 내지 지원을 위한 중장기적인 계획을 포함하고 있다.

이용우의원안(가상자산업법안)은 진입요건으로 거래사업자의 경우 금융위원회의 인가, 보관관리업·지갑 서비스업자는 등록에 의하도록 규정하면서, 신청인을 주식회사·금융기관 등으로 제한하였다. 특정금융정보법상 신고가 수리된 사업자는 업법에 따른

639) 이용우의원 등 20인, 가상자산업법안(의안번호 2109935, 2021.05.07)(이용우의원안), 김병욱의원 등 11인, 가상자산업 발전 및 이용자 보호에 관한 법률안(의안번호 2110190, 2021.05.18.)(김병욱의원안), 양경숙의원 등 10인, 가상자산 거래에 관한 법률안(의안번호 2110312, 2021.05.21.)(양경숙의원안), 권은희의원 등 10인, 가상자산 거래 및 이용자 보호 등에 관한 법률안(의안번호 2111459, 2021.07.09.)(권은희의원안), 민형배의원 등 10인, 디지털자산산업 육성과 이용자 보호에 관한 법률안(의안번호 2111771, 2021.07.27.)(민형배의원안), 윤창현의원 등 11인, 가상자산산업기본법안(의안번호 2113016, 2021.10.28.)(윤창현의원안), 김은혜의원 등 13인, 가상자산산업 발전 및 이용자보호에 대한 기본법안(의안번호 2113168, 2021.11.08.)(김은혜의원안).

인가 또는 등록한 것으로 보도록 하였다. 가상자산 발행행위를 가상자산업의 일종으로 포섭하지 않고 별도의 행위로 규정하였다. 사업자에게 신의성실의무, 명의대여 금지의무, 이해 상충 관리 의무, 위험설명의무, 자금세탁방지의무 등을 부과하고, 방문판매나 다단계판매 방식의 매매·중개를 금지하였다. 가상자산사업자는 발행인이 발간한 백서를 공시하고, 가상자산 예치금을 고유재산과 구분하여 지정기관에 예치하거나 이에 갈음하여 보험계약 또는 채무지급보증 등 가상자산 이용자 피해 보상계약을 체결하도록 하였다. 사업자는 거래 관련 전자적 처리 과정에서 사고가 발생하거나 해킹 등으로 인해 발생한 피해에 대하여 손해를 배상할 책임이 있다. 누구든지 시세조종은 금지되고, 이로 인해 취득한 재산을 몰수·추징한다. 가상자산사업자로 구성되는 단체를 설립하고자 하는 자는 금융위원회의 허가를 받도록 하였다.

김병욱의원안(가상자산업 발전 및 이용자 보호에 관한 법률안)은 블록체인 기술의 연구·개발을 촉진하고 그 성과를 효율적으로 이용하며 관련 산업의 발전을 도모하기 위하여 필요한 정책을 마련하고, 이에 필요한 지원을 하는 것을 국가의 책무로 정하였다. 가상자산 발행을 가상자산업의 범위에 포함시키고, 등록 대상인 가상자산 거래업과 보관관리업을 제외한 기타 가상자산업은 신고하도록 하면서, 특정금융정보법상 신고가 수리된 사업자는 업법에 따른 등록 또는 신고를 완료한 것으로 보도록 하였다. 사업자에게 신의성실의무, 이해 상충 관리의무, 광고규제 및 약관 공시의무를 부과하고, 가상자산거래사업자가 가상자산 상장 시 발행자에 대한 정보를 확인하고 가상자산에 대한 정보를 공시하도록 하였다. 가상자산거래사업자는 가상자산 예치금을 고유재산과 구분하여 지정기관에 예치 내지 신탁하도록 하고, 이용자로부터 위탁받은 가상자산 자체의 현실적 보관 의무를 명시하였다. 또한 이용자의 출금 신청이 거부되는 등의 경우에는 사업자가 손해를 배상하도록 하였다. 누구든지 시세조종은 금지되고, 가상자산사업자의 임직원·주주·감독기관 및 계약관계에 있는 자 등의 미공개 중요정보 이용을 금지한다. 가상자산업협회를 설립하여 자율규제기능을 부여하고, 거래사업자는 협회를 통해 불공정거래 행위를 자율 감시하도록 하였다. 그 외 역외적용 조항을 두어, 국외에서 이루어진 행위라도 국내 시장이나 이용자에게 영향을 미치는 경우 처벌할 수 있도록 하였다.

양경숙의원안(가상자산 거래에 관한 법률안)은 가상자산 발행을 가상자산업의 범위에 포함시키고 모든 가상자산업을 인가대상으로 하면서, 물적 요건으로 거래업자의 경우 자본금 30억 원 이상, 보관관리·지갑사업자의 경우 20억 원 이상, 발행업자는 5억 원 이상일 것을 각 요하였다. 그리고 특정금융정보법상 신고·수리를 마친 기존 사업자라도 법 시행 후 6개월 이내에 가상자산업 인가를 새롭게 받도록 하였다. 사업자는 이해상충 방지체계를 갖추고 위험 및 분쟁조정 절차에 대한 설명의무와 업무보고서·수수료 및 약관에 대한 공시의무가 있으며, 가상자산 예치금을 고유재산과 구분하여 지정기관에 예치 내지 신탁하거나 이에 갈음하여 보험계약 또는 채무지급보증 등 가상자산이용자 피해 보상계약을 체결하도록 하였다. 사업자는 거래 관련 전자적 처리과정에서 사고가 발생하거나 해킹 등으로 인해 발생한 피해에 대하여 손해를 배상할 책임이 있다. 누구든지 시세조종은 금지되고, 직무상 또는 부정한 방법으로 알게 된 미공개 중요정보의 이용을 금지하며, 이를 신고하는 경우 포상하도록 하였다. 금융위원회 등은 가상자산 정책 협의회를 설치할 수 있고, 가상자산사업자 상호 간의 업무질서 유지와 공정한 거래 확립을 위해 협회를 설립할 수 있다.

권은희의원안(가상자산 거래 및 이용자 보호 등에 관한 법률안)은 거래사업자는 금융위원회의 인가를 받도록 하고, 30억 원 이상의 자본금 요건을 두었다. 거래구조와 영업방식 등의 정보공시, 내부통제기준 마련, 기록 생성·보존, 이용자에 대한 위험설명 및 백서 공시 등의 의무를 부담하도록 규정하고, 가상자산 예치금을 고유재산과 구분하여 지정기관에 예치 내지 신탁하도록 하였다. 또한 거래사업자는 거래 관련 전자적 처리 과정에서 사고가 발생하거나 해킹 등으로 인해 발생한 피해에 대하여 손해를 배상할 책임이 있다. 누구든지 시세조종은 금지되고, 직무상 또는 부정한 방법으로 알게 된 미공개 중요정보의 이용을 금지하며, 가상자산의 매매 등과 관련하여 부정한 수단 등을 사용하는 등의 부정거래행위를 금지하였다. 이로 인해 취득한 재산은 몰수·추징한다.

민형배의원안(디지털자산산업 육성과 이용자 보호에 관한 법률안)은 가상자산업(본안에서 '디지털자산산업')의 육성계획을 수립하여 시행하도록 규정하고 있다.[640] 사업자는 금융위원회에 등록하되, 가상자산(본안에서 '디지털자산') 발행은 가상자산업에 포섭하지 않고 다만 발행인은 법인이어야 하며 가상자산 발행 시 일정한 요건을 갖추어 금융위원회의 심사를 받도록 하였다. 사업자에게 위험설

---

640) 민형배의원안 제5조 내지 제9조. 민형배의원안은 '경제적 가치를 지닌 것으로서 전자적으로 거래 또는 이전될 수 있는 전자적증표'를 '디지털자산'으로 정하였다. 규정내용은 특정금융정보법상 가상자산의 정의와 같다.

명 및 백서 공시, 신의성실, 이해 상충 관리, 광고규제 등 의무를 부과하고, 사업자는 가상자산 예치금을 고유재산과 구분하여 지정기관에 예치하거나 이에 갈음하여 보험계약 또는 채무지급보증 등 가상자산이용자 피해 보상계약을 체결하도록 하였다. 누구든지 시세조종은 금지되고, 이로 인해 취득한 재산은 몰수·추징한다. 협회 설립의 근거와 업무 범위 규정을 두고, 그 외 역외적용 조항을 두어 국외에서 이루어진 행위라도 국내 시장이나 이용자에게 영향을 미치는 경우 처벌할 수 있도록 하였다.

윤창현의원안(가상자산산업기본법안)은 가상자산 산업 발전 정책의 수립, 가상자산 시장 육성 및 가상자산 산업 발전기금 설치, 가상자산 관련 전문 인력 육성 시책 등에 대한 규정을 두었다. 가상자산업을 인가대상으로 하고, 신청인을 주식회사 등으로 제한하였다. 가상자산 발행을 가상자산업의 범위에 포함시켜 인가의 대상으로 하고, 가상자산 발행 시 금융위원회에 등록하도록 하였다. 사업자에게 내부통제기준과 이해 상충 관리 체계를 갖추도록 하고, 누구든지 시세조종은 금지되며, 직무상 또는 부정한 방법으로 알게 된 미공개 중요정보의 이용을 금지하고, 가상자산의 매매 등과 관련하여 부정한 수단 등을 사용하는 등의 부정거래행위를 금지한다. 이로 인해 취득한 재산은 몰수·추징한다. 또한 자본시장법상의 시장질서교란행위와 같은 행위를 금지하고 위반 시 과징금을 부과하도록 하였다. 그 외 역외적용 조항을 두어, 국외에서 이루어진 행위라도 국내 시장이나 이용자에게 영향을 미치는 경우 처벌할 수 있도록 하였다.

참고로 자본시장법은 불공정거래행위보다 위법성은 낮지만 자본시장거래질서를 교란하는 행위에 대하여 이를 금지하고[641] 위

반 시 과징금을 부과하는 규정을 두고 있다.[642)]

---

641) 자본시장법 제178조의2(시장질서 교란행위의 금지) ① 제1호에 해당하는 자는 제2호에 해당하는 정보를 증권시장에 상장된 증권(제174조제1항에 따른 상장예정법인등이 발행한 증권을 포함한다)이나 장내파생상품 또는 이를 기초자산으로 하는 파생상품(이를 모두 포괄하여 이하 이 항에서 "지정 금융투자상품"이라 한다)의 매매, 그 밖의 거래(이하 이 조에서 "매매 등"이라 한다)에 이용하거나 타인에게 이용하게 하는 행위를 하여서는 아니 된다. 다만, 투자자 보호 및 건전한 시장질서를 해할 우려가 없는 행위로서 대통령령으로 정하는 경우 및 그 행위가 제173조의2제2항, 제174조 또는 제178조에 해당하는 경우는 제외한다. 1. 다음 각 목의 어느 하나에 해당하는 자. 가. 제174조 각 항 각호의 어느 하나에 해당하는 자로부터 나온 미공개중요정보 또는 미공개정보인 정을 알면서 이를 받거나 전득(轉得)한 자, 나. 자신의 직무와 관련하여 제2호에 해당하는 정보(이하 이 호에서 "정보"라 한다)를 생산하거나 알게 된 자, 다. 해킹, 절취(竊取), 기망(欺罔), 협박, 그 밖의 부정한 방법으로 정보를 알게 된 자, 라. 나목 또는 다목의 어느 하나에 해당하는 자로부터 나온 정보인 정을 알면서 이를 받거나 전득한 자. 2. 다음 각 목의 모두에 해당하는 정보. 가. 그 정보가 지정 금융투자상품의 매매 등 여부 또는 매매등의 조건에 중대한 영향을 줄 가능성이 있을 것, 나. 그 정보가 투자자들이 알지 못하는 사실에 관한 정보로서 불특정 다수인이 알 수 있도록 공개되기 전일 것. ② 누구든지 상장증권 또는 장내파생상품에 관한 매매 등과 관련하여 다음 각호의 어느 하나에 해당하는 행위를 하여서는 아니 된다. 다만, 그 행위가 제176조 또는 제178조에 해당하는 경우는 제외한다. 1. 거래 성립 가능성이 희박한 호가를 대량으로 제출하거나 호가를 제출한 후 해당 호가를 반복적으로 정정·취소하여 시세에 부당한 영향을 주거나 줄 우려가 있는 행위, 2. 권리의 이전을 목적으로 하지 아니함에도 불구하고 거짓으로 꾸민 매매를 하여 시세에 부당한 영향을 주거나 줄 우려가 있는 행위, 3. 손익이전 또는 조세회피 목적으로 자기가 매매하는 것과 같은 시기에 그와 같은 가격 또는 약정수치로 타인이 그 상장증권 또는 장내파생상품을 매수할 것을 사전에 그자와 서로 짠 후 매매를 하여 시세에 부당한 영향을 주거나 영향을 줄 우려가 있는 행위, 4. 풍문을 유포하거나 거짓으로 계책을 꾸미는 등으로 상장증권 또는 장내파생상품의 수요·공급 상황이나 그 가격에 대하여 타인에게 잘못된 판단이나 오해를 유발하거나 상장증권 또는 장내파생상품의 가격을 왜곡할 우려가 있는 행위

642) 자본시장법 제429조의2(시장질서 교란행위에 대한 과징금) 금융위원회는 제178조의2를 위반한 자에 대하여 5억 원 이하의 과징금을 부과할 수 있다. 다만, 그 위반 행위와 관련된 거래로 얻은 이익(미실현 이익을 포함한다. 이하 이 조에서 같다) 또는 이로 인하여 회피한 손실액에 1.5배에 해당

김은혜의원안(가상자산산업 발전 및 이용자 보호에 대한 기본법안)은 가상자산 산업 발전 정책의 수립, 가상자산 산업 발전기금 설치 및 가상자산 관련 전문 인력 육성 시책 등에 대한 규정을 두었다. 가상자산업을 인가대상으로 하고, 신청인을 금융기관 등으로 제한하며, 사업자에게 이해 상충 관리 체계, 위험설명, 내부통제기준 수립과 명의 대여 금지 의무 등을 부과하였다. 가상자산 발행을 가상자산업에 포섭하지 않고 다만 발행인은 가상자산 발행 시 금융위원회에 등록하도록 하였다. 누구든지 시세조종은 금지되며, 직무상 또는 부정한 방법으로 알게 된 미공개 중요정보의 이용을 금지하고, 가상자산의 매매 등과 관련하여 부정한 수단 등을 사용하는 등의 부정거래행위를 금지한다. 이로 인해 취득한 재산은 몰수·추징한다. 또한 자본시장법상의 시장질서교란행위와 같은 행위를 금지하고 위반 시 과징금을 부과하도록 하였다. 특히 김은혜의원안은 금융위원회로 하여금 가상자산의 기능 및 산업적 특성에 따라 가상자산을 분류하도록 하고, 해당 분류에 따라 전자금융거래법 내지 자본시장법 등 개별 산업법에 따라 규율되도록 하였다.

4) 이후 전망

최근 정부(금융위원회)의 업법에 대한 기본적인 접근 방향은 21대 국회 제391회 정무위원회 법안심사 제1소위원회 회의에서 논의한 내용을 통해 엿볼 수 있다. 이를 정리하면 첫째, 블록체인 산업 진흥과 이용자 보호와의 균형을 고려, 둘째, 업법 제정의 시

하는 금액이 5억 원을 초과하는 경우에는 그 이익 또는 회피한 손실액의 1.5배에 상당하는 금액 이하의 과징금을 부과할 수 있다.

급성에 따라 법률안에는 원칙중심의 규제체계를 갖추고 상세내용은 하위규정에 위임, 셋째, 신생 업종의 특성을 고려하여 민간의 자율규제를 최대한 활용, 넷째, 불공정거래와 관련하여 감독당국의 직접적인 감시·감독 체계 마련에 앞서 민간 자율의 감시체계와 형사벌 체계 병행, 다섯째, 현재 진행 중인 주요국의 입법상황을 참고하여 법령을 지속적으로 개선 등이 그것이다.[643]

다양한 발의안이 제안되고 정부의 참여로 함께 논의되는 것은 안정적인 가상자산 산업 환경을 조성하기 위해 매우 바람직하다. 특히 가상자산사업자의 자금세탁방지의무 외, 가상자산 거래 참여자와 시장 투명성을 위한 불공정거래 금지 규정이 공통적으로 제안된 것은 국내 시장의 투명성 확보 필요성과 국제적인 흐름에 모두 부합하는 시의성 있는 논의로 보인다. 어떤 가상자산이 앞으로 더 출현할지는 알 수 없지만 진화 과정 중에 있다는 이유로 제도의 정비를 방치할 수만은 없다. 그러나 동시에, 혁신을 거듭하는 가상자산 생태계의 창의성을 압박해서도 안 될 것이다. 이는 입법기관과 정부 그리고 업계 모두의 오랜 고심의 이유이기도 하다.

기술 중립성 원칙에 따르면 규제의 대상인 기반 기술이 무엇인지에 관계없이 현행의 규범체계로 규율이 가능한 범위를 먼저 판단하고, 동일한 위험에는 동일한 규제를 적용하여야 한다. 다만 다수의 발의안이 채택하고 있는 특정금융정보법상 가상자산의 정의규정, 즉 '경제적 가치를 지닌 것으로서 전자적으로 거래 또는 이전될 수 있는 전자적 증표'라는 것은 향후 출현하는 가상자

643) 국회사무처, 제391회 국회(정기회) 정무위원회 임시회의록(법안심사제1소위원회), 제3호, 2021.11.23., 5-6면.

산 중 자금세탁에 이용될 위험이 있을 수 있는 것을 모두 포섭하여 기민한 방지책을 실현하기 위해 설정한 매우 광범위한 정의이다.[644] 가상자산 업법은 가상자산의 기능적 특성을 고려하여야 하고 모든 가상자산에 대한 일률적인 규제의 형식은 지양하여야 한다. 국외 동향을 통해 검토한 바와 같이 특정금융정보법상 가상자산의 정의와 유사한 FATF의 가상자산 정의에 따른 자금세탁방지 정책을 시행하는 해외 주요국들도, 가상자산에 대한 규제 체계를 논의함에 있어서는 가상자산을 기능별·유형별로 분류하여 검토하고 있다.

가상자산은 실제로 매우 다양한 유형으로 개발되며 향후 어떤 유형의 가상자산이 시장에 출현할지 미리 가늠하기 어렵기 때문에, '현행 법령의 적용 가능성' 판단은 가상자산에 대한 규제 논의의 첫 순서로 고려함이 타당하고, 이는 일률적일 수 없으며 각 가상자산의 기능과 특성별로 나누어 판단하여야 한다. FATF 역시 가상자산의 정의를 광범위하게 제시하면서도 디지털자산의 형식(format)이라도 법화, 증권 또는 기타 금융자산에 해당하는 것은 가상자산에 대한 것이 아닌 일반 금융자산에 대한 FATF 권고사항이 적용되며,[645] 각 국가는 새로운 금융자산에 대하여 기존의 국내법제와 가상자산에 대한 법제 중 무엇을 적용할지 검토해야 한다고 하였다.[646]

644) FATF 또한 '가상자산의 정의는 광범위하게 해석되어야 하고, 관할의 범위는 기술의 발전과 사업모델의 혁신을 포섭할 수 있는 기능적 접근을 가능케 해야 한다. … FATF는 "거래"나 "이전" 같은 용어를 사용함으로써 의도적으로 VA의 정의를 매우 광범위하게 정하여 넓은 범위의 활동을 포괄할 수 있도록 하였다'고 하였다. FATF(2021), 22면 47항 내지 23면 48항.

645) FATF(2021), 23면, 52항.

646) FATF(2021), 23면, 51항.

최근 금융위원회는 가상자산이 자본시장법상 투자계약증권에 포섭된다고 판단되면 자본시장법상 규제, 발행 공시규제, 불공정거래 규제를 적용하는 것이 타당하므로, 이를 위해 증권성 검토위원회를 구성하여 운영할 계획임을 밝힌 바 있다.[647] 미국 SEC와 영국 FCA뿐 아니라 EU 집행위원회 역시 금융투자상품(양도가능증권)의 요건에 해당하는 가상자산에 대하여는 기존의 금융규제에 포섭하는 방식을 취하고 있으며, 그 외 가상자산에 대하여는 가상자산 시장에 특성화된 규제 체계 도입을 고민하고 있다.

특정 가상자산이 '금융투자상품'에 해당하는지 여부를 판단하는 기준으로는 미국 SEC와 연방대법원의 증권성 판단기준인 Howey test 적용례를 참고할 수 있을 것이다. 가상자산의 법적 지위에 대한 언급에서 전술한 바와 같이, Howey test는 자본시장법상 '투자계약증권'과 요건구성 및 내용 등이 동일하다. 다만 가상자산이 투자계약증권에 해당할 경우, 현행 자본시장법과 관련 법제로의 일률 포섭이 아니라 가상자산의 특성에 따른 개정이 동반되어야 할 것이다. 동시에, 이를 시장에 적용함에 있어서는 분산형 비증권으로 거래될 것을 의도한 특정 가상자산이 발행 당시의 투자계약성 때문에 증권법의 규제를 받아 좌초되는 사례가 다수 발생한 미국 SEC의 증권법 적용사례를 상기해 볼 필요가 있다. 미국은 블록체인 기술 발전과의 조화를 막아서는 이러한 폐해를 극복하기 위하여, 일정한 요건하에 3년간 증권법 적용 여부에 대한 판단을 유예하는 토큰세이프하버 조항이 의회에서 논의

---

647) 류병화, 「금융당국, 내달부터 증권성검토위 운영…NFT 등 판단(종합)」, 2022.01.25일자 뉴시스.
(https://newsis.com/view/?id=NISX20220125_0001737146&cID=10401&pID=10400) (2022.01.31.확인)

되고 있는 점도 고려할 필요가 있다.

'비(非)금융투자상품'인 가상자산에 대한 제도 마련은 기존법령에 포섭되지 않는 유형의 가상자산에 대한 것이다. 주요국에서 진행 중인 논의의 핵심은 규제가 필요한 가상자산의 범위, 또는 규제 도입이 적절하지 않은 가상자산의 범위 등을 정하고, 규제의 내용과 형식을 정하고자 하는 논의이다. 이에 대하여는 EU 집행위원회가 제안한 MiCA 제안을 참고해 볼 수 있다. MiCA 제안은 가상자산 발행 시 발행인의 백서 공시 의무를 통해 발행인과 시장 참여자 사이의 정보 불균형을 해소하고자 한 점, 시장 참여자 모두에게 시세조종과 내부자거래 등을 금지하여 불공정거래 위험을 해소하고자 한 점, 가상자산사업자에 대한 행위규범을 마련한 점 등에 있어 긍정적인 시도로 평가된다. 다만 MiCA 제안은 분산원장기술 기반의 모든 가상자산을 적용 대상으로 포섭하여 획일적 규제하에 놓이게 함으로써 대부분 스타트업으로 시작하는 디파이 프로젝트 및 스테이블코인 프로젝트의 진입장벽을 과도하게 높이는 결과를 초래할 수 있고, 혁신적 탈중앙화 신기술을 보유한 개발자나 매력적인 토큰 시장에 참여하고자 하는 이용자 및 사업자들은 합리적인 규제 체계를 찾아 이동할 수 있기 때문에, MiCA를 그대로 시행할 경우 거래자를 보호하는 것이 아니라 거래자들을 떠나게 만들 것이며 EU를 글로벌 경쟁에서 도태시키고 말 것이라는 비판[648]이 있다는 점도 고려할 필요가 있다.

이후 업법 제정의 구체적 고려사항을 정리해 보면 다음과 같다. **첫째**, 가상자산과 가상자산사업자의 정의, 분류 및 등록제·

648) Patrick Hansen(2021).

인가제 여부와 인적·물적 요건 등을 포함한 진입장벽 및 적용범위에 대한 사항이다. **둘째,** 대중에게 제안, 즉 가상자산 발행 시 100인 이상의 불특정 다수에게 청약을 권유하는 형태인 이른바 '가상자산 공모발행'의 조건과 절차이다. 이는 현재 전면 금지된 최초의 코인 제안(Initial Coin Offerings: ICO)의 부분적 혹은 단계적 허용 여부에 대한 것으로, 여기에는 발행인에 대한 공모자금 위탁·보관 의무 내지 독립적 외부 감사의무 부과 여부 등 발행인의 행위규범에 관한 사항 및 적격투자자 등으로 공모발행의 대상을 제한하거나 이른바 거래소 공개(Initial Exchange Offering: IEO)[649] 활용 방안 등에 대한 논의가 포함된다. **셋째,** 발행인의 백서 공시를 의무화할 경우, 공시할 백서의 신뢰성·가독성 확보 방안이다. 발행주체와 핵심기술에 대한 국문요약본(초록)의 제공 여부, 발행인을 알 수 없는 경우 가상자산사업자의 자체 평가서 대체 제공 여부, 법 전문가의 증권성 판단에 대한 의견서 첨부 여부 등의 구체적 안(案)에 대한 논의가 필요할 것이다. **넷째,** 금융상품에 해당하는 가상자산에 금융규제를 도입한다면 업법의 적용대상은 비금융상품인 가상자산에 한정될 것인데, 불공정행위로서 미공개 중요정보 이용, 시세조종, 부정거래 금지 및 설명의무, 광고규제 등, 자본시장법과 금융소비자보호법상의 주요 금융규제가 비(非)금융상품인 가상자산에 대하여 어느 정도 수준에서 업법으로 도입되어야 하는가에 대한, 업법 규제의 내용과 범위에 대한 것이다. **다섯째,** 가상자산 생태계를 고려한 업계 자율규제

649) 이른바 거래소 공개란 가상자산거래사업자에 의해 이루어지는 최초의 코인 제안(ICO) 형태를 말한다. 위키피디아. (https://en.wikipedia.org/wiki/Initial_exchange_offering#cite_note-1) (2022. 03.10. 확인)

적용 여부와 그 범위에 대한 것이다. 이는 법정 협회 설립을 전제한 논의로, 특정 가상자산을 가상자산거래소에서 거래되도록 하는 이른바 '가상자산 상장'에 대한 승인된 원칙이 있는 경우 그 준수 여부에 대한 업계 자율 감시, 불공정행위 금지, 설명의무와 광고규제 등 법령상 규제 위반 여부에 대한 업계 자율 감시 적용과 운용에 관한 사항이 이에 해당할 것이다.

그 외 가상자산 투자에 대한 자문행위 허용여부 및 그 방안에 대한 사항, 그리고 불공정거래행위로서의 시세조종과 가상자산 시장의 이상 거래 방지를 위한 유동성 공급행위와의 구별, 이때 유동성 공급자를 가상자산사업자로 포섭할 것인지 여부를 포함한 유동성 공급행위 허용 여부와 그 방안에 대한 것 등에 대한 추가적인 논의가 필요할 것이다.

III.

개정 특정금융정보법 주요 내용 – 조문별 주해

1. 입법 배경

2020년 3월 5일 국회 본회의를 통과한 특정금융정보법(법률 제 17113호)이 2021년 3월 25일부터 시행되었다. 본 개정의 주된 목적 중 하나는 종래 은행, 증권금융회사, 보험회사 등에 한하던 특정 금융정보법상의 '금융회사등'에 가상자산사업자를 추가하여, 자금 세탁행위와 공중협박자금조달행위(자금세탁행위등)를 규제하는 데 필요한 특정 정보 제공의 의무를 가상자산사업자에게도 부과하는 것이었다. 개정 특정금융정보법의 시행으로 인해 국내 가상자산 사업자들은 자금세탁행위등의 방지의무를 부담하게 되었다.

이러한 국내법의 개정은 전술한 바와 같이 FATF의 2019년 권고에 따른 것으로, FATF의 권고는 형식상으로는 권고이지만 그 권고의 이행 여부를 주기적으로 점검하고, 그 평가 결과에 따라 회원국 자격 박탈과 그에 따르는 국가 신용도 저하 등의 실질적 제재 부과가 가능하여 실제로는 자금세탁방지 관련 국제규범으로 인식되어 왔다.

한편 미국, 일본, EU 등과 같이 가상자산 관련 자금세탁방지 규제를 사전적으로 도입해 놓은 국가들도 있었는데, 미국은 기존의 금융관련법을 별도로 개정하지 않고 2013년 금융범죄단속반(FinCEN)이 가상자산사업자(당시 미국에서는 '가상통화업자')를 은행비밀법(Bank Secrecy Act)의 규제대상인 화폐 서비스 사업자(Money Services Business) 범위에 포함시키는 지침을 도입하는 방식으로 가상자산사업자에게 자금세탁방지의무를 부과하였다.[1] 일본은 미

---

1) FinCEN, FIN-2013-G001, 「Application of FinCEN's Regulations to Persons Administering, Exchanging, or Using Virtual Currencies」, March 18, 2013.

국과 달리 기존의 자금세탁방지의무 관련 법률인 범죄수익이전방지법을 개정하는 방식을 택하였다. 즉, 2016년 자금결제법을 개정하여 가상자산거래업(당시 일본에서는 '가상통화교환업')을 등록대상으로 하고, 범죄수익이전방지법을 개정하여 등록된 가상자산거래사업자(당시 일본에서는 '가상통화교환업자')를 자금세탁방지의무 부과 대상으로 추가하였다.[2]

우리나라는 종래 특정금융정보법에 은행, 보험회사와 같은 금융회사등이 자금세탁방지의무등 이행을 위해 특정금융거래 정보를 금융정보분석원(FIU)에 보고하도록 하는 규정을 두고 있었다. 당시 본법은 '금융거래'를 (i) 금융회사등이 금융자산을 수입 · 매매 · 환매 · 중개 · 할인 · 발행 · 상환 · 환급 · 수탁 · 등록 · 교환하거나 그 이자 · 할인액 또는 배당을 지급하는 것과 이를 대행하는 것 및 그 밖에 금융자산을 대상으로 하는 거래로서 총리령으로 정하는 것, (ii) 자본시장법에 따른 파생상품시장에서의 거래 및 그 밖에 대통령령으로 정하는 것, 그리고 (iii) 카지노사업자의 영업장에서 현금 또는 수표를 대신하여 쓰이는 것으로서 대통령령으로 정하는 것과 현금 또는 수표를 교환하는 거래로 한정하였다.[3] 또한 위 (i)의 금융자산은 금융실명법 제2조 제2호에 따라 금융회사등이 취급하는 예금 · 적금 · 부금 · 계금 · 예탁금 · 출자금 · 신탁재산 · 주식 · 채권 · 수익증권 · 출자지분 · 어음 · 수표 · 채무증서 등 금전

---

page1.

2) 일본금융청, 暗号資産(仮想通貨)に関連する制度整備について, 1면의 3항. 資金決済法 · 犯罪収益移転防止法等の改正(2017年４月施行). (https://www.fsa.go.jp/policy/virtual_currency/20210407_seidogaiyou.pdf) (2021.11.10.확인)

3) (구) 특정 금융거래정보의 보고 및 이용 등에 관한 법률 (약칭: 특정금융정보법) [시행 2019.07.01.] [법률 제16293호, 2019.01.15., 일부개정] 제2조 제2호.

및 유가증권과 그 밖에 이와 유사한 것으로서 총리령으로 정하는 것으로 한정되어 있었다. 이에 가상자산거래를 보고대상인 금융거래에 포함시키기 위해서는 특정금융정보법 자체의 개정이 필요한 상황이었다.

2. 입법과정

20대 국회 정무위원회에는 2018년 3월 제윤경 의원, 2018년 12월 전재수 의원, 2019년 3월 김병욱 의원, 2019년 6월 김수민 의원의 각 대표발의로 총 4건의 특정금융정보법 개정안이 발의 및 상정되었다. 2019년 6월 제3차 FATF 총회에서 각 회원국에 가상자산 관련 국제기준의 조속한 이행을 요청하고 1년 후인 2020년 6월 총회에서 각국의 새로운 국제기준 이행상황을 점검할 계획임을 밝히면서, 회원국인 우리나라도 가상자산사업자의 자금세탁방지의무를 국내법에 반영하는 입법과제를 부담하게 되었고 기한 내 입법과제 해소를 위한 국회, 정부, 업계에서의 적극적인 논의가 이루어졌다. 위 4건의 개정안의 요지를 간략히 살펴보면 다음과 같다.

가. 제윤경의원안[4]

'거래 상대방에게 교환의 매개수단 또는 가치저장수단으로 인식되고, 전자적 방법으로 이전 가능한 증표 또는 그 증표에 관한 정보'를 '가상통화'로 정의하였다.[5] 이러한 가상통화를 금융자산과 교환하는 것을 '금융거래등'에 포함시키고,[6] '가상통화 취급업소'를 '금융회사등'의 범위에 포함하였다.[7]

금융회사등의 고객이 가상통화 취급업소인 경우 고객확인의무등을 강화하는 등 금융회사를 통한 간접적인 규율방식을 취하였다.[8] 금융회사는 일반적인 확인사항 외에도 가상통화 취급업소 신고의무 이행에 관한 사항,[9] 예치금과 고유재산의 구분관리 및 정보보호 관리체계 인증 획득 여부에 관한 사항을 추가로 확인토록 하고,[10] 고객인 가상통화 취급업소의 신고의무 불이행 사실을 확인한 경우 거래를 종료하도록 하였다.[11][12]

---

4) 제윤경의원 등 10인, 특정 금융거래정보의 보고 및 이용 등에 관한 법률 일부개정법률안(의안번호 12592)(제윤경의원안), 2018년 3월 27일 발의, 2018년 7월 25일 제362회 국회임시회 제2차 정무위원회 상정 및 법안심사소위원회 회부.

5) 제윤경의원안 제2조 제1호 하목.

6) 제윤경의원안 제2조 제2호 라목. 단, 금융거래등을 '가상통화 취급업소가 가상통화의 보관·관리·교환·매매·알선·중개 업무를 위해 가상통화를 금융자산과 교환하는 것, 그 밖에 가상통화를 대상으로 하는 거래로서 대통령령으로 정하는 것'으로 규정하여 가상자산 간의 교환은 포함하지 않고 있다.

7) 제윤경의원안 제2조 제1호 하목. 단, 가상통화의 이전행위(송금)는 포함하지 않고 있다.

8) 국회 정무위원회 검토보고서, 전상수 수석전문위원, 2018.07, 15면.

9) 제윤경의원안 제10조 제1항.

10) 제윤경의원안 제6조 제1항.

11) 제윤경의원안 제6조 제4항.

12) 단, 자금세탁 및 테러자금조달행위의 위험성이 특별히 높다고 판단되는 경

예치금과 고유재산의 구분관리는 당시 한국블록체인협회 자율규제안에도 포함되어 있던 것으로,[13] 제윤경의원안은 가상통화 취급업소가 은행으로부터 실명확인계정을 발급받지 못한 상태에서 여러 고객의 원화 입출금을 하나의 일반 법인계좌에서 관리할 경우(이를 가리켜 이른바 벌집계좌 혹은 집금계좌라 하였다), 예치금과 고유재산의 구분관리마저 이루어지지 않는다면 회계관리가 불투명하게 될 뿐 아니라 금융회사의 정확도 높은 의심거래보고가 어려워질 수 있다는 점에서 이를 구분하도록 한 것이었다.[14]

그리고 전신송금 관련 정보제공 대상의 범위에 500만 원 상당의 가상통화 송금을 포함하였다.[15] 가상통화 취급업소의 신고의무를 규정하고,[16] 불이행 시 과태료를 부과하도록 하였다.[17] 고객별 거래내역을 분리하여 관리하도록 하고, 그 외의 자금세탁행위와 공중협박자금조달행위를 효율적으로 방지하기 위해 이행할 조치는 대통령령에 위임하였다.[18]

우의 거래 거절이나 종료는 금융회사의 재량으로 하였다. 제윤경의원안 제6조 제4항.

13) 한국블록체인협회, 「암호화폐 거래소 자율규제 실시 계획」, 2017.12.15일자 보도자료 중 자율규제안 주요내용 1항 참조.
(https://www.kblockchain.org/board/press/read/116?search_str=%EC%9E%90%EC%9C%A8%EA%B7%9C%EC%A0%9C&nPage=3) (2021.11.10.확인)

14) 국회 정무위원회 검토보고서, 전상수 수석전문위원, 2018.07, 14면.

15) 제윤경의원안 제7조 제1항. 다만 전신송금 시 정보제공은 수취인의 성명 및 계좌번호를 제공할 것을 요하는데, 가상자산의 경우 수취인에 대한 정보 없이도 지갑주소만으로도 전신송금이 가능하다는 특성이 있다.

16) 제윤경의원안 제10조. 다만, 신고 말소의 경우나 신고의 유효기간에 대하여는 정하지 아니하였다. 신고 요건이나 불수리사유에 대한 언급이 없어, 본안의 신고는 '수리를 요하지 않는 신고'로 해석된다.

17) 제윤경의원안 제24조 제2항 신고의무 미이행 시 3천만 원 이하의 과태료 부과, 제윤경의원안 제24조 제1항 제5호 가상통화 취급업소의 조치 위반 시 1억 원 이하의 과태료 부과 등.

나. 전재수의원안[19]

'금융회사등'의 범위에 '디지털토큰 취급업소'를 포함하고,[20] '금융거래등'의 범위에 '디지털토큰 취급업소가 디지털토큰을 금융자산과 교환하는 거래'를 포함하였다.[21] '거래상대방에게 교환의 매개 또는 가치의 저장수단으로 인식되고, 분산원장기술을 사용하여 전자적으로 이전 가능한 증표 및 그 증표에 관한 정보'를 '디지털토큰'으로 정의하고,[22] '디지털토큰을 보관·관리·교환·매매·알선·중개하는 것을 업으로 하는 자'를 디지털토큰 취급업소로 정의하였다.[23]

실체가 없는 허상이라는 이미지가 부각되는 '가상'이라는 용어보다, 물리적 자산이 아니라는 의미인 '디지털'이라는 용어를 택하였으며, 분산원장기술을 사용하여 이전된다는 기술적인 측면을 부각하였다.[24] 디지털토큰 산업에 대한 신뢰를 확보하고 이를 통

---

18) 제윤경의원안 제11조.

19) 전재수의원 등 10인, 특정 금융거래정보의 보고 및 이용 등에 관한 법률 일부개정법률안(의안번호 17510)(전재수의원안). 2018년 12월 12일 발의, 2019년 3월 27일 제367회 국회임시회 제2차 정무위원회 상정 및 법안심사소위원회 회부.

20) 전재수의원안 제2조 제1호 하목.

21) 전재수의원안 제2조 제2호 라목. 다만 '가상자산 간의 교환'은 '금융거래등'에 포함하지 않고 있다.

22) 전재수의원안 제2조 제6호.

23) 전재수의원안 제2조 제1호 하목. 다만 '가상통화의 이전행위(송금)'는 포함하지 않고 있다.

24) 이에 대하여는 자금세탁방지 및 테러자금조달 규제라는 특정금융정보법의 취지상, 분산원장기술이 아닌 다른 기술에 기반한 전자적 교환매개수단이 등장할 경우 규제대상 포함여부가 달라진다는 점은 검토가 필요하다는 의견이 있다. 국회 정무위원회 검토보고서, 조용복 수석전문위원, 2019.03, 10면.

해 미래산업으로 일컬어지는 블록체인 산업 발전의 기초를 다지고자 한 점 등에서 보다 기술적·산업적 고려가 가미된 접근으로 보인다.[25]

전재수의원안은 디지털토큰 취급업소의 신고의무를 규정하고,[26] 불이행 시 과태료를 부과하도록 하였다.[27] 고객별 거래내역을 분리하여 관리하도록 하고,[28] 금융회사등이 고객확인의무를 이행해야 할 금융거래의 범위에 디지털토큰과 금융자산 간의 거래를 포함하였다.[29] 디지털토큰의 이체정보도 전신송금 관련 정보제공의무의 범위에 포함하되, '디지털토큰 취급업소의 경우 확인이 불가능한 정보는 제외한다'는 규정을 두었다.[30]

---

25) 전재수의원안 제안이유 참조.

26) 전재수의원안 제3조의2. 다만 신고 말소의 경우나 신고의 유효기간에 대하여는 정하지 아니하였다. 신고 요건이나 불수리사유에 대한 언급이 없어, 본안의 신고는 '수리를 요하지 않는 신고'로 해석된다.

27) 전재수의원안 제17조 제2항의 신고의무 미이행 시 3천만 원 이하의 과태료 부과, 전재수의원안 제17조 제1항 제2호의 가상통화 취급업소의 조치 위반 시 1억 원 이하의 과태료 부과 등.

28) 전재수의원안 제5조 제4항. 다만 그 구체적인 방법을 명시하거나 하위법령에 구체화를 위임하지는 않았다.

29) 전재수의원안 제5조의2. 다만 신고의무 이행에 관한 사항이나, 예치금와 고유재산의 구분관리, 정보보호 관리체계인증 획득 여부 등 고객이 디지털토큰 취급업소인 경우의 추가 확인 또는 고객인 디지털토큰 취급업소의 신고의무 불이행 사실을 확인한 경우의 거래 종료 등은 규정하지 않았다. 자금세탁 및 테러자금조달행위의 위험성이 특별히 높다고 판단되는 경우의 거래 거절이나 종료는 금융회사의 재량으로 하였다.

30) 전재수의원안 제5조의3. 가상자산의 경우 수취인에 대한 정보 없이도 지갑주소만으로도 전신송금이 가능하다는 특성을 고려한 것으로 보인다. 또한 이에 대하여는 자금세탁방지의 취지상 디지털토큰 취급업소가 법적 의무 적용 여부를 자의적으로 판단하게 될 우려가 있어, 법률 또는 하위법령을 통해 구체적인 기준이 명확해질 필요가 있다는 의견이 있었다. 조용복 수석전문위원, 정무위원회 검토보고서, 2019.03, 19면.

다. 김병욱의원안[31]

'가상자산'을 '전자적으로 거래 또는 이전될 수 있는 가치의 전자적 증표'로 정의하고,[32] 가상자산과 관련한 거래를 영업으로 하는 자를 '가상자산 취급업소'로 정의하였다.[33] 가상자산의 명칭과 정의, 가상자산 취급업소의 행위 내용에 '이전'이 포함되도록 한 점,[34] '금융거래등'의 범위에 '가상자산 간의 교환'도 포함되도록 한 점[35] 등이 FATF 국제기준에서 요구하는 바와 부합하였다. 특정금융정보법의 소관부처인 금융위원회도 본 안에 무게를 두었다.[36]

가상자산 취급업소에 신고의무를 부과하고,[37] 미신고 영업행위를 처벌하는 한편[38] 미신고 취급업소와 금융거래를 하는 금융회사등으로 하여금 거래를 거절하거나 종료하도록 하는 의무규정을 두었다.[39] 가상자산 취급업소를 특정금융정보법상의 '금융회사등'에 포함시키고,[40] 가상자산거래를 '금융거래등'에 포함시

---

31) 김병욱의원 등 10인, 특정 금융거래정보의 보고 및 이용 등에 관한 법률 일부개정법률안(의안번호 19288)(김병욱의원안). 2019년 3월 18일 발의, 2019년 8월 22일 제370회 국회임시회 제1차 정무위원회 상정 및 법안심사소위원회 회부.

32) 김병욱의원안 제2조 제3호.

33) 김병욱의원안 제2조 제1호 하목.

34) 김병욱의원안 제2조 제1호 하목의 3).

35) 김병욱의원안 제2조 제1호 하목의 2).

36) 김미희, 「국회, 11월 암호화폐 규제 담은 특금법 논의 재개」, 2019.10.30일자 파이낸셜뉴스.
(https://www.fnnews.com/news/201910301134211111) (2021.11.10.확인)

37) 김병욱의원안 제7조 제1항.

38) 김병욱의원안 제17조 제1항 내지 제2항.

39) 김병욱의원안 제5조의2 제4항.

켜 기존의 금융회사들과 같이 자금세탁행위 및 테러자금조달행위 방지의무를 이행하도록 하였다.

또한 가상자산 취급업소에 대한 특례 규정으로 역외적용에 관하여 규정하고[41] 가상자산 취급업소의 전신송금 시 정보제공은 대통령령에 별도의 기준·절차·방법을 정하도록 하였다.[42] FATF는 가상자산 관련 국제기준 이행에 있어 국제협력을 중요하게 여기는 점,[43] 그리고 전신송금 시 정보제공 관련하여서는 가상자산거래의 경우 수취 지갑주소를 알면 수취인에 대한 정보가 없어도 실제로 이전이 가능한 거래 특수성을 감안해야 하는 점 등을 고려한 것으로 보인다.

또한 본 안은 신고의무 부과에 그치지 않고 신고의 불수리[44] 및 직권 말소와[45] 신고의 유효기간[46]에 대한 규정도 두었는바,[47] 국가는 사업자의 허가·신고제를 운영하되 그 허가 내지 신고를 취소, 제한 또는 중지할 권한도 있어야 한다는 FATF의 요구에 부합하였다.[48]

다만 신고불수리 및 직권말소의 사유로 '가상통화 취급업소가 실명확인이 가능한 입출금 계정서비스를 이용하지 않는 경우'를 규정하였다.[49] 실명확인 입출금 계정서비스란 은행을 통해 실명

---

40) 김병욱의원안 제2조 제1호.
41) 김병욱의원안 제6조 제2항.
42) 김병욱의원안 제6조 제3항.
43) FATF 권고사항 제15항에 대한 주석서(Interpretive Note R.15) 제8항.
44) 김병욱의원안 제7조 제3항.
45) 김병욱의원안 제7조 제4항.
46) 김병욱의원안 제7조 제6항.
47) 수리를 요하는 신고로서, 신고의무 미이행 시 과태료가 아닌 벌금형을 규정하였다. 김병욱의원안 제17조.
48) FATF 권고사항 제15항에 대한 주석서(Interpretive Note R.15) 제5항.

확인이 이뤄진 가상자산 취급업소의 고객 계좌를 취급업소와 연동해 사용하는 서비스를 말한다.[50] 원화가 해당 은행과 취급업소 간에 일대일로 연동되도록 하여, 원화가 취급업소에 입금이 되더라도 은행이 이를 관리할 수 있어 익명성을 보완할 수 있다는 순기능이 있는 반면,[51] FATF의 국제기준이나 주석서에 명시되지 않은 강화된 기준을 적용하여 국내 가상자산 업계가 위축될 수 있으며, 은행과 사업자 간의 사적 계약(실명확인 입출금 계정서비스 제공 계약) 체결 여부에 따라 사업자의 신고 여부 및 존폐가 결정될 수 있다는 우려도 컸다.[52]

기존의 특정금융정보법 적용대상이던 일반 금융회사에게는 고객이 가상자산 취급업소인 경우의 고객확인의무를 강화하였다. 즉, 안 제7조의 신고 관련 의무 이행 여부, 예치금과 고유재산의 구분관리 여부, 정보보호 관리체계 인증 획득 여부 등을 확인하도록 하고,[53] 신고의무를 이행하지 않은 경우 및 자금세탁·테러자금조달행위의 위험성이 특별히 높다고 판단되는 경우 등에는 금융회사가 해당 취급업소와의 신규거래를 거절하고 기존 거래는 종료할 의무를 부과하였다.[54]

그 외 고객별 거래내역의 분리관리 등 가상자산 취급업소의 조치사항도 규정하여,[55] 타 금융회사등을 통한 간접적 규제에 그치

---

49) 김병욱의원안 제7조 제3항 제2호.
50) 국회 정무위원회 검토보고서, 조용복 수석전문위원, 2019.11, 19면.
51) 국회 정무위원회 검토보고서, 조용복 수석전문위원, 2019.11, 19면.
52) 국회 정무위원회 검토보고서, 조용복 수석전문위원, 2019.08, 15면.
53) 김병욱의원안 제5조의2 제1항.
54) 김병욱의원안 제5조의2 제4항.
55) 김병욱의원안 제8조.

지 않고 가상자산 취급업소에 직접적인 자금세탁방지의무를 부과하였다.

라. 김수민의원안[56]

'가상화폐'를 '분산원장기술을 사용하여 전자적 방법으로 이전 가능한 증표 또는 그 증표에 관한 정보'로 정의하고, '가상화폐를 보관·관리·교환·매매·알선·중개를 영업으로 하는 자'를[57] '가상화폐 취급업자'로 하였다. 통상 법인 또는 단체를 칭하는 '업소'라는 표현보다 자연인과 법인 등을 포괄하는 '업자'라는 용어를 택하고, 분산원장기술을 사용한다는 가상화폐의 기술적인 측면을 부각하였다.[58] '금융회사등'의 범위에 '가상화폐 취급업자'를 포함하고,[59] '금융거래등'의 범위에 '가상화폐 취급업자가 가상화폐를 금융자산과 교환하는 것'을 포함하였다.[60]

가상화폐 취급업자에게 신고의무를 부과하고,[61] 불이행 시 과

56) 김수민의원 등 10인, 특정 금융거래정보의 보고 및 이용 등에 관한 법률 일부개정법률안(의안번호 20939)(김수민의원안). 2019년 6월 12일 발의, 2019년 11월 19일 제371회 국회정기회 제9차 정무위원회 상정 및 법안심사소위원회 회부.

57) 김수민의원안 제2조 제1호 하목. 다만 '가상화폐의 이전행위(송금)'는 포함하지 않고 있다.

58) 이에 대하여는 자금세탁방지 및 테러자금조달 규제라는 특정금융정보법의 취지상, 분산원장기술이 아닌 다른 기술에 기반한 전자적 교환매개수단이 등장할 경우 규제대상 포함여부가 달라진다는 점은 검토가 필요하다는 의견이 있다. 국회 정무위원회 검토보고서, 조용복 수석전문위원, 2019.11, 13면.

59) 김수민의원안 제2조 제1호 하목.

60) 김수민의원안 제2조 제2호 라목. 다만 '가상화폐 간의 교환'은 '금융거래등'에 포함하지 않고 있다.

61) 김수민의원안 제5조의3. 다만 신고 말소의 경우나 신고의 유효기간에 대하

태료를 부과하도록 하였다.62) 가상화폐 취급업자의 조치의무로서 고객별 거래내역 분리관리,63) 실명확인 입출금 계정서비스 이용, 이용자별 거래 내역 구분관리,64) 가상화폐 거래 관련 자금 모집을 위해 임직원 계좌 등 별도의 계좌 운영 등을 규정하였다. 가상화폐의 이체정보도 전신송금 관련 정보제공의무의 범위에 포함하되, '가상화폐 취급업자의 경우 확인이 불가능한 정보로서 총리령으로 정하는 정보는 제외'하도록 하였다.65)

금융회사등이 고객확인의무를 이행해야 할 금융거래의 범위에 가상화폐와 금융자산 간 거래를 포함하고,66) 고객인 가상화폐 취급업자가 신고의무를 이행하지 않은 사실이 확인되면 신규 거래를 거절하거나 수립된 거래를 종료할 의무 규정을 두었다.67)

마. 정무위원회 대안68)

각 발의된 상기 4개의 개정안은 법안심사 제1소위원회의 논의를 거쳐 하나의 정무위 대안에 반영된 후 폐기되었다.69) 정무위

여는 정하지 아니하였다. 신고 요건이나 불수리사유에 대한 언급이 없어, 본안의 신고는 '수리를 요하지 않는 신고'로 해석된다.

62) 김수민의원안 제17조 제2항 제4호.

63) 김수민의원안 제5조의6.

64) 해당 조치의무 위반 시 과태료를 부과하도록 하였다. 김수민의원안 제17조 제1항 제3호.

65) 김수민의원안 제5조의3 제1항 단서.

66) 김수민의원안 제2조 제2호 라목.

67) 김수민의원안 제5조의2 제4항 제2호.

68) 국회 정무위원회 위원회의결안, 특정 금융거래정보의 보고 및 이용 등에 관한 법률 일부개정법률안(대안), 제안연월일 2019.11, 제안자 민병두 정무위원장(정무위원회 대안).

69) 제364회 국회(정기회) 제3차 법안심사 제1소위원회(2018.11.23.)와 제371회

원회 대안에서는 **'가상자산'** 명칭이 채택되었고, 종래 취급업자·취급업소 등으로 제안되었던 가상자산서비스제공자의 명칭은 **'가상자산사업자'**로 정해졌다.70)

그 과정에서 '**실명확인 입출금 계정서비스 이용 여부**'를 사업자의 신고 불수리 내지 직권말소 사유로 삼을 것인지에 대한 논란이 첨예하였다. '자금세탁과 테러자금 조달 등을 방지하기 위해서는 사용 계좌의 실명을 확인하는 것이 핵심이므로 실명확인 입출금 계정 이용 요건은 필수적이며, 다만 은행이 권한을 남용하지 않도록 입법적 보완이 필요하다'는 의견71)과, '이는 FATF에서도 요구하지 않는 독소조항으로, 은행이 실명확인(입출금 계정 발급)을 거부하면 신고를 할 수 없도록 하는 당국의 우회규제에 불과하며 이는 업체들의 시장 진출을 막는 진입장벽일 뿐'이라는 의견72)이 그것이었다. 한국블록체인협회를 통해 제출된 업계 의

국회(정기회) 제1차 법안심사 제1소위원회(2019.10.24.), 제2차 법안심사소위원회(2019.11.21.)에서는 위 4건의 법률안을 각각 본회의에 부의하지 아니하기로 하고, 각 법률안의 내용을 통합·조정하여 대안을 위원회안으로 제안하기로 하였다. 제371회 국회(임시회) 제3차 정무위원회(2019.11.25.)는 법안심사소위원회에서 심사보고한 대로 4건의 법률안을 각각 본회의에 부의하지 아니하고, 법안심사소위원회에서 마련한 대안을 위원회안으로 제안하기로 의결하였다.

70) 가상자산사업자의 명칭은 한국블록체인협회를 통해 제안된 업계 의견에 따른 것으로, 산업 자체의 미래가치를 고려한 바람직한 명칭 채택으로 평가되었다. 이남석, 「블록체인협회 "특금법 개정안 통과 환영"…시장질서 수립 첫걸음」, 2019.11.22.일자 EBN 기사.
(https://www.ebn.co.kr/news/view/1010461/?sc=naver) (2022.02.11.확인)

71) 서대웅·신승훈 기자, 「[특금법 설전] 김병욱 의원 "은행이 실명확인 안 하면 대안 있나"」, 2019.11.18.일자 아주경제.
(https://www.ajunews.com/view/20191118141524214) (2022.02.11.확인)

72) 안선영·신승훈 기자, 「[특금법 설전] 김종석 의원 "현 특금법, 은행이 거래소 인가권 가진 꼴"」, 2019.11.18일자 아주경제.
(https://www.ajunews.com/view/20191118112033087) (2022.02.11.확인)

견에서도 '최근 은행권에서 가상자산 취급업소에 실명확인 입출금 계정을 신규 발급하지 않고 있는데 그러한 상황에서 실명확인 입출금 계정의 이용을 수리 요건으로 정할 경우 사실상 현재 실명확인 입출금 계정을 이용 중인 취급업소 외의 취급업소들은 영업을 중단할 수밖에 없다'는 지적이 있었다.[73] 정무위원회에서는 이를 종합하여, 사업자의 신고 요건 및 직권말소 요건으로 '실명확인 입출금 계정 서비스 이용'을 존치하되 그 개시 기준 및 조건은 시행령에서 정하도록 하고, 또한 그 시행령의 입안 과정에서 국회와 긴밀히 협의한다는 부대의견[74]을 첨부하였다.[75]

종래 가상자산사업자의 **전신송금 시 정보제공의무** 적용 시에 정보제공의 '기준 · 절차 · 방법 등'을 대통령령에 위임하도록 하였으나, 국제 논의와 가상자산 이동 특성 등을 고려하여 탄력적 적용이 가능하도록 정보제공의 '대상'도 대통령령에서 정할 수 있도록 하였다.[76]

가상자산사업자에 대한 제재 조치와 관련하여서도 초기 개정안은 **직권말소**만을 정하고 있었으나, 정무위 대안은 시정명령 미이행이나 기관경고를 받은 경우는 직권말소 사유가 아닌 **영업정지** 사유로 수정하고, 영업정지를 이행하지 않고 영업을 하거나

73) 국회 정무위원회 검토보고서, 조용복 수석전문위원, 2019.08, 15면 및 국회 정무위원회 검토보고서, 조용복 수석전문위원, 2019.11, 20면.

74) 국회 정무위원회 위원회의결안, 특정 금융거래정보의 보고 및 이용 등에 관한 법률 일부개정법률안(대안), 2019.11월 민병두 정무위원장 제안, 4면; 금융위원회는 제7조 제8항 개정규정과 관련하여 실명확인 입출금 계정 개시 기준 및 조건에 대한 시행령 입안 과정에서 법률 개정의 취지가 제대로 반영될 수 있도록 국회와 긴밀히 협의한다.

75) 국회사무처, 제371회 국회(정기회) 정무위원회회의록 제10호, 6면 법안심사 제1소위원회 유동수 위원장의 심사결과 보고 내용 중.

76) 정무위원회 대안 제6조 제3항.

거짓이나 부정한 방법으로 신고한 경우를 직권말소 사유에 추가함으로써 구체적인 제재 사유와 비난가능성의 정도에 따라 비례의 원칙에 맞는 탄력적 규제가 가능하도록 하였다.[77]

또한 신고사업자가 획득한 정보보호 관리체계 인증이 그 유효기간(3년)[78] 만료와 동시에 미획득으로 되어 직권말소 사유에 해당하게 될 경우, 유효기간 만료 전 정보보호 관리체계 인증을 위한 (갱신)신청을 하였는데도 심사기간이 길어지는 등의 예기치 못한 사유로 유효기간 경과 전까지 인증을 다시 획득하지 못한 사업자의 사업연속성을 보호할 필요가 인정되어, 유예기간 등 예외사유를 규정할 수 있도록 대통령령에 위임하는 규정을 마련하였다.[79]

바. 법제사법위원회 상정 및 가결

위 정무위 대안은 법제사법위원회 체계자구 검토 결과, 가상자산의 정의규정이 정비되고 가상자산거래정보의 보존기간을 명시하는 외에 법문의 표현을 명확히 하는 정도의 자구 수정이 이루어진 후 가결되었다.[80]

정무위 대안 제2조 제3호에서 '전자적으로 거래 또는 이전될 수 있는 가치의 전자적 증표'로 규정하였던 가상자산의 정의를 '경제적 가치를 지닌 것으로서 전자적으로 거래 또는 이전될 수

77) 정무위원회 대안 제7조 제4항 제2호.
78) 정보통신망법 제47조 제5항.
79) 정무위원회 대안 제7조 제4항 제1호 단서.
80) 국회사무처, 제376회 국회(임시회), 법제사법위원회(위원장 여상규) 회의록 제2호, 119면.

있는 전자적 증표'로 수정하고, 전자등록주식, 전자어음, 전자선하증권이 가상자산에서 제외된다는 것을 분명히 하였다. 가상자산의 정의에 대한 문구는 비트코인에 대하여 '경제적인 가치를 디지털로 표상하여 전자적으로 이전, 저장 및 거래가 가능하도록 한 가상화폐의 일종으로 재산적 가치가 있는 무형의 재산'이라고 판시한 대법원 판례[81]의 문구와, '… 가치를 지닌 것으로서 … 을(를) 말한다. 다만, … 은(는) 제외한다'는 유사입법례[82]의 규정형식을 모두 고려한 것이다.[83]

정무위 대안 제5조의4는 금융회사등이 금융거래정보를 관계종료일로부터 일정 기간 보유할 것을 규정하고 있고, 동조 제2항은 각 관계 종료일을 정하는 기준을 정하고 있어, 가상자산사업자의 금융거래관계등의 관계가 종료한 때의 기준도 명시할 필요가 있었다. 이에 '가상자산사업자와 고객 사이에 가상자산거래로 인한 채권채무관계를 정산한 날'을 금융거래등 관계의 종료일로 본다는 규정이 추가되었다.[84]

---

81) 대법원 2018.05.30. 선고 2018도3619 판결.

82) 한옥 등 건축자산의 진흥에 관한 법률 제2조(정의) 이 법에서 사용하는 용어의 뜻은 다음과 같다. 1. "건축자산"이란 현재와 미래에 유효한 사회적 · 경제적 · 경관적 가치를 지닌 것으로서 한옥 등 고유의 역사적·문화적 가치를 지니거나 국가의 건축문화 진흥 및 지역의 정체성 형성에 기여하고 있는 다음 각목의 어느 하나에 해당하는 것을 말한다. 다만, 문화재보호법에 따라 지정 · 등록된 문화재는 제외한다. (이하 각목 생략)

83) 국회 법제사법위원회 체계자구검토보고서, 전상수 수석전문위원, 특정 금융거래정보의 보고 및 이용 등에 관한 법률 일부개정법률안(대안) 검토보고, 1면.

84) 국회 법제사법위원회 체계자구검토보고서, 전상수 수석전문위원, 특정 금융거래정보의 보고 및 이용 등에 관한 법률 일부개정법률안(대안) 검토보고, 3면.

사. 개정안 공포 및 시행

가상자산 및 가상자산사업자를 정의하고, 가상자산사업자의 자금세탁방지의무를 최초로 규정한 국내법인 특정금융정보법 개정안은 2019년 11월 29일 정무위원회 및 2020년 3월 4일 법제사법위원회를 거쳐 2020년 3월 5일 제376회 제8차 국회 본회의에서 원안가결로 최종 의결되어,[85] 2020년 3월 24일 법률 제17113호로 공포된 후 그로부터 1년 후인 2021년 3월 25일부터 시행되었다.

특정금융정보법[86]은 총 7개의 장과 20개의 조문으로 구성되며, 가상자산사업자가 준수해야 할 자금세탁방지의무와, 금융회사가 가상자산사업자와 거래 시 준수해야 할 의무 등이 규정되어 있다. 제1조~제2조 목적과 정의, 제3조 수행기관, 제4조~제5조 금융회사등의 의무, 제6조~제8조 가상자산사업자 관련 사항, 제9조~제13조 특정 금융거래정보의 사용, 비밀보장, 보존 및 폐기 등에 관한 사항, 제14조 다른 법률과의 관계, 제15조~제15조의2 감독 · 검사, 제16조~제20조 벌칙규정으로 이루어진다. 이하에서 가상자산 및 가상자산사업자 관련 사항들을 중심으로 각 규정을 주해한다.

---

85) 재석 182인 중 찬성 182인으로서 특정 금융거래정보의 보고 및 이용 등에 관한 법률 일부개정법률안(대안)이 가결되었다. 국회사무처, 제376회 국회임시회 국회본회의(의장 문희상)회의록, 15면.

86) 이후 특정금융정보법은 2020.05.19일 및 2021.01.05일자로 개정되어 현재 시행 중인 법률은 법률 제17299호이다. 그간의 주요 개정사항으로 제2조 제5호 자금세탁행위의 정의규정에 지방세기본법에 따른 지방세 탈루 목적이 추가되고, 제10조 제1항 금융정보분석원장의 정보제공 대상에 행정안전부장관 및 고위공직자범죄수사처장이 추가되었다. 본 장은 현재 시행 중인 최신 법령을 기준으로 주해한다.

3. 특정금융정보법 총칙

가. 목적

> **제1조**(목적)
> 이 법은 금융거래 등을 이용한 자금세탁행위와 공중협박자금조달행위를 규제하는 데 필요한 특정금융거래정보의 보고 및 이용 등에 관한 사항을 규정함으로써 범죄행위를 예방하고 나아가 건전하고 투명한 금융거래 질서를 확립하는 데 이바지함을 목적으로 한다.

자금세탁행위(Money Laundering)는 일반적으로 범죄행위로부터 얻은 불법자산을 합법적인 자산인 것처럼 위장하는 과정을 말하고, 자금세탁방지제도(Anti-Money Laundering: AML)는 처음에는 범죄수익의 세탁방지로 시작되었지만 테러자금조달 및 대량살상무기확산금융을 차단하는 것으로 방지범위가 확대되어 현재에는 테러자금조달금지 제도(Combating the Financing of Terrorism: CFT)를 포함하는 개념으로 이해되고 있음은 이미 전술한 바와 같다. 우리나라 법령은 '테러자금'이라는 용어를 대신하여 '공중협박자금'이라는 용어를 사용한다. 이하에서는 자금세탁행위 및 공중협박자금·대량살상무기확산자금 조달행위를 '자금세탁행위등'으로, 이에 대한 방지를 통틀어 '자금세탁방지등'으로 칭한다.

자금세탁행위등은 일반적으로 자금의 신속한 이동 및 대량거래가 이루어지는 금융기관을 통한 금융거래 방식으로 이루어진다. 이에 특정금융정보법은 금융거래등을 이용한 자금세탁행위등의 규제를 위하여, 금융거래등을 취급하는 금융회사등으로 하여금 특정금융거래정보를 금융정보분석원에 보고하도록 하고 있다. 즉, 금융회사등은 금융거래 이용자에 대한 고객확인의무를 이행하여야 하고, 의심거래 및 고액 현금거래 발생 시 이를 보고하여야 한다. 금융정보분석원은 이러한 특정금융거래정보를 분석하고 필요 시 수사기관을 포함한 법 집행기관에 제공함으로써, 자금세탁행위등에 대하여 범죄수익은닉규제법, 테러자금금지법 및 마약거래방지법 등 국내 처벌 법규에 따른 처벌이 이루어지도록 한다.

그림 4 KoFIU 및 자금세탁방지제도 체계87)

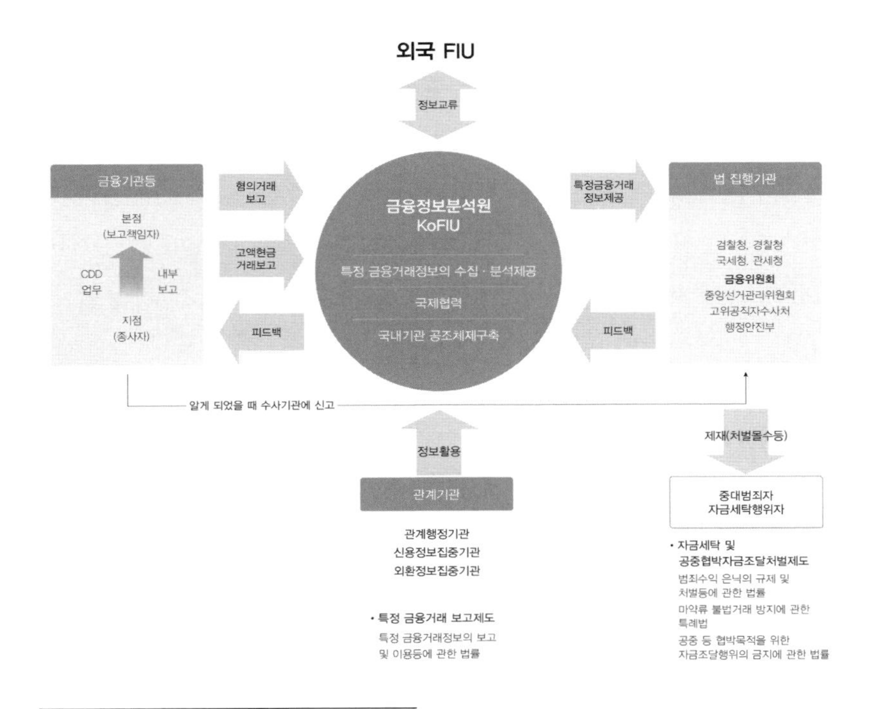

87) 금융정보분석원 홈페이지, KoFIU 및 자금세탁방지제도 체계 일부 수정. (https://www.kofiu.go.kr/kor/policy/amls01.do) (2022.04.22.확인)

나. 정의

1) 규정의 형식

가상자산사업자는 '금융회사등'을 열거한 특정금융정보법 제2조 제1호 하목에 규정되어 있다. 동조 가목부터 파목까지는 '한국산업은행법에 따른 한국산업은행', '은행법에 따른 은행'과 같이, 업(業)에 대한 기본법이 존재하고 그 기본법에서 정의하는 의무자가 금융회사등에 해당한다는 방식으로 규정되어 있다. 그러나 가상자산사업자의 경우는 이 법의 적용대상인 다른 금융회사등과 달리, 업(業)이나 영업행위를 규율하는 별도의 법률이 없어 자금세탁 및 테러자금조달 방지의무를 부과할 대상을 특정하기 어려운 상황에서 적용 실효성을 확보하고자,[88] 가상자산사업자의 정의를 특정금융정보법에서 직접 정하는 형식을 취하였다. 추후 가상자산 관련 업(業)법이 제정되면 정의 조항은 업법에 위치하여야 할 것이고, 특정금융정보법에 예를 들어 '하. (가상자산 관련 업법 명칭)에 따른 가상자산사업자'로의 일반적 표기가 가능할 것이다.

2) 가상자산사업자의 정의

> **제2조**(정의)
> 이 법에서 사용하는 용어의 뜻은 다음과 같다.
> 1. **"금융회사등"이란** 다음 각 목의 자를 말한다.
>   가. 「한국산업은행법」에 따른 한국산업은행 (나목~파목 생략)

88) 국회 정무위원회 검토보고서, 조용복 수석전문위원, 2019.08.

하. 가상자산과 관련하여 다음 1)부터 6)까지의 어느 하나에 해당하는 행위를 **영업으로** 하는 자(이하 "**가상자산사업자**"라 한다)

1) **가상자산을 매도, 매수하는 행위**
2) **가상자산을 다른 가상자산과 교환하는 행위**
3) **가상자산을 이전하는 행위 중 대통령령으로 정하는 행위**
4) **가상자산을 보관 또는 관리하는 행위**
5) **1) 및 2)의 행위를 중개, 알선하거나 대행하는 행위**
6) **그 밖에 가상자산과 관련하여 자금세탁행위와 공중협박자금조달행위에 이용될 가능성이 높은 것으로서 대통령령으로 정하는 행위**

거. 제2호에 따른 금융거래등을 하는 자로서 대통령령으로 정하는 자

2. **"금융거래등"이란** 다음 각 목의 것을 말한다.

라. 가상자산사업자가 수행하는 제1호 하목 1)부터 6)까지의 어느 하나에 해당하는 것(이하 "가상자산거래"라 한다)

특정금융정보법은 '가상자산과 관련한 특정 행위'를 '영업으로 하는 자'를 가상자산사업자로 규정하고, 가상자산사업자를 특정금융정보법의 종래 수범자인 '금융회사등'에 포함시켜 가상자산사업자가 법 적용 대상이 되도록 하였다.

가) 가상자산과 관련된 특정 행위를 할 것

주로 가상자산의 취득과 이동 등에 관련된 것으로서, 가상자산을 매매하는 행위(제1호), 다른 가상자산과 교환하는 행위(제2호), 가상자산을 보관·관리하는 행위(제4호), 고객의 요청에 따라 가상자산의 매매·교환·보관·관리 등을 위해 가상자산을 이전하

는 모든 행위(제3호),[89] 가상자산 매매나 교환을 중개·알선·대행하는 행위(제5호), 그 외 가상자산과 관련하여 자금세탁행위와 공중협박자금조달행위에 이용될 가능성이 높은 것으로서 대통령령으로 정하는 행위(제6호)[90]가 여기에 해당한다. 이러한 가상자산사업자의 행위를 '가상자산거래'라 하고, 이는 본법이 규정하는 '금융거래등'에 포함된다.

국내 가상자산사업자 중 이용자의 가상자산 매매나 교환을 위한 플랫폼을 운영하는 거래사업자 대부분이 위 제3호의 이전행위 및 제5호의 중개행위에 해당한다. 이른바 커스터디로 명칭되는 가상자산 보관사업자의 경우 제4호의 보관·관리행위, 지갑사업자의 경우 제3호의 이전행위 및 제5호의 대행행위에 각 포섭되고, 거래사업자로서 커스터디업을 병행하는 경우는 제3호, 제4호, 제5호의 행위에 모두 해당한다. 특정금융정보법은 위 행위 태양 중 단·복수 구별 없이 한 가지 이상에 해당하면 모두 적용 대상으로 한다.

다만 금융위원회는 법 시행 시 그 적용 범위를 주요 가상자산사업자, 즉 가상자산 거래업자, 가상자산 보관관리업자 및 가상자산 지갑서비스업자로 한정하였다.[91] 그리고 P2P 거래 또는 지갑서비스 플랫폼만 제공하거나, 콜드월렛 등 하드웨어 지갑만을 제공하는 경우, 수수료 없이 플랫폼만을 제공하는 경우, 단순히

---

89) 시행령 제1조의2.

90) '그 밖에 가상자산과 관련하여 자금세탁행위와 공중협박자금조달행위에 이용될 가능성이 높은 것으로서 대통령령으로 정하는 행위'에 해당하는 것은 시행령 입법예고 당시 추가되지 않았다. 금융위원회, 「가상자산 관련 「특정금융정보법 시행령」 개정안 입법예고(11.3.~12.14.)」, 2020.11.03. 일자 보도자료, 2면.

91) 금융위원회, 「가상자산 관련 「특정금융정보법 시행령」 개정안 입법예고(11.3.~12.14.)」, 2020.11.03일자 보도자료, 2면.

가상자산의 거래에 대한 조언이나 기술을 제공하는 경우 등은 특정금융정보법상 신고대상인 가상자산사업자에 해당하지 않는다고 하였다.[92] 또한 가상자산 보관관리업이나 지갑서비스업 형태의 행위라 해도, 사업자가 개인 암호키 등을 보관·저장하는 프로그램만을 제공할 뿐 독립적인 통제권을 가지지 않아 매도·매수·교환 등에 관여하지 않는 경우는 특정금융정보법 적용 대상에서 제외된다.[93]

표 11 주요 가상자산사업자 예시[94]

구 분	업 무	제 외
가상자산 거래업자	• 가상자산 매매·교환 등을 중개·알선하기 위하여 플랫폼을 개설하고 운영하는 사업자(가상자산 취급업, 교환업, 거래소 등) • 일반적으로 가상자산의 매도·매수(예: 현금과의 교환) 및 가상자산 간 교환을 중개, 알선하거나 대행하고 가상자산을 이전하는 행위 등의 기능을 함께 수행하는 것으로 판단	• 단순히 매수·매도 제안을 게시할 수 있는 장(場)만을 제공하는 경우 • 단순히 가상자산의 거래에 대한 조언이나 기술을 제공하는 경우
가상자산 보관 관리업자	• 타인을 위하여 가상자산을 보관·관리하는 행위를 영업으로 하는 자(가상자산 커스터디, 수탁사업 등) • 법상 가상자산을 보관·관리하는 행위를 주요 업무로 수행	• 사업자가 개인 암호키 등을 보관·저장하는 프로그램만 제공할 뿐 개인 암호키에 대한 독립적인 통제권을 가지지 않아 가상자산의 이전·보관·교환 등에 관여하지 않는 경우

92) 금융위원회, 「가상자산 관련 「특정금융정보법 시행령」 개정안 입법예고(11.3.~12.14.)」, 2020.11.03일자 보도자료, 7면.

93) 금융위원회, 「가상자산 관련 「특정금융정보법 시행령」 개정안 입법예고(11.3.~12.14.)」, 2020.11.03일자 보도자료, 8면.

가상자산 지갑 서비스업자	• 일반적으로 가상자산의 보관 · 관리 및 이전 서비스 등을 제공하는 사업자(중앙화 지갑서비스, 수탁형 지갑서비스, 월렛서비스 등) • 법상 가상자산의 이전, 가상자산의 보관 · 관리 행위를 주요 업무로 수행	• 거래업자 · 보관관리업자와 동일한 제외사항 + 콜드월렛 등 하드웨어 지갑서비스 제조자 등

가상자산사업자의 자회사(子會社) 역시 특정금융정보법의 적용대상이 된다.[95] 이는 상법상 자회사만을 의미하므로, 가상자산사업자가 발행주식 총수의 100분의 50을 초과하는 주식을 가진[96] 회사는 가상자산사업자(모회사)의 자회사로서 특정금융정보법이 정한 '금융회사등'에 해당하여 본법의 적용대상이다.

나) 영업으로 할 것

가상자산사업자는 위와 같은 가상자산거래를 '영업으로' 하는 자이다. 특정금융정보법상 가상자산거래를 영업으로 하지 않는 개인 간의 가상자산 이전행위(Peer to Peer, 이른바 P2P 거래)는 적용이 제외된다.

3) 가상자산의 정의

> 3. **"가상자산"이란** 경제적 가치를 지닌 것으로서 전자적으로 거래 또는 이전될 수 있는 전자적증표(그에 관한 일체의 권리를 포

94) 국회 정무위원회 검토보고서, 이용준 수석전문위원, 2021.11, 37면.

95) 특정금융정보법 제2조 제1항 제1호 거목, 시행령 제2조 제15호 및 특정 금융거래정보 보고 및 감독규정 제1조의2.

96) 상법 제342조의2 제1항.

> 함한다)를 말한다. 다만, 다음 각 목의 어느 하나에 해당하는 것은 제외한다.
> 가. 화폐 · 재화 · 용역 등으로 교환될 수 없는 전자적 증표 또는 그 증표에 관한 정보로서 발행인이 사용처와 그 용도를 제한한 것
> 나. 「게임산업진흥에 관한 법률」 제32조제1항제7호에 따른 게임물의 이용을 통하여 획득한 유·무형의 결과물
> 다. 「전자금융거래법」 제2조제14호에 따른 선불전자지급수단 및 같은 조 제15호에 따른 전자화폐
> 라. 「주식 · 사채 등의 전자등록에 관한 법률」 제2조제4호에 따른 전자등록주식등
> 마. 「전자어음의 발행 및 유통에 관한 법률」 제2조제2호에 따른 전자어음
> 바. 「상법」 제862조에 따른 전자선하증권
> 사. 거래의 형태와 특성을 고려하여 대통령령으로 정하는 것

가) 가상자산의 개념

특정금융정보법에서는 가상자산을 '경제적 가치를 지닌 것으로서 전자적으로 거래 또는 이전될 수 있는 전자적 증표(그에 관한 일체의 권리를 포함한다)'로 정의하고, 가상자산에서 제외되는 6가지를 열거하되, 이후 시행령에서 거래의 형태와 특성을 고려하여 제외항목을 추가할 수 있도록 위임하는 규정을 두고 있다.

가상자산을 거래 또는 이전의 객체로 한정한바, 이 정의에 따르면 가상자산은 화폐나 재화, 용역 등으로 교환될 수 있는 전자적 증표이고 그 자체를 화폐로 볼 수 없다.[97]

특정금융정보법은 기존의 「금융위원회 가이드라인」(본서 Ⅱ.1. 나.6) 2018, 금융위원회 가상통화 관련 자금세탁방지 가이드라인 부분 참조)에서 배제하였던 세 가지 항목(가목, 나목, 다목)을 그대로 제외대상으로 명시하고, 타법에 의해 이미 자금세탁방지의무 대상으로 포섭되어 있거나 자금세탁방지 규제의 필요성이 적은 세 가지 항목(라목, 마목, 바목)을 추가로 제외하였다.

나) 가상자산에서 제외되는 것

(1) 화폐 · 재화 · 용역 등으로 교환될 수 없는 전자적 증표 또는 그 증표에 관한 정보로서 발행인이 사용처와 그 용도를 제한한 것

전자적 증표나 그에 관한 정보가 화폐 · 재화 · 용역 등으로 교환될 수 없다면 경제적 가치가 있다고 할 수 없고, 가상자산의 요건인 전자적 거래나 이전 가능성이란 자유로운 유통을 전제로 하는 것이므로 앱(App)을 통해 제공되는 개별 업체의 할인쿠폰과 같이 발행인에 의해 사용처와 용도가 제한되어 있는 것은 특정금융정보법상의 가상자산에 해당하지 않는다. 화폐 · 재화 등으로 교환될 수 없는 분산원장 기반 신원확인(Decentralized Identity) 역시 가상자산에 해당하지 않는다.[98]

---

97) 과학기술정보통신부 · 한국인터넷진흥원, 「블록체인 기반 혁신금융 생태계 연구보고서」, 2021.01.29., 29면.

98) 금융위원회, 「가상자산 관련 「특정금융정보법 시행령」 개정안 입법예고(11.3.~12.14.)」, 2020.11.03일자 보도자료, 2면.

(2) 게임산업법 제32조 제1항 제7호에 따른 게임물의 이용을 통하여 획득한 유·무형의 결과물

게임산업법상의 게임물의 이용을 통하여 획득한 유·무형의 결과물("게임머니등")이란 점수, 경품, 게임 내에서 사용되는 가상의 화폐로, 게임물을 이용할 때 베팅 또는 배당의 수단이 되거나 우연적인 방법으로 획득된 게임머니 또는 그 게임머니의 대체 교환 대상이 된 게임머니·게임아이템 등의 데이터를 말하며, 불법적 혹은 비정상적인 방법으로 획득한 것을 포함한다.[99]

게임머니등은 개인 간의 게임아이템 거래 현실 등을 감안하면 '경제적 가치를 지니는 전자적 증표'에는 해당하는 것처럼 보이나, 이는 제한된 용처를 넘어선 사용이며 게임머니등은 불법적 혹은 비정상적 방법으로 획득한 것을 포함하므로 자유로운 유통을 전제로 한다고 보기도 어렵다.

---

99) 게임산업법 시행령 제18조의3(게임머니 등) 법 제32조 제1항 제7호에서 "대통령령이 정하는 게임머니 및 대통령령이 정하는 이와 유사한 것"이란 다음 각호의 어느 하나에 해당하는 것을 말한다.

1. 게임물을 이용할 때 베팅 또는 배당의 수단이 되거나 우연적인 방법으로 획득된 게임머니
2. 제1호에서 정하는 게임머니의 대체 교환 대상이 된 게임머니 또는 게임아이템(게임의 진행을 위하여 게임 내에서 사용되는 도구를 말한다. 이하 같다) 등의 데이터
3. 다음 각 목의 어느 하나에 해당하는 게임머니 또는 게임아이템 등의 데이터
   가. 게임제작업자의 컴퓨터프로그램을 복제, 개작, 해킹 등을 하여 생산·획득한 게임머니 또는 게임아이템 등의 데이터
   나. 법 제32조 제1항 제8호에 따른 컴퓨터프로그램이나 기기 또는 장치를 이용하여 생산·획득한 게임머니 또는 게임아이템 등의 데이터
   다. 다른 사람의 개인정보로 게임물을 이용하여 생산·획득한 게임머니 또는 게임아이템 등의 데이터
   라. 게임물을 이용하여 업으로 게임머니 또는 게임아이템 등을 생산·획득하는 등 게임물의 비정상적인 이용을 통하여 생산·획득한 게임머니 또는 게임아이템 등의 데이터

(3) 전자금융거래법 제2조 제14호에 따른 선불전자지급수단 및 같은 조 제15호에 따른 전자화폐[100)]

전자금융거래법에서는 '전자지급수단'을 규정하고 있다. '전자지급수단'은 전자지급거래[101)]를 하는 데 이용되는 지급수단으로서, 전자자금이체, 직불전자지급수단, 선불전자지급수단, 전자화폐, 신용카드, 전자채권 그 밖에 전자적 방법에 따른 지급수단을 말한다.

이 중 '선불전자지급수단'은 전자화폐가 아닌 이전 가능한 금전적 가치가 전자적 방법으로 저장되어 발행된 증표 또는 그 증표에 관한 정보로서, 발행인 외의 제3자로부터 재화 또는 용역을 구입하고 그 대가를 지급하는 데 사용되고, 구입할 수 있는 재화 또는 용역의 범위가 2개 업종 이상이어야 하는 요건을 갖춘 것을 말하고, '전자화폐'는 이전 가능한 금전적 가치가 전자적 방법으로 저장되어 발행된 증표 또는 그 증표에 관한 정보로서, 다양한 분야에서 사용될 수 있는 범용성을 요건으로 하여 발행인 외의 제3자로부터 재화 또는 용역을 구입하고 그 대가를 지급하는 데 사용할 수 있고, 2개 이상의 광역 지방자치단체 및 500개 이상의 가맹점에서 이용할 수 있으며, 사용할 수 있는 재화 또는 용역의 범위가 5개 업종 이상 요건을 갖춘 것을 말한다.[102)] 그리고 현금

---

100) 최인석(2019), 71-72면 요약 인용.

101) 전자금융거래법 제2조(정의) 2. 전자지급거래라 함은 자금을 주는 자(이하 "지급인"이라 한다)가 금융회사 또는 전자금융업자로 하여금 전자지급수단을 이용하여 자금을 받는 자(이하 "수취인"이라 한다)에게 자금을 이동하게 하는 전자금융거래를 말한다.

102) 전자금융거래법 시행령 제4조(전자화폐의 범용성 요건) ① 법 제2조 제15호 가목에서 "대통령령이 정하는 기준 이상의 지역 및 가맹점"이라 함은 2개 이상의 광역지방자치단체(「지방자치법」 제2조제1항제1호에 따른 지방

또는 예금과 동일한 가치로 교환되고 발행되어야 하고, 발행자에 의하여 현금 또는 예금으로 교환이 보장되어야 한다.

가상자산은 '전자화폐'와 '선불전자지급수단'과 같이 국가가 법률로서 발행을 관리하고 감독을 하지 않아 발행과 관리주체가 정부가 아니고, 발행자에 의하여 현금 또는 예금으로 교환이 보장되지 않으므로 '전자화폐'나 '선불전자지급수단'은 가상자산에서 제외된다.

(4) 전자증권법 제2조 제4호에 따른 전자등록주식 등

전자증권법상 전자등록주식이란 전자등록계좌부에 전자 등록된 주식 · 사채 · 국채 · 지방채 등('주식 등')을 말한다.[103] 전자등록계좌부란 주식 등에 관한 권리의 발생 · 변경 · 소멸에 대한 정보를 전자적 방식으로 편성한 장부로,[104] 전자증권법은 계좌관리기관으로 하여금 주식 등의 종류, 종목, 금액, 권리자 및 권리 내용 등 그에 관한 권리의 발생 · 변경 · 소멸에 관한 정보를 전자등록계좌부에 전자적 방식으로 기재할 수 있도록 하고[105] 계좌관리기관의 의무사항 등을 규정하고 있다.[106]

자치단체를 말한다. 이하 같다) 및 500개 이상의 가맹점을 말한다. ② 법 제2조제15호다목에서 "대통령령이 정하는 업종 수"라 함은 5개 업종을 말한다.

103) 전자증권법 제2조 제4호.

104) 전자증권법 제2조 제3호.

105) 전자증권법 제2조 제2호.

106) 전자증권법 제22조(고객계좌 및 고객관리계좌의 개설 등) ② 제1항에 따라 고객계좌가 개설된 경우 계좌관리기관은 다음 각호의 사항을 전자등록하여 권리자별로 고객계좌부를 작성하여야 한다. 1. 권리자의 성명 또는 명칭 및 주소 2. 발행인의 명칭 3. 전자등록주식등의 종류, 종목 및 종목별 수량 또는 금액 4. 전자등록주식등에 질권이 설정된 경우에는 그 사실 5.

가상자산의 정의에 해당하는지 여부는 해당 사업자에 대한 벌칙 규정 적용 여부의 문제임은 물론 가상자산사업자로서 신고의무를 부담하는지 여부 등을 결정하는 중요한 문제이다. 전자등록주식은 법문언적으로 '경제적 가치를 지닌 것으로서 전자적으로 거래 또는 이전될 수 있는 전자적 증표'라는 가상자산의 정의에 포섭될 수 있기 때문에, 별도의 규정을 두어 전자등록주식이 가상자산에 해당하지 않는다는 점을 명확히 하였다.[107]

한편 전자등록주식은 금융실명법에 따른 금융자산[108]에 해당하여 특정금융정보법 제2조 제2호 가목에 의해 종래 특정금융정보법의 적용대상이기도 하다.[109]

(5) 전자어음법 제2조 제2호에 따른 전자어음

전자어음이란 전자문서로 작성되고 전자어음관리기관에 등록

전자등록주식등이 신탁재산인 경우에는 그 사실 6. 전자등록주식등의 처분이 제한되는 경우에는 그에 관한 사항 7. 그 밖에 고객계좌부에 등록할 필요가 있는 사항으로서 대통령령으로 정하는 사항.

107) 국회 법제사법위원회 체계자구검토보고서, 전상수 수석전문위원, 특정 금융거래정보의 보고 및 이용 등에 관한 법률 일부개정법률안(대안) 검토보고, 2면.

108) 금융실명법 제2조(정의) 이 법에서 사용하는 용어의 뜻은 다음과 같다.
2. "금융자산"이란 금융회사등이 취급하는 예금 · 적금 · 부금 · 계금 · 예탁금 · 출자금 · 신탁재산 · 주식 · 채권 · 수익증권 · 출자지분 · 어음 · 수표 · 채무증서 등 금전 및 유가증권과 그 밖에 이와 유사한 것으로서 총리령으로 정하는 것을 말한다.

109) 특정금융정보법 제2조(정의) 이 법에서 사용하는 용어의 뜻은 다음과 같다.
2. "금융거래등"이란 다음 각 목의 것을 말한다.
가. 금융회사등이 금융자산(「금융실명거래 및 비밀보장에 관한 법률」 제2조 제2호에 따른 금융자산을 말한다)을 수입 · 매매 · 환매 · 중개 · 할인 · 발행 · 상환 · 환급 · 수탁 · 등록 · 교환하거나 그 이자 · 할인액 또는 배당을 지급하는 것과 이를 대행하는 것, 그 밖에 금융자산을 대상으로 하는 거래로서 총리령으로 정하는 것.

된 약속어음을 말한다.[110] 이 역시 전자등록주식과 같이 전통적으로 실물에 의해 표창되어 발행 · 유통 · 권리행사가 이루어지는 사무를 전자적 방식으로 처리할 수 있도록 한 것으로, 전자어음 역시 법문언적으로는 가상자산의 정의 범주에 해당하기 때문에 별도의 규정을 두어 전자어음이 가상자산에서 제외된다는 점을 명확히 한 것이다.[111] 전자어음 역시 금융실명법상의 금융자산에 해당하고 특정금융정보법 제2조 제2호 가목에 의해 종래 특정금융정보법의 적용 대상이다.

(6) 상법 제862조에 따른 전자선하증권

전자선하증권이란 전자문서로 작성되고 전자선하증권 등록기관에 등록된 선하증권을 말한다.[112] 상법상의 운송인은 선하증권을 발행하는 대신에 송하인 또는 용선자의 동의를 받아 전자선하증권을 발행할 수 있다. 선하증권은 운송인과 송하인 사이에 선하증권에 기재된 대로 개품운송계약이 체결되고 운송물을 수령 또는 선적한 것으로 추정하는 효력을 갖고,[113] 전자선하증권 역

110) 전자어음법 제2조 제2호.

111) 국회 법제사법위원회 체계자구검토보고서, 전상수 수석전문위원, 특정 금융거래정보의 보고 및 이용 등에 관한 법률 일부개정법률안(대안) 검토보고, 2면.

112) 상법의 전자선하증권 규정의 시행에 관한 규정 [대통령령 제31222호, 시행 2020.12.10.] 제2조(정의) 이 영에서 사용하는 용어의 뜻은 다음과 같다.
1. “전자선하증권(電子船荷證券)”이란 전자문서로 작성되고 「상법」(이하 “법”이라 한다) 제862조제1항에 따라 전자선하증권의 등록기관에 등록된 선하증권을 말한다.

113) 상법 제854조(선하증권 기재의 효력) ① 제853조제1항에 따라 선하증권이 발행된 경우 운송인과 송하인 사이에 선하증권에 기재된 대로 개품운송계약이 체결되고 운송물을 수령 또는 선적한 것으로 추정한다.

시 선하증권과 동일한 법적 효력을 갖는다.[114] 전자선하증권 또한 가상자산의 법문언적인 정의 범위에 포함될 수 있어, 전자선하증권이 가상자산이 아님을 별도 규정으로 분명하게 하였다.[115]

(7) 전자금융거래법상의 전자채권, 휴대폰 등 모바일기기에 저장하여 사용되는 이른바 모바일상품권 등

그 외 거래의 형태와 특성을 고려하여 대통령령으로 정하는 것을 가상자산에서 제외할 수 있도록 하였는데, 이는 경제환경의 변화에 따라 가상자산에서 제외되어야 하는 대상이 새롭게 신설될 경우를 대비한 규정이다. 현재 시행령은 전자금융거래법상의 전자채권, 휴대폰 등 모바일기기에 저장하여 사용되는 이른바 모바일상품권 등을 특정금융정보법상 가상자산에서 제외하고 있다.[116] 그리고 이에 준하는 것으로서 거래의 형태와 특성을 고려하여 금융정보분석원장이 고시하는 것은 가상자산에서 제외할 수 있도록 하였다.[117]

다) 대체불가토큰(Non Fungible Token: NFT)의 가상자산 해당 여부

NFT가 가상자산에 해당하는지 여부는 가상자산의 예외 항목

---

114) 상법 제862조(전자선하증권) ① 운송인은 제852조 또는 제855조의 선하증권을 발행하는 대신에 송하인 또는 용선자의 동의를 받아 법무부장관이 지정하는 등록기관에 등록을 하는 방식으로 전자선하증권을 발행할 수 있다. 이 경우 전자선하증권은 제852조 및 제855조의 선하증권과 동일한 법적 효력을 갖는다.

115) 국회 법제사법위원회 체계자구검토보고서, 전상수 수석전문위원, 특정 금융거래정보의 보고 및 이용 등에 관한 법률 일부개정법률안(대안) 검토보고, 2면.

116) 시행령 제4조 제1호 내지 제2호.

117) 시행령 제4조 제3호. 다만 이에 관한 고시는 아직 나온 것이 없다.

을 열거한 특정금융정보법의 취지와 연결되는데, 특정금융정보법의 체계상 가상자산에 해당하는지 여부에 따라 가상자산사업자 해당 여부가 달라지고 가상자산사업자에 해당할 경우 자금세탁방지를 위한 다양한 조치의무의 수범자가 되며, 위반 시 형사적 제재의 대상이 되기 때문이다. 따라서 NFT 관련 사업 준비 내지 운영 시 NFT가 가상자산에 해당하는지 여부는 중요한 고려사항이다.

NFT는 이더리움(ERC-721) 기반의 블록체인을 적용한 스마트 컨트랙트 기술을 이용하여 디지털자산에 대체 불가하며 여러 차례의 거래 이후에도 고유 식별 코드가 변하지 않고 식별할 수 있도록 콘텐츠에 고유 아이디와 메타데이터 정보를 할당하는 기술을 말한다.[118] 일반적으로 NFT는 고유 식별 코드가 변하지 않도록 하는 기술이 적용된 모든 가상자산을 통칭하는 용어로 사용되고 있다. 한편 FATF는 '호환(대체)되는 것이 아니라 고유한, 그리고 지급이나 투자수단으로 사용되기보다는 수집의 목적으로 실제 사용되는 디지털자산'을 '이른바 NFT(Non-Fungible Tokens) 또는 암호화수집품(crypto-collectibles)'으로 보았다.[119] FATF가 언급하는 NFT는 위와 같은 기술이 적용된 디지털자산 중 수집품으로 사용되는 토큰을 의미한다. 실제로 NFT는 저작물을 디지털화하는 유형이 있는가 하면 특정 언론보도나 특정 인물의 유의미한 발언을 디지털화하여 만들어지는 경우도 있고, 고유한 게임아이템을 표상하는 경우도 있는 등 다양하다. 이들의 공통점은 NFT라는 기술이 적용되어 해당 디지털 파일의 소유기록과 거래기록

118) 한국인터넷진흥원(김시호, 2021).
119) FATF (2021), 24면, 53항.

이 블록체인에 영구적으로 저장된다는 것이다.

FATF는 권고사항 적용 여부를 결정하는 것은 자산에 사용된 기술이 무엇인지가 아니라 자산이나 서비스의 특성이 무엇인지에 달려있다는 입장이다.[120] 따라서 암호화수집품의 용도만을 갖는 NFT는 일반적인 가상자산의 정의에 해당하지 않는다. 중요한 것은 명칭이나 외관이 아니라 본질(nature)과 실제기능(function in practice)이므로, NFT가 지급이나 투자목적으로 사용될 경우는 가상자산의 정의에 해당할 수 있다.[121] 또한 가상자산의 정의에 해당하지 않는다고 해서 그것이 FATF 권고사항의 적용이 배제된다는 의미는 아니며, 그 본질이 금융자산에 해당하는 NFT에 대해서는 기존 금융자산에 대한 FATF 권고사항이 적용된다.[122] 따라서 각 국가는 NFT에 대한 FATF 권고사항의 적용에 대해 사례별로(case-by-case basis) 검토하여야 한다.[123]

결국 NFT가 가상자산인지 여부는 'NFT 기술이 적용된 특정토큰이 가상자산에 해당하는지 여부'에 대한 논의이며, 그 판단은 해당 토큰의 본질과 기능, 특성 및 용도에 따라 사례별로 판단함이 타당하다. 특정금융정보법은 가상자산을 '경제적 가치를 지닌 것으로서 전자적으로 거래 또는 이전될 수 있는 전자적 증표'로 정의하여, FATF 규정집에 정한 광범위한 가상자산의 정의를 그대로 따르고 있다. NFT 기술이 적용된 토큰은 전자적으로 거래 또는 이전이 가능하므로, 그 본질과 실제 기능을 사례별로 판단

---

120) FATF (2021), 22면, 47항.
121) FATF (2021), 24면, 53항.
122) FATF (2021), 24면, 53항.
123) FATF (2021), 24면, 53항.

한 결과 지급이나 투자의 목적으로 이용되는 것이라면 경제적 가치를 지닌 디지털 증표에 해당하여 특정금융정보법상 가상자산에 해당한다고 볼 수 있을 것이다. 금융위원회 역시 최근 증권성 검토위원회 구성 계획을 밝히며, 전형적인 NFT는 투자자와 투자대상이 일대일로 이루어져 일반적인 증권으로 보기 어려우나, 분할 발행, 복수 발행되는 형태가 나오고 있는 만큼 NFT의 고유성, 특수성이 투자 결정에 중요한 요인이 아니라고 판단하면 증권에 해당할 수 있다고 하였다.[124] 이는 NFT 기술이 적용된 가상자산 전체에 대한 일률적인 판단이 아닌, 각 가상자산의 특성에 따라 사례별 판단이 이루어질 것임을 시사한 것으로 볼 수 있다.

한편 EU 집행위원회는 MiCA 제4조 제2항 (c)에서 '대체 불가능한 토큰'에 대한 백서 발행의무를 면제한다고 규정하여, 금융상품에 해당하지 않는 NFT는 일반 암호자산의 범주에 포함시켜 MiCA를 통해 발행에 대한 규제를 한다는 입장이다.[125]

다. 수행기관

> **제3조**(금융정보분석원)
> ① 다음 각호의 업무를 효율적으로 수행하기 위하여 금융위원회 소속으로 금융정보분석원을 둔다.

---

124) 이영석, 「금융위 "증권형토큰 · NFT, 내달 법적인정 검토"」, 2022.01.25일자, 디지털타임스 기사. (http://www.dt.co.kr/contents.html?article_no=2022012502109963074005&ref=naver) (2022.01.31.확인)

125) MiCA에 대한 상세는 본서 Ⅱ.2.가.4) 유럽연합에서 나)의 (2),(라) (일반) 암호자산(유틸리티토큰 포함) 발행인의 의무 부분 참조.

1. 제4조 · 제4조의2 및 제9조에 따라 보고받거나 통보받은 사항의 정리 · 분석 및 제공
2. 제4조 · 제4조의2 · 제5조 · 제5조의2 · 제5조의3 및 제5조의4에 따라 금융회사등이 수행하는 업무에 대한 감독 및 검사
3. 제4조제6항제2호에 따른 외국금융정보분석기구와의 협조 및 정보 교환
4. **제7조에 따른 가상자산사업자의 신고에 관한 업무**
5. 제15조의2에 따른 외국 금융감독·검사기관과의 협조 및 정보 교환
6. 「공중 등 협박목적 및 대량살상무기확산을 위한 자금조달행위의 금지에 관한 법률」에 따른 업무
7. 제1호부터 제6호까지의 업무와 관련된 업무로서 대통령령으로 정하는 업무

④ 금융정보분석원의 장(이하 "금융정보분석원장"이라 한다)은 제1항의 업무 수행과 관련하여 다음 각호의 사항을 매년 정기국회에 보고하여야 한다.

1. 제4조에 따라 금융회사등으로부터 보고를 받은 건수
2. 제10조에 따라 특정금융거래정보의 제공을 요구받은 건수 및 제공한 건수

2의2. 제10조의2에 따른 통보 및 통보유예 현황에 관한 통계자료

3. 제11조에 따라 외국금융정보분석기구와 정보를 교환한 건수
4. 그 밖에 금융정보분석원 업무와 관련된 통계자료

금융정보분석원은 자금세탁방지등 관련 정책수립 및 법령의 개정, 금융회사등으로부터 의심거래보고 등을 접수, 분석하여 법집행기관에 제공하며, 금융기관의 법령 준수여부를 검사, 감독하고 외국 FIU(금융정보분석기구) 및 국제기구와의 관련 국제협력을

담당하는 금융위원회 소속기관으로,[126] 금융정보분석원장은 금융회사등의 의심거래보고, 고액 현금거래보고 등을 받는 보고 수령 주체이며,[127] 이들 정보의 효율적인 보고 관리 및 활용을 위한 전산시스템 구축과 그 보호 및 보안에 책임이 있다.[128]

특정금융정보법에 따라 가상자산사업자도 자금세탁방지등의 의무를 부담하게 되면서 금융정보분석원의 법정사무가 확대되고, 금융정보분석원이 감독하는 자금세탁방지의 대상과 유형도 다양해짐에 따라, 2021년 9월 금융위원회와 행정안전부는 「금융위원회와 그 소속기관 직제 시행규칙」을 개정하여[129] 금융정보분석원에 제도운영기획관을 설치하고 가상자산검사과를 신설하였다.[130]

가상자산사업자의 신고에 관한 업무는 금융정보분석원이 수행하되[131] 금융정보분석원장은 금융감독원장에게 일정 업무를 위탁할 수 있도록 하였다.[132]

---

126) 금융정보분석원 홈페이지 참조.
(https://www.kofiu.go.kr/kor/main.do) (2022.02.11.확인)

127) 특정금융정보법 제4조 및 제4조의2.

128) 시행령 제5조 제2항.

129) 금융위원회와 그 소속기관 직제 시행규칙 제23조의2(제도운영기획관 등) ① 제도운영기획관은 고위공무원단에 속하는 일반직공무원으로 보하며, 그 직위의 직무등급은 나등급으로 한다. ② 가상자산검사과장은 서기관 또는 기술서기관으로 보한다. ③ 제도운영기획관 및 가상자산검사과에 두는 공무원의 직급별 정원은 별표 5와 같다. 제24조(한시정원) ① 혁신금융서비스에 대한 규제 특례 업무를 추진하기 위해 「행정기관의 조직과 정원에 관한 통칙」 제25조제1항에 따라 2022년 4월 30일까지 별표 6에 따른 한시정원을 금융위원회에 둔다. ② 가상자산 관련 특정금융거래정보 심사 및 분석 업무를 추진하기 위하여 「행정기관의 조직과 정원에 관한 통칙」 제25조제1항에 따라 2023년 9월 16일까지 별표 6에 따른 한시정원을 금융정보분석원에 둔다.

130) 금융위원회, 「고승범 금융위원장 '가상자산시장에 투명한 거래질서를 확립할 것 [금융정보분석원 분원 현판식]'」, 2021.10.22일자 보도참고자료.

131) 특정금융정보법 제3조 제1항 제4호.

4. 금융회사등의 의무

가. 의심거래보고(Suspicious Transaction Report: STR)

제4조(불법재산 등으로 의심되는 거래의 보고 등)

① 금융회사등은 다음 각호의 어느 하나에 해당하는 경우에는 대통령령으로 정하는 바에 따라 지체 없이 그 사실을 금융정보분석원장에게 보고하여야 한다.

1. 금융거래등과 관련하여 수수한 재산이 불법재산이라고 의심되는 합당한 근거가 있는 경우
2. 금융거래등의 상대방이 「금융실명거래 및 비밀보장에 관한 법률」 제3조제3항을 위반하여 불법적인 금융거래등을 하는 등 자금세탁행위나 공중협박자금조달행위를 하고 있다고 의심되는 합당한 근거가 있는 경우
3. 「범죄수익은닉의 규제 및 처벌 등에 관한 법률」 제5조제1항 및 「공중 등 협박목적 및 대량살상무기확산을 위한 자금조달행위의 금지에 관한 법률」 제5조제2항에 따라 금융회사등의 종사자가 관할 수사기관에 신고한 경우

③ 금융회사등은 제1항에 따라 보고를 할 때에는 그 의심되는 합당한 근거를 분명하게 밝혀야 한다.

⑤ 금융정보분석원장은 제1항에 따라 금융회사등으로부터 보고받은 사항을 분석할 때에는 보고받은 사항이 제1항의 요건에 해당하는지를 심사하기 위하여 필요한 경우에만 제5조의4제1항제1호에 따라 금융회사등이 보존하는 관련 자료를 열람하거나 복사할 수 있다.

---

132) 특정금융정보법 제7조 제8항.

⑥ 금융회사등에 종사하는 자는 제1항에 따른 보고를 하려고 하거나 보고를 하였을 때에는 그 사실을 그 보고와 관련된 금융거래등의 상대방을 포함하여 다른 사람에게 누설하여서는 아니 된다. 다만, 다음 각호의 어느 하나에 해당하는 경우에는 그러하지 아니하다.

1. 자금세탁행위와 공중협박자금조달행위를 방지하기 위하여 같은 금융회사등의 내부에서 그 보고 사실을 제공하는 경우
2. 제3조제1항 각호의 업무에 상당하는 업무를 수행하는 외국의 기관(이하 "외국금융정보분석기구"라 한다)에 대하여 해당 외국의 법령에 따라 제1항에 따른 보고에 상당하는 보고를 하는 경우

⑦ 제1항에 따른 보고를 한 금융회사등(금융회사등의 종사자를 포함한다)은 고의 또는 중대한 과실로 인하여 거짓 보고를 한 경우 외에는 그 보고와 관련된 금융거래등의 상대방 및 그의 관계자에 대하여 손해배상책임을 지지 아니한다.

1) 의심거래보고 의무

금융회사등은 금융거래등과 관련하여 수수한 재산이 불법재산, 즉 범죄수익,[133] 불법수익,[134] 공중협박자금[135][136] 등으로 의심되는 합당한 근거가 있는 경우에는 금융정보분석원장에게 지체 없이 보고하여야 한다.[137] 타인의 실명으로 위와 같은 불법재산의 은닉이나, 자금세탁 또는 공중협박자금조달 및 강제집행의

133) 범죄수익은닉규제법 제2조 제4호.
134) 마약거래방지법 제2조 제3항.
135) 테러자금금지법 제2조 제1호.
136) 특정금융정보법 제2조 제4호.
137) 특정금융정보법 제4조 제1항 제1호.

면탈, 그 밖의 탈법행위를 목적으로[138] 불법적인 금융거래를 한다고 의심되는 합당한 근거가 있는 경우에도 같다.[139] 금융회사등의 종사자는 금융거래의 목적물이 범죄수익이나 공중협박자금이라는 사실 등을 안 경우에는 즉시 관할 수사기관에 신고하여야 하는데,[140] 이 경우 해당 금융회사는 지체 없이 이를 금융정보분석원장에게 보고하여야 한다.[141] 따라서 가상자산사업자의 경우도 이와 같은 보고 의무를 부담한다.

2) 의심거래보고 시기

'지체 없이'란 어느 정도의 기간을 의미하는가에 대하여, 보고책임자가 파악한 내용이나 임직원으로부터 보고된 내용과 금융회사등이 자체적으로 파악한 관련자료 등을 해당 금융회사가 종합적으로 검토한 후, 그것이 의심거래보고의 대상이라고 결정한 날로부터 3영업일 이내에 보고하여야 한다.[142] '의심'은 주관적 판단 요소이며 또 합당한 근거가 있어야 하므로, 금융회사등이 불법재산 수수나 불법적 금융거래의 의심을 자체적으로 검토하여 의심거래보고의 대상인지 여부를 결정함에 있어 필요한 합리적인 기간을 인정하고 있는 것이다. 이는 회피성 분할거래로 의심되는 경우의 고액 현금거래의 보고 시에도 동일하다.[143] 이러한 사항은 가상자산사업자의 경우도 같다.

---

138) 금융실명법 제3조 제3항.
139) 특정금융정보법 제4조 제1항 제2호.
140) 범죄수익은닉규제법 제5조제1항 및 테러자금금지법 제5조 제2항.
141) 특정금융정보법 제4조 제1항 제3호.
142) 감독규정 제3조.
143) 감독규정 제3조 및 특정금융정보법 제4조의2 제2항.

3) 적용범위

가상자산사업자 등 특정금융정보법의 적용대상인 모든 금융회사등(상법상 자회사 포함)은 의심거래보고 의무가 있다.

외국환거래법에 의한 허가 · 신고 등을 받은 금융회사등이 해외 자회사 또는 해외 지점('해외 자회사 등')이 있는 경우 그 해외 자회사 등에도 특정금융정보법 및 동법 시행령이 적용된다.[144] 따라서 해외 자회사 등은 의심거래보고, 고액 현금 거래보고, 고객확인 및 전신송금 시 정보제공 등의 의무를 이행하여야 하고, 모회사인 금융회사등은 해외에 소재하는 자신의 지점 또는 자회사의 자금세탁방지등의 의무이행 여부를 관리하여야 한다.[145]

해외 자회사 등이 현지 법령 등에 의해 의심거래보고 또는 고객확인조치를 할 수 없는 경우 금융회사등은 그 사실을 금융정보분석원장에게 통보하고,[146] 현지 국가의 자금세탁방지등의 기준이 국내 기준보다 낮은 경우에는 자금세탁행위등의 위험을 관리 · 경감할 수 있는 추가적인 조치를 취하여야 하며,[147] 해외 자회사 등에 적용되는 기준이 국내법과 현지법이 다른 경우, 소재국의 법령 및 규정이 허용하는 범위 내에서 더 높은 기준을 적용하여야 한다.[148] 국내 가상자산사업자가 해외에 자회사를 설립하는 경우에도 이와 같은 의무를 준수하여야 한다.

---

144) 감독규정 제2조 제1항.
145) 업무규정 제27조 제1항.
146) 감독규정 제2조 제3항.
147) 업무규정 제27조 제4항.
148) 업무규정 제27조 제3항.

4) 합당한 근거 및 비밀의 유지

의심거래보고 시에는 그 합당한 근거를 분명히 밝혀야 한다.[149] 보고를 행한 금융회사등이나 그 종사자는 그 사실 및 내용에 대하여 비밀을 유지하여야 하며,[150] 고의 또는 중대한 과실로 거짓보고를 한 경우를 제외하고는 그 보고와 관련하여 손해배상 책임을 지지 아니한다.[151] 그리고 의심거래보고에 관여한 금융회사등의 종사자는 본법 위반에 따른 벌칙 규정인 제16조 및 제17조와 관련된 재판을 제외하고는 그 보고와 관련된 사항에 대하여 증언을 거부할 수 있다.[152]

'의심'이란 주관적 판단요소이므로, 금융정보분석원장은 금융회사등이 보고대상인지 여부를 판단하는 데 참고할 수 있도록 명백한 경제적 합리성이 없거나 합법적 목적을 갖지 않은 고액의 현금거래, 타인명의 계좌를 이용한 거래 등 자금세탁행위등의 가능성이 높은 거래유형 등을 금융회사등에 제공할 수 있다.[153] 회피성 분할거래에 대한 의심이 있는 고액 현금거래 보고의 경우도 같다.[154] 금융정보분석원은 의심거래보고 시 의심정황 표기 항목으로 거래자가 실명노출을 기피하거나, 자금출처가 불분명한 경우, 사전거래가 없는 고객의 의심스러운 거래요청, 갑작스러운 거래패턴의 변화가 있는 경우, 단발성 계좌의 이용, 거액 입금 후 당일 또는 익일 중 인출하는 경우, 빈번한 입출고 등을 제시하고

149) 특정금융정보법 제4조 제3항.

150) 특정금융정보법 제4조 제6항.

151) 특정금융정보법 제4조 제7항.

152) 특정금융정보법 제12조 제4항. 다만, 중대한 공익상의 필요가 있는 경우에는 그러하지 아니하다.

153) 시행령 제8조.

154) 시행령 제8조.

있다.[155] 이는 금융회사등의 의심이 합당한 근거가 있는 것인지 여부를 보다 유용하고 일관성 있게 판단할 수 있도록 하기 위한 것이다. 가상자산사업자의 경우 이와 같은 의심정황은 기존 금융회사등과는 달리 보다 다양한 형태로 나타날 수 있다. 이는 통화 입출금뿐 아니라 가상자산 자체의 입출금도 가능하며 하나의 고객이 수 개의 지갑주소를 가질 수 있는 등의 특성에 기인한다. 따라서 향후 가상자산사업자의 의심거래 해당 여부 판단을 위한 별도의 의심정황 표기 항목도 제시될 필요가 있다.

5) 의심거래보고 방법

의심거래보고는 **의심스러운 거래보고서 양식**(이른바 STR 양식)[156]에 따라, 온라인으로 보고 또는 문서·이동식저장장치로 제출한다.[157] 다만 긴급한 경우에는 전화 또는 팩스에 의한 방법으로 보고할 수 있다.[158] 금융회사등은 이때 보고를 받으려 하는 자가 금융정보분석원 소속 공무원인지 여부를 확인하고, 성명·보고일자 및 보고내용 등을 기록·보존하여야 하며,[159] 추후 의심스러운 거래보고서 양식에 따라 다시 보고하여야 한다.[160]

가상자산사업자가 의심거래보고 의무이행 주체가 되면서, 기존 STR 양식의 거래수단, 거래채널, 거래종류,[161] 거래상품, 통화

---

155) 감독규정 [별지1]의 IV. 의심스러운 거래유형 및 의심스러운 정도에 관한 정보.

156) 시행령 제7조 제1항 및 감독규정 제6조 제1항, 감독규정 별지 제1호 서식.

157) 감독규정 제6조 제1항 내지 제2항.

158) 감독규정 제12조 제1항.

159) 감독규정 제12조 제2항.

160) 감독규정 제12조 제3항.

161) 거래종류가 가상자산의 매도·매수인 경우 관련계좌 정보는 특정금융정보

종류[162] 등의 항목에 '가상자산'이 추가되었다. 공통된 양식 기재사항으로는 보고를 하는 금융회사등의 명칭 및 소재지, 보고대상 금융거래등이 발생한 일자 및 장소, 보고대상 금융거래등의 상대방, 보고대상 금융거래등의 내용 및 의심의 합당한 근거, 보존하는 자료의 종류 등이 포함되어야 한다.[163] 이때 보존하는 자료의 종류란 금융거래등 상대방의 실지명의를 확인할 수 있는 자료, 보고대상 금융거래등 자료, 금융회사등이 의심되는 합당한 근거를 기록한 자료 등이다.[164]

금융회사등은 의심거래보고, 고액 현금거래 보고, 고객확인, 전신송금 시 정보제공 등의 의무이행과 관련한 자료 및 정보를 보관할 의무가 있는바,[165] 의심거래보고 시 그 분석에 필요할 경우 이를 첨부하여 보고할 수 있다.[166] 이때 합당한 이유 없이 정상적인 금융거래등에 관한 자료가 첨부되지 않도록 주의해야 한다.[167]

6) 의심거래보고 후 조치

금융정보분석원장은 의심거래보고를 접수한 후 전자우편 등을 통해 보고책임자에게 접수 사실을 통보한다.[168]

법상의 실명확인 입출금 계좌 정보를 의미하고, 가상자산의 이전·교환은 종전 서식상의 행위유형에 따라 '입고' 또는 '출고'로 표기한다. 감독규정 [별지1]의 III. 의심스러운 거래내역에 관한 정보 주6) 내지 주7).

162) 통화종류가 가상자산인 경우 원화거래금액은 가상자산의 원화환산금액으로 한다. 감독규정 [별지1]의 III. 의심스러운 거래내역에 관한 정보 주2).

163) 시행령 제7조 제1항.

164) 특정금융정보법 제5조의4 제1항 제1호.

165) 특정금융정보법 제5조의4 제1항 제1호 및 시행령 제7조 제1항.

166) 감독규정 제7조 제1항 내지 제2항.

167) 감독규정 제6조 제4항.

168) 감독규정 제6조 제3항.

금융정보분석원은 보고된 의심거래 내용, 외국 금융정보분석기구로부터 제공받은 정보와 이들 정보를 정리하거나 분석한 정보 등('특정금융거래정보')이 불법재산·자금세탁행위 또는 공중협박자금조달행위와 관련된 형사사건의 수사, 조세탈루혐의 확인을 위한 조사업무, 조세체납자에 대한 징수업무, 관세 범칙사건 조사, 관세탈루혐의 확인을 위한 조사업무, 관세체납자에 대한 징수업무 및 정치자금법 위반사건의 조사, 금융감독업무 또는 테러위험인물에 대한 조사업무('특정형사사건의 수사등') 등에 필요하다고 인정되는 경우 해당 금융거래자료를 검찰총장, 행정안전부장관,[169] 고위공직자범죄수사처장, 국세청장, 관세청장, 중앙선거관리위원회, 금융위원회 또는 국가정보원장에게 제공한다.[170][171]

또한 불법재산·자금세탁행위 또는 공중협박자금조달행위와 관련된 형사사건의 수사에 필요하다고 인정하는 경우에는 경찰청장, 해양경찰청장에게 범죄수익의 금액, 범죄의 종류 및 죄질, 관련자의 신분, 수사의 효율성 등을 고려하여 금융정보분석원장이 검찰총장, 경찰청장 및 해양경찰청장과 협의하여 정한 기준에 따른 특정금융거래정보를 제공한다.[172]

이후 법집행기관은 그 내용을 조사·수사하여 기소 등의 법적 조치를 하게 된다.[173] 금융정보분석원장은 제공한 정보에 대한

---

169) 행정안전부장관에게의 제공은 지방세기본법에 따른 지방자치단체의 장에게 제공하기 위하여 필요한 경우에 한정한다. 특정금융정보법 제10조 제1항 본문 중.

170) 특정금융정보법 제10조 제1항 제1호 및 시행령 제11조의2.

171) 금융정보분석원 홈페이지 참조.
(https://www.kofiu.go.kr/kor/policy/amls03.do) (2022.02.01.확인)

172) 특정금융정보법 제10조 제2항 및 시행령 제12조.

173) 금융정보분석원 홈페이지 참조.

사항을 제공일로부터 5년간 기록·보존하여야 한다.[174]

나. 고액 현금거래 보고(Currency Transaction Report: CTR)

> **제4조의2**(금융회사등의 고액 현금거래 보고)
>
> ① 금융회사등은 5천만 원의 범위에서 대통령령으로 정하는 금액 이상의 현금(외국통화는 제외한다)이나 현금과 비슷한 기능의 지급수단으로서 대통령령으로 정하는 것(이하 "현금등"이라 한다)을 금융거래등의 상대방에게 지급하거나 그로부터 영수한 경우에는 그 사실을 30일 이내에 금융정보분석원장에게 보고하여야 한다. 다만, 다음 각호의 어느 하나에 해당하는 경우에는 그러하지 아니하다.
>
> 1. 다른 금융회사등(대통령령으로 정하는 자는 제외한다)과의 현금등의 지급 또는 영수
> 2. 국가, 지방자치단체, 그 밖에 대통령령으로 정하는 공공단체와의 현금등의 지급 또는 영수
> 3. 자금세탁의 위험성이 없는 일상적인 현금등의 지급 또는 영수로서 대통령령으로 정하는 것
>
> ② 금융회사등은 금융거래등의 상대방이 제1항을 회피할 목적으로 금액을 분할하여 금융거래등을 하고 있다고 의심되는 합당

(https://www.kofiu.go.kr/kor/policy/amls03.do) (2022.02.01.확인)

174) 특정금융정보법 제10조 (수사기관 등에 대한 정보 제공) ⑦ 기록·보존사항은 다음과 같다. 1. 심사분석 및 제공과정에 참여한 금융정보분석원 직원(담당자 및 책임자)의 직위 및 성명, 2. 특정금융거래정보를 제공받은 기관의 명칭 및 제공일자, 3. 특정금융거래정보를 수령한 공무원(담당자 및 책임자)의 소속 기관, 직위 및 성명, 4. 요구한 특정금융거래정보의 내용 및 사용목적, 5. 제공된 특정금융거래정보의 내용 및 제공사유, 6. 명의인에게 통보한 날, 7. 통보를 유예한 경우 통보유예를 한 날, 사유, 기간 및 횟수.

한 근거가 있는 경우에는 그 사실을 금융정보분석원장에게 보고하여야 한다.

③ 금융정보분석원장은 다음 각호의 기관을 고액 현금거래 보고에 관한 자료를 중계하는 기관(이하 "중계기관"이라 한다)으로 지정·운영할 수 있다.

1. 「민법」 제32조에 따라 금융위원회의 허가를 받아 설립된 사단법인 전국은행연합회
2. 「자본시장과 금융투자업에 관한 법률」 제283조에 따라 설립된 한국금융투자협회
3. 「상호저축은행법」 제25조에 따라 설립된 상호저축은행중앙회

④ 제1항 및 제2항에 따른 보고의 방법과 제3항에 따른 중계기관의 지정·운영과 그 밖에 필요한 사항은 대통령령으로 정한다.

1) 고액 현금거래 보고 의무

가상자산사업자는 1천만 원 이상[175]의 현금 등[176]을 금융거래 등의 상대방에게 지급하거나 그로부터 영수한 경우, 그 사실을 30일 이내에 금융정보분석원장에게 보고하여야 한다.[177] 그 금액은 반드시 1회를 기준으로 하지 않으며, 동일인 명의 즉 동일한 실지명의로 1거래일 동안 지급 또는 영수한 금액의 합산을 기준으로 한다.[178][179] 고액 현금거래 보고 대상은 거래자가 현금을

175) 시행령 제8조의2 제1항.

176) 현금 그리고 카지노사업자가 실지명의를 확인하지 않거나 확인 후라도 실지명의 및 수표번호를 기록·관리하지 않고 지급 또는 영수하는 수표 중 권면액이 100만 원을 초과하는 수표는 "현금 등"에 해당한다. 시행령 제8조의3.

177) 특정금융정보법 제4조의2 제1항 본문.

178) 시행령 제8조의2 제2항 내지 제3항.

직접 금융회사에 지급(입금)하거나 금융회사등으로부터 수령(출금)하는 거래로, 현금의 물리적인 이동이 없이 (대체)기록에 의하는 이체나 송금은 그 대상이 아니다.

고액 현금거래 보고는 거래자의 신원과 거래일시, 거래금액 등 객관적 사실에 대한 보고제도로, 금융회사등이 '의심'이라는 주관적 판단에 따라 합당한 '사유'와 함께 보고하는 의심거래보고와는 구별된다.

다만 국가, 지방자치단체, 그 밖에 공공단체와의 현금 등의 지급 또는 영수 그리고 자금세탁의 위험성이 없는 일상적인 현금 등의 지급 또는 영수인 경우는 대통령령이 정하는 바에 따라 보고대상에서 제외된다.[180] 또한 금융회사등의 현금등의 지급이나 영수가 다른 금융회사등과의 사이에 발생한 것이라면 이는 보고하지 아니한다.[181] 다만 금융회사등과의 현금등의 지급이나 영수인 경우라도 그 상대방이 가상자산사업자인 경우에는 단서 조항에 불구하고 그 사실을 보고하여야 한다.[182]

---

179) 원화 송금액, 외국통화의 매입·매각 금액(시행령 제8조의2 제4항 제1호 내지 제2호) 및 선불카드 거래 금액이 각 100만 원 이하인 경우(감독규정 제9조 제4호) 이는 합산에서 제외한다. 법원공탁금, 정부·법원보관금이나 송달료의 지출 금액, 은행지로장표에 의한 수납액(감독규정 제9조 제2호 내지 제3호) 그리고 실명확인을 요하지 않는 각종 공과금의 수납(금융실명법 제4조 제1항 제2호) 역시 합산하지 아니한다.

180) 특정금융정보법 제4조의2 제1항 단서 및 제2호 내지 제3호. 단 자금세탁의 위험성이 없는 일상적인 거래인지 여부는 임의로 판단하지 않고 대통령령으로 정하는 경우에 한한다.

181) 특정금융정보법 제4조의2 제1항 단서 및 제1호.

182) 시행령 제8조의4 제1의2호.

2) 적용범위

특정금융정보법의 적용대상인 모든 금융회사등(상법상 자회사 포함)은 고액 현금거래 보고 의무가 있다.

외국환거래법에 의한 허가·신고 등을 받은 금융회사등이 해외 자회사 또는 해외 지점('해외 자회사 등')이 있는 경우 그 해외자회사 등에도 특정금융정보법 및 동법 시행령이 적용된다.[183] 따라서 해외 자회사 등은 의심거래보고, 고액 현금거래 보고, 고객확인 및 전신송금 시 정보제공 등의 의무를 이행하여야 하고, 모회사인 금융회사등은 해외에 소재하는 자신의 지점 또는 자회사의 자금세탁방지등의 의무이행 여부를 관리하여야 한다.[184]

다만 고액 현금거래 보고의 경우, 해외 자회사 등에서 이루어진 '현금'의 지급 또는 영수에 대하여는 해당 규정을 적용하지 아니한다.[185]

금융회사등은 현지 국가의 자금세탁방지등의 기준이 국내 기준보다 낮은 경우에는 자금세탁행위등의 위험을 관리·경감할 수 있는 추가적인 조치를 취하여야 하며,[186] 해외 자회사 등에 적용되는 국내법과 현지법상의 기준이 다른 경우 소재국의 법령 및 규정이 허용하는 범위 내에서 더 높은 기준을 적용하여야 한다.[187] 국내 가상자산사업자가 해외에 자회사를 설립하는 경우에도 이와 같은 의무를 준수하여야 한다.

183) 감독규정 제2조 제1항.
184) 업무규정 제27조 제1항.
185) 감독규정 제2조 제2항.
186) 업무규정 제27조 제4항.
187) 업무규정 제27조 제3항.

3) 보고 방법

고액 현금거래는 그 영수 또는 지급일로부터 30일 이내에 **고액 현금거래보고서**188)를 작성하여 제출하고, 여기에는 보고하는 금융회사등의 명칭과 소재지, 현금의 지급 또는 영수가 이루어진 일자 및 장소, 현금의 지급 또는 영수의 상대방, 현금의 지급 또는 영수의 내용, 무통장입금에 의한 송금 시 수취인 계좌에 대한 정보189) 등이 포함되어야 한다.190)

다만 긴급한 경우에는 전화 또는 팩스에 의한 방법으로 보고할 수 있다.191) 금융회사등은 이때 보고를 받으려 하는 자가 금융정보분석원 소속 공무원인지 여부를 확인하고, 성명·보고일자 및 보고내용 등을 기록·보존하여야 하며,192) 추후 고액현금거래보고서 양식에 따라 다시 보고하여야 한다.193)

4) 회피성 분할거래

1거래일 동안의 합산액이 1천만 원에 이르지 아니하더라도, 금융거래등의 상대방이 이 보고를 회피할 목적으로 금액을 분할하여 금융거래등을 하고 있다고 의심되는 합당한 근거가 있는 경우에는 그 사실을 보고하여야 한다.194) 이는 상대방 수, 거래횟수, 거래 점포 수, 거래 기간 등을 고려하여 판단하되,195) 금융회사등

---

188) 감독규정 제11조 제1항 및 별지 제2호 서식 [금융정보분석원고시 제2021-1호, 2021. 3. 23., 일부개정].

189) 시행령 제8조의6 제1항 제5호 및 감독규정 제11조 제2항.

190) 시행령 제8조의6 제1항.

191) 감독규정 제12조 제1항.

192) 감독규정 제12조 제2항.

193) 감독규정 제12조 제3항.

194) 특정금융정보법 제4조의2 제2항.

은 전산시스템을 개발하고 전자금융거래에 대해 주의를 기울여 이를 효율적으로 판단할 수 있는 방안을 강구하여야 한다.[196] 금융정보분석원장은 금융회사등이 취급하는 금융거래등이 회피성 분할거래에 해당하는지를 판단하는 데 참고할 수 있도록 명백한 경제적 합리성이 없거나 합법적 목적을 갖지 않은 고액의 현금거래, 타인명의 계좌를 이용한 거래 등 자금세탁행위와 공중협박자금조달행위의 가능성이 높은 거래유형을 금융회사등에게 제공할 수 있다.[197]

이 경우 보고의 방법은 의심거래보고의 방법을 준용한다.[198] 즉 보고책임자가 파악한 내용이나 임직원으로부터 보고된 내용과 금융회사등이 자체적으로 파악한 관련 자료 등을 해당 금융회사가 종합적으로 검토한 후, 그것이 회피성 분할거래로서 보고의 대상이라고 결정한 날로부터 3영업일 이내에 보고하여야 한다.[199]

---

195) 감독규정 제4조 제1항.

196) 감독규정 제4조 제3항.

197) 시행령 제8조. 금융정보분석원은 2018년 유권해석 사례집을 발간하기도 하였다. 금융정보분석원 홈페이지.
(https://www.kofiu.go.kr/kor/notification/publish_view.do) (2022.02.11.확인)

198) 시행령 제8조의6 제2항은 제7조 제1항(의심거래의 보고 방법)의 규정을 특정금융정보법 제4조의2 제2항 즉 고액 현금거래 중 회피성 분할거래의 의심이 있는 경우의 보고 시 준용하도록 규정하고 있다. 따라서 특정금융정보법 제4조의2 제1항에서 일반 고액 현금거래 보고의 경우 지급 또는 영수한 날로부터 30일 이내에 보고한다는 규정은 회피성 분할거래의 보고에 있어서는 적용되지 않는다.

199) 감독규정 제3조.

5) 중계기관

고액 현금거래 보고는 중계기관을 통하여 할 수 있다.[200] 의심거래보고와는 달리 고액 현금거래 보고는 1천만 원 이상의 현금 등의 거래가 발생하는 객관적 지표가 포착되면 보고가 가능하고, '의심'이라는 주관적 판단요소가 필요하지 않기 때문이다.

금융정보분석원장은 중계기관을 지정한 때에는 이를 고시하여야 하고,[201] 중계기관은 보고기관이 보고업무를 수행할 수 있도록 전용선을 통해 금융정보분석원과 통신할 수 있는 환경을 제공하는 서비스를 제공한다.[202][203] 가상자산사업자의 고액 현금거래 보고 중계기관은 아직 지정된 바가 없다.

6) 고액 현금거래 보고 후 조치

금융정보분석원은 특정형사사건의 수사등[204]에 필요하다고 인정되는 경우에는 보고받은 특정금융거래정보를 검찰총장, 행정안전부장관, 고위공직자범죄수사처장, 국세청장, 관세청장, 중앙선

---

200) 시행령 제8조의7 제2항.

201) 시행령 제8조의7 제1항.

202) 중계기관 업무처리기준[금융정보분석원훈령 제43호, 2016.1.19.제정] 제2조 제2호.

203) 특정금융정보법 제4조의2 제3항. 현재 고액 현금거래 보고에 관한 자료를 중계하는 기관으로 민법상 사단법인인 전국은행연합회, 자본시장법에 따른 한국금융투자협회, 그리고 상호저축은행법에 따른 상호저축은행중앙회가 있다.

204) 불법재산·자금세탁행위 또는 공중협박자금조달행위와 관련된 형사사건의 수사, 조세탈루혐의 확인을 위한 조사업무, 조세체납자에 대한 징수업무, 관세 범칙사건 조사, 관세탈루혐의 확인을 위한 조사업무, 관세체납자에 대한 징수업무 및 「정치자금법」 위반사건의 조사, 금융감독업무 또는 테러위험인물에 대한 조사업무를 말한다. 특정금융정보법 제10조 제1항 제1호 및 시행령 제11조의2.

거관리위원회, 금융위원회 또는 국가정보원장에게 제공한다.[205] 불법재산·자금세탁행위 또는 공중협박자금조달행위와 관련된 형사사건의 수사에 필요하다고 인정하는 경우에는 경찰청장, 해양경찰청장에게 범죄수익의 금액, 범죄의 종류 및 죄질, 관련자의 신분, 수사의 효율성 등을 고려하여 금융정보분석원장이 검찰총장, 경찰청장 및 해양경찰청장과 협의하여 정한 기준에 따른 특정금융거래정보를 제공한다.[206]

금융정보분석원장은 이를 제공한 날로부터 10일 이내에 제공한 거래정보의 주요 내용, 사용 목적, 제공받은 자 및 제공일 등을 금융정보분석원장이 정하는 표준양식으로 명의인에게 통보하여야 한다.[207] 다만 해당 통보가 사람의 생명이나 신체의 안전을 위협할 우려가 있거나, 증거인멸, 증인 위협 등 공정한 사법절차의 진행을 방해할 우려가 명백한 경우, 또는 질문조사 등의 행정절차의 진행을 방해하거나 과도하게 지연시킬 우려가 명백한 사유로 검찰총장, 고위공직자범죄수사처장, 경찰청장, 해양경찰청장, 행정안전부장관, 국세청장, 관세청장, 중앙선거관리위원회, 금융위원회, 국가정보원장("검찰총장등")이 서면에 의해 통보의 유예를 요청하는 경우에는 6개월의 범위에서 통보를 유예하여야 하며,[208] 서면 유예 요청이 반복될 경우 사람의 생명이나 신체의 안전을 위협할 우려가 있는 경우를 제외하고 2회에 한하여 각 3개월의 범위에서 통보를 유예하여야 한다.[209]

---

205) 특정금융정보법 제10조 제1항 제1호 및 시행령 제11조의2.
206) 특정금융정보법 제10조 제2항 및 시행령 제12조.
207) 특정금융정보법 제10조의2 제1항.
208) 특정금융정보법 제10조의2 제2항.
209) 특정금융정보법 제10조의2 제3항.

다. 금융회사등의 조치(내부통제)

제5조(금융회사등의 조치 등)

① 금융회사등은 제4조제1항 및 제4조의2에 따른 보고를 원활하게 하고 금융회사등을 통한 자금세탁행위와 공중협박자금조달행위를 효율적으로 방지하기 위하여 다음 각호의 조치를 하여야 한다.

1. 제4조제1항 및 제4조의2에 따른 보고 업무를 담당할 자의 임명 및 내부 보고 체제의 수립
2. 자금세탁행위와 공중협박자금조달행위의 방지를 위하여 해당 금융회사등의 임직원이 직무를 수행할 때 따라야 할 절차 및 업무지침의 작성·운용
3. 자금세탁행위와 공중협박자금조달행위의 방지를 위한 임직원의 교육 및 연수

② 주된 거래유형, 거래규모 등을 고려하여 대통령령으로 정하는 금융회사등에 대해서는 제1항 각호의 조치 중 전부 또는 일부를 면제할 수 있다.

③ 제1항제2호에 따른 절차 및 업무지침은 다음 각호의 사항을 포함하여야 한다.

1. 금융거래등에 내재된 자금세탁행위와 공중협박자금조달행위의 위험을 식별, 분석, 평가하여 위험도에 따라 관리 수준을 차등화하는 업무체계의 구축 및 운영에 관한 사항
2. 자금세탁행위와 공중협박자금조달행위의 방지 업무를 수행하는 부서로부터 독립된 부서나 기관에서 그 업무수행의 적절성, 효과성을 검토·평가하고 이에 따른 문제점을 개선하기 위한 업무체계의 마련 및 운영에 관한 사항
3. 그 밖에 자금세탁행위와 공중협박자금조달행위를 효율적으로

방지하기 위하여 대통령령으로 정하는 사항
④ 금융회사등은 임직원이 직무를 수행할 때 제1항제2호에 따른 절차 및 업무지침을 준수하는지 여부를 감독하여야 한다.

금융회사등은 의심거래보고 및 고액 현금거래 보고 업무를 담당할 자를 임명하고 내부 보고 체제를 수립하여야 한다. 또한 자금세탁행위등의 방지를 위한 임직원 직무 수행 절차 및 업무지침을 작성하고 운용하며, 임직원의 교육 및 연수를 시행하여야 한다. 가상자산사업자의 경우 특정금융정보법에서 특례규정을 두어 가상자산사업자의 조치를 별도로 규정하고 있으나, 가상자산사업자가 금융회사등에 포함되는 이상 일반 금융회사등의 조치의무에 대한 규정도 준수하여야 한다.

특정금융정보법 시행령은 자금세탁행위등의 금지와 관련한 국제협약과 국제기구의 권고사항을 고려하여 이에 대한 세부사항을 금융정보분석원장이 고시하도록 하였으며, 이에 따른 업무규정에서는 내부통제 구축에 대하여 상세한 규정을 두고 있다.

1) 구성원별 역할 및 책임

금융회사등의 이사회, 경영진과 보고책임자는 업무규정에 정한 바에 따라 자금세탁방지등에 대한 역할과 책임을 분담한다.

가) 이사회

이사회는 경영진이 설계·운영하는 내부통제 정책에 대한 감독책임과, 자금세탁방지와 관련한 경영진 및 감사(또는 감사위원회)의 평가·조치 결과에 대한 검토 책임이 있다.[210]

나) 경영진

경영진은 자금세탁방지등에 관한 내부통제 정책을 설계하고 운영하며 평가하고,[211] 자격을 갖춘 보고책임자를 임명할 책임이 있다.[212]

경영진은 내부통제 정책에 대한 규정의 승인과 그 준수에 대한 책임이 있다. 내부통제 정책의 취약점에 대한 개선조치 사항을 이사회에 보고하고 또 이를 개선할 책임이 있다.[213] 내부통제 정책은 계열회사[214] 또는 자회사를 포함하는 것이라야 하므로, 계열회사 또는 자회사를 보유한 가상자산사업자의 경우 내부통제 정책에 이들을 포함하여야 한다. 경영진은 이외에도 자금세탁 관련 위험을 관리하고 경감하기 위한 정책·통제·절차를 승인할 책임이 있다.[215]

경영진이 임명하는 보고책임자는 자금세탁방지등의 효과적 수행에 필요한 전문성과 독립성을 갖춘 일정 직위 이상의 자라야 하고, 경영진은 그 임면 시 임면통보서[216]를 작성하여 그 임면에 대한 사항을 금융정보분석원 홈페이지를 통해 이를 등록하는 방식으로[217] 금융정보분석원장에게 통보한다.[218]

---

210) 업무규정 제4조.
211) 업무규정 제5조 제2항 제1호.
212) 업무규정 제5조 제2항 제5호.
213) 시행령 제9조 제1항 및 업무규정 제5조 제2항 제5호.
214) 공정거래법 제2조 제12호. 계열회사란 둘 이상의 회사가 동일한 기업집단에 속하는 경우에 이들 각각의 회사를 서로 상대방의 계열회사라 한다.
215) 업무규정 제19조 제2항 제1호.
216) 감독규정 [별지3] 보고책임자 임면 통보서.
217) 감독규정 제17조.
218) 업무규정 제5조 제2항 제5호.

다) 보고책임자

보고책임자는 금융거래 시 고객확인의무 이행과 관련한 업무를 총괄하고,[219] 의심거래 및 고액 현금거래를 금융정보분석원장에게 보고한다.[220] 보고책임자는 내부 보고체제, 업무지침 운용 및 교육·연수 상황을 상시 점검하여 보고가 원활히 이루어질 수 있도록 하여야 한다.[221]

보고책임자의 역할과 책임의 상세는,[222] ① 관련 규정 및 세부 **업무지침**을 작성하여 운용하고, ② 직무기술서 또는 관련 규정 등에 임·직원별 자금세탁방지등의 업무와 관련한 역할과 책임 및 **보고체계** 등을 명시하도록 한다. ③ 전자금융기술의 발전, 금융 신상품의 개발 등에 따른 자금세탁행위등의 유형과 기법에 대한 대응방안을 마련하고, ④ 직원알기제도를 수립 및 운영하며, ⑤ 임직원에 대한 교육 및 연수를 시행한다. ⑥ 자금세탁방지등의 업무와 관련된 자료의 보존 책임이 있고, ⑦ 자금세탁방지등의 운영상황을 모니터링하고 이를 개선·보완하며, ⑧ 자금세탁방지등 시스템·통제활동의 운영과 효과의 정기적 점검결과 및 그 개선사항을 경영진에게 보고한다. ⑨ 금융거래 규모 등 자체 여건을 감안하여 전담직원을 배치하고, ⑩ 기타 자금세탁방지등과 관련하여 필요한 업무를 수행한다.[223]

보고책임자가 작성하고 운용하는 ① **업무지침이란** 사업자 자

219) 업무규정 제6조 제2항.
220) 업무규정 제6조 제1항.
221) 감독규정 제19조 제2항.
222) 업무규정 제6조 제3항.
223) 업무규정 제6조 제4항.

신의 업무특성 또는 금융기법의 변화를 고려하여 사업자가 자금세탁행위등에 이용되지 않도록 하기 위한 정책과 이를 이행하기 위한 구체적이고 적절한 조치 등을 서술한 내부지침을 말한다. 사업자는 소속 임직원이 준수해야 할 직무수행절차와 업무지침을 작성하여 운용하고[224] 그 준수여부를 감독하여야 한다.[225] 여기에 의심거래보고 및 고객확인의무에 관하여 고객 및 거래유형별로 자금세탁의 위험 정도에 따른 적절한 조치의 내용·절차·방법 등을 정할 수 있다.[226]

소속 임직원이 준수해야 할 절차 및 지침에 반드시 포함되어야 하는 사항으로는, ⓐ 금융거래등에 내재된 자금세탁행위등의 위험을 식별, 분석, 평가하여 위험도에 따라 관리 수준을 차등화하는 업무체계의 구축 및 운영에 관한 사항,[227] ⓑ 자금세탁방지등 업무를 수행하는 부서로부터 독립된 부서나 기관에서 그 업무수행의 적절성, 효과성을 검토·평가하고 이에 따른 문제점을 개선하기 위한 업무체계의 마련 및 운영에 관한 사항,[228] ⓒ 의심거래보고 및 고액 현금거래 보고를 효과적으로 수행하기 위해 필요한 금융거래등에 대한 감시체계의 구축 및 운영에 관한 사항,[229] ⓓ 고객확인의무 이행을 위해 고객의 자금세탁행위등의 위험을 평가하는 절차 및 방법에 관한 사항,[230] ⓔ 금융회사등이 다른 금융회

224) 특정금융정보법 제5조 제1항 제2호.
225) 특정금융정보법 제5조 제4항.
226) 감독규정 제24조 제1항 내지 제2항.
227) 특정금융정보법 제5조 제3항 제1호.
228) 특정금융정보법 제5조 제3항 제2호.
229) 시행령 제9조 제2항 제1호.
230) 시행령 제9조 제2항 제2호.

사등을 통해 고객 확인 시 준수해야 할 절차 및 방법에 관한 사항,[231] ⓕ 신규 금융상품 및 서비스를 제공하기 전 자금세탁행위와 공중협박자금조달행위의 위험을 평가하기 위한 절차 및 방법에 관한 사항,[232] ⓖ 금융회사등이 대한민국 외에 소재하는 자회사 또는 지점의 자금세탁행위와 공중협박자금조달행위 방지 의무의 이행을 감시하고 관리하기 위한 절차 및 방법에 관한 사항[233] 등이 있다.

② **내부 보고 체제**[234]는 금융거래등을 직접 담당하는 창구직원등으로부터 보고책임자에게 신속하고 원활하게 보고될 수 있도록 수립되어야 한다.[235] 보고책임자는 내부 보고 체제, 업무 지침 운용 및 교육연수 상황을 상시 점검하여 내부 보고가 원활하게 이루어질 수 있도록 하고, 보고담당자 변경 등 정보 변동이 있는 경우 금융정보분석원 홈페이지를 통해 이를 즉시 갱신하여야 한다.[236]

또한 보고책임자는 금융정보분석원과의 업무협조를 위해 외국환거래 등을 이용한 금융거래 관련 자료 및 정보의 제공 내지 내부 보고 체제 운용상황에 대한 정보 교환 등을 포함한 적절한 조치를 취하여야 한다.[237]

---

231) 시행령 제9조 제2항 제3호.

232) 시행령 제9조 제2항 제4호.

233) 시행령 제9조 제2항 제5호.

234) 가상자산사업자를 포함한 금융회사등이 수립하여야 할 보고 체제는 자신의 지점 등 내부에서 보고책임자에게 보고하는 내부보고체제와 이를 금융정보분석원에 보고하는 외부보고체제가 있다(업무규정 제81조 내지 제83조).

235) 감독규정 제19조 제1항.

236) 감독규정 제19조 제3항.

237) 업무규정 제6조 제5항 내지 제6항.

2) 임직원 교육 및 연수

가상자산사업자는 또한 소속 임직원에 대한 자금세탁방지등을 위한 교육 및 연수 프로그램을 수립하여 이를 연 1회 이상[238] 제공하고,[239] 그 교육 및 연수의 일자 · 대상 및 내용 등을 기록 · 보존하여야 한다.[240]

교육 및 연수는 직위 또는 담당 업무 등 교육 대상에 따라 적절하게 구분하여 실시하고,[241] 그 내용에는 ① 자금세탁방지등에 관한 법규 및 제도의 주요내용, ② 자금세탁방지등과 관련된 내부정책 및 절차, ③ 의심되는 거래의 유형 및 최근 동향, ④ 고객확인의 이행과 관련한 고객 유형별 업무처리 절차, ⑤ 의심되는 거래 및 고액 현금거래 보고 업무처리 절차, ⑥ 자금세탁방지등과 관련된 임직원의 역할 등이 포함되어야 한다.[242] 그 방법은 집합, 전달, 화상 등 다양한 방법으로 가능하다.[243]

가상자산사업자의 경우 특정금융정보법 시행을 전후하여 연수교육이 수차례 시행되었는데, 각 사업자의 자체 교육에 의하는 경우와 보험연수원[244] 또는 금융연수원을 통해 제공되는 연수교육을 이용하는 경우가 있었다.

---

238) 업무규정 제7조 제2항.

239) 특정금융정보법 제5조 제1항 제3호.

240) 감독규정 제20조 및 업무규정 제9조 제2항.

241) 업무규정 제8조 제1항.

242) 업무규정 제8조 제2항.

243) 업무규정 제9조 제1항.

244) 한국블록체인협회는 2021.3월부터 보험연수원과 협업으로 가상자산사업자만을 위한 연수교육 프로그램을 시행 중이다. 한국블록체인협회 [보도자료], 「한국블록체인협회, '가상자산 AML · CFT 실무과정' 개최」. (https://kblockchain.org/board/notice/read/2975?nPage=1) (2022.02.11.확인)

3) 직원알기제도

직원알기제도란 금융회사등이 자금세탁행위등에 자신의 임·직원이 이용되지 않도록 하기 위해 임·직원을 채용(재직 중 포함)하는 때에 그 신원사항 등을 확인하고 심사하는 것을 말한다.[245)]

가상자산사업자 또한 직원알기제도의 이행과 관련된 절차와 방법을 수립하고, 원활하게 운용될 수 있도록 적절한 조치를 취하여야 한다.[246)] 신규 직원 채용 시 개인고객에 준하여 신원을 확인하고 검증 절차를 수행하며, 와치리스트를 통한 필터링, 범죄사실·신용정보 등의 확인 등을 실시하고, 채용 후에는 신용상태 확인, 평판조회, 전자메일 확인 등을 통해 임직원과의 관련을 통한 자금세탁 가능성을 사전에 차단하고자 하는 것을 목적으로 한다.[247)]

4) 독립적 감사체계

독립적 감사체계란 금융회사등이 자금세탁방지등의 업무를 수행하는 부서와는 독립된 부서에서 그 자금세탁방지등 활동의 적절성, 효과성을 검토·평가하고 이에 따른 문제점 등을 개선하기 위해 취하는 절차 및 방법 등을 말한다.[248)]

가상자산사업자 또한 독립적인 감사를 실시하기 위한 체계를 구축하고 운용해야 한다.[249)] 이를 위해 사업자는 자금세탁방지등의 업무평가를 위한 전문성을 갖춘 독립된 감사 또는 감사위원회로 하여금 실지감사의 방법으로[250)] 연 1회 이상[251)] 감사를 실시

245) 업무규정 제10조.
246) 업무규정 제11조.
247) 금융정보분석원, 「자금세탁방지제도의 이해」, 2010, 3면.
248) 업무규정 제12조 제1항.
249) 업무규정 제12조 제2항.

하도록 한다. 감사의 범위는 자금세탁방지등 제도의 이행 수준과 효과 등을 전반적으로 평가하여 의견을 제시할 수 있을 정도로 설정되어야 하므로, 그 내용에 ① 자금세탁방지등 관련 정책, 절차 및 통제 활동 등의 설계·운영의 적정성 및 효과성, ② 자금세탁방지등 모니터링 시스템의 적정성, ③ 관련 업무의 효율적 수행을 위한 인원의 적정성 등이 포함되어야 한다.[252]

그 외에도 감사부서 외의 내부부서 또는 외부전문가로 하여금 독립적 감사를 실시하도록 할 수 있다. 이때 자금세탁방지등의 업무를 담당하는 부서는 감사 및 평가의 대상이므로 '감사부서 외의 내부부서'에서 제외된다.[253]

감사 또는 감사위원회는 독립적 감사 실시 후 그 결과를 이사회에 보고하고, 감사범위·내용·위반사항 및 사후조치 등을 기록하고 관리하여야 한다.[254]

5) 신상품 등 자금세탁방지 절차 수립

금융회사등은 전자금융기술의 발전 및 금융환경의 변화로 생겨날 수 있는 신규 상품 및 서비스를 이용한 자금세탁위험을 예방하기 위한 조치를 하여야 한다.[255] 즉, 금융회사등은 자체 및 금융거래 등에 내재된 자금세탁행위등의 위험, 또는 신규 금융상품 및 서비스 등을 이용한 자금세탁행위등의 위험을 식별하고 확인·평

250) 업무규정 제15조 제1항.
251) 업무규정 제14조.
252) 업무규정 제15조 제2항.
253) 업무규정 제13조.
254) 업무규정 제16조.
255) 금융정보분석원, 「자금세탁방지제도의 이해」, 2010, 4면.

가·이해하기 위한 정책과 절차를 수립하고 운영하며, 위험요소를 관리·경감하기 위한 적절한 조치를 취하여야 한다.[256] 신규금융상품 및 서비스란 새로운 기술 및 지급·결제 수단의 이용에 따른 것을 포함한다.

라. 고객확인(Customer Due Diligence: CDD)

제5조의2(금융회사등의 고객 확인의무)

① 금융회사등은 금융거래등을 이용한 자금세탁행위 및 공중협박자금조달행위를 방지하기 위하여 합당한 주의로서 다음 각 호의 구분에 따른 조치를 하여야 한다. 이 경우 금융회사등은 이를 위한 업무 지침을 작성하고 운용하여야 한다.

1. 고객이 **계좌를 신규로 개설**하거나 대통령령으로 정하는 금액 이상으로 **일회성 금융거래등을 하는 경우**: 다음 각 목의 사항을 확인

가. 대통령령으로 정하는 고객의 신원에 관한 사항

나. 고객을 최종적으로 지배하거나 통제하는 자연인(이하 이 조에서 "실제 소유자"라 한다)에 관한 사항. 다만, 고객이 법인 또는 단체인 경우에는 대통령령으로 정하는 사항

2. **고객이 실제 소유자인지 여부가 의심되는** 등 고객이 자금세탁행위나 공중협박자금조달행위를 할 우려가 있는 경우: 다음 각 목의 사항을 확인

가. 제1호 각 목의 사항

나. 금융거래등의 목적과 거래자금의 원천 등 금융정보분석원장이 정하여 고시하는 사항(금융회사등이 자금세탁행위나 공중협

---

256) 업무규정 제17조.

박자금조달행위의 위험성에 비례하여 합리적으로 가능하다고 판단하는 범위에 한정한다)
3. **고객이 가상자산사업자인 경우**: 다음 각 목의 사항을 확인
가. 제1호 또는 제2호 각 목의 사항
나. 제7조제1항 및 제2항에 따른 신고 및 변경신고 의무의 이행에 관한 사항
다. 제7조제3항에 따른 신고의 수리에 관한 사항
라. 제7조제4항에 따른 신고 또는 변경신고의 직권 말소에 관한 사항
마. 다음 1) 또는 2)에 해당하는 사항의 이행에 관한 사항
1) 예치금(가상자산사업자의 고객인 자로부터 가상자산거래와 관련하여 예치받은 금전을 말한다)을 고유재산(가상자산사업자의 자기재산을 말한다)과 구분하여 관리
2) 「정보통신망 이용촉진 및 정보보호 등에 관한 법률」 제47조 또는 「개인정보 보호법」 제32조의2에 따른 정보보호 관리체계 인증(이하 "정보보호 관리체계 인증"이라 한다)의 획득
② 제1항의 업무 지침에는 고객 및 금융거래등의 유형별로 자금세탁행위 또는 공중협박자금조달행위의 방지와 관련되는 적절한 조치의 내용·절차·방법이 포함되어야 한다.
③ 제1항 각호에 따른 확인 조치 등의 대상·기준·절차·방법과 그 밖에 필요한 사항은 대통령령으로 정한다.

1) 고객확인의무(CDD, KYC)

고객확인이란 금융회사등이 고객과 금융거래를 하는 때에 자신이 제공하는 금융상품 또는 서비스가 자금세탁행위등에 이용되지 않도록 고객의 신원확인 및 검증, 거래목적 및 실제소유자

확인 등 고객에 대하여 합당한 주의를 기울이는 것을 말한다.[257] 고객확인은 금융회사등의 입장에서 자신의 고객이 누구인지 정확하게 알고 범죄자에게는 금융서비스를 제공하지 않도록 하는 정책이라 하여 고객알기정책(Know Your Customer: KYC) 이라고도 한다.[258] 가상자산사업자도 가상자산거래등을 이용한 자금세탁행위등을 방지하기 위한 조치로서 합당한 주의로서 고객확인의무를 이행하여야 한다.

2) 금융실명제도와의 구별

고객확인제도는 금융거래의 투명성을 제고하기 위한 것이라는 점에서 금융실명제와도 유사한 측면이 있다. 그러나 금융실명법은 경제정의의 실현과 금융거래의 정상화를 법의 목적으로 하고, 특정금융정보법은 자금세탁 등 불법행위를 예방하기 위한 목적의 법률로서 그 취지와 내용에 차이가 있다. 예를 들어 금융실명법상 금융실명제에서는 실지명의(성명 및 주민등록번호)를 확인하도록 하고 있으나, 특정금융정보법상의 고객확인제도에서는 실지명의에 더하여 주소, 연락처 등도 확인하도록 하며, 고객이 자금세탁을 할 우려가 있는 경우에는 실제 당사자인지 여부와 금융거래의 목적까지 확인하도록 하고 있다.

---

257) 업무규정 제20조 제1항.

258) 금융정보분석원, 자금세탁방지제도 정책마당.
(https://www.kofiu.go.kr/kor/policy/amls05.do) (2022.02.11.확인)

표 12 금융실명법상 금융실명제와 특정금융정보법상 고객확인제도 비교[259)]

구분	금융실명제	고객확인제도
목적	• 경제정의의 실현 및 금융거래 정상화	• 자금세탁 등 불법행위 예방
적용 범위	• 은행업 수신 · 환업무, 증권업 등 • 보험 · 공제 · 카드업 등은 적용 제외	• 금융실명법 · 자본시장법 적용 금융거래 • 금융실명법 적용 제외되는 금융거래인 은행여신+보험 · 공제+카드업 등도 포함
확인 대상	• 계좌 개설 • 1백만 원 초과 송금	• 계좌 개설 • 일회성 금융거래 • 실제 거래당사자 여부 의심 • 기타 자금세탁의 우려가 있는 금융거래
확인 사항	• 거래자 실지명의	• 거래자 신원(실지명의+주소+연락처), 실제 당사자 여부, 금융거래의 목적
검증	• 실명확인증표에 의한 검증 의무	• 필수 확인 사항은 검증 의무 있음
미이행 시	• 금융회사등은 금융거래를 할 수 없으며, 임직원에 대한 과태료 부과 등 제재	• 금융회사등은 거래 또는 거래거절 가능 • 거래 후 의심거래보고 여부 검토

3) 업무지침 등의 작성 · 운용

금융회사등은 고객확인을 위한 업무지침을 작성 및 운용하여야 하고,[260)] 업무지침에는 고객 및 금융거래등의 유형별로 자금세탁

259) 금융정보분석원, 「강화된 고객확인제도(EDD) Q&A 사례집(2009)」, 22면 참조.

260) 특정금융정보법 제5조의2 제1항 및 업무규정 제21조. 고객확인을 위한 업무지침은 특정금융정보법 제5조 제1항 제2호의 업무지침과 별도로 작성할 수도 있고, 포함하여 작성할 수도 있다.

방지등과 관련한 적절한 조치의 내용·절차·방법이 포함되어야 한다.[261] ① 고객 확인의 적용대상 및 이행시기, ② 자금세탁행위등의 위험도에 따른 고객의 신원확인 및 검증 절차와 방법, ③ 고객의 신원확인 및 검증 거절 시의 처리 절차와 방법, ④ 주요 고위험고객군에 대한 고객확인 이행, ⑤ 지속적인 고객 확인 이행, ⑥ 자금세탁행위등의 위험도에 따른 거래 모니터링 체계 구축 및 운용 등이 그것이다.[262] 또한 사업자는 고객확인을 한 사항이 의심스러운 경우에는 그 출처를 신뢰할 만한 문서나 정보 그 밖의 확인 자료를 이용하여 그 진위 여부를 확인해야 하며, 위 업무 지침에는 이러한 내용과 그 확인 자료 및 확인 방법이 반영되어야 한다.[263]

금융회사등은 고객확인의 법적근거, 고객확인에 필요한 정보, 문서, 자료가 무엇인지와, 고객이 정보 등의 제출을 거부하거나 검증이 불가능한 경우 어떤 조치를 취하는지 등을 포함한 사항을 고객에게 공지하여야 한다. 개정 특정금융정보법 시행일 당시 대부분의 국내 가상자산사업자가 각 운영 플랫폼에 팝업의 형식으로 이러한 공지를 게시한 바 있다.

금융회사등은 비대면 거래와 관련된 자금세탁 등의 위험에 대처하기 위한 절차와 방법을 마련하여야 한다. 비대면 거래란 인터넷뱅킹, 인터넷 증권거래 등의 전자수단을 이용한 거래와, ATM 서비스 또는 텔레뱅킹을 통한 서비스가 이에 해당한다. 가상자산사업자의 경우 대부분 인터넷을 통한 비대면으로 고객과 새로운 금융거래를 하게 되므로, 이와 관련된 자금세탁 등의 위

261) 특정금융정보법 제5조의2 제2항.

262) 업무규정 제21조.

263) 시행령 제10조의2 제3항.

험에 대처하기 위한 절차와 방법을 마련하여 고객확인 시 적용하여야 한다.[264)]

4) 위험 평가 및 관리 체계

금융회사등은 자금세탁행위등과 관련된 위험을 식별하고 평가하되, 국가위험, 고객유형, 상품 및 서비스 위험 등을 반영하고, 그 결과를 고객확인에 활용하여야 한다. 가상자산사업자 역시 고객 신원확인 과정에서 자금세탁행위등의 위험성이 높은 고객을 확인하고 지속적으로 모니터링하는 방안을 강구하여야 한다.

국가위험은 특정국가의 자금세탁방지제도와 금융거래 환경이 취약하여 발생할 수 있는 자금세탁행위등의 위험을 말한다.[265)] 국경 간 거래가 빈번한 가상자산거래의 특성상 국가위험 판단은 중요하며, 이를 판단함에 있어서는 ① 국제자금세탁방지기구(FATF)가 성명서(Public Statement) 등을 통해 발표한 고위험 국가(Higher-risk countries) 및 이행취약국가(Non-compliance)의 목록, ② UN, World bank, OECD, IMF 등 국제기구에서 발표하는 제재, 봉쇄 또는 기타 이와 유사한 조치와 관련된 국가의 목록, ③ 금융회사등의 주요 해외지점등 소재 국가의 정부에서 자금세탁행위등의 위험이 있다고 발표한 국가리스트, ④ 국제투명성기구 등이 발표하는 부패 관련 국가리스트 등을 활용하여야 한다.[266)]

고객유형 평가를 위해서는 고객의 직업, 업종, 거래유형 및 거래빈도 등을 활용한다.[267)] ① 국가기관, 지방자치단체, 특정금융

264) 업무규정 제35조.
265) 업무규정 제29조 제1항.
266) 업무규정 제29조 제2항.

정보법상의 금융회사등, 주권상장법인 및 코스닥 상장법인 공시 규정에 따라 공시의무를 부담하는 상장회사인 고객은 자금세탁 행위의 위험이 낮은 고객으로 고려할 수 있다.[268] ② 가상자산사업자는 특정금융정보법상의 금융회사등에 포함되기는 하나, 금융회사등이 가상자산사업자를 고객으로 할 경우에는 사업자 신원확인, 실제 소유자, 거래자금의 원천뿐 아니라 신고의무 이행 여부 및 신고수리 여부, 예치금과 고유재산의 구분관리 여부, 정보보호 관리체계 인증 획득 여부 등을 모두 확인하도록 하고 있다.[269] ③ 그 외에도 금융회사등으로부터 종합자산관리서비스를 받는 고객 중 금융회사등이 추가정보 확인이 필요하다고 판단한 고객, 외국의 정치적 주요인물, 비거주자, 대량의 현금거래가 수반되는 카지노사업자 · 대부업자 · 환전영업자 등과 고가의 귀금속 판매상, 금융거래제한대상자,[270] UN에서 지정하는 제재대상자,[271] 개인자산을 신탁받아 보유할 목적으로 설립 또는 운영되는 법인 또는 단체, 명의주주가 있거나 무기명주식을 발행한 회사인 고객은 주요 고위험군으로서, 추가정보 확인이 필요한 고객으로 고려하여 강화된 고객확인에 의하여야 한다.[272]

---

267) 업무규정 제30조 제1항.

268) 업무규정 제30조 제2항.

269) 특정금융정보법 제5조의2 제3항.

270) 금융위원회가 테러자금금지법 제4조 제1항에 따라 고시하는 금융거래제한대상자를 말한다.

271) UN(United Nations) 결의 제1267호(1999년), 1989호(2011년) 및 제2253호(2015), 제1718호(2006년), 제2231호(2015년), 제1988호(2011년)에 의거 국제연합 안전보장이사회 또는 동 이사회 결의 제1267호(1999년), 1989호(2011년) 및 제2253호(2015), 제1718호(2006년), 제2231호(2015년), 제1988호(2011년)에 의하여 구성된 각각의 위원회(Security Council Committee)가 지정한 자를 말한다.

상품 및 서비스 위험 평가는 상품 및 서비스의 종류, 거래채널 등을 활용하여 평가한다.[273] 연간보험료가 300만 원 이하이거나 일시 보험료가 500만 원 이하인 보험, 또한 보험해약 조항이 없고 저당용으로 사용될 수 없는 연금보험, 연금·퇴직수당 및 기타 고용인에게 퇴직 후 혜택을 제공하기 위하여 급여에서 공제되어 조성된 기금으로서 그 권리를 타인에게 양도할 수 없는 것 등은 위험이 낮은 상품 및 서비스로 고려되고,[274] 반면 양도성 예금증서, 환거래 서비스, 자금세탁행위등의 위험성이 높은 비대면 거래, 기타 정부 또는 감독기관에서 고위험으로 판단하는 상품 및 서비스 등은 자금세탁행위등의 위험성이 높은 상품 및 서비스로 고려된다.[275] 가상자산사업자는 가상자산이 대부분 비대면 거래 서비스를 통해 이루어지고, 국제자금세탁방지기구(FATF) 및 금융당국에서 자금세탁방지등 위험이 높은 상품 및 서비스로 고려되고 있는 점 등을 고려하여 면밀하게 위험을 평가하여야 한다.

사업자는 고객 또는 상품 및 서비스의 위험 평가 결과에 따라, 간소화된 고객확인조치와 강화된 고객확인조치로 구분하여 적용할 수 있다.

간소화된 고객확인이란 고객확인 조치를 이행하는 금융회사 또는 금융정보분석원 등 정부에서 실시한 위험평가 결과 자금세탁행위등의 위험이 낮은 것으로 평가된 고객 또는 상품·서비스에 한하여 고객확인의 절차와 방법 중 고객신원확인을 제외한 일부

272) 업무규정 제30조 제3항.
273) 업무규정 제31조 제1항.
274) 업무규정 제31조 제2항.
275) 업무규정 제31조 제3항.

를 적용하지 않는 것을 말한다. ① 국가기관, ② 지방자치단체, ③ 특정금융정보법상의 금융회사등과, ④ 주권상장법인 및 코스닥상장법인 공시규정에 따라 공시의무를 부담하는 상장회사에 대하여는 간소화된 고객확인조치에 의할 수 있다.[276] 다만 ① 카지노사업자, ② 환전영업자, ③ 소액해외송금업자, ④ 대부업자인 경우와,[277] ⑤ 외국인인 고객이 국제자금세탁방지기구(FATF) 권고사항을 도입하여 효과적으로 이행하고 있는 국가의 국민(법인 포함)이 아닌 경우, 그리고 ⑥ 자금세탁등이 의심되거나 위험이 높은 것으로 평가되는 경우에는 간소화된 고객확인조치에 의할 수 없다.[278]

강화된 고객확인이란 자연인, 법인 또는 단체에 대한 신원확인 및 검증에 더하여 실제소유자의 신원 및 거래자금의 원천 등 추가적인 정보를 확인하는 것을 말한다.[279] 금융회사등 또는 정부에서 실시한 위험평가 결과 자금세탁행위등의 위험이 높은 것으로 평가된 경우에는 강화된 고객확인에 의하여야 한다. 고객확인 및 검증의 내용에 대하여는 다음의 7)항에서 상술한다.

5) 고객확인 이행시기

고객확인은 고객이 계좌를 신규로 개설하기 전 또는 **금융거래가 완료되기 전**에 행하여져야 한다.[280] 동일인 명의의 일회성 금융거래를 7일 동안 합산한 금액이 1백만 원 이상인 경우의 금융거래(**연결거래**)가 있는 경우에는, 연결거래가 발생한 이후 최초로

276) 업무규정 제40조 제2항.
277) 업무규정 제40조 제2항.
278) 업무규정 제20조 제2항.
279) 업무규정 제20조 제3항.
280) 시행령 제10조의6 제1항 및 업무규정 제32조.

발생하는 금융거래 시에 고객확인을 이행한다.[281]

종업원·학생 등에 대한 일괄적인 계좌개설 등의 경우와 같이 금융거래 후 고객확인을 할 수 있는 경우[282]에는 고객확인이 가능한 때 지체 없이 이행하되, 금융회사등은 고객의 자금세탁행위등의 위험을 효과적으로 관리할 수 있어야 하고 고객의 정상적인 사업 수행을 방해하지 않아야 한다.[283] 또한 이러한 경우 발생할 수 있는 자금세탁행위등의 위험을 관리·통제할 수 있는 절차를 수립·운영하여야 한다.[284]

고객확인을 이행한 이후에도 **해당 고객과 거래과 유지되는 동안은 지속적으로** 고객확인을 해야 한다.[285] 고객의 거래 전반을 면밀하게 조사하여 사업자가 확보하고 있는 고객사업위험평가자금출처 등 정보가 실제 거래내용과 일관성이 있는지 검토하고, 현존 기록을 검토하여 고객확인을 위해 수집된 증빙이 최신이며 적절한지 확인하여야 한다.[286]

확인의 주기는 해당 고객이나 상품 등의 자금세탁행위등 위험도에 따라 달리 정할 수 있다.[287] 확인 주기가 도래하지 않은 경우는 고객 확인을 생략할 수 있으나, 확인 주기가 도래하지 않은 경우라도 기존의 확인 사항이 사실과 일치하지 않을 우려가 있거나 그 타당성에 의심이 있는 경우에는 고객 확인을 해야 한다.[288]

281) 업무규정 제23조 제3항.
282) 감독규정 제23조.
283) 업무규정 제33조 제1항.
284) 업무규정 제33조 제2항.
285) 업무규정 제34조 제1항.
286) 업무규정 제34조 제2항.
287) 시행령 제10조의6 제2항 및 업무규정 제34조 제3항.
288) 시행령 제10조의6 제3항.

사업자는 고객확인의무 이행을 위하여 ① 신규 개설 계좌 및 일회성 거래의 경우, ② 실제 소유자가 의심되는 등 자금세탁행위등의 우려가 있는 경우, 그리고 ③ 고객이 가상자산사업자인 경우의 각 구분에 따른 조치를 하여야 한다.[289] 이 법 시행 전부터 영업 중인 가상자산사업자('기존 사업자')는 특정금융정보법 시행일 이후 최초로 실시되는 거래부터 본 규정이 적용된다.[290] 따라서 시행일 이후 신규로 가상자산거래를 하려는 고객뿐 아니라 시행일 이후 처음 가상자산거래를 하고자 하는 기존 고객에 대하여도 고객확인을 이행하고, 확인 조치가 모두 끝나지 않은 고객에 대하여는 거래를 제한하여야 한다.[291]

6) 고객확인 적용대상

가상자산사업자는 ① **고객이 계좌를 신규로 개설**[292]하거나 ② **현금 환산 가액이 1백만 원 이상**[293]**인 일회성 가상자산거래**[294]를

---

289) 각 조치의 대상·기준·절차·방법과 그 밖에 필요한 사항은 대통령령으로 정하며, 시행령 제10조의2 제1항에 따르면 고객확인의무는 특정금융정보법상 금융거래등에 적용되나, 공과금의 납부 등 거래성질상 그 적용이 적절하지 않거나 자금세탁행위와 공중협박자금조달행위에 이용될 가능성이 현저히 적은 경우를 금융정보분석원장의 고시에 따라 적용의 예외로 하고 있다. 해당 고시는 감독규정 제21조 등 참조.

290) 특정금융정보법 부칙 <법률 제17113호, 2020.03.24.> 제2조 본문.

291) 시행령 제10조의20 제3호.

292) 시행령 제10조의2 제2항 및 업무규정 제22조. **계좌의 신규 개설**이란 금융거래등을 개시할 목적으로 금융회사등과 계약을 체결하는 것으로, 예금계좌의 신규 개설은 물론 위탁매매계좌의 신규 개설, 보험·공제계약·대출·보증·팩토링 계약의 체결, 양도성 예금증서의 발행, 표지어음의 발행, 펀드의 신규 가입, 대여금고 약정, 보관어음 수탁을 위한 계약 체결 등이 이에 해당한다.

293) 시행령 제10조의3 제1항 제1의2호.

294) 시행령 제10조의2 제2항 및 업무규정 제23조 제1항. **일회성 금융거래**란 계속거래를 목적으로 계약을 체결하지 않은 고객의 금융거래를 말한다. 통상 무

하는 경우 해당 고객의 신원 및 그 실제 소유자 등을 확인하여야 한다. 계좌 신규 개설의 경우에는 거래금액에 관계없이 이를 수행한다. 또한 일회성 거래 시 단일거래가 1백만 원 이상인 경우뿐 아니라, 동일인 명의의 일회성 금융거래를 7일 동안 합산한 금액이 1백만 원 이상인 경우의 금융거래(연결거래)인 경우도 같다.[295] 계좌 신규 개설이나 1백만 원 이상의 일회성 금융거래에 해당하지 않는 경우라도, ③ **실제 거래당사자 여부가 의심되는 등 자금세탁행위등을 할 우려가 있다고 판단하는 경우**에도 고객 확인의무를 이행하여야 한다.

가격변동성이 크고 24시간 거래가 가능한 가상자산의 특성상 현금 환산의 기준을 정할 필요가 있다. 감독규정은 이를 '가상자산의 매매·교환 거래체결 시점 또는 가상자산사업자가 가상자산의 이전을 요청받거나 가상자산을 이전받은 시점에서 가상자산사업자가 표시하는 가상자산의 가액을 적용하여 원화로 환산하는 것'으로 규정한다.[296] 가상자산 중개플랫폼을 운영하는 가상자산거래사업자의 경우는 '가상자산의 거래체결 시점'이 환산 기준이 되며, 그 시점은 시스템상 매도와 매수가 매칭되어 시스템이 거래를 승인하는 시점을 의미한다. 거래 '체결'이 일어나지 않는 지갑사업 또는 커스터디사업 등 가상자산보관·관리사업자의 경우는 '사업자가 고객으로부터 가상자산의 이전 요청을 받은 때' 또는 '고객으로부터 가상자산을 이전받은 때'를 환산의 기준

통장 입금(송금), 외화송금 및 환전, 자기앞수표의 발행 및 지급, 보호예수, 선불카드 매매 등이 이에 해당한다.

295) 업무규정 제23조 제2항.

296) 감독규정 제26조 제1항.

시점으로 하여 일회성 금융거래 해당 여부를 판단한다.

또한 ④ **인수·합병을 통해 새롭게 고객이 된 자가 있는 경우** 그에 대하여도 고객확인을 이행한다. 다만, 고객확인 관련기록을 입수하고 피인수기관으로부터 고객확인의 이행을 보증받고, 이와 관련된 자료에 대한 표본추출 점검(샘플링)을 통해 적정하다고 판단되는 경우에는 이를 생략할 수 있다.[297]

7) 고객확인 및 검증의 내용

금융회사등은 고객과 금융거래를 하는 때에는 그 신원을 확인하여야 하며 신뢰할 수 있고 독립적인 문서 자료 정보 등을 통하여 그 정확성을 검증하여야 하고, 각 금융거래의 목적 및 성격에 따라 필요한 경우 고객에 대하여 관련 정보를 확보하여야 한다. 고객이 법인 및 단체인 경우에는 고객이 영위하는 사업의 성격, 지배구조 및 통제구조 등을 이해하여야 한다.[298]

가) 고객 신원 확인 및 검증[299]

확인 및 검증의 세부 사항은 다음과 같다.[300]

① 개인의 경우

실지명의(성명, 주민번호),[301] 주소, 연락처(전화번호 및 이메일주소), 직업 또는 업종 등 금융회사등이 자금세탁행위등의 방지를 위하여 필요로 하는 사항을 확인하고,[302] 「성명, 주민번호, 주소

297) 업무규정 제26조.

298) 업무규정 제37조.

299) 특정금융정보법 제5조의2 제1항 제1호 가목.

300) 시행령 제10조의4.

301) 금융실명법 제2조 제4호의 실지명의, 즉 주민등록표상의 명의를 말하며 동법 시행령 제3조 제1호의 성명 및 주민등록번호가 이에 해당한다.

및 연락처」는 정부가 발행한 문서 등에 의거하여 그 정확성을 검증하여야 한다.[303] 자금세탁행위등의 위험이 낮은 경우로서 주민등록증 또는 운전면허증과 같은 실명확인증표로 고객의 신원을 확인한 경우나, 학생·군인·경찰·교도소재소자 등에 대해 금융실명법상의 실명확인서류 원본에 의해 실명을 확인한 경우에는 검증을 이행한 것으로 본다.[304] 단, 실명확인증표의 진위 여부에 주의를 기울어야 한다.

② **영리법인**의 경우

실지명의(법인명, 사업자등록번호),[305] 업종, 본점 및 사업장의 주소·소재지, 회사 연락처(전화번호 및 이메일주소), 대표자의 성명, 생년월일 및 국적 등 개인고객의 신원확인 사항에 준하는 사항을 확인한다.[306] 이때 설립사실을 증명할 수 있는 법인등기부등본 등의 문서를 통해 법인의 실존 여부를 확인하여야 한다.[307] 「법인(단체)명, 실명번호(사업자등록번호, 납세등록번호 내지 고유등록번호 등), 본점 및 사업장의 주소·소재지, 업종」은 정부가 발행한 문서 등에 의거하여 그 정확성을 검증하여야 한다.

③ **비영리법인 그 밖의 단체**인 경우

실지명의,[308] 설립목적, 주된 사무소의 주소·소재지, 회사 연

302) 업무규정 제38조 제1항 제6호.

303) 업무규정 제39조 제1항 및 제3항.

304) 업무규정 제39조 제2항.

305) 금융실명법 제2조 제4호의 실지명의, 즉 사업자등록증상의 명의를 말하며 동법 시행령 제3조 제2호의 법인명 및 사업자등록번호가 이에 해당한다.

306) 업무규정 제38조 제2항 제4호.

307) 업무규정 제38조 제4항.

308) 금융실명법 제2조 제4호 및 동법 시행령 제3조 제2호 단서 내지 제3호. 법인으로 사업자등록증이 없는 경우는 법인명 및 납세번호를, 법인이 아닌 단체는 단체명 및 고유번호 또는 납세번호를, 위와 같은 번호를 부여받

락처(전화번호 및 이메일주소), 대표자의 성명, 생년월일 및 국적 등 개인고객의 신원확인 사항에 준하는 사항을 확인한다.[309] 이때 설립사실을 증명할 수 있는 법인등기부등본 등의 문서를 통해 법인 또는 단체로서의 실존 여부를 확인하여야 한다.[310] 「법인(단체)명, 실명번호(사업자등록번호, 납세등록번호 내지 고유등록번호 등), 본점 및 사업장의 주소·소재지, 설립목적」은 정부가 발행한 문서 등에 의거하여 그 정확성을 검증하여야 한다.

④ <u>외국인 및 외국단체</u>의 경우

개인, 영리법인, 비영리법인 등으로 분류하여 각 해당 사항을 확인 및 검증하고,[311] 이에 더하여 외국인인 경우 국적 및 국내의 거소를, 외국단체의 경우는 사무소의 소재지를, 외국인 비거주자의 경우는 생년월일과 성별을,[312] 국내 사무소를 두지 않은 외국법인은 연락 가능한 실제 사업장 소재지를 확인하여야 한다. 외국법인인 경우 본점 및 사업장의 주소 소재지를 대신하여 「연락 가능한 실제 사업장 소재지」를 정부가 발행한 문서 등에 의거하여 그 정확성을 검증한다.[313]

⑤ <u>대리인</u>의 경우

개인 및 법인단체 고객을 대신하여 계좌의 신규 개설, 일회성

지 않은 경우는 당해 단체를 대표하는 자의 주민등록표상의 성명과 주민등록번호를 의미한다.

309) 업무규정 제38조 제2항 제4호.

310) 업무규정 제38조 제4항.

311) 금융실명법 제2조 제4호 및 동법 시행령 제3조 제4호. 외국인인 개인은 성명 및 외국인등록번호를 의미하고, 외국인등록증이 없는 경우 여권 또는 신분증에 기재된 성명 및 번호를 말한다.

312) 업무규정 제38조 제1항 제2호.

313) 업무규정 제40조 제1항.

금융거래 등 금융거래를 하는 자에 대해서는 그 권한이 있는지를 확인하고 해당 대리인에 대하여도 고객확인을 하여야 한다.[314)]

나) 실제 소유자 확인

가상자산사업자는 고객의 실지명의로 가상자산거래를 하는 다른 개인(실지명의로 가상자산거래를 하는 고객을 최종적으로 지배하거나 통제하는 자연인, 즉 '실제 소유자')이 있는 경우 그 실지명의를 확인해야 한다. 그 실제 소유자가 외국인인 경우에는 그 국적도 확인한다.[315)]

<u>고객이 법인 또는 단체인 경우의 실제 소유자 확인</u>은 아래 중 어느 하나에 해당하는 자를 확인해야 한다.[316)]

① **25할 이상의 지분소유자**(주식[317)] 등 출자지분[318)]의 25할 이상을 보유한 주주 등[319)])

② **최다출자자,**[320)] **과반 임원 등 선임자,**[321)] 그 밖에 **사실상의 지배자**[322)][323)]

③ **대표자**[324)]

---

314) 업무규정 제38조 제3항.

315) 시행령 제10조의5 제1항 및 업무규정 제41조 제1항.

316) 시행령 제10조의5 제2항.

317) 의결권 있는 발행주식총수를 의미하며, 출자총액을 포함한다.

318) 출자지분과 관련된 증권예탁증권을 포함한다.

319) 시행령 제10조의5 제2항 제1호.

320) 의결권 있는 발행주식총수(출자총액 포함)를 기준으로 소유하는 주식 그 밖의 출자지분(그 주식, 그 밖의 출자지분과 관련된 증권예탁증권을 포함)의 수가 가장 많은 자를 말한다.

321) 단독으로 또는 다른 주주 등과의 합의·계약 등에 따라 대표자·업무집행사원 또는 임원 등의 과반수를 선임한, 주식 그 밖의 출자지분(그 주식, 그 밖의 출자지분과 관련된 증권예탁증권을 포함)을 소유하는 자를 말한다.

322) 고객을 사실상 지배하는 자가 최대 주주나 과반 선임 주주와 명백히 다른 경우 그 사실상 지배하는 자를 말한다.

323) 시행령 제10조의5 제2항 제2호.

금융회사등은 먼저 ① 25할 이상의 지분소유자를 확인하고, 이를 확인할 수 없는 경우에는 ② 최다출자자, 과반 임원 등 선임자, 그 밖에 해당 법인 또는 단체의 사실상의 지배자를 확인하여야 하며, 이를 확인할 수 없는 경우 ③ 법인 또는 단체의 대표자에 관한 사항을 확인한다.[325] 이때 법인 또는 단체의 대표자에 해당하는 사람에 대한 생년월일의 확인은 2021년 10월 5일 이후 금융거래등을 하는 경우부터 적용한다.[326]

25할 이상의 지분소유자 또는 최다출자자가 여러 명인 때에는 주식 등 출자지분의 수가 가장 많은 자를 실제 소유자로 확인하되, 자금세탁행위 및 공중협박자금조달행위 방지를 위해 필요한 때에는 여러 명 전부 또는 여러 명 중의 일부로서 수인을 확인할 수 있다.[327]

25할 이상의 지분소유자 또는 최다출자자가 법인 또는 단체인 경우에는, 그들의 중요한 경영사항에 대하여 사실상 영향력을 행사할 수 있는 사람으로서 다시 위 ①, ②, ③ 중 어느 하나에 해당하는 자를 실제 소유자로 확인할 수 있고, 그자가 다시 법인 또는 단체인 경우도 같다.[328]

고객이 법인 또는 단체인 경우라도 국가, 지방자치단체, 공공기관, 정부출연연구기관인 경우에는 위 확인을 하지 않을 수 있다.[329] 특정금융정보법상의 다른 금융회사등이 고객인 경우에도

324) 업무규정 제41조 제2항. 대표자는 법인·단체를 대표하는 자, 법인·단체 고객을 최종적으로 지배하거나 통제하는 자로서 대표이사·임원 등 고위 경영진의 직책에 있는 자연인 등을 말한다.

325) 시행령 제10조의5 제2항 각호 외의 부분 전단.

326) 시행령 부칙 <대통령령 제32028호, 2021. 10. 5.> 제2조.

327) 시행령 제10조의5 제4항.

328) 시행령 제10조의5 제3항.

같다. 즉, 가상자산사업자의 고객이 은행법상의 은행인 경우에는 실제 소유자를 확인하지 않을 수 있다. 그러나 가상자산사업자인 고객은 특정금융정보법상 금융회사등에 해당하더라도 위와 같은 예외가 적용되지 않으므로,[330] 가상자산사업자인 고객의 신규 계좌 개설이나 일회성 금융거래등의 경우에는 반드시 실제 소유자를 확인하여야 한다. 다른 금융회사등에 대하여도, 실제 거래당사자 여부가 의심되는 등 고객이 자금세탁행위등을 할 우려가 있는 경우에는 실제 소유자 여부를 파악하기 위하여 필요한 조치를 하여야 한다.[331]

그 외 실제 소유자 확인의무의 예외인 법인 또는 단체로서 금융정보분석원장이 고시한 단체로는 전국은행연합회, 자산운용협회, 한국은행, 한국정보통신기술협회 등이 있다.[332]

다) 고위험 고객확인(EDD)

고위험 고객에게는 강화된 고객확인의무(Enhanced Due Diligence: EDD)가 적용된다. 즉, 고객이 실제 소유자인지 여부가 의심되는 등 고객이 자금세탁행위나 공중협박자금조달행위를 할 우려가 있는 경우에는 신규 계좌 개설이나 일회성 금융거래에 해당하는지 여부에 관계없이, 강화된 고객확인의무에 따라 상기한 신원정보 및 실제 소유자 정보뿐 아니라 거래의 목적과 거래자금의 원천 등도 확인하여야 한다.

개인고객의 경우에는 직업(개인 사업자인 고객의 경우는 업종), 거

329) 시행령 제10조의5 제5항.

330) 시행령 제10조의5(실제 소유자에 대한 확인) 제5항 제3호 및 시행령 제8조의4 1의2호.

331) 업무규정 제41조 제3항.

332) 감독규정 [별표1]금융정보분석원장이 지정하는 공공단체의 범위.

래의 목적, 거래자금의 원천, 기타 자금세탁 우려를 해소하기 위해 필요하다고 판단한 사항 등 추가정보를 확인하여야 한다.[333) 법인단체인 고객이 고위험고객에 해당할 경우에는 대기업·중소기업 등 법인 구분 정보와 상장정보, 사업체 설립일, 홈페이지, 이메일 등 회사에 관한 기본 정보와, 거래자금의 원천, 거래의 목적, 금융회사등이 필요하다고 판단하는 경우 예상거래 횟수 및 금액, 회사의 특징이나 주요상품서비스, 시장 점유율, 재무정보, 종업원 수, 주요 공급자, 주요 고객 등의 세부정보를 확인하여야 한다.[334) 다만 이를 이행함에 있어 고객에게 부당한 권리침해나 불편이 발생하지 않도록 주의하여야 한다.[335)

라) 요주의 인물 확인[336)

사업자는 금융거래 완료 전 고객확인 단계에서 확인할 사항으로, 요주의 인물 해당 여부를 확인하여야 한다. 즉, ① 금융거래제한대상자 리스트, ② UN에서 지정하는 제재대상자, ③ FATF가 성명서(Public Statement) 등을 통해 발표하는 고위험 국가(Higher-risk countries) 및 이행 취약국가(Non-compliance)의 국적자(개인·법인·단체) 또는 거주자, ④ 금융회사등의 주요 해외지점 등 소재 국가의 정부에서 자금세탁행위등의 위험을 우려하여 발표한 금융거래제한대상자 리스트, ⑤ 외국의 정치적 주요인물 등의 정보와 비교하여 당해 거래고객 및 대리인이 요주의 인물인지 여부를 확인할 수 있는 절차를 마련하여야 한다.

---

333) 업무규정 제42조 제2항.
334) 업무규정 제42조 제3항.
335) 업무규정 제42조 제4항.
336) 업무규정 제43조.

8) 고객이 가상자산사업자인 경우

가상자산사업자인 고객에 대하여는 계좌 신규 개설이나 일회성 금융거래, 실제 소유자에 대한 의심 여부에 관계없이 고객 신원, 실제 소유자 및 거래의 목적이나 거래자금의 원천 등을 모두 확인하여야 한다.[337] 각 확인 및 검증 사항의 상세는 위에서 기술한 바와 같다.

가상자산사업자는 다른 금융회사와 달리 영업행위에 대한 별도의 규율체계가 없는 상황이고, 금융회사 간 공유되는 금융공동망에 참여할 수 없기 때문에 가상자산사업자와 거래하는 금융회사에 추가적인 고객확인의무를 부여하고 있는 것으로 해석된다.[338]

또한 고객인 가상자산사업자가 특정금융정보법상 신고 또는 변경신고의무를 이행하였는지와 해당 신고가 수리되었는지 여부, 그리고 직권 말소된 사항은 없는지 등에 대하여 이를 확인하고,[339] 예치금과 고유재산을 구분하여 관리하는지 여부 그리고 정보보호 관리체계 인증[340]을 획득하였지 여부를 확인해야 한다.[341]

본 규정은 가상자산사업자의 고객이 가상자산사업자인 경우도 동일하게 적용되므로, 가상자산사업자는 고객이 가상자산관련사업을 영위하는 자인지 여부를 확인하고, 관련 사업이 거래업, 보관관리업, 지갑사업 등 특정금융정보법 및 관련 지침상의 신고의무 적용 대상인 경우 그 의무이행 여부 등에 대하여 확인을 구하

---

337) 특정금융정보법 제5조의2 제1항 제3호 가목.

338) 국회 정무위원회 검토보고서, 조용복 수석전문위원, 2019.08.

339) 특정금융정보법 제5조의2 제1항 제3호 나목 내지 라목.

340) 정보통신망법 제47조 또는 개인정보 보호법 제32조의2에 따른 정보보호 관리체계 인증을 말한다.

341) 특정금융정보법 제5조의2 제1항 제3호 마목.

여야 한다.

9) 제3자를 통한 고객확인

제3자를 통한 고객확인이란 금융회사등이 금융거래를 할 때마다 자신을 대신하여 타인인 제3자로 하여금 고객확인을 하도록 하거나 타인인 제3자가 이미 당해 고객에 대하여 고객확인을 통해 확보한 정보 등을 자신의 고객확인에 갈음하여 이를 활용하는 것을 말한다.342) 제3자가 자금세탁방지등과 관련하여 감독기관의 규제 및 감독을 받고 있고, 고객확인을 위한 조치를 마련하고 있는 자로서 고객확인과 관련된 필요한 정보를 즉시 제공하며, 금융회사등이 요청하는 경우 고객의 신원정보등 고객확인 관련 문서사본을 지체 없이 제공할 경우에는 이를 고객확인에 갈음할 수 있다.343) 해당 제3자가 국외에 거주하는 자인 경우에는, 국제자금세탁방지기구(FATF)의 권고사항에 따라 효과적으로 이를 이행하고 있는 국가에 거주하는 자에 한하며, 이를 이용하고자 하는 사업자는 그 국가가 동 권고사항을 적절하게 준수하는지 확인하여야 한다.344)

10) 거래거절 및 거래종료

> **제5조의2**(금융회사등의 고객 확인의무)
> ④ 금융회사등은 다음 각호의 어느 하나에 해당하는 경우에는 계좌 개설 등 해당 고객과의 신규 거래를 거절하고, 이미 거래관

342) 업무규정 제52조.
343) 업무규정 제53조 제1호 내지 제3호.
344) 업무규정 제53조 제4호.

계가 수립되어 있는 경우에는 해당 거래를 종료하여야 한다.
1. 고객이 신원확인 등을 위한 정보 제공을 거부하는 등 고객확인을 할 수 없는 경우
2. 가상자산사업자인 고객이 다음 각 목의 어느 하나에 해당하는 경우
가. 제7조제1항 및 제2항에 따른 신고 및 변경신고 의무를 이행하지 아니한 사실이 확인된 경우
나. 제7조제3항제1호 또는 제2호에 해당하는 사실이 확인된 경우
다. 제7조제3항에 따라 신고가 수리되지 아니한 사실이 확인된 경우
라. 제7조제4항에 따라 신고 또는 변경신고가 직권으로 말소된 사실이 확인된 경우
3. 그 밖에 고객이 자금세탁행위나 공중협박자금조달행위를 할 위험성이 특별히 높다고 판단되는 경우로서 대통령령으로 정하는 경우
⑤ 제4항에 따라 거래를 거절 또는 종료하는 경우에는 금융회사등은 제4조에 따른 의심되는 거래의 보고 여부를 검토하여야 한다.

가상자산사업자는 고객이 신원확인 등을 위한 정보 제공을 거부하는 등 고객확인을 할 수 없는 경우에는 신규 거래를 거절하거나 거래를 종료하고,[345] 의심거래보고의 대상인지 여부를 검토하여야 한다.[346]

고객이 가상자산사업자인 경우로서 특정금융정보법이 정한 신

345) 특정금융정보법 제5조의2 제4항 제1호.
346) 특정금융정보법 제5조의2 제5항 및 업무규정 제44조.

고의무 미이행, 정보보호 관리체계 인증 미획득, 실명확인 입출금 계정의 미사용, 신고 불수리, 신고의 직권 말소,[347] 또는 금융위원회의 허가 없이 한 금융거래등제한대상자와의 금융거래[348] 중 어느 하나에 해당하는 행위를 한 사실이 확인된 경우도 위와 같다.

특정금융정보법의 시행 이전부터 영업 중이었던 가상자산사업자는 집금계좌를 통해 원화 입출금 서비스를 제공해 온 경우가 다수 있었다. 개정 특정금융정보법 시행 이전 은행이 가상자산사업자에 대하여 일방적인 입금정지조치를 취한 사안에서 법원은, 미리 약관에 정하지 않은 거래거절은 법률에서 이를 의무규정으로 정한 경우가 아니면 약관규제법 제9조 제2호에 따라 불가하므로, 은행이 가상자산사업자와 계약 체결 시 '자금세탁 위험을 이유로 한 거래거절'을 약관에 반영한 바 없다면 가상자산사업자에 대한 은행의 일방적인 입금정지조치는 계약위반에 해당한다고 판시하였다.[349] 그러나 개정 특정금융정보법 시행으로 거래거절에 대한 법률상 의무규정이 마련된 셈이 되었다. 실제로 기존사업자의 신고유예기한인 2021년 9월 24일까지 신고서를 제출하지 못한 사업자에 대해 집금계좌 서비스를 제공하던 은행들이 그 거래를 종료하였고, 이는 특정금융정보법 제7조 제1항, 동조 제3항

347) 특정금융정보법 제5조의2 제4항 제2호 가목.

348) 특정금융정보법 제5조의2 제4항 제2호 및 시행령 제10조의7. 금융거래등제한대상자란 테러자금금지법 제4조 제1항에 따라 금융위원회가 고시한 금융거래등제한대상자 지정 및 지정 취소에 관한 규정상의 금융거래등제한대상자를 말한다. 금융거래등제한대상자로 지정되어 고시된 자가 금융회사등과 금융거래등을 하고자 하는 경우에는 금융위원회의 허가를 받아야 한다. [시행 2020.12.17.] [금융위원회고시 제2020-55호, 2020.12.17., 일부개정]

349) 서울중앙지법 2018.10.29.자 2018카합21246 결정.

제1호 내지 제2호에 해당하는 사실이 확인된 경우에는 이미 수립된 거래관계를 종료하여야 한다는 특정금융정보법 제5조의2 제4항의 규정에 따른 조치였다. 다만, 부칙에 경과규정을 두어, 기존 사업자로서 신고를 한 경우에는 그 신고 수리 여부가 확인되기 전까지는 금융회사등이 신고의무 미이행을 이유로 금융거래를 종료하지 못하도록 하였다.[350)]

가상자산사업자가 가상자산사업자인 고객과 금융거래등을 하는 경우에도 본 규정은 그대로 적용된다. 즉 가상자산사업자인 고객에 대하여 사업자는 특정금융정보법 제5조의2 제3항 제3호 규정에 따라 일회성 금융거래나 실제소유자 의심 등을 불문하고 신고 등 사항을 확인하여야 하며, 이에 대하여 정보제공을 거부하거나, 또는 정보를 제공하였다 하더라도 동조 제4항 제2호 내지 제3호에 정한 사실 중 하나에 해당하는 것이 확인되는 경우 신규 거래를 거절하고, 이미 거래관계가 수립되어 있는 경우 해당 거래를 종료하여야 한다.

마. 전신송금 시 정보제공(Travel Rule)

> **제5조의3**(전신송금 시 정보제공)
> ① 금융회사등은 송금인이 전신송금(電信送金: 송금인의 계좌보유 여부를 불문하고 금융회사등을 이용하여 국내외의 다른 금융회사

350) 특정금융정보법 제17113호 부칙 제2조 단서. 다만, 이 법 시행 전부터 영업 중인 가상자산사업자가 이 법 시행일부터 6개월 이내에 제7조 제1항의 개정규정에 따라 신고를 하고 같은 조 제3항 및 제4항의 개정규정에 따라 신고가 수리되지 아니하거나 직권으로 말소된 사실이 확인되지 아니한 경우에는 제5조의2 제4항 제2호 가목의 개정규정은 적용하지 아니한다.

등으로 자금을 이체하는 서비스를 말한다)의 방법으로 500만 원의 범위에서 대통령령으로 정하는 금액 이상을 송금하는 경우에는 다음 각호의 구분에 따라 송금인 및 수취인에 관한 정보를 송금받는 금융회사등(이하 "수취 금융회사"라 한다)에 제공하여야 한다.

1. 국내송금
   가. 송금인의 성명(법인인 경우에는 법인의 명칭을 말한다. 이하 같다)
   나. 송금인의 계좌번호(계좌번호가 없는 경우에는 참조 가능한 번호를 말한다. 이하 같다)
   다. 수취인의 성명 및 계좌번호
2. 해외송금
   가. 송금인의 성명
   나. 송금인의 계좌번호
   다. 송금인의 주소 또는 주민등록번호(법인인 경우에는 법인등록번호, 외국인인 경우에는 여권번호 또는 외국인등록번호를 말한다)
   라. 수취인의 성명 및 계좌번호

② 국내송금의 경우 수취 금융회사와 금융정보분석원장은 제1항에 따라 송금한 금융회사등(이하 "송금 금융회사"라 한다)에 다음 각호의 경우에 제1항제2호다목의 정보를 제공하여 줄 것을 요청할 수 있다.

1. 수취 금융회사가 제4조에 따른 보고를 하기 위하여 필요한 경우
2. 금융정보분석원장이 수취 금융회사로부터 보고받은 정보를 심사·분석하기 위하여 필요한 경우

③ 송금 금융회사는 제2항에 따라 송금정보의 제공을 요청받은 경우 3영업일 이내에 그 정보를 제공하여야 한다.

1) 전신송금 시 정보제공 의무

전신송금(電信送金)이란 송금인의 계좌보유 여부를 불문하고 금융회사등을 이용하여 국내외의 다른 금융회사등으로 자금을 이체하는 서비스를 말한다.[351] 특정금융정보법상 전신송금 시 정보제공 의무란, 송금 금융회사가 자신의 고객인 송금인이 원화 1백만 원 또는 그에 상당하는 다른 통화로 표시된 금액을 초과하는 금액[352]을 국내송금하고자 하는 경우, 송금인 및 수취인의 성명과 계좌번호를 수취 금융회사에 제공하여야 하는 것을 말한다. 해외송금의 경우는 1천 미합중국달러 또는 그에 상당하는 다른 통화로 표시된 금액을 초과하는 금액[353]을 송금하고자 할 때 이를 제공한다. 해외송금 시에는 이에 더하여 송금인의 주소 또는 주민등록번호를 제공해야 한다.[354] 또한 국내송금의 경우라도 수취 금융회사가 의심거래보고를 위하여 또는 금융정보분석원장이 보고받은 정보를 심사·분석하기 위해 필요하여 요청한 경우,[355] 송금 금융회사는 요청을 받은 날로부터 3영업일 이내에 송금인의 주소 또는 주민등록번호를 제공하여야 한다.[356]

가상자산사업자 역시 특정금융정보법의 금융회사등에 포함되므로 가상자산사업자도 본 의무의 이행주체에 해당하나, 가상자산사업자는 본 의무 이행에 대하여는 본법 제6조 제3항에 정한 정보제공의 대상과 절차 등에 따르도록 특례규정을 두었다. 또한

351) 특정금융정보법 제5조의3 제1항.
352) 시행령 제10조의8 제1호.
353) 시행령 제10조의8 제2호.
354) 시행령 제10조의8 제2호 다목.
355) 특정금융정보법 제5조의3 제2항.
356) 특정금융정보법 제5조의3 제3항.

전신송금 시 정보제공의무 이행에 필수적인 사업자 간 정보공유 시스템이 구축되어 있지 않았던 이 법 시행 당시의 현실과, 당시 FATF에서도 가상자산 이전 시의 정보제공 기준 적용에 대한 세부사항을 논의 중이었던 점 등을 감안하여, 가상자산사업자에게는 법 시행 후 1년의 적용 유예기간을 부여하였다.[357]

2) 가상자산사업자의 전신송금 시 정보제공 의무

가상자산사업자에 대한 특례규정에 의하면, 가상자산사업자('송신 사업자')가 다른 가상자산사업자('수취 사업자')에게 1백만 원 이상[358]에 상당하는 가상자산을 이전하는 경우,[359] **송신 사업자는** 가상자산 이전 시에 가상자산을 보내는 고객('송신인')과 이를 받는 고객('수취인')의 각 성명[360] 및 가상자산주소를 함께 수취 사업자에게 제공하여야 한다.[361] 이때 '가상자산주소'란 가상자산의 전송 기록 및 보관 내역의 관리를 위해 전자적으로 생성시킨 고유식별번호를 말한다.

수취 사업자 또는 금융정보분석원장의 요청이 있는 경우, **송신 사업자는** 송신인의 주민등록번호[362] 또는 여권번호·외국인등록

357) 금융위원회, 「가상자산 관련 「특정금융정보법 시행령」 개정안 입법예고(11.3.~12.14.)」, 2020.11.03.일자 보도자료, 4면. 즉, 우리나라 가상자산사업자는 2022년 3월 25일부터 전신송금 시 위와 같은 정보를 제공할 의무를 부담한다.

358) 일반 금융회사는 1백만 원을 '초과'하는 송금에 대하여 정보를 제공해야 하는데 비하여, 가상자산사업자는 1백만 원 '이상'에 상당하는 가상자산을 이전하는 경우 정보제공의무가 있다.

359) 시행령 제10조의10 제1호.

360) 법인·단체인 경우에는 법인·단체의 명칭 및 대표자 성명을 말한다.

361) 시행령 제10조의10 제2호 및 제4호.

362) 법인의 경우에는 법인등록번호를 말한다.

번호[363]를 추가로 제공하되,[364] 이는 그 요청을 받은 날로부터 3 영업일 이내에 이행한다.

즉, 가상자산사업자의 정보제공 의무는, (i) 송신인과 수취인 모두가 가상자산사업자를 매개로 한 가상자산의 이전의 경우에 한하여, (ii) 송신 사업자의 의무로 제한된다. 또한 송신인 및 수취인의 성명 및 가상자산주소는 가상자산 이전과 동시에 수취 사업자에게 전달되어야 하므로, (iii) 송신 사업자가 송신인 및 수취인의 각 성명 및 가상자산주소를 확보하지 않은 상태에서 송신요청을 이행할 경우 전신송금 시 정보제공의무 위반에 해당한다. (iv) 1백만 원 이상에 상당하는 가상자산의 이전인지 여부는 송신인이 송신 사업자에게 가상자산의 이전을 요청한 때, 송신 사업자가 표시하는 가상자산의 가액에 따라 해당 가상자산을 원화로 환산한 금액을 기준으로 정한다.[365] 이때 '송신 사업자가 표시하는 가상자산의 가액'이란, 송신 사업자가 운영하는 온라인 플랫폼상에 사전에 공시한 해당 일자의 해당 가상자산에 대한 기준금액을 의미한다.

3) 가상자산사업자의 전신송금 시 정보제공 의무 적용 범위

종래 2020년 11월 입법예고 당시의 특정금융정보법 시행령안(案)은, 개인 간의 거래만을 제외하고 가상자산사업자가 매개되는 모든 가상자산의 이전 시에 트래블룰 적용을 예고하였었다. 즉, 송신 또는 수취 중 어느 하나에라도 가상자산사업자가 매개되면

---

363) 이는 외국인인 경우에 한한다.

364) 시행령 제10조의10 제3호.

365) 시행령 제10조의10 제1호 및 감독규정 제26조 제2항.

해당 가상자산사업자는 가상자산 이전에 대한 정보를 제공해야 한다는 것이었다. 즉, ① 송신요청을 받은 사업자는 수취인의 정보를 확인하도록 하고, 식별이 안 된 수취인 개인 지갑으로의 이체를 금지하였다. ② 개인이 송신한 가상자산은 기술적으로 수취사업자가 수취를 제한할 수 없으므로, 자신의 고객인 수취인에게 송신인에 대한 정보를 요청하고 의심스러운 경우 의심거래보고를 하도록 하였다. 다만 이 경우 가상자산사업자로서는 수취인에게 송신인에 대한 정보제공을 요구할 권한이 없고, 수취인이 송신인의 신원을 제공하더라도 그 진위를 확인할 방법이 없으며, 그렇다면 모든 개인으로부터의 가상자산 송신을 의심거래로 보고할 수밖에 없는 상황이 발생할 수 있고 그 보고를 위해 다시 송신인의 신원 정보가 필요하게 된다는 난제가 있었다. 당시 FATF는 2021년까지 가상자산 이전 시 정보제공의 기준 적용에 대한 세부사항 논의 결과를 발표할 것임이 예상되었고, 당시 FATF 국제기준 역시 '당국의 허가받은 또는 신고된 중앙집중형 가상자산서비스제공자 간의 가상자산 이동'에 트래블룰을 적용할 것만을 규정하고 있었다.[366)]

이후 공포된 시행령은 위와 같은 상황과 사업자의 난제 등을 종합적으로 고려하여, 트래블룰은 가상자산사업자 간의 가상자산 이전 시에만 적용되는 것으로 정하였다. 즉, 2022년 3월 25일부터 송신 사업자가 수취 사업자에게 1백만 원 이상의 가상자산을 이전하는 경우에는, 송신 사업자는 송신인과 수취인의 성명과 가상자산주소를 수취사업자에게 함께 제공하여야 한다. 그리고

---

366) FATF 권고사항 제15항에 대한 주석서(Interpretive Note R.15) 제7항(b).

위 일자 이후에도 개인 간의 이전은 물론, 가상자산사업자가 개인의 지갑으로 또는 개인이 가상자산사업자에게로 가상자산 이전을 이행하는 경우는 트래블룰이 적용되지 아니한다.

다만 2021년 10월 FATF가 발표한「위험기반접근법에 따른 가상자산 및 VASP에 대한 지침서 업데이트(2021 VA · VASP updated guideline)」에서는 가상자산서비스제공자와 개인 지갑 간의 가상자산 이동에 대하여도 트래블룰을 적용할 것을 제안하고 있고[367] 그 적용범위가 시행령 입법예고 당시에 제안된 트래블룰 적용의 범위와 상당 부분 유사하다는 점에서, 이후 가상자산사업자에 대한 전신송금의무 적용 범위가 확장될 여지는 있다. 다만 위와 같은 FATF의 지침서는 회원국에 대한 법적 구속력이 없고, 가상자산에 대한 트래블룰 적용이 회원국 전반에 걸쳐 미진한 상황인 점 등이 함께 고려되어야 할 것이다.

바. 금융거래등 정보의 보존

> **제5조의4**(금융회사등의 금융거래등 정보의 보유기간 등)
> ① 금융회사등은 제4조, 제4조의2, 제5조의2 및 제5조의3에 따른 의무이행(이하 이 조에서 "의무이행"이라 한다)과 관련된 다음 각호의 자료 및 정보를 금융거래등의 관계가 종료한 때부터 5년간 보존하여야 한다.
> 1. 제4조 및 제4조의2에 따른 보고와 관련된 다음 각 목의 자료
> 가. 금융거래등 상대방의 실지명의(실지명의)를 확인할 수 있는 자료

367) 상세는 본서 Ⅱ.1.가.5) 2021, 가상자산 및 가상자산사업자 지침서 업데이트(2021 VA · VASP updated guideline) 부분 참조.

나. 보고 대상이 된 금융거래등 자료
다. 금융회사등이 제4조제3항에 따라 의심되는 합당한 근거를 기록한 자료
2. 제5조의2제1항 각호에 따른 고객확인자료
3. 제5조의3제1항 각호에 따른 송금인 및 수취인에 관한 정보
4. 그 밖에 의무이행과 관련하여 금융정보분석원장이 정하여 고시하는 자료
② 제1항 각호 외의 부분에서 "금융거래등의 관계가 종료한 때"의 기준은 다음 각호의 날로 한다.
1. 제2조제2호가목의 경우에는 금융회사등과 고객 사이에 모든 채권채무관계가 종료한 날
2. 제2조제2호나목에서 규정하는 파생상품시장에서의 거래의 경우에는 거래종료사유 발생으로 거래종료일이 도래한 날. 다만, 고객의 계좌가 개설되어 있는 경우에는 그 계좌가 폐쇄된 날로 본다.
3. 제2조제2호다목의 경우에는 카지노사업자와 고객 사이에 카지노거래로 인한 채권채무관계를 정산한 날
4. 제2조제2호라목의 경우에는 가상자산사업자와 고객 사이에 가상자산거래로 인한 채권채무관계를 정산한 날
5. 그 밖의 금융거래등의 경우에는 대통령령으로 정하는 날
③ 제1항에 따른 보존의 방법, 장소 등 그 밖에 필요한 사항은 대통령령으로 정한다.

의심거래보고의무(특정금융정보법 제4조), 고액 현금거래 보고의무(특정금융정보법 제4조의2), 고객확인의무(특정금융정보법 제5조의2) 및 전신송금 시 정보제공(특정금융정보법 제5조의3) 등 의무이행과

관련된 자료 및 정보('보존 자료 등')는, 금융거래 등의 관계가 종료한 때로부터 5년간 보존하여야 한다.

1) 보존할 자료 및 정보

사업자는 **금융거래등 상대방의 실지명의를 확인할 수 있는 자료(고객확인기록)**로서 ① 고객(대리인, 실제소유자 포함)에 대한 고객확인서, 실명확인증표 사본 또는 고객신원정보를 확인하거나 검증하기 위해 확보한 자료, ② 고객신원정보 외에 금융거래의 목적 및 성격을 파악하기 위해 추가로 확인한 자료, ③ 고객확인을 위한 내부승인 관련 자료 및 ④ 계좌개설 일시, 계좌개설 담당자 등 계좌개설 관련 자료 등을 보존하고,[368] **보고 대상이 된 금융거래등 자료(금융거래기록)**로서 ① 거래에 사용된 계좌번호, 상품 종류, 거래일자, 통화 종류, 거래 금액을 포함한 전산자료나 거래신청서, 약정서, 내역표, 전표의 사본 및 업무서신, ② 금융거래에 대한 내부승인 관련 근거 자료 등을 보존하여야 한다.[369]

또한 **내·외부 보고기록**으로 ① 의심되는 거래 보고서(사본 또는 결재 양식) 및 보고대상이 된 금융거래 자료, ② 의심되는 합당한 근거를 기록한 자료로서 창구직원 등으로부터 수집한 자료나 보고책임자가 보고대상으로 판단한 이유 등에 대한 검토 자료 등, ③ 의심되는 거래 미보고 대상에 대하여 자금세탁행위등의 가능성과 관련하여 조사하였던 기록 및 기타 자료, ④ 고액 현금거래 보고서(사본 또는 결재 양식) 및 보고대상이 된 금융거래 자료,

---

368) 특정금융정보법 제5조의4 제1항 제1호, 업무규정 제85조 제1항 및 감독규정 제13조 제1호.

369) 특정금융정보법 제5조의4 제1항 제1호, 업무규정 제85조 제2항 및 감독규정 제13조 제2호.

⑤ 고액 현금거래 미보고 대상에 대하여 조사하였던 기록 및 기타자료 및 ⑥ 자금세탁방지업무 보고책임자의 경영진 보고서 등을 보존하여야 한다.[370]

그 외에도 함께 보존할 자료로는 ① 자금세탁방지등을 위한 내부통제 활동의 설계 · 운영 · 평가와 관련된 자료, ② 독립적인 감사수행 및 사후조치 기록, ③ 자금세탁방지등에 관한 교육내용 · 일자 · 대상자를 포함한 교육 관련 사항 등이 있다.[371]

2) 보존 방법

보존 자료 등은 원본, 사본, 마이크로필름, 스캔, 전산화 등 다양한 형태로 내부관리 절차에 따라 보존할 수 있다.[372] 따라서 원본뿐 아니라 스캔 등 전자적 방식에 의한 보관도 가능하다.

보존장소는 원칙적으로 금융회사등의 본점 또는 보고책임자가 근무하는 점포에 일괄하여 보관하여야 하나, 보존 자료 등을 본점 또는 문서보관소에 보존하는 것이 현저히 곤란한 때 등의 부득이한 경우에는 보고책임자의 판단으로 그 밖의 지정된 장소에 보존할 수 있다.[373] 무엇보다 금융회사등은 보고책임자의 책임하에 보안이 유지되도록 이를 관리하여야 한다.[374]

370) 특정금융정보법 제5조의4 제1항 제1호, 업무규정 제85조 제3항 및 감독규정 제13조 제3호.
371) 업무규정 제85조 제4항.
372) 업무규정 제86조 제2항.
373) 감독규정 제14조.
374) 업무규정 제86조 제3항.

3) 보존 자료 등의 열람 · 복사

금융정보분석원장은 보고받은 사항을 분석할 때 의심거래에 해당하는지 여부를 심사하기 위해 필요한 경우 보존 자료 등을 열람하거나 복사할 수 있다.[375] 이를 위해서는 금융정보분석원 소속 공무권이 당해 금융회사등에 임점하여 금융정보분석원장 명의의 문서 및 신분증을 제시하여야 함이 원칙이나, 긴급한 경우 전화 또는 팩스의 방법으로 열람 또는 복사할 수 있다.[376] 다만 어느 경우에나 금융회사등은 금융정보분석원 소속 공무원의 신분을 확인하고 그 공무원의 성명, 요구일자 및 관련자료 등을 기록하고 보존하여야 한다.[377] 금융회사등은 금융정보분석원장 또는 그로부터 검사업무를 위탁받은 기관의 장이 보존자료를 요구하는 경우 적시에 제공하여야 한다.[378]

5. 가상자산사업자에 대한 특례

가. 적용범위

> **제6조**(적용범위 등)
> ① 이 장은 가상자산사업자에 대하여 적용한다.
> ② 가상자산사업자의 금융거래등에 대해서는 국외에서 이루어진 행위로서 그 효과가 국내에 미치는 경우에도 이 법을 적용한다.

---

375) 특정금융정보법 제4조 제5항.
376) 감독규정 제16조 제1항.
377) 감독규정 제16조 제2항.
378) 업무규정 제86조 제4항.

③ 가상자산사업자에 대하여 제5조의3을 적용하는 경우 정보제공의 대상·기준·절차·방법과 그 밖에 필요한 사항은 대통령령으로 정한다.

신설된 가상자산사업자에 대한 특례 규정은 국경초월적인 가상자산의 이동 특성을 고려한 것으로, 역외적용의 특례와 가상자산사업자가 전신송금 시 정보제공의무 이행 시의 특례를 정하고 있다. 역외적용 조항은 국외에서 이루어진 행위라도 국내 시장이나 이용자에게 영향을 미치는 경우 처벌할 수 있도록 하기 위한 규정으로, 특정금융정보법 개정 논의 당시 발의된 다수의 국회 법률안에서 규정하고 있었던 사항으로서 개정법에도 반영되었다. 전신송금 시 정보제공의무 이행에 있어 가상자산사업자에 대한 특례는 특정금융정보법 제5조의3과 관련하여 본장 4.마.항에서 전술한 바와 같다.

나. 가상자산사업자의 신고

1) 신고 및 변경신고

제7조(신고)

① 가상자산사업자(이를 운영하려는 자를 포함한다. 이하 이 조에서 같다)는 대통령령으로 정하는 바에 따라 다음 각호의 사항을 금융정보분석원장에게 신고하여야 한다.

1. 상호 및 대표자의 성명
2. 사업장의 소재지, 연락처 등 대통령령으로 정하는 사항

> ② 제1항에 따라 신고한 자는 신고한 사항이 변경된 경우에는 대통령령으로 정하는 바에 따라 금융정보분석원장에게 변경신고를 하여야 한다.

가상자산사업자 또는 가상자산사업을 운영하려는 자는 금융정보분석원장에게 신고하여야 하고,[379] 신고한 사항에 변경이 발생한 경우에는 변경신고를 하여야 한다.[380] 본법 시행일 이전부터 운영 중인 가상자산사업자('기존 사업자')는 부칙 조항에 따라 시행일로부터 6개월 이내에 신고하고,[381] 가상자산사업을 운영하려는 자('신규 사업자')는 시행일 이후부터는 신고의무를 이행하여야 한다. 신고한 사항에 변경이 발생한 경우에는 변경된 날로부터 30일 이내에 변경신고를 하여야 한다.[382]

가상자산사업자는 신고 시 정관(또는 이에 준하는 업무운영규정), 사업추진계획서(가상자산사업자의 업무방법을 기재한 서류 및 가상자산 취급목록), 정보보호 관리체계 인증서, 실명확인 입출금 계정 발급 확인서 및 본점의 위치(소재지)와 명칭을 기재한 서류(사업자등록증, 법인인 경우 법인등기부등본과 사업자등록증)[383] 등을 신고서[384]와 함께 제출하여야 한다.[385] 신고서에는 사업장의 소재지 및 연락

---

379) 특정금융정보법 제7조 제1항.
380) 특정금융정보법 제7조 제2항.
381) 특정금융정보법 부칙 제5조.
382) 시행령 제10조의11 제3항.
383) 감독규정 제27조 제3항.
384) 감독규정 [별지4] 가상자산사업자 신고서(변경신고서 · 갱신신고서).
385) 시행령 제10조의11 제1항 및 제2항, 감독규정 제27조 제4항. 그 외 적법한 신고임을 증명하기 위해 수반되는 서류로 ① 법인인 경우 발기인총회 · 창립주주총회 · 이사회의 의사록 등 설립 또는 신고의 의사결정을 증명하는 서류, ② 대리인 신고 시 위임 관계 서류, ③ 대표자 · 임원 여부를 확인할

처, 국적 및 성명, 전자우편주소 및 인터넷 도메인 이름과 호스트 서버의 소재지, 신고 사업자가 수행할 금융거래행위의 유형 등을 표기하도록 하였다.[386]

2) 신고 불수리 사유

> **제7조**(신고)
>
> ③ 금융정보분석원장은 제1항에도 불구하고 다음 각호의 어느 하나에 해당하는 자에 대해서는 대통령령으로 정하는 바에 따라 가상자산사업자의 신고를 수리하지 아니할 수 있다.
>
> 1. 정보보호 관리체계 인증을 획득하지 못한 자
> 2. 실명확인이 가능한 입출금 계정[동일 금융회사등(대통령령으로 정하는 금융회사등에 한정한다)에 개설된 가상자산사업자의 계좌와 그 가상자산사업자의 고객의 계좌 사이에서만 금융거래등을 허용하는 계정을 말한다]을 통하여 금융거래등을 하지 아니하는 자. 다만, 가상자산거래의 특성을 고려하여 금융정보분석원장이 정하는 자에 대해서는 예외로 한다.
> 3. 이 법, 「범죄수익은닉의 규제 및 처벌 등에 관한 법률」, 「공중등 협박목적 및 대량살상무기확산을 위한 자금조달행위의 금지에 관한 법률」, 「외국환거래법」 및 「자본시장과 금융투자업에 관한 법률」 등 대통령령으로 정하는 금융관련 법률에 따라 벌금 이상의 형을 선고받고 그 집행이 끝나거나(집행이 끝난 것으로 보는 경우를 포함한다) 집행이 면제된 날부터 5년이 지나지 아니한 자(가상자산사업자가 법인인 경우에는 그 대표자와 임원을 포함한다)

수 있는 서류, ④ 신고인·대표자·임원 확인서 등이 있다.

386) 시행령 제10조의11 제2항 및 감독규정 제27조 제4항.

> 4. 제4항에 따라 신고 또는 변경신고가 말소되고 5년이 지나지 아니한 자

가상자산사업자가 특정금융정보법 제7조 제1항 내지 제2항에 따른 신고를 한 경우라도, 금융정보분석원장은 신고 사업자가 정보보호 관리체계 인증을 획득하지 못하였거나, 실명확인이 가능한 입출금 계정을 통하여 금융거래등을 하지 않는 경우, 또는 본법 시행령에 정한 금융 관련 법률에 따라 벌금 이상의 형을 선고받고 그 집행이 끝나거나 면제된 날부터 5년이 지나지 아니한 자, 그리고 신고 내지 변경신고가 직권말소된 후 5년이 지나지 아니한 자인 경우 그 신고를 수리하지 않을 수 있다.[387] 신고가 불수리되는 경우, 금융정보분석원장은 서면으로 그 사실 및 사유를 신고인에게 알려야 한다.[388]

가) 정보보호 관리체계 인증(ISMS, ISMS-P)

정보보호 관리체계 인증이란 정보통신망법에 따라 사업자가 정보통신망 관련 사업을 운영함에 있어 그 안전성, 신뢰성 확보를 위해 수립하여 운영하는 종합 관리체계가 적합한지 여부를 심사 후 과학기술정보통신부장관으로부터 취득하는 인증으로,[389] 정보통신망법상의 주요 정보통신서비스 제공자 등은 반드시 이를 취득해야 한다.[390]

---

387) 특정금융정보법 제7조 제3항.

388) 시행령 제10조의12 제1항. 이때 서면은 전자문서를 포함한다.

389) 정보통신망법 제47조 제1항 및 제4항.

390) 정보통신망법 제47조(정보보호 관리체계의 인증) ② 「전기통신사업법」 제2조제8호에 따른 전기통신사업자와 전기통신사업자의 전기통신역무를 이용하여 정보를 제공하거나 정보의 제공을 매개하는 자로서 다음 각호의

가상자산사업자로 신고하고자 하는 자는 한국인터넷진흥원(Korea Internet & Security Agency: KISA)으로부터 정보보호 관리체계 인증을 획득하여 그 인증서를 첨부하여야 한다.[391] 가상자산사업자는 정보통신망법이 규정한 의무취득대상은 아니나, 본 인증은 사업자가 사이버 침해사고를 예방하기 위한 기본 사항에 해당하는 관리적·기술적·물리적 보호체계를 갖추었다는 것에 대한 공식적인 인증으로[392] 국내에는 사고 예방 및 신뢰 증진 등을 목적으로 이미 이를 획득하여 운영 중인 사업자가 존재하였고,[393] 여기에 본 인증의 미획득이 특정금융정보법상 가상자산사업자의 신고 불수리 사유가 되면서[394] 미취득 사업자는 물론 취득 사업자라도 유효기간 만료, 사업 범위 확장 내지 변경 등의 사유로 재취득이 필요한 경우 등 기존사업자에게 신고기한 내 인증 획득은

어느 하나에 해당하는 자는 제1항에 따른 인증을 받아야 한다.

1. 「전기통신사업법」 제6조제1항에 따른 등록을 한 자로서 대통령령으로 정하는 바에 따라 정보통신망서비스를 제공하는 자(이하 "주요정보통신서비스 제공자"라 한다)
2. 집적정보통신시설 사업자
3. 연간 매출액 또는 세입 등이 1,500억 원 이상이거나 정보통신서비스 부문 전년도 매출액이 100억 원 이상 또는 3개월간의 일일평균 이용자수 100만 명 이상으로서, 대통령령으로 정하는 기준에 해당하는 자

391) 현재 정보보호 관리체계 인증 심사기관은 한국인터넷진흥원(KISA), 금융보안원(FSI), 한국정보통신진흥협회(KAIT), 한국정보통신기술협회(TTA), 개인정보보호협회(OPA) 등이 있고, 가상자산사업자의 심사는 한국인터넷진흥원에서 전담하였다.

392) 과학기술정보통신부, 「가상자산 사업자 대상 정보보호 관리체계(ISMS) 사업 설명회 개최」, 2020.11.18.일자 보도자료, 2면. (https://www.msit.go.kr/bbs/view.do?sCode=user&mId=113&mPid=112&bbsSeqNo=94&nttSeqNo=3175025) (2021.11.11.확인)

393) 특정금융정보법 공포일(2020년 3월) 당시 기준으로 고팍스, 빗썸, 업비트, 코빗, 코인원, 한빗코 등이다(플랫폼명 가나다순).

394) 특정금융정보법 제7조 제3항 제1호.

신고 수리를 위한 필수 요건이자 일차적인 관문으로 인식되었다.

이를 위해 과학기술정보통신부와 개인정보보호위원회는 금융위원회(금융보안원)와의 협업으로 가상자산사업자에 특화된 심사체계를 개발하고, 가상자산사업자에 대하여는 기존 심사항목 325개에 지갑·암호키, 전산원장 관리, 비인가자 이체탐지 등 가상자산에 특화된 점검항목 56개를 추가하여 총 381개 항목을 점검하도록 하였다.[395]

정보보호 관리체계 인증은 신청인의 정보보호 관련 일련의 조치와 활동이 인증기준에 적합함을 증명하는 '정보보호 관리체계(Information Security Management System: ISMS) 인증'과, 여기에 개인정보보호 관리체계에 대한 심사 및 인증이 포함된 '정보보호 및 개인정보보호 관리체계(Personal information & Information Security Management System: ISMS-P) 인증'이 있고, 어느 인증을 받을지는 인증 신청인이 선택할 수 있다.[396]

통상적으로 정보보호 관리체계 인증을 획득하기 위해서는 신청 이후 3~6개월이 소요되며, 유효기간은 3년이다.[397] 기존 사업자의 경우 인증 심사 신청을 하였으나 심사에 통상 소요되는 기간으로 인해 신고 기한 내에 인증을 획득하지 못한 경우 인증 미획득 신고로 불수리 사유에 해당할 수 있었다.[398] 요건을 갖추어

---

395) 과학기술정보통신부, 「가상자산 사업자 대상 정보보호 관리체계(ISMS) 사업 설명회 개최」, 2020.11.18.일자 보도자료, 1면.
(https://www.msit.go.kr/bbs/view.do?sCode=user&mId=113&mPid=112&bbsSeqNo=94&nttSeqNo=3175025) (2021.11.11.확인)

396) 2021년 9월 기준 금융정보분석원에 신고한 가상자산사업자 수는 43社이며, 이 중 40社는 ISMS인증을, 3社(업비트, 코빗, 코어닥스)는 ISMS-P인증을 취득하였다(플랫폼명 가나다 순).

397) 정보통신망법 제47조 제12항 및 동법 시행령 제53조의3 제1항.

신고가 수리된 사업자라도 인증의 유효기간이 도과하였음에도 재신청하지 않거나 재신청하였으나 인증을 획득하지 못하는 경우에는 직권 말소 사유에 해당한다.[399]

나) 실명확인 입출금 계정

실명확인 입출금 계정('실명확인계정')이란 동일 금융회사등에 개설된 가상자산사업자의 계좌와 그 가상자산사업자의 고객계좌 사이에서만 금융거래 등을 허용하는 계정을 말한다. 가상자산사업자가 실명확인계정을 이용하지 않는 경우 그 신고는 불수리될 수 있다. 실명확인계정을 이용하기 위해서는 실명확인계정 서비스를 제공하는 금융회사등과 서비스 이용계약을 체결하여야 하는데, 그 범위는 인터넷 은행을 포함한 시중은행, 지방은행, 외국은행의 국내지점 등 은행법에 따른 일반은행과[400] 특수은행 중 중소기업은행, 농협은행 그리고 수협은행에 한한다.[401][402] 다만

---

398) 기존 가상자산사업자가 2021년 7월부터 인증을 신청한 경우 그 신고기한인 2021년 9월 24일 이전에 인증을 획득하기 어려워, 특정금융정보법 시행 전부터 영업을 해 온 사업자는 사실상 2021년 6월 중에 정보보호 관리체계 인증심사를 신청하지 못하였다면 신고수리가 어려울 것으로 예측되기도 하였다.
(https://isms.kisa.or.kr/main/community/notice/?boardId=bbs_0000000000000005&mode=view&cntId=335) (2021.11.11.확인)

399) 특정금융정보법 제7조 제4조 제1항.

400) 제주은행, 신한은행, SC제일은행, 우리은행, 대구은행, 광주은행, 한국씨티은행, 토스뱅크, 전북은행, KEB하나은행, 국민은행, 부산은행, 경남은행, 케이뱅크 은행, 주식회사 카카오뱅크가 이에 해당한다.
금융감독원 홈페이지 참조. (https://www.fss.or.kr/main/fin_comp/fincomp_inqui/comsearch01list.jsp) (2021.11.11.확인)

401) 특정금융정보법 제7조 제3항 제2호 및 시행령 제10조의12 제2항.

402) 비은행예금취급기관인 상호저축은행, 신용협동기구(신용협동조합, 새마을금고, 농업협동조합 · 수산업협동조합·산림조합의 상호금융 등)와 우체국예금, 종합금융회사, 보험회사(생명보험회사, 손해보험회사, 우체국보험, 공

금융위원회는 법 시행 초기에는 자금세탁방지 역량 및 실적이 우수한 은행부터 실명확인계정을 도입한 후, 제도 안착 정도에 따라 타 금융회사 등으로의 도입 허용 여부를 검토할 계획임을 밝힌 바 있어 추후 실명확인계정 서비스 제공 금융회사의 범위가 확장될 여지는 있다.403)

다만 거래 특성을 고려한 예외로서, 가상자산과 법화 간의 교환이 없어 예치금 등이 없는 사업자의 경우는 실명확인계정 미이용을 신고 불수리 사유에서 제외한다.404) 즉, 원화 입출금 서비스를 제공하지 않는 가상자산사업자는 실명확인계정 요건이 없어도 신고할 수 있다.405) 법 시행 이전에는 가상자산사업자 다수가 실명확인계정이 아닌 이른바 집금계좌를 이용하여 원화 입출금 서비스를 제공하고 있었기 때문에, 법 시행일 이후에도 가상자산과 원화 간의 교환 업무를 지속하기 위해서는 6월의 신고 유예기간 동안 실명확인계정 요건을 충족시켜야만 하였다.406)

제기관) 및 금융투자업자, 증권금융회사 등은 모두 제외된다.

403) 금융위원회, 「가상자산 관련 「특정금융정보법 시행령」 개정안 입법예고(11.3.~12.14.)」, 2020.11.03일자 보도자료, 9면.

404) 감독규정 제27조 제1항.

405) 금융위원회, 「가상자산 관련 「특정금융정보법 시행령」 개정안 입법예고(11.3.~12.14.)」, 2020.11.03.일자 보도자료, 10면.

406) 실명확인계정 미운영을 신고불수리 사유로 정한 특정금융정보법이 공포(2020.03.24.)된 후 시행(2021.03.25.)되고 기존사업자에 대한 6월의 유예기간이 경과할 때까지(2021.09.24.) 1년 6개월여 동안 기존 사업자들은 실명확인계정 이용 요건을 충족하고자 은행과 적극적으로 접촉하고 실사 진행, 연동 테스트 진행 등의 실무단계까지 나아갔으나, 위 법 시행 이전부터 실명확인계정을 사용하였던 빗썸(농협), 업비트(케이뱅크), 코빗(신한), 코인원(농협) 4社를 제외하고는 추가로 실명확인계정을 개시한 사례가 없었다. 2021년 9월 기준 금융정보분석원에 신고한 가상자산사업자 수는 43社이며, 이 중 39社는 법화 교환이 없는 사업자로, 4社(빗썸, 업비트, 코빗, 코인원)는 법화 교환 업무가 포함된 사업자로 신고하였다(플랫폼명

다) 금융 관련 법령 위반 등(5년 미경과)

가상자산사업자가 특정금융정보법 등 금융 관련 법령에 따라 벌금 이상의 형을 선고받고 그 집행이 끝나거나, 집행이 면제된 날로부터 5년이 지나지 아니한 경우 금융정보분석원장은 그 신고를 수리하지 않을 수 있다. 가상자산사업자가 법인인 경우에는 그 대표자와 임원도 포함한다.[407]

이때 금융 관련 법령은 특정금융정보법, 범죄수익은닉규제법, 테러자금금지법, 외국환거래법, 자본시장법 및 금융사지배구조법 시행령 제5조 각호에 따른 법령을 말한다.[408]

가나다순). 그리고 유예기한 경과 후인 2022년 2월 15일, 고팍스(주식회사 스트리미)가 전북은행으로부터 실명확인계정을 받아 3월 7일 법화 교환 업무가 포함된 사업자로 변경신고서를 제출하고 4월 15일 변경신고가 수리되었다.

407) 시행령 제10조의12 제3항 각호.

408) 금융사지배구조법 시행령 제5조에 정한 총 52개의 금융 관련 법령 중 중복 법령인 특정금융정보법, 외국환거래법, 자본시장법을 제외한 49개 법령이 이에 해당한다. 공인회계사법, 근로자퇴직급여 보장법, 금융산업의 구조개선에 관한 법률, 금융소비자 보호에 관한 법률, 금융실명거래 및 비밀보장에 관한 법률, 금융위원회의 설치 등에 관한 법률, 금융지주회사법, 금융혁신지원 특별법, 금융회사부실자산 등의 효율적 처리 및 한국자산관리공사의 설립에 관한 법률, 기술보증기금법, 농림수산식품투자조합 결성 및 운용에 관한 법률, 농업협동조합법, 담보부사채신탁법, 대부업 등의 등록 및 금융이용자 보호에 관한 법률, 문화산업진흥 기본법, 벤처기업육성에 관한 특별조치법, 보험업법, 감정평가 및 감정평가사에 관한 법률, 부동산투자회사법, 사회기반시설에 대한 민간투자법, 산업발전법, 상호저축은행법, 새마을금고법, 선박투자회사법, 소재 · 부품 · 장비산업 경쟁력강화를 위한 특별조치법, 수산업협동조합법, 신용보증기금법, 신용정보의 이용 및 보호에 관한 법률, 신용협동조합법, 신용보증기금법, 신용정보의 이용 및 보호에 관한 법률, 신용협동조합법, 여신전문금융업법, 예금자보호법, 온라인투자연계금융업 및 이용자 보호에 관한 법률, 외국인투자 촉진법, 유사수신행위의 규제에 관한 법률, 은행법, 자산유동화에 관한 법률, 전자금융거래법, 주식·사채 등의 전자등록에 관한 법률, 주식회사 등의 외부감사

라) 직권 말소(5년 미경과)

금융정보분석원장은 신고 또는 변경신고에 대한 직권 말소 사유 발생 시 그 신고 또는 변경신고를 직권 말소할 수 있다. 가상자산사업자가 신고 또는 변경신고가 직권 말소된 경우 다시 가상자산사업자로 신고하기 위해서는 그 말소된 날로부터 5년이 경과한 이후라야 가능하고, 5년이 경과되지 아니한 자의 신고는 불수리 사유에 해당한다.

3) 신고의 직권말소

제7조(신고)

④ 금융정보분석원장은 가상자산사업자가 다음 각호의 어느 하나에 해당하는 경우에는 대통령령으로 정하는 바에 따라 제1항 또는 제2항에 따른 신고 또는 변경신고를 직권으로 말소할 수 있다.

1. 제3항 각호의 어느 하나에 해당하는 경우. 다만, 제3항제1호에 해당하는 경우로서 대통령령으로 정하는 경우에는 그러하지 아니하다.
2. 「부가가치세법」 제8조에 따라 관할 세무서장에게 폐업신고를 하거나 관할 세무서장이 사업자등록을 말소한 경우
3. 제5항에 따른 영업의 전부 또는 일부의 정지 명령을 이행하지 아니한 경우
4. 거짓이나 그 밖의 부정한 방법으로 신고 또는 변경신고를 하는 등 대통령령으로 정하는 경우

에 관한 법률, 주택법, 중소기업은행법, 중소기업창업 지원법, 채권의 공정한 추심에 관한 법률, 한국산업은행법, 한국수출입은행법, 한국은행법, 한국주택금융공사법, 한국투자공사법, 해외자원개발 사업법 등이다.

가) 신고 불수리 사유 발생

신고가 수리된 이후라도 신고 불수리 사유가 발생하면 그 신고는 직권말소의 대상이 된다. 변경신고의 경우도 같다. 즉, 정보보호 관리체계 인증의 유효기간이 도과하였으나 이를 재취득하지 못한 경우, 실명확인계정 서비스가 해지되거나 계약이 종료되어 더 이상 이용할 수 없는 경우 그리고 금융 관련 법령 위반으로 사업자, 법인의 대표나 임원이 벌금 이상의 형을 선고받는 경우 또는 직권말소된 후 5년이 경과하지 않았음이 드러난 경우 등이다.[409]

다만 정보보호 관리체계 인증의 유효기간이 도과하였으나 해당 가상자산사업자가 도과 전 갱신 신청을 하였고 그 책임 없는 사유로 그 갱신 여부가 결정되지 않은 경우는 직권 말소 사유에서 제외된다.[410] 정보통신망법 또한 정보보호 관리체계 인증의 경우 3년의 유효기간이 끝나기 전 6개월부터 끝나는 날까지 재지정의 신청을 할 수 있으며, 재지정 신청을 한 경우 그에 대한 처리결과를 통지받을 때까지는 그 지정은 계속 유효함을 규정하고 있다.[411]

또한 실명확인계정 서비스 계약이 존속하고 이를 이용한 금융거래등을 하는 경우라도, 실명확인계정을 이용하지 않은 금융거래등이 발생하는 경우 본 직권 말소 사유에 해당할 수 있다.

금융 관련 법령 위반에 의한 직권말소 사유가 발생하는 경우로는 사업자, 법인의 대표나 임원이 본 법 시행일 이후의 위반행위

409) 특정금융정보법 제7조 제3항 제1호 내지 제4호.

410) 특정금융정보법 제7조 제4항 제1호 및 시행령 제10조의13 제2항.

411) 정보통신망법 시행령 제53조의3 제2항.

로 인하여 벌금 이상의 형을 선고받고 그 형이 확정되는 경우, 또는 그 사실이 뒤늦게 드러난 경우, 그리고 본 법 시행일 이후의 위반행위로 그 형이 확정된 자가 법인의 대표나 임원으로 취임하는 경우 등이 이에 해당한다.

직권 말소된 후 5년이 경과하지 않았음이 드러나 직권말소 사유가 발생하는 경우로는 그 사실이 신고수리 후 뒤늦게 드러난 경우도 이에 해당하나, 새로이 신고한 사업자가 사실상 직권 말소된 지 5년이 경과 하지 않은 사업자와의 실질적 사업 연속성이 인정되는 경우도 본 사유에 해당할 여지가 있다.

나) 사업자등록 말소 등

사업자는 사업자등록 후 폐업을 한 경우 또는 등록신청은 하였으나 사실상 사업을 시작하지 않게 된 경우에는 지체 없이 관할 세무서장에게 신고하여야 하고,[412] 관할 세무서장은 위 사유가 발생한 사업자의 사업자등록을 지체 없이 말소하여야 한다.[413] 가상자산사업자가 관할 세무서장에게 폐업신고를 한 경우 또는 관할 세무서장이 폐업을 이유로 사업자등록을 말소한 경우 해당 가상자산사업자의 신고는 직권 말소의 대상이 된다.

다) 영업정지 명령 미이행

가상자산사업자가 영업정지 명령을 받고 이를 이행하지 않은 경우 직권말소 사유가 된다.

412) 부가가치세법 제8조 제7항.

413) 부가가치세법 제8조 제8항.

라) 거짓 신고 등

거짓이나 그 밖의 부정한 방법으로 신고 또는 변경신고를 한 것이 드러난 경우 금융정보분석원장은 그 신고를 직권으로 말소할 수 있다. 거짓이나 그 밖의 부정한 방법에 의한 신고를 한 자가가상자산거래를 영업으로 한 경우는 직권말소에 그치지 않고 벌칙 규정에 의한 처벌의 대상이 된다.[414]

4) 영업의 정지

> **제7조**(신고)
>
> ⑤ 금융정보분석원장은 가상자산사업자가 다음 각호의 어느 하나에 해당하는 경우에는 대통령령으로 정하는 바에 따라 6개월의 범위에서 영업의 전부 또는 일부의 정지를 명할 수 있다.
>
> 1. 제15조제2항제1호에 따른 시정명령을 이행하지 아니한 경우
> 2. 제15조제2항제2호에 따른 기관경고를 3회 이상 받은 경우
> 3. 그 밖에 고의 또는 중대한 과실로 자금세탁행위와 공중협박자금조달행위를 방지하기 위하여 필요한 조치를 하지 아니한 경우로서 대통령령으로 정하는 경우

금융정보분석원장은 금융회사등이 수행하는 업무를 감독하고 그에 필요한 명령 또는 지시를 할 수 있으며, 그 소속 공무원[415] 또는 검사위탁기관 소속 직원[416]으로 하여금 금융회사등의 업무

414) 특정금융정보법 제17조 제1항 내지 제2항.

415) 특정금융정보법 제15조 제1항. 금융정보분석원장은 제4조, 제4조의2, 제5조, 제5조의2, 제5조의3 또는 제5조의4에 따라 금융회사등이 수행하는 업무를 감독하고, 감독에 필요한 명령 또는 지시를 할 수 있으며, 그 소속 공무원으로 하여금 금융회사등의 업무를 검사하게 할 수 있다.

를 검사하게 할 수 있다. ① 이때 가상자산사업자가 고의 또는 중대한 과실로 그 감독·명령·지시·검사에 따르지 않거나 이를 거부·방해·기피한 경우,[417] ② 업무 검사 결과 본 법 위반 사실 또는 본 법에 따른 명령 또는 지시 위반 사실이 발견되어 가상자산사업자에 대한 시정명령 또는 기관경고 등이 조치되었음에도[418] 조치된 시정명령을 가상자산사업자가 이행하지 아니하였거나 기관경고 조치 횟수가 3회 이상에 이른 경우,[419] ③ 가상자산사업자가 본 법 제8조에 따라 부담하는 고객별 거래내역 분리관리, 예치금을 고유재산과 구분하여 관리, 미확인 고객에 대한 거래제한 등 의심거래보고 및 고액 현금거래 보고 등을 위한 조치 의무를[420] 고의 또는 중대한 과실로 이행하지 않은 경우, 금융정보분석원장은 해당 가상자산사업자에 대하여 6개월의 범위 내에서 영업의 전부 또는 일부의 정지를 명할 수 있다. 영업의 정지를 명하는 경우에는 위반행위의 동기 및 배경, 유형 및 성격, 효과 및 영향력과 법 위반 상태의 시정 노력 등을 종합적으로 고려해야 한다.[421]

---

416) 특정금융정보법 제15조 제6항. 금융정보분석원장은 대통령령으로 정하는 바에 따라 한국은행총재 또는 금융감독원장이나 그 밖에 대통령령으로 정하는 자에게 위탁하여 그 소속 직원으로 하여금 제1항에 따른 검사와 제2항 및 제3항에 따른 조치를 하게 할 수 있다.

417) 시행령 제10조의14 제2항 제2호.

418) 특정금융정보법 제15조 제1항 내지 제2항.

419) 특정금융정보법 제7조 제5항 제1호.

420) 특정금융정보법 제7조 제5항 제3호 및 제8조, 시행령 제10조의14 제2항 제1호.

421) 시행령 제10조의14 제1항 각호.

5) 신고 유효기간

> **제7조**(신고)
> ⑥ 제1항에 따른 신고의 유효기간은 신고를 수리한 날부터 5년 이하의 범위에서 대통령령으로 정하는 기간으로 한다. 신고 유효기간이 지난 후 계속하여 같은 행위를 영업으로 하려는 자는 대통령령으로 정하는 바에 따라 신고를 갱신하여야 한다.

가상자산사업자의 신고는 3년간 유효하다.[422] 신고 유효기간이 지난 후에도 계속하여 같은 행위를 영업으로 하려는 사업자는 갱신신고서를 작성하고 정보보호 관리체계 인증서 및 실명확인계정 확인서 등을 첨부하여 유효기간이 만료되기 45일 전까지 금융정보분석원장에게 제출하여야 한다.[423]

6) 정보 및 조치 공개, 위탁에 관한 사항

> **제7조**(신고)
> ⑦ 금융정보분석원장은 제1항부터 제6항까지에 따른 가상자산사업자의 신고에 관한 정보 및 금융정보분석원장의 조치를 대통령령으로 정하는 바에 따라 공개할 수 있다.
> ⑧ 금융정보분석원장은 이 조에 따른 가상자산사업자의 신고와 관련한 업무로서 대통령령으로 정하는 업무를 「금융위원회의 설치 등에 관한 법률」에 따른 금융감독원의 원장(이하 “금융감독원장”이라 한다)에게 위탁할 수 있다.

422) 특정금융정보법 제7조 제6항 및 시행령 제10조의15 제1항.
423) 시행령 제10조의15 제2항.

금융정보분석원장은 가상자산사업자의 신고에 관한 정보 및 금융정보분석원장의 조치를 금융정보분석원의 인터넷 홈페이지에 게시하는 방법으로 공개할 수 있다.[424]

금융정보분석원장은 가상자산사업자의 신고와 관련한 업무를 금융감독원장에게 위탁할 수 있고,[425] 시행령에 따라 가상자산사업자의 신고 및 변경신고에 대한 심사업무, 신고불수리 사유 해당 여부에 대한 심사업무 및 직권말소 사유에 대한 심사업무, 신고의 갱신에 대한 심사업무 등 사업자 심사에 관한 사항이 금융감독원장에게 위탁되었다.[426]

7) 실명확인 입출금 계정에 관한 사항

> **제7조**(신고)
> ⑨ 금융회사등이 제3항제2호에 따른 실명확인이 가능한 입출금 계정을 개시하는 기준, 조건 및 절차에 관하여 필요한 사항은 대통령령으로 정한다.

종래 20대 국회 정무위원회에서는 특정금융정보법 개정안을 의결하면서 당시 논란이 되었던 실명확인계정 발급의 기준 및 조건은 시행령에서 정하도록 하고, 시행령 입안 과정에서 법률 개정의 취지가 제대로 반영될 수 있도록 국회와 긴밀히 협의할 것을 부대의견을 통해 당부한 바 있다.[427]

---

424) 특정금융정보법 제7조 제7항 및 시행령 제10조의16.
425) 특정금융정보법 제7조 제8항.
426) 시행령 제10조의17 제1항.
427) 국회 정무위원회 위원회의결안, 특정 금융거래정보의 보고 및 이용 등에 관한 법률 일부개정법률안(대안), 2019.11월 민병두 정무위원장 제안, 4면.

시행령을 통해 정해진 실명확인계정 개시 기준은 5가지로, ① 고객 예치금의 분리보관(특정금융정보법 제5조의2 제1항 제3호 마목의1), ② 정보보호 관리체계 인증 획득(동법 제5조의2 제1항 제3호 마목의2), ③ 벌금 이상의 형을 선고받고 그 집행이 끝난 날로부터 5년이 지나지 않았을 경우 또는 신고가 직권 말소되고 5년이 지나지 않았을 경우 등의 신고 불수리 요건 미해당(동법 제7조 제3항 제3호 및 제4호), ④ 고객의 거래 내역 분리 관리(동법 제8조 및 동법 시행령 제10조의20 제1호), ⑤ 금융회사등은 가상자산사업자가 자금세탁행위를 방지하기 위하여 구축한 절차 및 업무지침 등을 확인하여 금융거래등에 내재된 자금세탁행위등의 위험을 식별, 분석, 평가할 것(법 제5조 제3항 제1호) 등이다. 이는 가상자산사업자에게 새로운 의무를 부과한 것이라기보다는 금융회사가 고객과의 금융거래등에 내재된 자금세탁위험을 식별, 분석하도록 한 특정금융정보법 제5조의 고객확인의무를 재확인한 취지이다.[428]

그러나 이와 같은 기준은 실명확인계정 발급을 검토 중인 은행에게 객관적인 기준을 제시할 수 없다. 오히려 은행으로 하여금 가상자산사업자의 자금세탁방지등의 위험을 주관적으로 평가하도록 함으로써 은행의 부담도 가중되고, 가상자산사업자 입장에서도 은행이 가상자산 관련 산업에 진출할 가능성이 있는 상황에서 그로부터 실명확인계정을 발급받기 위해서는 잠재적 경쟁사인 은행이 요청할 경우 영업 기밀에 해당하는 내용이라도 제공을 거부할 수 없다는 불합리한 측면이 지적되었다.[429] 추가로 신규

428) 금융위원회, 「가상자산 관련 「특정금융정보법 시행령」 개정안 입법예고(11.3.~12.14.)」, 2020.11.03.일자 보도자료, 9면.

429) 강진규, 「가상자산 입출금 계좌 허용 기준 놓고 당국 vs 업계 이견」, 2020.12.01.일자 디지털투데이.

사업자가 법화와 가상자산 간 교환 서비스를 제공하는 가상자산 사업자로 신고하려 할 경우, 금융거래 내역이 없어 그에 내재된 자금세탁행위등의 위험을 평가하기 곤란하므로 은행의 주관적 판단은 더욱 어려워질 것이고, 결국 법화와의 교환을 지원하는 신규 가상자산사업자의 신고 수리는 사실상 이루어지기 어렵다는 전망도 가능하다. 다만 법령에 실명확인계정 발급의 객관적인 기준을 정한다고 해도 특정 가상자산사업자와의 실명확인계정 발급 계약 체결 여부는 각 은행의 사법자치의 영역으로 어차피 그 기준을 강제하기는 어렵다는 점도 고려해야 한다.

이를 해소하기 위해 금융당국의 심사를 선(先)순위로 하고 그 결과 신고가 수리된 사업자에 대하여 은행이 실명확인계정을 발급하도록 하는 방안이 있다. 이에 따르면 가상자산사업자에 대한 실명확인계정 발급 여부를 오롯이 판단해야 하는 은행의 과도한 부담을 줄이면서 가상자산사업자의 자금세탁행위등의 위험 여부를 명확하게 평가할 수 있을 것이다. 다만 실명확인계정 미사용을 신고불수리 사유로 규정한 현행 특정금융정보법하에서 이것이 가능하려면, 은행이 가상자산사업자의 신고가 수리된 이후에 거래를 개시한다는 조건으로 가상자산사업자에게 조건부 실명확인계정을 발급하는 방식으로 하여야 가능할 것이다. 특정금융정보법 시행령 제10조의18 제3항은, '금융회사등은 자금세탁행위등의 방지를 위해 필요하다고 인정하는 경우 가상자산사업자의 신고 또는 변경신고가 수리된 이후에 금융거래등이 이루어질 것을 조건으로 하여 실명확인입출금계정을 개시할 수 있다'고 규정하고 있어, 현행

(http://www.digitaltoday.co.kr/news/articleView.html?idxno=254919) (2022.02.12. 확인)

법령이 허용하는 한도에서 가상자산사업자와 은행 양측의 부담을 경감시키는 합리적인 방안으로 활용될 수 있을 것으로 보인다.

다. 가상자산사업자의 조치

> **제8조**(가상자산사업자의 조치)
>
> 가상자산사업자는 제4조제1항 및 제4조의2에 따른 보고의무 이행 등을 위하여 고객별 거래내역을 분리하여 관리하는 등 대통령령으로 정하는 조치를 하여야 한다.

1) 고객별 거래내역 분리관리 조치

가상자산사업자는 고객별로 거래내역을 분리하여 관리하여야 한다.[430] 분리하여 관리한다는 것은 사업자의 데이터베이스상 고객별로 거래내역을 분리하여 관리하고, 필요시 이를 고객별로 조회할 수 있도록 하는 통상적인 수준의 조치를 의미한다.

2) 예치금과 고유재산의 구분관리 조치

또한 고객으로부터 가상자산거래와 관련하여 예치받은 금전(예치금)을 자기재산(고유재산)과 구분하여 관리하여야 한다.[431] 예치금이란 금전으로 원화자산만을 의미하고, 고객이 예치 중인 가상자산은 여기에 해당하지 아니한다.

---

430) 특정금융정보법 제8조 및 시행령 제10조의20 제1호.

431) 특정금융정보법 제5조의2 제1항 제3호 마목 1) 및 시행령 제10조의20 제2호.

3) 고객확인의무 미이행 고객에 대한 거래 제한 조치

가상자산사업자는 고객확인의무를 완료한 고객에 대하여만 가상자산거래를 지원하며, 이를 미이행한 고객에 대하여는 거래 지원을 제한하는 조치를 취하여야 한다.[432)]

상기한 바와 같이 특정금융정보법은 제5조의2 제4항에서 고객이 신원확인 등을 위한 정보 제공을 거부하는 등 고객확인을 할 수 없는 경우 금융회사등으로 하여금 계좌 개설 등 해당 고객과의 신규 거래를 거절하고, 이미 거래관계가 수립되어 있는 경우에는 해당 거래를 종료하도록 하고 있다.

이는 특정금융정보법 시행 후 자신이 보유한 가상자산을 출금하고자 하는 고객에 대하여도 적용된다. 가상자산사업자는 고객확인의무를 이행하지 않은 고객이 가상자산을 출금하고자 하는 경우 이를 제한하는 조치를 취하여야 한다.

4) 신고의무 미이행 사업자와의 거래 금지

가상자산사업자로의 신고 내지 변경신고 의무를 이행하지 않은 가상자산사업자와는 영업을 목적으로 거래하지 않아야 한다.[433)] 이는 신고수리를 완료한 가상자산사업자가 미이행 사업자와 거래함으로써 자금세탁방지등에 위험이 발생하여 특정금융정보법이 정한 신고수리 요건과 효과가 무용화되는 것을 방지하기 위한 규정이다.

---

432) 시행령 제10조의20 제3호.

433) 시행령 제10조의20 제4호. 특정금융정보법 제7조 제1항 및 제2항의 신고 및 변경신고 모두를 의미한다.

5) 특수관계인 발행 가상자산의 유통 제한 조치[434)]

특수관계인이 발행한 가상자산에 대한 유통 제한 조치이다. 즉, 가상자산사업자가 사업자 본인 또는 특수관계인[435)]이 발행한 가상자산의 매매·교환을 중개·알선하거나 대행하는 행위는 금지되며,[436)] 가상자산사업자는 이를 공포 후 1월 이내에[437)] 업무지

---

434) 이하 5), 6), 7)항의 내용은 2021년 5월 25일 국무조정실의 가상자산 거래 관리방안을 통해 마련된 거래투명성 확보를 위한 제한조치가 같은 해 10월 5일 특정금융정보법 시행령 개정으로 추가된 것이다.

435) 특수관계인은 상법 시행령 제34조 제4항 각호에 따른 특수관계인을 의미한다. 즉,

1. 본인이 개인인 경우에는 다음 각 목의 어느 하나에 해당하는 자: 가. 배우자(사실상의 혼인관계에 있는 사람을 포함한다), 나. 6촌 이내의 혈족, 다. 4촌 이내의 인척, 라. 본인이 단독으로 또는 본인과 가목부터 다목까지의 관계에 있는 사람과 합하여 100분의 30 이상을 출자하거나 그 밖에 이사·집행임원·감사의 임면 등 법인 또는 단체의 주요 경영사항에 대하여 사실상 영향력을 행사하고 있는 경우에는 해당 법인 또는 단체와 그 이사·집행임원·감사, 마. 본인이 단독으로 또는 본인과 가목부터 라목까지의 관계에 있는 자와 합하여 100분의 30 이상을 출자하거나 그 밖에 이사·집행임원·감사의 임면 등 법인 또는 단체의 주요 경영사항에 대하여 사실상 영향력을 행사하고 있는 경우에는 해당 법인 또는 단체와 그 이사·집행임원·감사
2. 본인이 법인 또는 단체인 경우에는 다음 각 목의 어느 하나에 해당하는 자: 가. 이사·집행임원·감사, 나. 계열회사 및 그 이사·집행임원·감사, 다. 단독으로 또는 제1호 각 목의 관계에 있는 자와 합하여 본인에게 100분의 30 이상을 출자하거나 그 밖에 이사·집행임원·감사의 임면 등 본인의 주요 경영사항에 대하여 사실상 영향력을 행사하고 있는 개인 및 그와 제1호 각 목의 관계에 있는 자 또는 단체(계열회사는 제외한다. 이하 이 호에서 같다)와 그 이사·집행임원·감사, 라. 본인이 단독으로 또는 본인과 가목부터 다목까지의 관계에 있는 자와 합하여 100분의 30 이상을 출자하거나 그 밖에 이사·집행임원·감사의 임면 등 단체의 주요 경영사항에 대하여 사실상 영향력을 행사하고 있는 경우 해당 단체와 그 이사·집행임원·감사

436) 국무조정실, 「가상자산 거래 관리방안」, 2021.05.25일자 보도자료, 5면.

437) 시행령 부칙 <대통령령 제32028호, 2021. 10. 5.> 제1호 이 영은 공포한 날부터 시행한다. 다만, 제10조의20 제5호의 개정규정은 공포 후 1개월이 경과한 날부터 시행한다.

침 등 내부기준에 반영하여 시행하도록 하였다.[438] 다만 공포 후 1월이 경과한 시점에서 가상자산사업자나 그 특수관계인이 이미 발행한 가상자산에 대해서는 그때부터 6개월이 경과할 때까지 그 적용을 유예함에 따라,[439] 본인 또는 특수관계인이 이미 발행한 가상자산을 매매·교환을 중개·알선하거나 대행하였던 가상자산사업자는 그에 대한 거래 지원을 2022년 5월 4일까지 종료하도록 하였다.

이는 가상자산사업자 본인 또는 특수관계인이 승인된 가상자산사업자의 시스템을 자금세탁행위등에 이용할 가능성을 차단하고자 하는 조치이긴 하나, 가상자산 시장의 투명성을 강화하여 거래질서를 수립하는 측면의 효과가 더 클 것으로 보인다. 따라서 특정금융정보법 및 동법 시행령의 규정 취지에 부합하도록 추후 가상자산 시장 투명성 강화를 위한 자율규제안 내지 업법에 규정을 두는 것이 타당하다.

6) 소속 임직원의 거래 제한 조치

거래투명성 확보를 위한 또 하나의 조치로, 가상자산사업자 본인 또는 그 임직원이 해당 사업자를 통해 가상자산을 매매하거나 교환하는 행위가 금지된다.[440] 가상자산사업자는 이를 공포 후 1월 이내에[441] 업무지침 등 내부기준에 반영하여 시행하여야 한

---

438) 시행령 제10조의20 제5호 가목.

439) 시행령 부칙 <대통령령 제32028호, 2021. 10. 5.> 제3호.

440) 국무조정실, 「가상자산 거래 관리방안」, 2021.05.25일자 보도자료, 5면.

441) 시행령 부칙 <대통령령 제32028호, 2021. 10. 5.> 제1호. 이 영은 공포한 날부터 시행한다. 다만, 제10조의20 제5호의 개정규정은 공포 후 1개월이 경과한 날부터 시행한다.

다.[442)]

그러나 2020년 개정 소득세법은 비거주자·외국법인이 가상자산을 양도·대여함으로써 발생하는 소득을 과세대상으로 하고, 가상자산사업자가 보관·관리하는 가상자산을 인출하는 경우 가상자산사업자로 하여금 원천징수하도록 규정한바,[443)] 비거주자인 고객이 가상자산 자체를 출금하는 경우 사업자로서는 가상자산의 일부를 원천징수하여야 하고, 기획재정부와 국세청 역시 이를 전제로 사업자가 원천징수한 가상자산을 특정 시점에 원화로 환산하여 납부할 것을 예정하고 있었는바,[444)] 가상자산사업자로서는 원천징수한 가상자산을 원화로 환산하기 위해 자신의 플랫폼에서 이를 매각해야 하는 경우가 피치 못하게 발생한다는 문제가 있었다.[445)] 또한 블록체인원장을 이용하기 위해 사업자가 납부해야 하는 전송수수료(이른바 gas fee)를 가상자산으로 지급해야 하는 경우에도 가상자산사업자가 특정 가상자산을 일정량 보유해야 할 필요가 있었다. 이에 금융위원회는 비거주자의 국내원천소득에 대한 원천징수를 위해 비거주자로부터 취득한 가상자산을 원화로 교환하여 세금으로 납부하기 위해 필요한 경우, 또는 블록체인 이용료인 전송수수료를 가상자산으로 지급해야 하는 경우에는 가상자산사업자 본인 또는 임직원이 해당 사업자를 통해 가상자산을 매매하거나 교환할 수 있도록 예외를 허용하였

442) 시행령 제10조의20 제5호 나목.

443) 기획재정부, 「2020년 세법개정안 상세본」, 2020.07.22일자 보도자료2, 94면.

444) 기획재정부, 「2020년 세법개정 후속 시행령 개정」, 2021.01.06일자 보도자료2(상세본), 26면.

445) 나건웅, 「가상자산 거래소 줄폐쇄, 현실화될까…정부 눈치 보는 은행권」, 2021.06.28일자 매일경제.
(https://www.mk.co.kr/economy/view/2021/623283) (2022.01.30.확인)

다.[446]

다만 가상자산사업자의 임직원의 경우는, 해당 가상자산사업자를 통한 가상자산 거래를 금지하기보다 현행 자본시장법상 금융투자업자의 임직원이 금융투자상품을 매매하는 경우 불공정행위의 방지 또는 투자자와의 이해상충방지를 위해 마련된 조치와 절차를 참고하여 합리적인 제한조치를 마련하는 것이 이해상충방지와 거래투명성 확보를 위해 더 효율적일 것이다. 자본시장법은 금융투자업자의 임직원이 자기의 계산으로 금융투자상품을 매매하는 것을 금지하지 않고, ① 자기의 명의로 매매할 것, ② 투자중개업자 중 하나의 회사를 선택하여 하나의 계좌를 통하여 매매할 것, ③ 매매명세를 분기별로 소속 금융투자업자에게 통지할 것, 그리고 ④ 불공정행위 방지 또는 투자자와의 이해상충을 방지하기 위하여 소속 금융투자업자의 준법감시인에게 계좌 개설을 신고하고 거래에 대한 소명을 요구하는 경우 그에 따를 것, ⑤ 소속 금융투자업자의 내부통제기준으로 정하는 사항을 준수할 것 등의 투명성 강화 요건을 준수하도록 하고 있다.[447]

이는 가상자산사업자 본인 또는 임직원이 금융당국에 의해 승인된 가상자산사업자의 시스템을 자금세탁행위등에 이용할 가능성을 사전에 차단하고자 하는 조치이긴 하나, 가상자산 시장의 투명성을 강화하여 거래질서를 수립하는 측면의 효과가 더 클 것으로 보인다. 따라서 특정금융정보법 및 동법 시행령의 규정 취지에 부합하도록 추후 가상자산 시장 투명성 강화를 위한 자율규

---

446) 금융위원회, 「특정금융정보법 시행령 국무회의 통과」, 2021.09.28일자 보도자료, 2면.

447) 자본시장법 제63조 제1항 및 동법 시행령 제4항 각호.

제안 내지 업법에 규정을 두는 것이 타당하다.

7) 중개 사칭 거래행위 제한 조치

또한, 가상자산사업자가 가상자산의 매매 · 교환을 중개 · 알선 · 대행하면서 실질적으로는 그 상대방으로 거래하는 행위를 제한하는 조치도 요구된다.448)

이 또한 가상자산사업자 본인이 자금세탁행위등에 연루될 가능성을 사전에 차단하고자 마련된 조치이긴 하나, 가상자산 시장의 투명성을 강화하여 거래 질서를 수립하는 측면의 효과가 더 클 것으로 보인다. 따라서 특정금융정보법 및 동법 시행령의 규정 취지에 부합하도록 추후 가상자산 시장 투명성 강화를 위한 자율규제안 내지 업법에 규정을 두는 것이 타당하다.

8) 오더북 공유 제한 조치

그 밖에 이에 준하는 조치로서 투명한 가상자산거래를 위해 금융정보분석원장이 정하여 고시하는 조치로, 이른바 오더북 공유에 대한 제한 규정이 도입되었다.449) 즉, 가상자산사업자는 자신의 고객과 다른 가상자산사업자의 고객 간 가상자산의 매매 · 교환을 중개하지 않아야 한다. 중개가 허용되는 경우는 다른 가상자산사업자가 국내 또는 해외에서 인가 · 허가 · 등록 · 신고 등을 거쳐 자금세탁방지의무를 이행하는 가상자산사업자이며, 가상자산사업자가 자신의 고객과 거래한 다른 가상자산사업자의 고객에 대한 정보를 확인할 수 있는 경우에 한한다.

---

448) 시행령 제10조의20 제5호 다목.

449) 시행령 제10조의20 제6호.

종래 국내 가상자산거래사업자는 해외 다른 거래사업자와 호가창을 공유하여, 자신의 고객 간의 가상자산 거래뿐 아니라 자기 고객과 제휴 사업자 고객 사이의 가상자산 매매·교환을 알선하거나 중개하는 경우가 다수 있었다. 이러한 형태의 제휴는 이용자로 하여금 자신이 이용 중인 중개플랫폼의 호가뿐 아니라 국내외 다른 중개플랫폼의 호가 상황을 함께 확인할 수 있도록 하여 불안정하고 편중된 가격 형성을 방지하는 데에 기여하고, 국내에서만 지나친 거래가 형성되거나 또는 거래가 일어나지 않는 가상자산의 경우 호가창의 공유를 통해 시장 가격의 안정화에도 기여하는 순기능적 측면이 있다. 다만 그 제휴 사업자가 특정금융정보법에 따른 혹은 자국의 법에 따른 자금세탁방지의무를 이행하고 있지 않다면, 국내 거래사업자가 특정금융정보법상의 가상자산사업자로서 자금세탁방지의무를 이행하고자 하여도 자신의 고객과 거래한 상대 고객의 정보를 확인할 수 없어 의심거래나 고액 현금거래 등에 대한 보고의무 이행이 불가능한 상황이 발생한다.

이에 호가창 공유 방식의 업무 제휴를 제한하되, 상대방 사업자가 국내 또는 해외에서 인·허가 등을 거쳐 자금세탁방지의무를 이행하고 있고 또 고객정보의 확인이 가능한 사업자인 경우에는 일정한 요건하에 중개가 가능하도록 예외를 정하였다. 이를 위해서는 그 상대방 사업자의 인·허가 증표 사본을 금융정보분석원장에게 제출하고, 자신의 고객과 거래한 상대 사업자의 고객에 대한 정보를 매일 확인 및 기록하며, 그 확인 절차 및 방법을 사전에 금융정보분석원장에게 제출하여야 한다.[450)]

---

450) 감독규정 제28조 제1호.

9) 다크코인 거래 지원 제한 조치

다크코인에 대한 거래지원 제한조치도 도입되었다. 가상자산이 하나의 가상자산주소에서 다른 가상자산주소로 이전될 때 전송기록이 식별될 수 없도록 하는 기술이 내재되어 가상자산사업자가 전송기록을 확인할 수 없는 가상자산, 이른바 다크코인인지 여부를 사업자가 확인해야 하며, 이를 알게 된 경우 해당 가상자산을 취급하지 않도록 관리해야 한다.[451]

전송기록의 식별이 불가한 기술이 내재되어 있다 하더라도 거래사업자가 지갑 개발 시 그 익명화 기능을 제거하는 등의 조치를 취한 결과 실제로는 가상자산사업자가 전송기록을 확인할 수 있는 경우[452]도 다크코인에 해당하는지 살펴보면, 본 조치의 도입 취지는 가상자산이 자금세탁행위등에 악용될 내재된 위험을 방지하는 데 그 목적이 있으므로, 전송기록의 식별을 불가능하게 하는 기술이 내재되어 있고 사업자가 이를 알았다면 모두 거래지원 제한조치의 대상이 된다고 해석함이 타당하다.

다만 가상자산사업자는 이를 '알게 된 때'로부터 위 조치를 취

---

451) 시행령 제10조의20 제6호 및 감독규정 제28조 제2호.

452) 지캐시(Zcash) 또는 대시(Dash)의 경우가 이에 해당할 수 있다. 이들은 익명성을 보장하는 프라이버시 코인 계열의 가상자산이다. 대시의 경우 마스터노드에 의한 프라이빗 송금(PrivateSend)이라는 방식을 사용해 익명성을 보장하는데, 이는 코인들이 오가는 거래를 임의로 뒤섞음으로써 여러 거래가 묶여서 한꺼번에 처리되기 때문에 개별 거래 내역을 정확히 파악할 수 없어 자금 추적이 어렵다(해시넷위키, http://wiki.hash.kr/index.php/%EB%8C%80%EC%8B%9C (2022.02.12.확인)). 일본금융청(FSA)은 2018년 5월 프라이버시 코인의 상장 폐지를 권고하는 취지의 성명을 발표하여, 대시(DASH), 모네로(XMR), 지캐시(ZEC) 등의 프라이버시 코인의 상장이 대거 폐지된 바 있다(해시넷위키, http://wiki.hash.kr/index.php/%EC%A7%80%EC%BA%90%EC%8B%9C (2022.02.12.확인)).

할 의무가 있으므로, 비록 가능성은 희박하나 가상자산 개발 기술의 발전에 따라 가상자산사업자가 다크코인인지 여부를 식별할 수 없었거나, 거래지원을 시작한 이후 악의적이고 계획적인 프로그래밍에 의해 전송기록 식별이 불가능하게 된 경우에는 이를 알게 된 때 제한조치를 취함으로 족하다.

'취급하지 않도록 관리'한다는 것은 가상자산사업자가 해당 다크코인에 대한 거래지원 서비스를 종료해야 한다는 의미로, 해당 다크코인을 보유하고 있는 고객이 이를 출금하도록 허용하는 것은 취급 금지 위반에 해당하지 않는다. 따라서 사업자는 다크코인임을 알게 되어 상장을 폐지하는 가상자산이 있는 경우, 거래지원이 종료되는 다른 가상자산의 경우처럼 해당 고객의 재산권을 침해하지 않는 방식으로 공지·개별안내 및 인출지원 등의 절차에 따라 처리하여야 한다.

가상자산사업자 신고서에서는 신고하고자 하는 사업자의 다크코인 취급 여부를 검토하기 위하여 가상자산 취급목록 양식을 별도로 첨부하도록 하였으며, 여기에 다크코인 여부를 기재하도록 하였다.[453]

453) 가상자산사업자 신고심사매뉴얼 붙임2, 가상자산 취급 목록 양식.

6. 특정 금융거래정보의 제공 등

가. 특정 금융거래정보의 제공(금융정보분석원장)

금융정보분석원장은 특정형사사건의 수사등[454]에 필요하다고 인정되는 경우 특정금융거래정보를 검찰총장, 고위공직자범죄수사처장, 행정안전부장관,[455] 국세청장, 관세청장, 중앙선거관리위원회, 금융위원회, 국가정보원장에게 제공한다.[456]

특정금융정보법상 "특정금융거래정보"란 ⓐ 금융회사등이 의심거래보고(제4조 제1항) 또는 고액 현금거래 보고(제4조의2)를 한 정보 및 외국금융정보분석기구로부터 제공받은 정보(제11조 제1항) 중 불법재산·자금세탁행위 또는 공중협박자금조달행위와 관련된 것으로서, 형사사건의 수사(검찰총장 및 고위공직자범죄수사처장), 조세탈루혐의 조사 및 체납자에 대한 징수(행정안전부장관 및 국세청장), 관세 범칙사건 조사 및 체납자에 대한 징수(관세청장), 정치자금법 위반 사건(중앙선거관리위원회), 금융감독 업무(금융위원회), 테러위험인물에 대한 조사(국가정보원장) 등의 각 업무에 필요하다고 인정되는 정보 등을 말한다.[457] ⓑ 그리고 위 정보를 정리·분

454) 특정금융정보법 제10조 제1항. 불법재산·자금세탁행위 또는 공중협박자금조달행위와 관련된 형사사건의 수사, 조세탈루혐의 확인을 위한 조사업무, 조세체납자에 대한 징수업무, 관세 범칙사건 조사, 관세탈루혐의 확인을 위한 조사업무, 관세체납자에 대한 징수업무 및 정치자금법 위반사건의 조사, 금융감독업무 또는 테러위험인물에 대한 조사업무를 말한다.

455) 특정금융정보법 제10조 제1항. 행정안전부장관에게 특정금융거래정보를 제공하는 경우는 지방세기본법에 따른 지방자치단체의 장에게 제공하기 위하여 필요한 경우에 한정한다.

456) 특정금융정보법 제10조 제1항.

457) 특정금융정보법 제10조 제1항 제1호 내지 제2호 및 시행령 제11조의2.

석한 자료, 특정형사사건 수사와의 관련성과 무관하게 보고받은 고액 현금거래 보고(제4조의2) 정보 및 한국은행 총재 등으로부터 통보받은 외국환거래자료 등(제9조)을 정리 · 분석한 자료('정리 · 분석자료')도 특정금융거래정보에 해당한다.[458]

금융정보분석원장은 불법재산 · 자금세탁행위 또는 공중협박자금조달행위와 관련된 형사사건의 수사에 필요하다고 인정하는 경우 검찰총장, 경찰청장 및 해양경찰청장과 협의하여 정한 기준[459]에 따라 특정금융거래정보를 경찰청장, 해양경찰청장에게 제공한다.[460]

이상과 같이 검찰총장등[461]에게 특정금융거래정보를 제공하는 경우에는 금융정보분석원장 소속의 정보분석심의회의 심의를 거쳐야 한다.[462] 또한 이는 수사에 대한 협력을 정한 것으로, 제공한 특정금융거래정보는 재판에서 증거로 할 수 없다.[463]

금융정보분석원장은 특정금융거래정보를 제공한 후에는 심사분석 및 제공과정에 참여한 금융정보분석원 소속 담당자 및 책임자의 직위 및 성명, 정보수령기관의 명칭 및 제공일자 등을 표준양식에 따른 문서 등의 형식으로 제공일로부터 5년간 기록 · 보존하여야 한다.[464] 특정금융거래정보를 수령한 검찰총장등은 해당

---

458) 특정금융정보법 제10조 제1항 제3호.

459) 시행령 제12조. 그 기준은 범죄수익의 금액, 범죄의 종류 및 죄질, 관련자의 신분, 수사의 효율성 등을 고려하여 정한다.

460) 특정금융정보법 제10조 제2항.

461) 특정금융정보법 제10조 제4항. 검찰총장, 고위공직자범죄수사처장, 경찰청장, 해양경찰청장, 행정안전부장관, 국세청장, 관세청장, 중앙선거관리위원회, 금융위원회, 국가정보원장을 총칭한다.

462) 특정금융정보법 제10조 제8항 내지 제10항.

463) 특정금융정보법 제12조 제3항.

464) 특정금융정보법 제10조 제7항. 기록·보존항목은 다음과 같다. 1. 심사분석

정보의 보존관리에 관한 기준을 마련하고 이를 금융정보분석원장에게 통지하여야 한다.[465]

고액 현금거래 보고(제4조의2)에 따라 보고받은 정보를 검찰총장등에게 제공한 경우, 금융정보분석원장은 제공일로부터 10일 이내에 그 사실을 명의인에게 통보하여야 한다.[466] 다만 검찰총장등이 법정 사유에 의한 통보유예를 서면으로 요청하는 경우 금융정보분석원장은 통보를 유예하여야 한다.[467]

나. 특정 금융거래정보 통보 및 제공 요청 등(타 기관장)

한국은행 총재, 세관의 장 그리고 외환정보집중기관의 장[468](한국은행 총재 등)은 ⓐ 외국환거래법 제17조[469]에 따라 지급수단 등의 수출입에 대하여 한국은행총재가 허가를 하거나 세관의 장

및 제공과정에 참여한 금융정보분석원 직원(담당자 및 책임자)의 직위 및 성명, 2. 특정금융거래정보를 제공받은 기관의 명칭 및 제공일자, 3. 특정금융거래정보를 수령한 공무원(담당자 및 책임자)의 소속 기관, 직위 및 성명, 4. 요구한 특정금융거래정보의 내용 및 사용목적, 5. 제공된 특정금융거래정보의 내용 및 제공사유, 6. 명의인에게 통보한 날, 7. 통보를 유예한 경우 통보유예를 한 날, 사유, 기간 및 횟수.

465) 특정금융정보법 제10조 제12항.

466) 특정금융정보법 제10조의2 제1항. 정리·분석자료를 제공한 경우는 제외한다.

467) 특정금융정보법 제10조의2 제2항 내지 제3항. 상세는 본서 Ⅲ.4.나. 고액현금거래 보고 부분 참조.

468) 외국환거래, 지급 또는 수령에 관한 자료를 중계·집중·교환하는 기관으로 기획재정부장관이 지정한 기관을 말한다. 특정금융정보법 제9조 제1항, 외국환거래법 제25조 제2항 및 동법 시행령 제13조 제2항 제2호.

469) 외국환거래법 제17조(지급수단 등의 수출입 신고) 기획재정부장관은 이 법의 실효성을 확보하기 위하여 필요하다고 인정되어 대통령령으로 정하는 경우에는 지급수단 또는 증권을 수출 또는 수입하려는 거주자나 비거주자로 하여금 그 지급수단 또는 증권을 수출 또는 수입할 때 대통령령으로 정하는 바에 따라 신고하게 할 수 있다.

이 신고를 받은 자료[470]와 ⓑ 동법 제21조[471]에 따라 외환정보집중기관의 장에게 집중된 자료 중 금융정보분석원의 업무수행에 필요한 자료로서 외환정보집중기관의 장이 기획재정부장관과 협의하여 정하는 자료('외국환거래자료 등')를, 매월 다음 달 10일까지 또는 협의된 시기에 전자문서 또는 협의된 방법에 따라 금융정보분석원장에게 통보하여야 한다.[472]

"검찰총장등"은 "특정형사사건의 수사등"을 위하여 필요하다고 인정하는 경우 금융정보분석원장에게 '정리·분석자료'의 정보제공을 요구할 수 있다.[473] 방법은 요구하는 정보의 내용 등[474]을 기재한 문서를 제출하되 금융정보분석원장에게 직접 제출하는 것이 원칙이나 긴급을 요하는 경우에는 우편·팩스 또는 전자문서의 방법으로 할 수 있다.[475] 금융정보분석원 소속 공무원은 이를 위반한 정보제공 요청을 거부할 의무가 있다.[476] 본 요

---

470) 시행령 제11조 제2항.

471) 외국환거래법 제21조(국세청장 등에게의 통보 등) ① 다른 법률에도 불구하고 기획재정부장관은 이 법을 적용받는 거래, 지급, 수령, 자금의 이동 등에 관한 자료를 국세청장, 관세청장, 금융감독원장 또는 한국수출입은행장에게 직접 통보하거나 한국은행총재, 외국환업무취급기관등의 장, 세관의 장, 그 밖에 대통령령으로 정하는 자로 하여금 국세청장, 관세청장, 금융감독원장 또는 한국수출입은행장에게 통보하도록 할 수 있다. ② 기획재정부장관은 대통령령으로 정하는 자에게 이 법을 적용받는 거래, 지급, 수령, 자금의 이동 등에 관한 자료를 「신용정보의 이용 및 보호에 관한 법률」 제25조에 따른 신용정보집중기관에 제공하도록 할 수 있다.

472) 특정금융정보법 제9조.

473) 특정금융정보법 제10조 제4항.

474) 1. 대상자의 인적사항, 2. 사용 목적, 3. 요구하는 정보의 내용, 4. 범죄혐의와 조세탈루혐의 등 정보의 필요성과 사용 목적과의 관련성을 적은 문서로 하여야 한다. 특정금융정보법 제10조 제6항.

475) 시행령 제13조.

476) 특정금융정보법 제10조 제6항.

청에 따른 정보제공 시 금융정보분석원장은 관련 정보를 5년간 기록·보존하여야 하고,[477] 정보를 제공받은 검찰총장등은 그 정보의 보존에 대한 기준을 마련하고 금융정보분석원장에게 통지하여야 한다.[478] 이때 금융정보분석원장이 제공한 특정금융거래정보는 재판에서 증거로 할 수 없다.[479]

다. 외국금융정보분석기구와의 정보 교환

금융정보분석원장은 이 법에 따른 목적을 달성하기 위하여 필요하다고 인정하는 경우에는 외국금융정보분석기구에 상호주의 원칙에 따라 특정금융거래정보를 제공하거나 이와 관련된 정보를 제공받을 수 있다.[480]

정보를 제공하는 것은 ⓐ 외국금융정보분석기구에 제공된 특정금융거래정보가 제공된 목적 외의 다른 용도로 사용되지 아니할 것, ⓑ 특정금융거래정보 제공 사실의 비밀이 유지될 것, ⓒ 외국금융정보분석기구에 제공된 특정금융거래정보가 금융정보분석원장의 사전 동의 없이는 외국의 형사사건의 수사나 재판에 사용되지 아니할 것이라는 요건이 모두 충족되는 경우에 한한다.[481]

---

477) 특정금융정보법 제10조 제7항.
478) 특정금융정보법 제10조 제12항.
479) 특정금융정보법 제12조 제3항.
480) 특정금융정보법 제11조 제1항.
481) 특정금융정보법 제11조 제2항.

라. 특정 금융거래정보 등의 보존 및 폐기

금융정보분석원장은 특정금융거래정보 및 특정금융정보법에 따라 제공받은 정보들('정보 등')을 기간별로 보존할 의무가 있다.[482] 각 보존기간은 ⓐ 특정금융거래정보는 25년, ⓑ 전신송금 시 정보제공의무에 따라 제공된 정보(제5조의3 제2항), "한국은행 총재 등"이 통보한 "외국환거래자료 등"(제9조), 특정금융거래정보나 고액 현금거래 보고(제4조의2)에 따라 보고받은 정보 또는 외국환거래자료 등의 분석을 위해 필요하여 금융정보분석원장이 제공받은 가족관계 · 주민등록 · 형의 실효 등에 관한 자료 등(제13조 제1항)은 5년,[483] ⓒ 특정금융거래정보의 분석을 위한 필요로 제공받은 신용정보(제13조 제2항)의 경우 5년, ⓓ 금융정보분석원장이 금융회사등에 대한 감독 · 검사등을 하는 경우 필요에 의해 제공받은 의심거래보고 및 고액 현금거래 보고 정보(제15조 제7항)는 10년이며,[484] 기산일은 그 정보 등을 제공받거나 통보받은 날이 속하는 연도의 다음 해 1월 1일로 한다.[485]

각 기간 경과 후 금융정보분석원장은 그 정보등을 「공공기록물 관리에 관한 법률」 또는 금융정보분석원장이 정하는 절차에 따라 폐기하고[486] 복구 또는 재생이 되지 않도록 조치하여야 한다.[487]

---

482) 특정금융정보법 제12조의2 제1항.

483) 다만, 해당 자료가 형사사건 등의 수사 · 조사에 활용될 가능성이 적다고 판단되는 경우는 5년이 지나기 전이라도 해당 자료를 폐기할 수 있다. 시행령 제13조의3 제1항 제3호 단서.

484) 시행령 제13조의3 제1항 각호.

485) 시행령 제13조의3 제2항.

486) 특정금융정보법 제12조의2 제2항 및 시행령 제13조의3 제3항.

487) 특정금융정보법 제12조의2 제3항.

금융회사등에 대한 감독·검사 업무를 위탁받은 기관의 장[488)]은 금융정보분석원장과 협의하여 수탁업무 수행 시 제공받은 정보 등에 대한 보존·관리·폐기에 관한 기준을 마련하고 현황을 매년 금융정보분석원장에게 통보해야 한다.[489)]

마. 비밀의 보장 등

금융정보분석원 소속 공무원 등 특정금융거래정보 등을 취급하는 업무에 종사하는 자[490)]는, 그 직무와 관련하여 알게 된 사항을 다른 사람에게 제공 또는 누설하거나 그 목적 외의 용도로 사용하여서는 안 된다.[491)] 비밀보장의무의 대상이 되는 정보는 ⓐ 특정금융거래정보, ⓑ (i) 전신송금 시 정보제공 의무에 따라 제공받은 정보(제5조의3), (ii) 고액 현금거래 보고 또는 외국환거래 자료 등의 분석을 위해 필요하여 금융정보분석원장이 제공받은 가족관계·주민등록·형의 실효 등에 관한 자료 등(제13조 제1항),

488) 특정금융정보법 제15조 제6항 및 시행령 제15조 제2항. 한국은행총재, 금융감독원장, 과학기술정보통신부장관, 행정안전부장관, 산업통상자원부장관, 중소벤처기업부장관, 관세청장, 제주특별자치도지사, 농업협동조합중앙회장, 수산업협동조합중앙회장, 산림조합중앙회장, 신용협동조합중앙회장 및 새마을금고중앙회장을 말한다.

489) 시행령 제13조의3 제4항.

490) 특정금융정보법 제12조 제1항 각호. 금융정보분석원 소속 공무원, 금융정보분석원의 특정금융거래정보의 처리를 위한 전산시스템의 관리자, 위 전산시스템 관련 용역 수행자, 중계기관 종사자, 수취 금융회사 종사자, 법 제10조에 따라 제공된 특정금융거래정보와 관련된 특정형사사건의 수사 등에 종사하는 자, 법 제15조 제1항 및 제6항에 따른 감독 및 검사를 한 자, 법 제10조 제9항에 따라 정보분석심의회에 참여하거나 정보분석심의회의 업무에 종사하게 된 자를 말한다.

491) 특정금융정보법 제12조 제1항.

(iii) 특정금융거래정보의 분석을 위해 제공받은 신용정보(제13조 제2항), (iv) 금융정보분석원장이 금융회사등에 대한 감독·검사등을 하기 위해 제공받은 의심거래보고 및 고액 현금거래 보고 정보(제15조 제7항)('비밀보장정보'), 그리고 ⓒ 정보분석심의회에서 알게 된 사항(제10조 제8항) 등이다.

또한 누구도 이들에 대하여 '특정금융거래정보' 또는 '비밀보장정보'를 제공하거나 목적 외의 다른 용도로 사용할 것을 요구하여서는 안 된다.[492]

금융정보분석원장은 특정금융거래정보 등을 분석하기 위해 필요한 경우 가족관계, 주민등록, 신용정보, 외국환거래에 대한 정보 등을 관계 행정기관의 장에게 요청할 수 있고, 그 이용목적을 분명하게 밝힌 문서로써 필요 최소한에 한하여 요청하여야 한다.[493]

7. 감독 및 검사

가. 금융회사 등의 감독 및 검사 등

> **제15조**(금융회사등의 감독·검사 등)
>
> ① 금융정보분석원장은 제4조, 제4조의2, 제5조, 제5조의2, 제5조의3 또는 제5조의4에 따라 금융회사등이 수행하는 업무를 감독하고, 감독에 필요한 명령 또는 지시를 할 수 있으며, 그 소속 공무원으로 하여금 금융회사등의 업무를 검사하게 할 수

492) 특정금융정보법 제12조 제2항.

493) 특정금융정보법 제13조 제1항 내지 제4항.

있다.

② 금융정보분석원장은 제1항에 따른 검사 결과 이 법 또는 이 법에 따른 명령 또는 지시를 위반한 사실을 발견하였을 때에는 해당 금융회사등에 대하여 다음 각 호의 어느 하나에 해당하는 조치를 할 수 있다.

1. 위반 행위의 시정명령 2. 기관경고 3. 기관주의

③ 금융정보분석원장은 제1항에 따른 검사 결과 이 법 또는 이 법에 따른 명령 또는 지시를 위반한 사실을 발견하였을 때에는 위반 행위에 관련된 임직원에 대하여 다음 각 호의 구분에 따른 조치를 하여 줄 것을 해당 금융회사등의 장에게 요구할 수 있다.

1. 임원: 다음 각 목의 어느 하나에 해당하는 조치
   가. 해임권고 나. 6개월 이내의 직무정지 다. 문책경고 라. 주의적 경고 마. 주의
2. 직원: 다음 각 목의 어느 하나에 해당하는 조치
   가. 면직 나. 6개월 이내의 정직 다. 감봉 라. 견책 마. 주의

④ 금융정보분석원장은 다음 각호의 어느 하나에 해당하는 경우에는 해당 금융회사등의 영업에 관한 행정제재처분의 권한을 가진 관계 행정기관의 장에게 6개월의 범위에서 그 영업의 전부 또는 일부의 정지를 요구할 수 있다.

1. 제2항제1호에 따른 시정명령을 이행하지 아니한 경우 2. 제2항제2호에 따른 기관경고를 3회 이상 받은 경우 3. 그 밖에 고의 또는 중대한 과실로 자금세탁행위와 공중협박자금조달행위를 방지하기 위하여 필요한 조치를 하지 아니한 경우로서 대통령령으로 정하는 경우

⑤ 제4항에 따른 요구를 받은 관계 행정기관의 장은 정당한 사유가 없으면 그 요구에 따라야 한다.

⑥ 금융정보분석원장은 대통령령으로 정하는 바에 따라 한국은행총재 또는 금융감독원장이나 그 밖에 대통령령으로 정하는 자에게 위탁하여 그 소속 직원으로 하여금 제1항에 따른 검사와 제2항 및 제3항에 따른 조치를 하게 할 수 있다.
⑦ 제1항 또는 제6항에 따라 감독 · 검사를 하는 자는 감독·검사에 필요한 경우에는 금융회사등의 장에게 금융거래등의 정보나 제4조 및 제4조의2에 따라 보고한 정보를 요구할 수 있다. 이 경우 정보의 요구는 필요한 최소한에 그쳐야 한다.
⑧ 제1항 또는 제6항에 따라 검사를 하는 자는 그 권한을 표시하는 증표를 지니고 이를 관계인에게 보여 주어야 한다.
⑨ 제7항에 따라 금융회사등의 장에게 금융거래등 정보를 요구하는 경우에는 「금융실명거래 및 비밀보장에 관한 법률」 제4조 제6항 및 제4조의3제3항을 준용한다.

금융정보분석원장은 의심거래보고(제4조), 고액 현금거래 보고(제4조의2), 자금세탁행위와 공중협박자금조달행위 방지를 위한 금융회사등의 조치(제5조), 고객 확인의무(제5조의2), 전신송금 시 정보제공(제5조의3), 금융거래등 정보의 보존(제5조의4) 또는 고객별 거래내역 분리 관리 등 가상자산사업자의 조치의무(제8조) 규정에 따라 금융회사등이 수행하는 업무를 감독하고, 감독에 필요한 명령 또는 지시를 할 수 있으며, 그 소속 공무원으로 하여금 금융회사등의 업무를 검사하게 할 수 있다.[494]

감독 · 검사를 하는 자는 그 권한을 표시하는 증표를 지니고 이를 관계인에게 보여 주어야 한다.[495] 또한 감독 · 검사에 필요한 경

494) 특정금융정보법 제15조 제1항.
495) 특정금융정보법 제15조 제8항.

우 금융회사등의 장에게 금융거래등의 정보나 의심거래보고(제4조) 및 고액 현금거래 보고(제4조의2)에 따라 보고한 정보를 요구할 수 있으나 이 경우 정보의 요구는 필요 최소한에 그쳐야 한다.[496]

업무 검사의 결과 본 법 또는 본 법에 따른 명령 또는 지시 위반사실이 발견되면, 금융정보분석원장은 해당 금융회사등에 대하여 위반행위의 시정명령, 기관경고, 기관주의 중 어느 하나에 해당하는 조치를 할 수 있다.[497]

금융정보분석원장은 이상의 검사 및 조치 업무를 금융감독원장, 과학기술정보통신부장관, 행정안전부장관 등 대통령령으로 정하는 자에게 위탁하여 그 소속 직원으로 하여금 수행하도록 할 수 있다.[498]

해당 금융회사등이 시정명령을 이행하지 아니하거나, 기관경고를 3회 이상 받은 경우 또는 금융거래등의 상대방 내지 관계자와 공모하여 의심거래보고, 고액 현금거래 보고 등을 하지 않거나 거짓으로 하여 금융거래 질서를 해치거나 해칠만한 상당한 우려가 있다고 인정되는 경우,[499] 금융정보분석원장은 해당 금융회사등의 영업에 관한 행정제재처분의 권한을 가진 관계 행정기관의 장에게 6개월의 범위에서 그 영업의 전부 또는 일부의 정지를 요구할 수 있고,[500] 이 요구를 받은 관계 행정기관의 장은 정당한 사유가 없는 한 그 요구에 따라야 한다.[501]

---

496) 특정금융정보법 제15조 제7항.
497) 특정금융정보법 제15조 제6항 및 제15조 제2항.
498) 시행령 제15조 제2항.
499) 시행령 제15조 제1항.
500) 특정금융정보법 제15조 제4항.
501) 특정금융정보법 제15조 제5항.

또한 금융정보분석원장은 위반행위에 관련된 임원에 대한 해임권고, 6개월 이내의 직무정지, 문책경고, 주의적 경고, 주의 중 하나에 해당하는 조치와 직원에 대한 면직, 6개월 이내의 정직, 감봉, 견책, 주의 중 하나에 해당하는 조치를 취할 것을 해당 금융회사등의 장에게 요구할 수 있다.[502)]

나. 외국 금융감독검사기관과의 업무협조 등

제15조의2(외국 금융감독·검사기관과의 업무협조 등)
① 금융정보분석원장(이하 이 조에서 제15조제6항에 따라 금융정보분석원장의 권한을 위탁받은 자를 포함한다)은 외국 금융감독·검사기관(제4조·제4조의2·제5조·제5조의2·제5조의3 또는 제5조의4에 따른 금융회사등의 의무를 감독·검사하는 업무를 수행하는 외국의 기관을 말한다. 이하 이 조에서 같다)이 외국의 법령(자금세탁행위 방지 및 공중협박자금조달행위 금지 관련 국제협약과 국제기구의 권고사항을 반영한 외국의 법령을 말한다. 이하 이 조에서 "외국법령"이라 한다)을 위반한 행위에 대하여 목적·범위 등을 밝혀 이 법에서 정하는 방법에 따른 감독·검사를 요청하는 경우 이에 협조할 수 있다. 이 경우 금융정보분석원장은 상호주의 원칙에 따라 감독·검사자료를 외국 금융감독·검사기관에 제공하거나 이를 제공받을 수 있다.
② 금융정보분석원장은 다음 각 호의 요건을 모두 충족하는 경우에만 제1항 후단에 따라 외국 금융감독·검사기관에 감독·검사자료를 제공할 수 있다.
1. 외국 금융감독·검사기관에 제공된 감독·검사자료가 제공

502) 특정금융정보법 제15조 제3항.

된 목적 외의 다른 용도로 사용되지 아니할 것

2. 감독·검사자료 및 그 제공사실의 비밀이 유지될 것. 다만, 감독·검사자료가 제공된 목적 범위에서 외국법령에 따른 처분 또는 그에 상응하는 절차에 사용되는 경우에는 그러하지 아니하다.

③ 제1항에 따른 감독·검사의 경우 제15조제7항을 준용한다.

금융정보분석원장은 외국 금융감독·검사기관이 외국의 법령을 위반한 행위에 대하여 목적·범위 등을 밝혀 이 법에서 정하는 방법에 따른 감독·검사를 요청하는 경우 이에 협조할 수 있다.[503] 이에 따른 감독·검사에 필요한 경우 금융회사등의 장에게 금융거래등의 정보나 의심거래보고(제4조) 및 고액 현금거래보고(제4조의2)에 따라 보고한 정보를 요구할 수 있으나 이 경우 정보의 요구는 필요 최소한에 그쳐야 한다.[504]

금융정보분석원장은 상호주의 원칙에 따라 감독·검사자료를 외국 금융감독·검사기관에 제공하거나 이를 제공받을 수 있다.[505] 다만 외국 금융감독·검사기관에 감독·검사자료를 제공하는 것은 ⓐ 외국 금융감독·검사기관에 제공된 감독·검사자료가 제공된 목적 외의 다른 용도로 사용되지 않으며, ⓑ 감독·검사자

503) 특정금융정보법 제15조의2 제1항 전단. 외국 금융감독·검사기관이란 의심거래보고(제4조), 고액 현금거래 보고(제4조의2), 자금세탁행위와 공중협박자금조달행위 방지를 위한 금융회사등의 조치(제5조), 고객 확인의무(제5조의2), 전신송금 시 정보제공(제5조의3), 금융거래등 정보의 보존(제5조의4) 규정에 따른 금융회사등의 의무를 감독·검사하는 업무를 수행하는 외국의 기관을 말한다. 외국의 법령이란 자금세탁행위 방지 및 공중협박자금조달행위 금지 관련 국제협약과 국제기구의 권고사항을 반영한 외국의 법령을 말한다.

504) 특정금융정보법 제15조의2 제3항 및 제15조 제7항.

505) 특정금융정보법 제15조의2 제1항 후단.

료 및 그 제공사실의 비밀이 유지되는 경우에 한한다. 다만, 감독·검사자료가 제공된 목적 범위에서 외국법령에 따른 처분 또는 그에 상응하는 절차에 사용되는 경우에는 그러하지 아니하다.[506)]

8. 벌칙 등

가. 징역과 벌금

제16조(벌칙)

다음 각호의 어느 하나에 해당하는 자는 5년 이하의 징역 또는 5천만 원 이하의 벌금에 처한다.

1. 제4조제5항 또는 제13조제3항의 요건에 해당하지 아니함에도 불구하고 직권을 남용하여 금융회사등이 보존하는 관련 자료를 열람·복사하거나 금융회사등의 장에게 금융거래등 관련 정보 또는 자료의 제공을 요구한 자, 2. 제12조제1항을 위반하여 직무와 관련하여 알게 된 특정금융거래정보, 제5조의3에 따라 제공받은 정보, 제13조에 따라 제공받은 정보 또는 자료 및 제15조제7항에 따라 제공받은 정보를 다른 사람에게 제공 또는 누설하거나 그 목적 외의 용도로 사용한 자 또는 특정금융거래정보, 제5조의3에 따라 제공받은 정보, 제13조에 따라 제공받은 정보 또는 자료 및 제15조제7항에 따라 제공받은 정보를 제공할 것을 요구하거나 목적 외의 용도로 사용할 것을 요구한 자, 3. 제12조제1항을 위반하여 제10조제8항의 정보분석심의회에서 알게 된 사항을 다른 사람에게 제공 또는 누설

506) 특정금융정보법 제15조의2 제2항.

하거나 그 목적 외의 용도로 사용한 자 또는 이를 제공할 것을 요구하거나 목적 외의 용도로 사용할 것을 요구한 자

제17조(벌칙)

① 제7조제1항을 위반하여 신고를 하지 아니하고 가상자산거래를 영업으로 한 자(거짓이나 그 밖의 부정한 방법으로 신고를 하고 가상자산거래를 영업으로 한 자를 포함한다)는 5년 이하의 징역 또는 5천만 원 이하의 벌금에 처한다.

② 제7조제2항을 위반하여 변경신고를 하지 아니한 자(거짓이나 그 밖의 부정한 방법으로 변경신고를 한 자를 포함한다)는 3년 이하의 징역 또는 3천만 원 이하의 벌금에 처한다.

③ 다음 각 호의 어느 하나에 해당하는 자는 1년 이하의 징역 또는 1천만 원 이하의 벌금에 처한다.

1. 제4조제1항 및 제4조의2제1항·제2항에 따른 보고를 거짓으로 한 자, 2. 제4조제6항을 위반한 자

제18조(징역과 벌금의 병과)

제16조 및 제17조에 규정된 죄를 범한 자에게는 징역과 벌금을 병과(竝科)할 수 있다.

제19조(양벌규정)

법인의 대표자나 법인 또는 개인의 대리인, 사용인, 그 밖의 종업원이 그 법인 또는 개인의 업무에 관하여 제17조의 위반행위를 한 경우에는 행위자를 벌하는 외에 그 법인 또는 개인에 대하여도 해당 조문의 벌금형을 과(科)한다. 다만, 법인 또는 개인이 그 위반행위를 방지하기 위하여 해당 업무에 관하여 상당한 주의와 감독을 게을리하지 아니한 경우에는 그러하지 아니하다.

1) 신고 및 변경신고 의무 위반(5년/5천만 원 등)

특정금융정보법 제7조 제1항의 신고의무를 위반하여 신고를 하지 아니하고 가상자산거래를 영업으로 하거나, 거짓이나 그 밖의 부정한 방법으로 신고를 하고 가상자산거래를 영업으로 한 경우 **5년 이하의 징역 또는 5천만 원 이하의 벌금**에 처한다.[507)]

특정금융정보법 제7조 제2항의 변경신고의무를 위반하여 변경신고를 하지 아니하거나, 거짓이나 그 밖의 부정한 방법으로 변경신고를 한 자는 **3년 이하의 징역 또는 3천만 원 이하의 벌금**에 처한다.[508)]

신고 및 변경신고 의무 위반의 경우 징역형과 벌금형을 병과할 수 있으며,[509)] 법인의 대표자나 법인 또는 개인의 대리인, 사용인, 그 밖의 종업원이 그 법인 또는 개인의 업무에 관하여 위반행위를 한 경우 그 행위자를 벌하는 외에 그 법인 또는 개인에 대하여도 벌금형을 과하는 양벌규정을 두었다.[510)] 다만, 법인 또는 개인이 그 위반행위를 방지하기 위하여 해당 업무에 관하여 상당한 주의와 감독을 게을리하지 아니한 경우에는 그러하지 아니하다.[511)]

2) 거짓 보고 등(1년/1천만 원)

특정금융정보법 제4조 제1항의 의심거래보고, 특정금융정보법 제4조의2 제1항의 고액 현금거래 보고 또는 동조 제2항의 회피성 분할거래 보고를 거짓으로 하거나, 특정금융정보법 제4조 제6항

---

507) 특정금융정보법 제17조 제1항.
508) 특정금융정보법 제17조 제2항.
509) 특정금융정보법 제18조.
510) 특정금융정보법 제19조.
511) 특정금융정보법 제19조 단서.

의 의심거래보고 관련 사항에 대한 누설금지의무를 위반한 자[512]에 대하여는 **1년 이하의 징역 또는 1천만 원 이하의 벌금**에 처한다.[513] 병과규정과 양벌규정의 적용은 신고의무 위반의 경우와 같다.[514]

나. 과태료

제20조(과태료)

① 다음 각호의 어느 하나에 해당하는 자에게는 1억 원 이하의 과태료를 부과한다

1. 제5조제1항을 위반하여 같은 항 각호에 따른 조치를 하지 아니한 자
2. 제5조의2제1항제2호를 위반하여 확인 조치를 하지 아니한 자
3. 제8조를 위반하여 조치를 하지 아니한 자
4. 제15조제1항부터 제3항까지 또는 제6항에 따른 명령·지시·검사에 따르지 아니하거나 이를 거부·방해 또는 기피한 자

② 다음 각호의 어느 하나에 해당하는 자에게는 3천만 원 이하의 과태료를 부과한다.

1. 제4조제1항제1호·제2호 또는 제4조의2제1항·제2항을 위반하여 보고를 하지 아니한 자
2. 제5조의2제1항제1호를 위반하여 확인 조치를 하지 아니한 자
3. 제5조의4제1항을 위반하여 자료 및 정보를 보존하지 아니한 자

③ 제1항 및 제2항에 따른 과태료는 대통령령으로 정하는 바에 따라 금융정보분석원장이 부과·징수한다.

512) 특정금융정보법 제4조 제6항.
513) 특정금융정보법 제17조 제3항.
514) 특정금융정보법 제18조 내지 제19조.

1) 조치 의무 위반 및 명령 거부 등(1억 원)

특정금융정보법 제5조에 정한 금융회사등의 조치 의무를 위반한 경우, 특정금융정보법 제5조의2 제1항 제2호에 해당하는 경우로 고객이 실제 소유자인지 여부가 의심되는 등 고객이 자금세탁행위나 공중협박자금조달행위를 할 우려가 있음에도 확인 조치를 할 의무를 위반한 경우, 가상자산사업자로서 특정금융정보법 제8조에 따른 가상자산사업자의 조치 의무를 위반한 경우, 금융정보분석원의 본 법에 따른 명령 · 지시 · 검사에 따르지 아니하거나 이를 거부 · 방해 또는 기피한 자[515]에 대하여는 **1억 원 이하의 과태료**를 부과한다.[516]

2) 보고 의무 · 고객 확인 의무 · 보존 의무 등 위반(3천만 원)

특정금융정보법 제4조 제1항 제1호 내지 제2호의 의심거래보고(금융회사등의 종사자가 관할 수사기관에 신고한 경우의 보고의무를 정한 제3호의 경우는 제외한다), 특정금융정보법 제4조의2 제1항의 고액 현금거래 보고 또는 동조 제2항의 회피성 분할거래 보고를 하지 않거나, 특정금융정보법 제5조의2 제1항 제1호를 위반하여 신규계좌개설 고객이나 일회성 금융거래 고객에 대하여 고객확인 조치를 하지 않거나, 특정금융정보법 제5조의4 제1항을 위반하여 금융거래등의 정보 및 자료를 금융거래등의 관계가 종료된 날로부터 5년간 보존하지 않은 경우 중 어느 하나에 해당하는 자에게는 **3천만 원 이하의 과태료**를 부과한다.[517]

---

515) 특정금융정보법 제15조 제1항 내지 제3항 및 동조 제6항.

516) 특정금융정보법 제20조 제1항.

517) 특정금융정보법 제20조 제2항.

3) 부과 기준

구체적인 과태료 금액은 시행령 별표에 정한 부과기준에 의하되,[518] 금융정보분석원장이 위반행위의 정도, 위반행위의 동기와 그 결과 등을 고려하여 감경 또는 면제하거나 2분의 1의 범위에서 가중할 수 있다. 다만, 가중하는 경우에도 본 법에서 정한 과태료 금액의 상한을 초과할 수 없다.[519]

표 13 과태료 부과 개별기준[520]

위반행위	해당 규정	금액(만원)
의심거래보고 의무 위반	제4조 제1항 제1호 · 제2호	1,800
고액 현금거래 보고 의무 위반	제4조의2 제1항 · 제2항	900
조치의무 위반	제5조 제1항	6,000
고객확인의무 위반①	제5조의2 제1항 제1호	1,800
고객확인의무 위반②	제5조의2 제1항 제2호	6,000
자료 및 정보 보존의무 위반	제5조의4 제1항	1,800
가상자산사업자 조치 의무 위반	제8조	6,000
명령 · 지시 · 검사에 불응 · 거부 · 방해 또는 기피	제15조 제1항부터 제3항 또는 제6항	10,000

9. 부칙 등

본 법은 공포 후 1년이 경과한 날부터 시행하되,[521] 본 법 시행 이전부터 영업 중인 가상자산사업자의 사업 연속성을 위하여 유

---

518) 특정금융정보법 제20조 제3항, 시행령 제17조 및 시행령 [별표2] 과태료의 부과기준(제17조 관련) 참고.

519) 시행령 [별표2] 과태료의 부과기준(제17조 관련) 중 1. 일반기준.

520) 시행령 [별표2] 과태료의 부과기준(제17조 관련) 중 2. 개별기준에서 발췌.

521) 특정금융정보법 부칙 <법률 제17113호, 2020.03.24.> 제1조.

예기간 내지 적용예외 사항 등을 규정하였다.

먼저 본 법 시행 전부터 영업 중인 가상자산 관련 사업자는 법 시행일로부터 6개월 이내에 신고하도록 부칙에 경과규정을 두었다.[522] 법 적용을 위한 시행령이 마련되기까지의 시간과, 정보보호 관리체계 인증을 취득하는 데 소요되는 시간이 통상 6개월가량인 점을 감안한 조치였다.[523]

경과 기간 도과 후 신규 사업자로 신고하였으나 실상은 그 사업자가 이 법 시행 전에 영업을 하였었거나 이 법 시행 전부터 영업을 계속하다가 잠시 중단한 상태인 경우, 그 사업자를 기존 사업자로 볼 것인지 신규 사업자로 볼 것인지가 문제된다. 그러나 기존 사업자가 기한 내 신고하지 않고 영업을 잠시 중단하였다가 추후 회사명이나 플랫폼명 등을 바꾸어 신규 사업자로 신고하는 것은 기존 사업자로 하여금 유예기간 내에 신고를 마치고 미신고 또는 불수리의 경우 사업을 중단하도록 한 위 경과조치의 취지에 반하므로, 그 영업의 중단이 단순 거래지원 중단이나 플랫폼 운영 중단에 그친다면 기간 도과 후의 신고로 이를 각하하고, 기존 사업자의 폐업, 고객정보의 폐기, 예치금의 반환 등 그 사업의 연속성을 인정할 수 없는 정도에 이르러야 신규 사업자의 신고로 심사의 대상이 되는 것으로 보아야 할 것이다.

금융회사등의 가상자산사업자에 대한 고객 확인의무, 즉 특정금융정보법 제5조의2의 개정규정을 본 법 시행 전부터 영업 중인 가상자산사업자에 대하여 적용하는 경우, 시행일 이후 최초로 실

522) 특정금융정보법 부칙 <법률 제17113호, 2020.03.24.> 제5조.

523) 금융위원회, 「가상자산 관련 특정 금융거래정보의 보고 및 이용 등에 관한 법률 일부개정법률 공포안 국무회의 의결」, 2020.3.17일자 보도참고자료, 2면.

시되는 금융거래등부터 하도록 하되 신고유예기간 중에 신고를 한 사업자는 그 불수리 또는 수리 후 직권말소 사실이 확인되지 않는 한 특정금융정보법 제5조의2 제4항 제2호 가목에 따른 신고의무 미이행 사업자로 거래를 종료해야 하는 경우에 해당하지 않음을 명시하였다.[524)]

또한 기존 사업자의 특정금융정보법 제5조의2 규정에 따른 고객확인의무 이행은 시행일 이후 최초로 실시되는 가상자산 거래부터 함을 명시하였다.[525)] 본 부칙 규정은 시행일 이전의 금융거래에 있어서는 고객확인의무 및 의무위반 규정이 적용되지 않음을 분명히 하기 위한 의도였으나, 기존 사업자로서는 시행일 이후 6개월 도과 전까지 신고의무가 있고, 그 신고가 수리된 시점부터 고객확인의무 이행을 위한 주민등록번호 수집 등이 가능하였기 때문에 시간적인 선후에 있어 혼란이 있었으나, 금융위원회는 신고가 수리된 사업자만을 관리 감독의 대상으로 하였기 때문에[526)] 신고 수리 이전에 고객 확인 의무 미이행을 이유로 한 위반 감독은 이루어지지 않을 것으로 실무적인 예측이 가능하였다. 오히려 금융위원회는 고객확인의무 이행을 명분으로 신고수리되지 않은 사업자의 주민등록번호 수집은 개인정보보호법 위반이 될 수 있음을 고지함으로써,[527)] 사실상 기존 사업자들의 고객확인의무 이행은 신고가 수리된 이후부터 이루어질 수 있도록 하였다.

---

524) 특정금융정보법 부칙 <법률 제17113호, 2020.03.24.> 제2조.

525) 특정금융정보법 부칙 <법률 제17113호, 2020.03.24.> 제3조.

526) 금융위원회, 「가상자산 거래를 하는 고객은 가상자산사업자의 신고 상황에 유의하시기 바랍니다」, 2021.3.16일자 보도자료, 2면.

527) 금융위원회, 「가상자산 거래를 하는 고객은 가상자산사업자의 신고 상황에 유의하시기 바랍니다」, 2021.3.16일자 보도자료, 4면.

공저자 약력

김 재 진

한국블록체인협회 사무국장. 이화여자대학교 법학과를 졸업하고 이화여자대학교에서 국제법 석사학위와 일본 규슈대학교에서 국제경제법 석사학위를 취득하였다. 제46회 사법시험 합격(사법연수원 36기) 후 로얄 에미레이트 인베스트먼트(REI) 홀딩그룹 이사, 키스톤컨설팅인터내셔날 법무이사, 상명대학교 외래교수(문화예술법제와 저작권법), 평창동계올림픽 스포츠중재변호사단, 2014 인천아시안게임 조직위원회 자문위원, 문화체육관광부 산하 한국관광협회중앙회 고문, 한국예술경영지원센터 감사 등을 역임하였다. 현재 한국블록체인협회 사무국장, 대한변호사협회 IT · 블록체인 특별위원회 위원 및 글로벌금융학회 기획이사로 활동하고 있다.

최 인 석

법무법인 율촌 파트너 변호사. 연세대학교 경영학과와 서울대학교 법학과를 졸업하고 서울대학교에서 형사법 석사학위와 연세대학교에서 행정법 박사학위를 취득하였다. 제44회 사법시험 합격(사법연수원 35기) 후 경찰청 수사국 사이버테러대응센터 수사실장, 수사팀장, 서울지방경찰청 방배경찰서 · 강동경찰서 수사과장, 경찰청 수사국 특수수사과 팀장, 금융위원회 금융정보분석원 심사분석과장(총경) 등을 역임하였다. 현재 법무법인 율촌 파트너 변호사(송무 경찰팀장, 송무 개인정보보호팀장) 및 금융위원회 금융정보분석원 자금세탁방지 제재심의위원, 금융위원회 법령해석 심의위원, 한국블록체인협회 자문위원, 연세대학교 행정대학원 겸임교수(사이버범죄론, 금융범죄론), 동국대학교 경찰행정학부 겸임교수(산업보안법), 경찰대학교 · 경찰수사연수원 외래교수로 활동하고 있다.

가상자산 법제의 이해

초판발행 2022년 5월 11일
중판발행 2022년 9월 30일

지은이 김재진 · 최인석
펴낸이 안종만 · 안상준

편 집 윤혜경
기획/마케팅 조성호
표지디자인 BEN STORY
제 작 고철민 · 조영환

펴낸곳 (주) 박영사
서울특별시 금천구 가산디지털2로 53, 210호(가산동, 한라시그마밸리)
등록 1959. 3. 11. 제300-1959-1호(倫)
전 화 02)733-6771
f a x 02)736-4818
e-mail pys@pybook.co.kr
homepage www.pybook.co.kr
ISBN 979-11-303-4195-8 93360

정 가 32,000원